絵と写真で見る

奈良の中世城郭

信貴山城推定復元図（主郭部）

香川元太郎画

雄嶽山頂
(空鉢堂)
桝形状虎口

信貴山城推定復元図

旧河内国（現大阪府）の境界近くに築かれた信貴山城は、雄嶽と呼ばれる頂部から派生する尾根上にかけておびただしい数の曲輪群を設けている。江戸期に作成された絵図にはこれら曲輪群に松永氏、その家臣名等が付されている。意外に堀切を用いた箇所は少ない　香川元太郎画

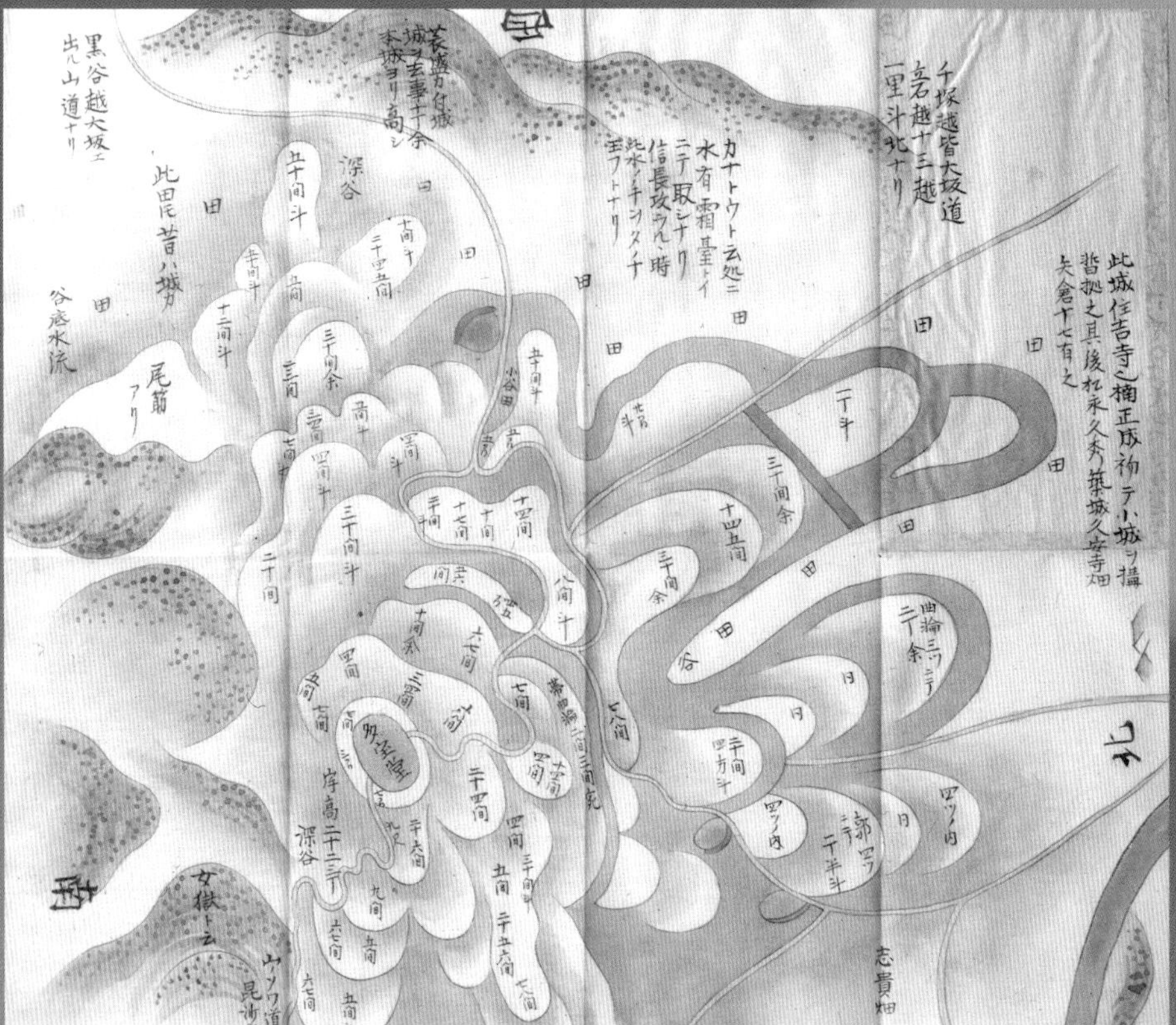

大和 信貴山城

「多宝堂」が雄嶽頂部にして、主郭部にあたる。上方「西」字の横には付城の存在を伝える。高安山城に相当するものか　「浅野文庫蔵諸国古城之図」　広島市立中央図書館蔵

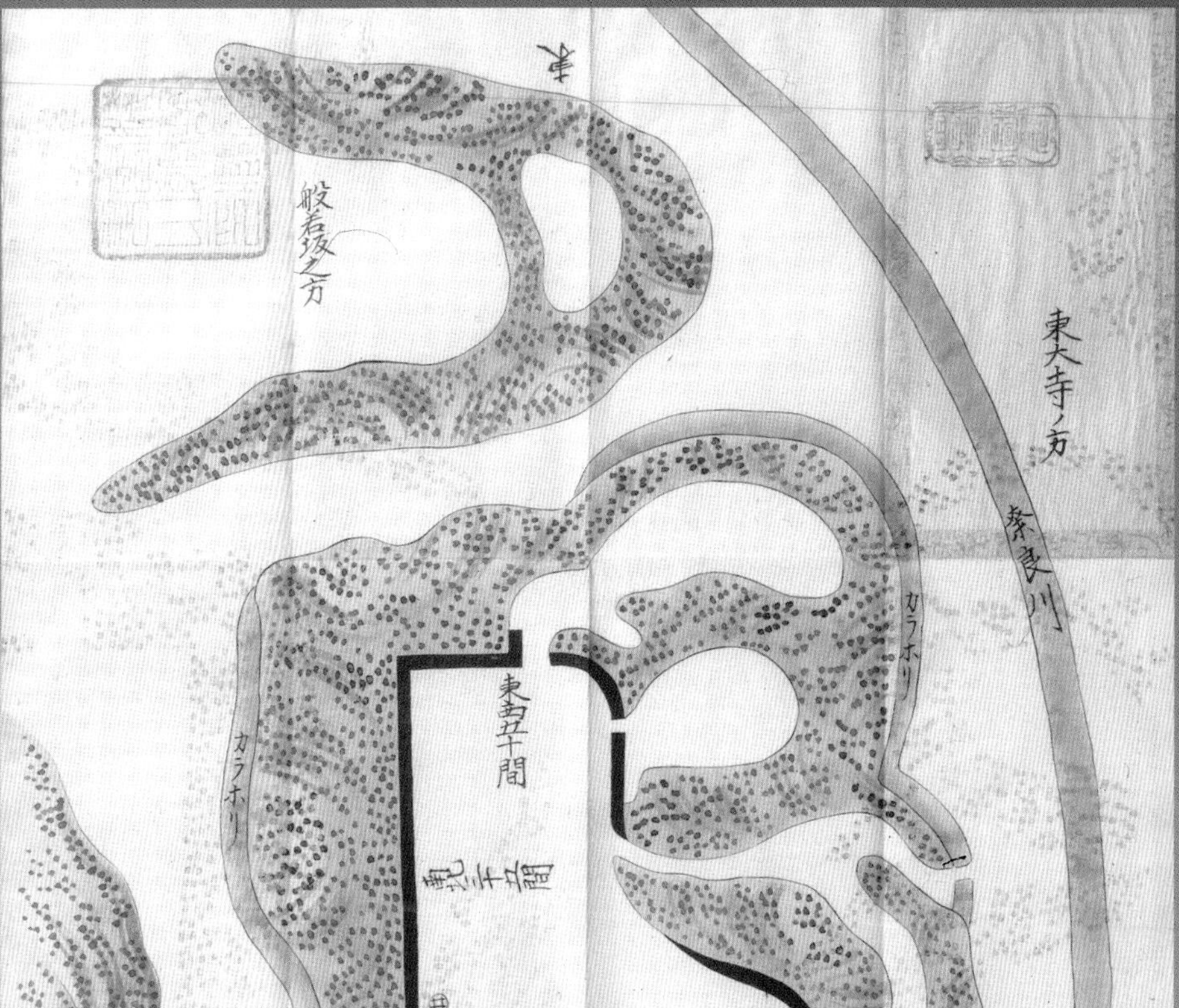

大和 多聞城

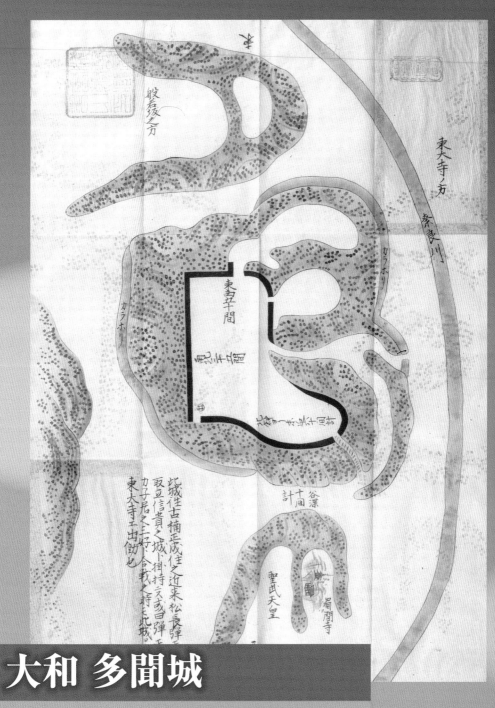

かなり簡略化されているが、およその曲輪配置や通路が把握しやすい。山麓をめぐる「カラホリ」も明瞭に描く 「浅野文庫蔵諸国古城之図」 広島市立中央図書館蔵

▲椿尾上城の石垣　中核的な曲輪に直線的で折り（横矢掛り）を有する石垣を面的に造り出す。土羽と堀を併せて一層遮断性を高めている。中には２ｍ近い石も用いられている。中世大和の石垣構築技術、縄張りの巧妙性の高さを如実に示す　奈良市

◀信貴山城の石垣　虎口（出入り口）側面に設けられた石垣。門と一体的になって敵の侵入を阻み、かつ威厳性を示していたと考えられる。信貴山城で石垣が見られるのはこの地点のみだが、今後他でも発見される可能性はある　奈良県平群町

▶椿井城の石垣　付近で産出される長細い石を曲輪端部に積み上げている。曲輪端部の盛土に対して、土留めとしての役割を果たしている。これにより曲輪端部が切り立つと共に、上面にある曲輪としての平坦面が広く確保できるようになっている　奈良県平群町

◀中山大塚古墳　大和盆地には天皇陵をはじめとする大小の古墳が点在する。中山大塚古墳は萱生古墳群に属する全長130mに及ぶ前方後円墳である。後円部側面には薬研堀状を呈する横堀、前方部との間には二重堀を設けて中世城郭として改修している。二重堀の間は馬出としていたと推定される　奈良県天理市

▲黒塚古墳　黒塚古墳は平成９年に行われた発掘調査で埋葬時の状態を保った竪穴式石室が明らかとなり、34面の銅鏡も出土した。前方部と後円部の間に堀を設けて中世城郭として改修している。近世には柳本陣屋の外郭として利用されている　奈良県天理市

◀稗田環濠　大和平野（盆地）の集落には、外周を囲む環濠が設けられたものが多い。環濠は中世に起源を持つと考えられているが、はっきりとしない面も少なくない。稗田環濠は最も著名なものであり、今も水を湛える環濠が残る　奈良県大和郡山市

▲山田城の横堀　曲輪の裾を取り巻くように、曲線を描く堀。尾根を分断する形状から言えば堀切だが実質的には横堀と言えよう　奈良県天理市

▲椿井城の堀切　曲輪間を深く掘り込み隔絶性を高めている。露頭する岩から窺われるように、岩盤・岩石も穿って構築されている　奈良県平群町

図説 日本の城郭シリーズ17

奈良中世城郭事典

高田徹［編著］

戎光祥出版

はしがき

奈良県と聞いて連想するのは、東大寺《とうだいじ》や興福寺《こうふくじ》といった古刹であろうか。あるいは藤原宮《ふじわらきゅう》や平城宮《へいじょうきゅう》といった宮跡か、はたまた箸墓《はしはか》や藤ノ木《ふじのき》といった古墳であろうか。古都でもあった奈良、旧国名でいう大和国は数多の古社寺等の古建築、古墳等の遺跡がある。数も多ければ、極めて著名なものも多く、国指定史跡や国宝・重要文化財指定されているものもまた多い。

こうした陰に隠れてしまっている感があるが、奈良県には実に多くの城郭が存在する。平成二十八年度から令和二年度にかけて奈良県が行った県内の中近世城郭の悉皆調査によれば、県内には約五六〇箇所におよぶ城郭（含む環濠集落《かんごうしゅうらく》）の存在が明らかとなった（『奈良県中近世城館跡調査報告書―第一分冊―』（令和二年）、『奈良県中近世城館跡調査報告書―第二分冊―』（令和三年）。

また、奈良県には本邦の城郭史を語る上では必ずと言ってよいほど取り上げられる多聞《たもん》城（奈良市）、信貴山《しぎさん》城（平群町）がある。そして稗田《ひえだ》環濠をはじめとする環濠集落も、防御施設すなわち城郭の一類型として取り上げられることが多い。

さらに、県下には一九八〇年代には村田修三氏によって緻密な縄張り分析の対象となったり、編年基準的な位置づけがなされたりと、学史的にその名称を不動なものとしている城郭が実に多い点も特筆できよう。それらの城郭は一般には極めてマイナーな存在であるが、城郭研究を志すものならば大抵はその縄張りを思い浮かべることができるのではないか。動線が複雑な上狭川《かみさがわ》城（奈良市）、一城別郭《いちじょうべっかく》的な縄張りで畝状空堀《うねじょうからぼり》群を有する龍王山《りゅうおうざん》城（天理市・桜井市）、寺院転用の可能性を有し、あたかも分譲住宅のような区画によって構成される佐味《さび》城（御所市）等である。

他にも名称を聞いたことがあるか、縄張り図をみれば「ああ、あの城か！」とうなずく城郭が多いはずだ。

前記の奈良県による悉皆調査報告書には、県内城郭に関する分布地図・史資料・論考、そして個別城郭の解説・縄張り図が収録されている。もっとも、遺憾にしてやや誤謬が目立つ。また、位置が不明のままの城郭は致し方ないとしても、周知の城郭の解説・縄張り図がかなり抜け落ちてしまったものとなっている。今後の奈良県の城郭調査・研究上の基礎資料となるべき悉皆調査報告書であるだけに、諸般の事情があったとはいえ極めて遺憾である。また、悉皆調査報告書は印刷部数が少なく、一部の公共機関に配布されたのみなので、広く一般の目に入る機会はほとんどない。

そこで、悉皆調査報告書で抜け落ちたいくつかの城郭、加えて奈良県内の重要あるいは著名な城郭を改めて取り上げたのが本書である。他にも取り上げたかった城郭はあるが、紙数の関係もあり掲載を見送ったものもある。別の機会にそれらは取り上げてみたい。

それでは奈良県の城郭の魅力をご堪能あれ！

二〇二二年十月

執筆者一同

目次

第四章 宇陀地域の城郭

第五章 五條・吉野地域の城郭

凡　例

一、本書では、中世の大和国（現在の奈良県）に築かれた城郭のうち、特徴的な七十八城を取り上げた。
一、城名下の項目は、所在地、標高（比高）、別称、史跡指定の有無、について可能な範囲で示した。
一、各城郭の項目には、【位置と歴史】【現況】【評価】【探訪にあたっての注意事項】を取り上げた。
一、人名や歴史用語には適宜ルビを振った。読み方については各種辞典類を参照したが、歴史上の用語、とりわけ人名の読み方は定まっていない場合も多く、ルビで示した読み方が確定的なものというわけではない。
一、城郭用語はできるだけ統一を図ったが、一部執筆者の見解を尊重したところがある。
一、原則として「くるわ」と読む場合は「曲輪」、「かく」と読む場合は「郭」と表記した。
一、提供者の氏名が記載されている写真以外は、著者あるいは当社提供の写真である。
一、所収の縄張り図は、記名者による作図であり著作物である。許可なく転載・加筆・加工等を禁止する。

総論1　中世～近世初頭における大和の争乱と城郭

金松　誠

はじめに

中世の大和国は十五郡からなっていた。地理的には奈良盆地、大和高原、宇陀《うだ》盆地（宇陀山地）、吉野《よしの》山地で主に構成されている。

中世の大和国には守護は置かれず、代わって興福寺《こうふくじ》が守護的な立場にあった。そして、興福寺に属する衆徒《しゅと》（興福寺僧）・国民《こくみん》（春日社人《かすがしゃじん》）とよばれる国人《こくじん》衆が大和各地に散在していた。

特に奈良盆地は「国中《くんなか》」と称されており、代表的国人である筒井《つつい》・越智《おち》・古市《ふるいち》・十市《とおち》・箸尾《はしお》の五大国人やそれに与《くみ》する国人衆が城を構えて割拠しており、大和の政治・軍事の表舞台で抗争を繰り広げていくことになる。二百以上の環濠集落《かんごうしゅうらく》（農業用水の確保や防御のために周囲が濠で囲まれた集落）が存在することも奈良盆地の特徴の一つである。

本稿では、鎌倉時代後期から近世初頭における大和の城郭について、文献史学の視点から概観していく。

荘官層の台頭と城郭

鎌倉時代後期になると、史料上において城郭の記述が散見される。

正応元年（一二八八）、東寺《とうじ》領平野《ひらの》殿荘《どののしょう》（平群町）において、下司《げし》平清重《たいらのきよしげ》・惣追捕使《そうついぶし》願妙《がんみょう》（俗名は平清永《きよなが》）が東寺によって所職《しょしき》の改易及び所領を没収された際、興福寺一乗院《いちじょういん》がその問題に介入し、相論が発生した。そのなかで、かつて願妙の父清宗《きよむね》・舜継《しゅんけい》等が「龍馬場山林等」において「城

猿沢池から望む興福寺三重塔
奈良市

榔之料ニ彼の山之木を切り採」ったことにより、荘務権を持つ仁和寺菩提院《にんなじぼだいいん》によって「彼の山之主清宗」が改易されたとの記述がある。[*1] 清宗は、文永十年（一二七三）頃に再任されていることから、[*2] それ以前の出来事のようである。これにより、荘園領主側は強剛名主と呼ばれる従順ではない荘官層が城郭を構えて、在地領主化することを避けたかったものとみられる。

永仁五年（一二九七）八月、清重・願妙が年貢課役を納めなかったことから、東寺は六波羅探題《ろくはらたんだい》に訴えて在地に預所《あずかりどころ》を置こうとした。この動きに対して、清重等は「城墎」を構えて預所の入部を拒否した。[*3] これにより、十三世紀末には荘官層が悪党化して城郭を構え、荘園領主の在地介入に対して実力行使によって抵抗していたことがわかる。

永仁の南都闘乱と城郭

次に、永仁年間における興福寺の内部抗争（永仁の南都闘乱）において城郭が現れる。

永仁元年（一二九三）十一月十七日、春日若宮祭礼の最中に流鏑馬《やぶさめ》の随兵であった殿下《でんか》（関白近衛家基《このえいえもと》）御領平田《ひらた》荘の荘民と興福寺大乗院門跡《だいじょういんもんぜき》慈信《じしん》方の衆徒等に率いられた数千人の兵が興福寺一乗院に押し寄せると、一乗院門跡覚昭《かくしょう》方の衆徒等が駆け付けてこれと応戦した。[*4] これは、覚昭とその弟子信助《しんじょ》の勢力の衝突であり、慈信は後者に助勢したという構図であった。夜になり信助方は菩提院に引き籠もり、二十日には一乗院方が菩提院を攻めるなど、数度にわたり合戦が繰り広げられたが、その後何らかの合意が成立したようで、十二月十一日には一乗院と菩提院に築かれていた「城郭」が撤去されている。[*5] これにより、一乗院と菩提院が合戦に備えて城郭化していたこと、講和条件に城郭の破却が含まれていたことがわかる。

『南都闘乱根元之事』によると、この争いの遠因の一つは、慈信による竜花院・河口荘の押領

＊1　『東寺百合文書』お函2

＊2　小林一九五八

＊3　『東寺百合文書』と函51／33／1

＊4　『南都闘乱根元之事』

＊5　『勘仲記』

について、正応四年（一二九一）にそれを不可とする綸旨《りんじ》・長者宣が下されたことにある。これに対し、大乗院は多数の軍勢を率いて春日社頭に乱入して神木を下げ、城郭を構えて強訴を企てている。

その後も大乗院と一乗院の対立は収まらず、永仁四年十一月十四日には大乗院方は鬼《き》薗山《おんざん》（奈良市）に引き籠もって蜂起し、放光院《ほうこういん》の衆徒と合流して一乗院方の籠もる「大湯屋」に打ち入り、数刻に及ぶ合戦が繰り広げられた。これにより、一乗院方は東光院《とうこういん》や僧正の門の矢蔵《やぐら》のほか、大湯屋の辰巳の角の矢蔵等が焼失するなど敗北を喫した。その後、大乗院方は「本ノ城」に退いた。この合戦では、大湯屋方の衆徒願教房《がんきょうぼう》が討ち取られたほか、両方とも多くの負傷者を出した。[*6] このことから、一乗院・大乗院は合戦に備えて、前者が大湯屋周辺において複数の矢蔵を設けて実質的な城郭を有していたこと、後者においても本城を有しており、両者が合戦に備えて城郭を構築していたことがわかる。堀で囲まれていたかはわからないが、少なくとも作事による城郭化がなされていたと判断できよう。

正安の悪党と城郭

正安三年（一三〇一）九月二十日、南都で活動する悪党退治のため、興福寺の求めに応じて七か国の御家人と在京武士等が大和に発向した。悪党二十人の内、五人が降伏勧告に応じず、「二《に》上嶽《じょうだけ》」（葛城市・大阪府太子町）に「城郭」を構えた。しかし、まもなく悪党等は逐電《ちくでん》したため、幕府軍は城郭を焼き払い、京都へ引き上げている。十月二十五日、悪党等が春日社に乱入し、四社神鏡各二面等を盗み取り、「二上嶽城」に引き籠もった。これに対し、官符《かんぷ》衆徒や国民等が発向し、同城において数刻に及ぶ合戦の末、悪党等を討伐し神鏡を取り返している。[*7] ただし、神鏡がすべ

＊6　『祐春記』
＊7　『興福寺略年代記』

春日大社　奈良市

「春日権現験記」に描かれた正安３年の春日社神鏡強奪事件の鎮圧場面　国立国会図書館蔵

て春日社に収められたのが十二月二十七日であることから、二上嶽城における攻防戦は続いていた可能性がある。この悪党は平田荘民であったとみられ、[*8]大和において悪党によって臨時的に山城が構えられて攻防戦が繰り広げられた初出の事例として注目される。

環濠集落の成立

十四世紀初頭になると、環濠集落の形成が確認されている。すなわち、「徳治二年大乗院家領若槻庄土帳並同條里坪付図」を分析した山川均氏の研究[*9]によると、嘉元四年（一三〇六）・五年における若槻《わかつき》荘の景観について、幅二m余りの環濠によって集落が囲繞されていたことが明らかにされており、その計画主体を名主層と推定している。

元弘の乱と吉野城

鎌倉幕府の打倒を目指す後醍醐《ごだいご》天皇《てんのう》と北条《ほうじょう》高時《たかとき》を当主とする北条得宗家《とくそうけ》との間で内乱が繰り広げられる中で、吉野城（吉野町）が登場する。

元弘二年（一三三二）六月、後醍醐天皇の皇子護良親王《もりよししんのう》は、槙野《まきの》聖賢《しょうけん》が築いた「槙野の城」へ入っていたが、狭かったことから、吉野の大衆《だいしゅ》（僧兵）は、護良親王に対して吉野山西奥部に所在する「安

金峯山寺蔵王堂　吉野町

＊8　安田一九八七
＊9　山川一九九八

善宝塔」（愛染宝塔《あいぜんほうとう》）を「城郭」に構へて、岩を切り通す吉野川を前に当て、三千余騎を随えて立て籠もることを進言した。[*10]吉野山にある金峯山寺《きんぷせんじ》は修験道の山岳寺院であり、天然の要害としての機能も兼ね備えていた。護良親王はこの進言を受け入れて、金峯山寺の支援を受けて、ここに拠点を構えたのであった。

十一月に入り、護良親王は吉野で挙兵すると、元弘三年正月三十日には、「吉野城大塔宮、赤坂城平野入道、金剛山城楠」が新田義貞《にったよしさだ》等の率いる関東の八十万騎の軍勢に攻められている。[*11]吉野城は攻め落とされ、護良親王は辛くも高野山《こうやさん》（和歌山県高野町）に逃れた。[*12]

『太平記』には吉野城の攻防戦の詳細が記されており、「大手の堀一重」「大手の一の木戸《きど》」「二の木戸の高櫓《たかやぐら》」の存在が確認できる。軍記物ではあるものの、これが大和の城郭における「堀」の初出史料となる。複数の木戸があり、二の木戸には「高櫓」があったことも注目される。

南北朝の動乱と城郭

元弘三年（一三三三）五月、鎌倉幕府を滅ぼし、建武の新政を推し進めた後醍醐天皇であったが、護良親王はその立役者となった足利尊氏《あしかがたかうじ》と不和となり、六月三日には信貴山《しぎさん》（平群町）の毘沙門堂に籠もり臨戦態勢を継続するなど、[*13]新政権は一枚岩ではなかった。

まもなく後醍醐天皇は足利尊氏と対立し、建武三年（一三三六）十月に新政権はあっけなく崩壊した。敗れた後醍醐天皇は十二月に入ると吉野に遷座し、吉野朝廷（南朝）を興した。これにより、大和国内も南北両朝に分かれてその動乱の波に飲み込まれていく。北朝方には興福寺別当・同大乗院・筒井氏等、南朝方には興福寺一乗院のほか、越智・開住《かいじゅう》・牧《まき》・津布呂《つぶろ》・澤《さわ》・秋山《あきやま》・二見《ふたみ》等の国中南部及び宇陀郡・宇智《うち》郡・吉野郡の諸氏が味方した。

＊10　『太平記』
＊11　『大乗院日記目録』
＊12　『太平記』
＊13　『太平記』

建武四年七月六日、南都を警固していた北朝方の狭間正供・出羽泰貞等が、南朝方の籠もる「桃尾城《もものお》」（天理市）を攻めて、「城戸内」に攻め入り凶徒等を追い落としている。[*14] 十月十日・十一日には、南朝方が二上山城で敵を待ち受け、麓の山田村一帯で合戦に及んでいる。[*15]

このように、南朝方の諸勢力が大和国内に城郭を構えて、北朝方に反抗していたことがわかる。

開住西阿の城郭と合戦

次に、国中南東部において南朝方として活躍した開住西阿《さいあ》の城郭について見ていきたい。

開住西阿の勢力圏は国中南東部にあり、多武峰《とうのみね》（桜井市）を経て吉野にいたるルートに当たっていた。これにより、北朝方は建武四年（一三三七）十二月、暦応二年（一三三九）三月に西阿等の討伐を試みたがうまくいかなかったようである。暦応三年十月には西阿が興福寺領を押妨し、興福寺別当が春日社神木を木津《きづ》（京都府木津川市）に遷座させるなど、西阿の存在は大和の南朝方の中では群を抜いていた。

暦応四年正月二十日、足利直義《ただよし》は西阿を討つべく、近江の六角時信《ときのぶ》を大和へ差し遣わすとともに朽木経氏《くつきつねうじ》にも出陣を命じた。[*16] 西阿征伐を取り仕切ったのは細川顕氏《ほそかわあきうじ》であり、二月二十九日に顕氏の軍勢が西阿を討ち取るべく、「安部山《あべやま》」（桜井市）に陣を取った。三月十四・十五日、顕氏軍による「河合《かわい》城」（桜井市）攻めの火蓋が切られた。城は堀に囲まれ弓矢や石による攻撃を受け、顕氏軍は苦戦をしいられたが、閏四月十九日夜にこれを攻め落とした。[*17]

五月二日、顕氏軍は、「開地井城」（桜井市）攻めを開始した。城は堀に囲まれ弓矢による攻撃を受け、顕氏軍は苦戦をしいられたが、二十七日にこれを攻め落とした。[*18]

その後、顕氏軍は「開地井逼城」（桜井市か）を攻め、堀のほか高矢倉や塀を備えるなど守り

談山神社　藤原鎌足を祭神とし、神仏分離以前は多武峰妙楽寺と称した　桜井市

*14 「大友文書」
*15 『紀伊続風土記附録』『萩藩閥閲録』
*16 「朽木文書」
*17 「田代文書」「天野文書」「蠹簡集残編」
*18 「田代文書」

は堅固であったが、七月二日にこれを落としている。そして七月三日には、西阿方の山城である「安房《あわ》城・鵄《とび》城・赤尾《あかお》城・外鎌《とかま》城」（桜井市）が没落するなど、西阿軍は敗北を喫した。[*19] なお、『中院一品記《なかのいんいっぽんき》』暦応三年十二月十八日条によると、「大和国住人西阿、先朝の勅を蒙り、近年城郭を構え、剰《あまつさ》え寺領横領せしむるの間」とあることから、西阿は後醍醐天皇の勅命を受けて、北朝方による吉野侵攻に備えてこれら諸城を構築したとみられる。これについては、南朝方からの支援があったとみてよかろう。

河合城・開地井城・開地井逼城は、堀が巡っていたほか、開地井逼城には高矢倉が備えられており、顕氏軍が苦戦をしいられるなど、これら平地城館の防御性は高かったといえる。

このように、大和では十四世紀第２四半期において、本格的な平地城館が存在していたことが明らかとなった。しかし、山城については詳細が不明であるものの、あくまで臨時的なものとみられ、恒常的な山城の出現はこの段階では至っていない。

南北朝の合一と大和永享の乱

大和国人衆は、明徳三年（一三九二）に南北両朝の合一をみてもなお、以前の確執を引きずる形で争いを続けていた。応永十一年（一四〇四）七月には、筒井氏は後南朝方の箸尾《はしお》為妙・十市遠重《とおしげ》の軍に攻められ、筒井郷が焼き払われた。[*20]

応永十三年二月、将軍足利義満《よしみつ》は十市遠重等を討つこととし、畠山満家《はたけやまみついえ》・赤松義則《あかまつよしのり》等の軍勢が十市氏の「館」に発向している。[*21] これが五大国人の城郭に関する初出史料となる。

永享元年（一四二九）七月、豊田中坊《とよだなかのぼう》・井戸《いど》両氏の争いに端を発して他の国人衆も巻き込んだ戦いとなり、十年余りに及ぶ抗争が繰り広げられた（大和永享の乱）。この乱では、筒井氏は十市

＊19　「田代文書」「天野文書」「蠹簡集残編」

＊20　『薬師院旧記』

＊21　『東寺王代記』

氏らとともに井戸方に加担、豊田中坊方には越智・箸尾らが与している。このような情勢のなか、城郭に関する史料が散見されるようになる。

十一月に筒井・十市氏等が越智方との合戦に打ち負け、在所を焼かれ、筒井・十市氏の「本城」は堪えていたものの、最終的には京都へ逃れている。これが筒井城（大和郡山市）の史料上の初見となる。永享三年八月には、筒井方が箸尾城（広陵町）を焼き討ちするが、箸尾方はすぐさま大勢を率いて、まず筒井方の宝来城《ほうらい》（奈良市）を包囲して攻めると、続いて筒井城へ押し寄せ包囲し、筒井某を自害に追い込んでいる。[*22]

永享四年十一月三十日、幕府から成敗を命じられた赤松義雅《よしまさ》方により、箸尾城・越智城（高取町）が攻められ自焼没落する。[*23] 続いて十二月には、越智氏と箸尾氏の拠る壺坂城《つぼさか》（高取町）も没落となった。[*24] この段階で、越智氏は越智城と壺阪寺を拠点としていたこと、越智城が落とされて、壺阪寺に逃げ込んでいることから、相対的に前者が平時的な場、後者が詰城的な場として存在していたということができよう。

鬼薗山城の構築

嘉吉四年（一四四四）正月十九日、豊田頼英《よりひで》・古市胤仙《ふるいちいんせん》が大乗院門跡経覚《きょうがく》に対し、筒井方からの攻撃に備えるために鬼薗山に城を構えることを進言した。経覚は当坊の頭上への構築になることからこれに同意せず、別の場所への築城を望んだ。これにより、二十日には衆徒沙汰衆や学《がく》侶六方《りょろっぽう》が東隣の西方院山《さいほういんざん》に築城することを経覚に申し入れたものの、またしても同意しなかった。二十二日、六方衆が西方院山への築城を経覚に再度申し入れた結果、経覚はこれに同意し、築城が開始された。[*25] ただし、結局のところ天満《てんま》社の西に「堀二重」を設けた後に鬼薗山への築城に方

＊22 『満済准后日記』
＊23 『満済准后日記』
＊24 『看聞御記』
＊25 『経覚私要鈔』

針転換された。[*26]

六月五日に鬼薗山城が完成した。これには、六方・学侶・衆中の沙汰により、奈良中の自他門にかかわらず人夫がことごとく集められ数千人がこれに従事した。その構造については、六方の陣屋は敵方の成身院光宣《じょうしんいんこうせん》の母の屋敷が移築され、衆中三人陣屋が三宇、沙汰衆中坊懐尊《かいそん》陣屋が一宇、経覚の陣屋が一宇建てられ、各々兵粮米を入れる倉が付属していた。物品については、唐院新坊寺の物品である水桶数十の他、南市の鐘を六方より借用している。[*27]これにより、経覚方は筒井方への備えを盤石なものとした。

しかし、文安二年（一四四五）九月、筒井順永《じゅんえい》は経覚を鬼薗山城にて自焼没落に至らしめるとともに、布施《ふせ》某等を討ち取っている。[*28]成身院光宣も軍勢を率いて奈良に上り、鬼薗山城を筒井方の城郭として構え、そして筒井順永の官符衆徒が元通りとなった。[*29]このように、十五世紀中葉において、平地よりも守りやすい丘陵上に城郭が構えられていたこと、少なくとも西方院山には二重の堀が設けられていたことがわかる。

畠山氏の内訌と筒井氏

その後も、経覚と筒井順永・成身院光宣の争いは鬼薗山城を中心に展開される。こうしたなか、享徳二年（一四五三）三月、筒井尊覚《そんかく》は鬼薗山城における合戦で討ち死にしている。[*30]鬼薗山城をめぐる攻防はなおも続くが、康正元年（一四五五）六月に河内守護畠山持国《もちくに》が没すると同氏の内訌が本格化し、光宣・順永が畠山弥三郎《やさぶろう》方に与した。しかし、八月十九日に光宣・順永・箸尾・片岡《かたおか》は畠山義就《よしひろ》方に攻められ逐電し、鬼薗山城は「破取」られた。そして、九月二十四日には越智方がこれを再び構え、沙汰衆中の中坊を住まわせている。[*31]なお、長禄元年（一四五七）十月に

---

*26 『大乗院寺社雑事記』
*27 『大乗院日記目録』
*28 『大乗院日記目録』
*29 『大乗院日記目録』
*30 『大乗院日記目録』
*31 『大乗院日記目録』

筒井氏の所領は箸尾氏の所領とともに幕府により没収され、興福寺に寄進されることとなった。[*32]

なお、没落した順永・箸尾氏は長禄三年六月に管領細川勝元《ほそかわかつもと》の計らいにより幕府から許され所領を回復し、本城を取り戻している。[*33]

長禄三年八月、越智方に与した番条《ばんじょう》氏は、筒井方によって番条環濠を攻められて自焼没落した。その際、共に籠城していた鞆田《ともだ》氏は「八幡之堀」に落ちて死に、その他多くの番条郷民等道俗男女が「堀水」に落ちて死んでいる。[*34] 環濠集落が城郭化を果たしていた事例として注目される。

応仁の乱と筒井・越智の抗争

応仁元年（一四六七）正月、京都を舞台に応仁の乱が勃発する。筒井順永・成身院光宣は畠山政長《まさなが》方すなわち東軍に与するが、越智氏などは畠山義就方すなわち西軍に加担するなど、大和の国人衆も東西二派に分かれ、以後長きにわたって抗争を繰り返した。その後、文明九年（一四七七）十月に筒井順尊等は東山内への没落の憂き目にあう。[*35]

こうして義就は河内・大和をほぼ手中に収め、十一年間にわたって繰り広げられた大乱も十一月に終息を迎え、大和では越智家栄《いえひで》・古市澄胤《ちょういん》が権力を握った。澄胤は官符衆徒棟梁の地位に就き、政治の表舞台を取り仕切ることになった。

西方院山城の再築

文明十年（一四七八）四月、越智・古市方は南都における筒井方の攻撃に備えて鬼薗山城を再興することを大乗院門跡尋尊《じんそん》に求めたが、その申し出は却下された。そこで、嘉吉四年（一四四四）に築城途上で放棄されていたその東隣の西方院山への築城を計画することとなった。

＊32　『大乗院日記目録』『春日大社文書』
＊33　『大乗院日記目録』『大乗院寺社雑事記』
＊34　『大乗院寺社雑事記』
＊35　『大乗院寺社雑事記』

文明十一年八月二十六日の工事状況は、天満社の西側にある「古堀」の「堀二重」を浚《さら》えて東を画する南北方向の堀としており、その西側を「城構」とすること、西端は新宮社東側に南北方向の「大儀ナル堀」が新設中であった。これらの土木工事には筒井郷・箸尾郷・十市郷等の人夫が動員されていた。*36

閏九月十六日に「城構」の事始めがあり、十八日には古市方の奉行の指揮の下、箸尾郷以下の人夫によって西端の堀の掘削が行われた。二十九日に古市方への屋渡しの儀が行われ、早速軍勢が配置された。しかし、それも束の間の十月二日には筒井方の攻撃を受け、古市方は「西方院山自焼」するに至っている。*37

筒井氏の没落と復活

東山内に没落した筒井方は福住城《ふくずみ》（天理市）を拠点として、国中復帰への戦いを繰り広げる。しかし、文明十三年（一四八一）七月二十三日、筒井・箸尾・十市・多武峯勢が戒重《かいじゅう》を攻めるも追散され、古市が「筒井居住所」である福住城を発向する。*38 そのため、筒井順尊は福住城も逐われ一時拠点を失うこととなる。しかし、文明十四年八月二十五日、筒井・成身院・安楽坊《あんらくぼう》が「筒井」へ入り、筒井城を回復する。*39

だが、それも長くは続かず、文明十五年九月末には筒井方は畠山義就方に攻められ、筒井・十市以下が没落し、在々所々が焼き払われた。*40 これにより、順尊は布留《ふる》郷を経て東山内へ向かうことになり、再度東山内へ没落することになる。

その後の筒井氏の拠点は不明であるが、筒井城・福住城とも回復には至らず、文明十九年六月にようやく順尊は、越智・古市と和談して帰城することとなった。*41

---

*36　『大乗院寺社雑事記』

*37　『大乗院寺社雑事記』

*38　『大乗院寺社雑事記』

*39　『大乗院寺社雑事記』

*40　『大乗院日記目録』『大乗院寺社雑事記』

*41　『大乗院寺社雑事記』

この後も畠山両氏の対立を背景に筒井方と越智方の抗争は続く。筒井方は明応二年（一四九三）閏四月十一日には郡山城《こおりやま》（大和郡山市）に籠もっていたものの、古市方に敗れ再度没落している。[*42]こうしたなか、閏四月二十五日に細川政元《まさもと》が畠山政長を自害に追いこみ、管領となり幕府の実権を握った。ここに大和では細川政元に与する越智家栄・古市澄胤の全盛期を迎えた。

しかし、越智・古市はまもなく対立を深め、明応六年九〜十一月にかけて筒井方は越智・古市方を破り、[*43]筒井城へ戻った。ここに筒井方と越智・古市方の形勢は逆転したのである。

赤沢朝経父子の大和侵攻と大和国人一揆

明応八年（一四九九）十月、大和国人衆の間には和睦の動きが起こってきた。『大乗院寺社雑事記』明応八年十月二十六日条には、古市氏を除く「越智・十市・筒井・成身院・楢原《ならはら》以下三十余人」が、畠山氏の内訌と関係して両派に分かれた大和国人衆同士の抗争を停止しようとしたものである。しかし、和睦は多武峯の反対によっていたらなかったようである。[*44]

十二月十八日、今度は細川政元の重臣・赤沢朝経《あかざわともつね》が大和へ侵入して秋篠城《あきしの》（奈良市）に押し寄せ、秋篠・超昇寺《ちょうしょうじ》・宝来の諸氏が敗退した。続いて「成身院律師・筒井・豊田・番条・十市・楢原以下」の諸氏は没落し、国中所々が焼き払われている。[*45]

朝経は大和侵入後、明応九年六月に数か所の荘園を配下に知行させ、[*46]大和支配を進めていく。大和国人衆はそれに危機感を持ち、永正二年（一五〇五）二月四日に筒井順興《じゅんこう》は、布施・箸尾・越智・十市の諸氏とともに春日社頭に咾文《こくぶん》を掲げて和睦し結束した。八月二十八日には、咾文に署名しなかった「一両一疋衆」といわれた国人衆がこの咾文に連判した。[*47]ここに大和国人一揆体制が初めて本格的に結成されたのである。

＊42　『大乗院寺社雑事記』

＊43　『大乗院日記目録』『大乗院寺社雑事記』

＊44　『大乗院寺社雑事記』

＊45　『大乗院寺社雑事記』

＊46　『大乗院寺社雑事記』

＊47　『多聞院日記』

永正三年八月二日、赤沢朝経が山城から大和に入ると、筒井順興・成身院順宣《じゅんせん》は、細川政元の誘いに応じず、大和国人一揆としてこれに対抗した。しかし、四日には順興・順宣は井戸《いど》城（天理市）を捨てて没落し、東山内に逃れることとなった。[*48] 十八日に箸尾城以下が焼き払われている。[*49] 二十四日には郡山城も落とされるなど、一揆勢は大敗北を喫した。これにより、「北脇国中」（筒井氏等が治める国中北部か）は赤沢朝経の知行分となった。[*50]

朝経の死と赤沢長経の大和侵攻

永正四年（一五〇七）六月二十三日、細川政元が養子の澄之《すみゆき》や香西元長《こうざいもとなが》らに暗殺され、大和には部下の和田源四郎《わだげんしろう》を置いて丹後に出陣していた赤沢朝経も、石川直経《いしかわなおつね》らの逆襲を受け退路を塞がれて自刃する。その際、朝経に従って丹後国へ出陣していた古市胤盛《いんせい》も討ち死にし、周辺の事態は急変した。大和国人一揆勢はこれに乗じ、二十五日には二上山から逃れていた和田源四郎・蘆田《あしだ》助次郎《すけじろう》以下を桜井付近で襲撃し、源四郎・助次郎等数百人を自害させ、七百余りの死者を出すなどの戦果を挙げるなど反撃の狼煙を上げた。[*51]

このように、大和国人一揆は一時的に盛り返して六月二十七日には畠山義英《よしひで》（義就流）とともに大和へ戻ってきたが、八月二十七日に細川澄元《すみもと》の家臣で朝経の養子・赤沢長経《ながつね》が大和へ入ろうとしていることを聞くと、義英と連携をとってこれに対抗した。[*52]

しかし、十月十八日に赤沢長経・古市澄胤の軍勢に敗れ、「十市・箸尾・楢原・成身院・筒井与力衆」はことごとく没落、大和は京衆による支配を受けることになる。なお、筒井順興と成身院順宣は河内高屋《たかや》（大阪府羽曳野市）へと逃れたようである。[*53]

十一月十三日に国人衆は、二上山・三輪山《みわやま》（桜井市）・釜口《かまのくち》ノ《の》上《うえ》（天理市）・桃尾に集まり篝火《かがりび》

*48『多聞院日記』
*49『大乗院寺社雑事記』
*50『多聞院日記』
*51『多聞院日記』
*52『多聞院日記』
*53『多聞院日記』

畠山氏の居城・高屋城跡　大阪府羽曳野市

を焚いて再び蜂起した。京衆をいったん奈良まで退かせ、十四日には筒井・十市以下は高田城《たかだ》（大和高田市）に、筒井与力衆の一部は桃尾に集結した。しかし、十五日には長経軍に一国ことごとく焼き払われるなど敗北を喫し、筒井氏をはじめとする高田城の軍勢は宇智郡へと逃れた。*54

さらに十二月四日には、一時平穏となっていた河内の畠山尚順《ひさのぶ》（政長流）・義英の和睦が破れ、その影響を受けて「大和牢人衆」のほとんどが尚順に味方したことから、国人一揆も崩壊する運びとなる。*55

永正五年七月十九日に赤沢長経と古市澄胤は奈良に打ち入ったところ、三条において筒井等の軍勢を破った。*56 これにより、長経は大和一国を平定したようである。しかし、長経の横暴が度を越したことから、幕府は畠山尚順に命じてこれを討ち取るよう命じている。*57 七月二十六日に大和牢人衆は高屋城において、赤沢長経等の軍勢を迎え打ち、古市澄胤等ほか数百人を自害させた。ついで、二十八日に尚順の軍勢は大和に逃れた長経を初瀬《はせ》（桜井市）にて生け捕りにして、八月二日に河内においてこれを斬首している。*58

この明応末・永正初年（一四九九〜一五〇八）の赤沢朝経・長経の大和侵入と、それに対抗すべく結成した筒井・越智両氏の和睦・国人一揆が大和における戦国期の開始期と評価されている。*59

越智氏の「山ノ城」

赤沢長経と古市澄胤の死により、大和が平穏になったかというとそうではなく、再び細川・畠山両氏の確執の影響により二派に分かれて一進一退の攻防を繰り返すことになる。

永正八年（一五一一）七月十三日、将軍足利義稙《よしたね》を擁する細川高国《たかくに》・畠山尚順に与する筒井方は、前将軍足利義澄《よしずみ》を擁する細川澄元・畠山義英に与する越智・古市方と河内において合戦に及ぶも

---

*54 『多聞院日記』
*55 『多聞院日記』
*56 『春日社司祐弥記』
*57 『後法成寺尚通公記』
*58 『永正元年記』
*59 村田一九八五

敗退し、東山内に没落した。そのとき、越智方の軍勢が「ツボ坂并タカトリ山ノ城」に入っている。二十六日に筒井・箸尾・十市・宝来・秋篠の諸氏が国中へ戻り、筒井順興は井上《いのうえ》（奈良市）に入ると、八月二日には「古市ノ陣上六寸」を攻め落とし、古市方を破っている。[*60]

永正十五年三月三日、将軍足利義稙の仰せ付けにより、順興は念願の官符衆徒棟梁の地位に就いた。こののち、官符衆徒棟梁の地位は筒井氏に継承されていくことになる。

ここで注目されるのは、永正八年に高取《たかとり》城（高取町）が史料に初出したことである。越智氏は依然として壺阪寺を利用し、その後背山地により防御性の高い山城が築かれたものといえる。[*61]

古市氏の「山ノ城」

永正十七年（一五二〇）五・六月にかけて、筒井方による越智・古市方への攻撃が行われる。五月七日、筒井足軽が、超昇寺・山村《やまむら》・柴屋《しばや》を焼いたことにより、古市公胤《こういん》は「山ノ城」と呼ばれる鉢伏《はちぶせ》城（奈良市）に入った。八日には、筒井衆が数千の軍勢で詰め寄せ麓を焼き払い、その勢いで鉢伏城を攻め落とし、これを破城した。[*62]

このような両者の抗争のなかで、六月中頃過ぎになると、大和国人衆はまたここで二度目の一揆を結ぶ動きが出てくる。これは畠山稙長《たねなが》（政長流）が細川高国と相談した上で遊佐《ゆざ》順盛《よりもり》を使者として筒井順興に仲介したものであった。これにより、十月九日に越智と筒井が和談するに至った。[*63]

筒井氏の「山ノ城」

享禄元年（一五二八）閏九月五日、大和は足利義維《よしつな》方の柳本賢治《やなぎもとかたはる》の侵攻を受け、越智氏もこれ

---

*60　「三條寺主家記抜萃」「祐園記抄」

*61　金松二〇〇一

*62　「祐維記抄」

*63　「祐維記抄」

椿尾上城南東の堀切　奈良市（高田徹氏提供）

に同心した。翌二年四月、賢治は大和へ入国し、国中が焼かれる事態に陥るが、筒井順興は三千貫の礼銭を支払うことにより、賢治との和与に持ち込んだ。しかし、賢治は大和一国に私段銭《したんせん》を賦課するなど、大和への影響力を強めていくこととなった。[*64] 享禄三年五月に賢治が播磨で戦死するまで、この状態は続いたとみられる。

このようななか、順興は東山内と国中の境の稜線上に椿尾上《つばおかみ》城（奈良市）を築いた。国中の筒井と東山内の福住城を結ぶ生命線ともいうべきルートを確保するために、築かれたものとされる。筒井城の詰城《つめじろ》という枠を越えて、広域の勢力圏である筒井郷全体の詰城で、なおかつ政庁的な機能も備えた。[*65] 史料的初見は享禄四年正月十七日[*66]であるが、それ以前には築かれていたといえる。

天文一揆と高取城の拠点城郭化

享禄五年（一五三二）、奈良中において興福寺に反発する商人や郷民による一揆が蜂起して、七月十日には興福寺・春日社に乱入、院坊を破壊した。興福寺僧等が越智氏の高取城に避難すると、一揆勢は同月末に高取城を攻撃した。筒井順興や十市氏は、越智氏の来援に駆け付け、八月八日には一揆勢を破っている。[*67]

なお、天文八年（一五三九）には、高取城において金春禅鳳《こんぱるぜんぽう》の自筆本から謡曲『芭蕉《ばしょう》』が書写されていることから、戦時だけではなく平時においても機能していたとみられる。このころには、筒井氏の「山ノ城」同様に、居館の詰城という枠を越えて、広域の勢力圏全体＝越智郷全体の詰城として、政庁的な機能も備えた居城という段階にまで発展していたものと思われる。[*68]

木沢長政の大和侵攻と城郭

信貴山城跡　平群町

＊64　『二條寺主家記抜萃』
＊65　村田一九八五
＊66　『享禄四年記』
＊67　『二條寺主家記抜萃』『三上社浜床銘』
＊68　金松二〇〇一

天文五年（一五三六）には、細川晴元《はるもと》の家臣で上山城守護と河内半国守護代の権限を実質的に有していた木沢長政《きざわながまさ》が大和において台頭してくる。

河内飯盛《いいもり》城（大阪府大東市・四條畷市）を居城としていた長政は、正月段階で本願寺《ほんがんじ》証如《しょうにょ》から大和守護と認識されるほどの権勢を誇り、六月には普請・作事を進めていた信貴山《しぎさん》城（平群町）に移り、これを居城とした。[*69]まもなく二上山城も築いたとみられる。

天文六年七月、長政は越智氏を攻め、十二月に開陣している。天文八年には興福寺領の荘園が三十二か所も闕所《けっしょ》となっており、長政がこの間荘園を次々と占領して自らの家臣に知行させていた可能性が高い。その後、長政は将軍足利義晴《よしはる》から討伐されることとなり、天文十一年三月十七日に河内守護代遊佐長教《ながのり》等の軍勢と河内太平寺《たいへいじ》（大阪府柏原市）にて合戦に及ぶも敗死し、信貴山城・二上山城も焼け落ちるなど、[*70]長政による大和支配は短期間で終わった。

十市氏の「山ノ城」

天文十一年（一五四二）三月十七日、木沢長政が敗死すると、十市遠忠《とおただ》は「山城」より攻め下り、二上山城を焼いた。この「山城」は龍王山《りゅうおうざん》城（天理市）のことを指すとみられる。その後も天文十二年から十三年にかけて、興福寺の使者が「山ノ城」をたびたび訪れていることから、十市遠忠が常時居住して政務を掌る場所になっていた。[*71]

このころには、筒井氏・越智氏の「山ノ城」同様に、十市城の詰城という枠を越えて、後背地の東山内（小山戸・小夫）を含む広域の勢力圏全体＝十市郷全体の詰城として、政庁的な機能も備えた居城という段階にまで発展していたものと思われる。

---

*69『天文日記』

*70『多聞院日記』

*71 村田一九八五

龍王山城跡　天理市

松永久秀画像　高槻市立しろあと歴史館蔵

筒井順昭による大和盆地周辺の統一

天文十一年（一五四二）三月の木沢長政敗死後、大和国人一揆体制は崩れていき、筒井順昭《じゅんしょう》が台頭してゆく。天文十二年四月、順昭は六千騎の軍勢を率いて東山内の箕川《すがわ》城（奈良市）を攻め落とし、その帰途に古市方を攻め、古市城（奈良市）を「自焼」させた。ついで、天文十三年七月に順昭は東山内の柳生《やぎゅう》城（奈良市）を攻め落とした。*72

天文十五年九月十九日に十市氏を破り、翌日に十市城を受け取っている。*73 九月二十五日、順昭は六千騎で越智氏の貝吹山《かいぶきやま》城（高取町）と「オキ田ノ城」を攻めた。十月十日、貝吹山城は和談により開城することになり、順昭は嘉幡《かばた》・高田・八条《はちじょう》氏等を入れ置いて帰城している。*74 また、天文十六年五月に順昭は箸尾城を破却している。*75

このように、順昭は大和の有力国人であった古市・越智・箸尾・十市の諸氏を降し、実質的に東山内・国中周辺の統一を果たし、筒井家の全盛期を迎えた。しかし、順昭は天文十九年六月二十日に死去した。*76 その後、幼少の順慶《じゅんけい》が跡を継ぐこととなる。

松永久秀の大和侵攻と信貴山城

永禄二年（一五五九）八月、三好長慶《みよしながよし》は畠山高政《たかまさ》を追放した安見宗房《やすみむねふさ》を高屋城に攻め、飯盛城に追いやった。そして、紀伊に逃れていた高政を高屋城に迎え、勢いに乗った三好方は、宗房と

澤城竪堀　宇陀市（高田徹氏提供）

*72 『多聞院日記』
*73 『二條寺主家記抜萃』
*74 『多聞院日記』
*75 『二條寺主家記抜萃』
*76 『享禄天文之記』

同盟関係にあった筒井順慶を討つべく松永久秀《まつながひさひで》を派遣し、大和への侵攻を開始した。

八月六日、久秀は筒井城を攻め落とし、筒井城を本陣とした。そのため、筒井氏は椿尾上城へ退き、筒井郷はことごとく放火された。[*77] これにより、筒井城は松永方の手に渡り、筒井方は東山内へ没落、筒井氏は以後、椿尾上城を拠点に活動する。

久秀は、永禄三年（一五六〇）七月に井戸城、十一月には万歳《まんざい》（大和高田市）・澤《さわ》城（宇陀市）・檜牧《ひのまき》城（宇陀市）を攻め、いずれも開城させるなど、葛城《かつらぎ》地域や口宇陀盆地へもその勢力を拡大させていった。[*78] これにより、久秀はついに大和一国をほぼ手中に治め、大和と河内の境にそびえる信貴山城を居城としている。[*79]

久秀は、筒井城に水尾《みずお》和泉守、十市城に石橋《いしばし》氏、澤城に高山《たかやま》飛騨守を入れるなど、広域的な支配体制の構築を進めた。このうち、石橋氏と高山飛騨守はその後キリシタンとなり、特に澤城には教会や礼拝所が設けられたことが確認されている。[*80]

史料に見る多聞城

松永久秀は、永禄四年（一五六一）に多聞《たもん》城（奈良市）を築いた。[*81] 多聞城は奈良北端の丘陵頂部に立地し、大和盆地が一望できる。東側には京街道が通り、交通の要衝であった。これにより、久秀は拠点を多聞城に移し、本格的な大和支配を展開していく。

永禄五年八月二十二日、奈良中の住民が見物する中、「多聞山棟上」が行われた。[*82] これは、『多聞院日記』天正五年（一五七七）六月五日条に記される「四階ヤクラ」の棟上げとみられ、ここに天守相当の高層建築物が建設されたことがわかる。四階櫓は城郭建築としては、初めての採用と考えられる。本丸には、会所《かいしょ》・主殿《しゅでん》・庭園が備わっており、将軍御所プランに基づく伝統的な

＊77　『永禄二年之記（永禄二年巳未恒例臨時御神事記）』
＊78　『細川両家記』
＊79　『足利季世記』
＊80　フロイス『日本史』
＊81　『二條寺主家記抜粋』
＊82　『享禄天文之記』

多聞城遠景（南西から）奈良市

館が形成されていたこと、瓦を葺いた礎石建物を備え、内装を豪華絢爛にしていたことなどが諸史料によって確認できる。[*83]

織田信長の上洛と松永久秀の知行割

永禄九年（一五六六）六月八日、順慶は三好三人衆の力を借り、筒井城を取り戻した。[*84] 大和で苦戦をしいられつつあった松永久秀は、永禄十一年九月、織田信長《おだのぶなが》が足利義昭《よしあき》を奉じて上洛すると、以前から通じていた信長に人質を入れ、足利義昭政権に参画する意志を表し、十月四日に大和の支配を認められている。[*85]

こうしたなか、十月六日に筒井城は信長の後ろ盾を得た松永方によって攻められ、九日には攻め落とされている。ついで、信長は佐久間信盛《さくまのぶもり》・細川藤孝《ふじたか》・和田惟政《これまさ》らに久秀の救援を命じ、十月十日には二万といわれる軍勢をもって大和の諸城を攻めさせている。[*86]

元亀元年（一五七〇）七月、大和をほぼ手中に収めた松永久秀は、知行割と大規模な給人《きゅうにん》の入れ替えを行った。[*87] これは大名権力の行使と評価でき、これにより松永久秀は大和における初の戦国大名化を成し遂げたものといえよう。[*88] そして、久秀は多聞城を嫡男久通《ひさみち》に譲り、信貴山城を拠点とした。[*89]

辰市合戦と筒井順慶の台頭

だが、織田信長を後ろ盾とした松永久秀の大和支配は長くは続かず、筒井方の反撃が本格化する。

元亀二年（一五七一）八月二日、筒井方は辰市《たついち》（奈良市）に「用害」を築いた。久秀は同城攻略に向け、信貴山城から出陣、河内若江城《わかえ》（大阪府東大阪市）の三好義継《よしつぐ》と合流して四日の昼頃

---

*83 「柳生文書」、フロイス『日本史』
*84 『多聞院日記』
*85 『多聞院日記』
*86 『多聞院日記』
*87 『二条宴乗記』
*88 安国一九九一
*89 中川二〇一一

南都大安寺《だいあんじ》（奈良市）に入り、「西上刻《とりのじょうこく》」に一斉に辰市城に攻め掛かったが、筒井方はこれを撃退し、大勝を収めた。順慶は、六日に松永方の手に渡っていた筒井城を再び回復した。*90

その後、信長と敵対した久秀は、天正元年（一五七三）十一月に信長に下り、十二月二十六日に多聞城を明け渡した。*91 ここに実質的な松永久秀の大和支配は終わった。

織田政権下における筒井氏の大和支配

天正二年（一五七四）正月四日、「福住・毛利河内・タラウ四郎兵衛、佐久間才四郎以上四人」が「多聞山城番手衆」として入り、その後、明智光秀《あけちみつひで》・細川藤孝・柴田勝家《しばたかついえ》が入れ替わり多聞城へ入った後、三月二十一日に塙《ばん》（原田《はらだ》）直政《なおまさ》が入城した。

天正三年三月二十三日、塙直政が信長より「当国ノ守護」に任じられた。ここに、織田政権による大和支配は確立していくこととなる。そして、四月二十七日に「松永」は直政・十市方（常陸介・十市後室）と共に信長より、大和十市郷の三分の一を分け与えられた。七月二十五日、久通は龍王山城において、以前より松永派であった十市後室の娘御なへと祝言をあげている。*92 このころには、久通は龍王山城を居城としていたと考えられる。

天正四年四月に信長と和睦していた大坂本願寺が再び挙兵、塙直政は摂津へ出陣するも、五月三日に戦死した。これにより、五月十日、塙直政に代わって筒井順慶が信長から大和支配を公的に認められた。*93

多聞城の破却

天正四年（一五七六）六月、織田政権の意向による多聞城の破却が開始する。多聞城の建物は

---

*90 『多聞院日記』

*91 『尋憲記』

*92 『多聞院日記』

*93 『多聞院日記』

信貴山落城　『絵本太閤記』　当社蔵

京都へ移転させる予定であった。[*94] その際、松永久通は「タモン山家壊奉行」を務めている。[*95] 天正五年六月一日、信長は順慶に対し、「高矢倉」（四階櫓）を「此方」（安土《あづち》城〈滋賀県近江八幡市〉）へ移動させるよう命じ、久通を使者に出している。[*96]

閏七月、多聞城の破却がほぼ完了した。順慶はこの作業を久通と共同で行ったのであった。

松永久秀の滅亡

天正五年（一五七七）八月十七日、久秀は大坂本願寺攻めの摂津天王寺の陣を払って戦線を離脱し、信貴山城へ籠もった。これに対し、織田信長は長男信忠《のぶただ》を総大将として信貴山城攻めの軍勢を発し、十月一日に久秀の家臣海老名《えびな》・森《もり》の籠もる片岡《かたおか》城（上牧町）を攻め落とした。柳本《やなぎもと》城（天理市）では、久通が柳本衆の裏切りにより自害したという。三日、織田軍は信貴山城を攻撃し、十日に攻め落とした。久秀は自害し、ここにその生涯を閉じた。[*97]

大和一国破城と指出検地

天正八年（一五八〇）八月二日、本願寺門主教如《きょうにょ》が大坂を退去し、ここに、元亀元年（一五七〇）以来十年におよぶ合戦は終結する。その直後、信長は順慶に郡山城を除く「国中諸城」を破却す

＊94　「岡本文書」
＊95　『多聞院日記』
＊96　「岐阜市歴史博物館所蔵文書」
＊97　『多聞院日記』『信長公記』

るよう命じた。ここに国人衆の居城が破却され、筒井城も例に漏れることなく取り壊され、十一月に順慶は郡山城に入城した。続いて九月二十六日、信長の上使滝川一益《たきがわかずます》と明智光秀は寺社も含む大和の全領主に対して指出を命じ、十月二十三日にほぼ完了した。*98

この両政策の目的は、前者が国人衆を在地から引き離し、彼らを筒井氏の支配下に結集させることにあり、後者が石高による知行高の正確な把握による、国人衆に対する軍役等の賦課台帳の作成にあり、いずれも相まって大和の軍制を確立するためのものであった。*99 これにより、織田政権下における順慶による郡山城を拠点とした一元的な大和支配が始まったといえよう。これを契機に、順慶は反筒井方であった国人衆の粛清を行っている。*100

筒井家内衆の大名成と高取城の復興

天正十年（一五八二）六月二日の本能寺の変による織田信長の死後、筒井順慶は七月十一日に羽柴秀吉《はしばひでよし》により「和州一国一円」の支配権を安堵された。*101

天正十一年後半に楢原・越智両氏も実質的に滅び、豊臣政権下における順慶の与力国人衆の粛清が完了した。この総仕上げとして、十二月二十九日に「内衆《うちしゅう》」の「大名成《だいみょうなり》」が行われた。秀吉の命により、松蔵弥八郎《まつくらやはちろう》・中坊飛騨等十一人が大名に召し定められ、松蔵弥八郎は越智へ、中坊飛騨は畑（山添村）へ所領を配されている。*102 この政策の狙いは、「内衆」を大名に取り立てることによって、「南方」の崩壊した軍制を筒井氏の下に集中させることにあった。*103 ここに、豊臣政権下において筒井氏を中心として「内衆」に軍事力を集中する集権体制が確立した。

そして天正十二年二月上旬、順慶は松蔵弥八郎のもと越智氏の高取城を復興させた。*104 これは豊臣政権の関与のもとになされたものといえ、大和盆地南部・吉野方面でいまだくすぶり続ける反

*98 『多聞院日記』
*99 松尾一九八三
*100 『多聞院日記』
*101 『多聞院日記』
*102 『多聞院日記』
*103 小竹一九九九
*104 『多聞院日記』

高取城大手門跡　奈良県高取町

羽柴秀長画像　東京大学史料編纂所蔵模写

乱分子の大和国人衆を一掃するための拠点とするためであったものと思われる。[*105] これにより、順慶の大和支配は大和南部にも影響力を強くしていったのである。

　しかし、八月十一日に順慶は息を引き取った。[*106] 順慶には実子がなかったため、養子の定次《さだつぐ》がその跡を継いだ。

筒井定次の伊賀国替と羽柴秀長の郡山入城

　天正十三年（一五八五）閏八月十八日、筒井定次は伊賀への国替を命ぜられた。[*107] こうして定次は伊賀へ移されることとなり、大和は秀吉の弟・羽柴秀長《ひでなが》の所領となった。これは興福寺と国人衆の関係を根絶し、大和を完全な秀吉領国とする必要があったからであろう。[*108] これに従わなかった国人衆もいたことから、大和国人衆は定次に従って伊賀へ移るものと、留まって帰農したもの及び秀長の麾下に属すものとに分かれた。こうして、大和は羽柴秀長領国となり、大和における筒井氏の歴史に終止符が打たれた。

　九月、秀長は郡山城へ入り、宇陀郡には秀吉重臣で「大和取次」伊藤掃部守《いとうかもんのかみ》が入り、秋山城に入ったものと思われる。そして、高取城にはまもなく本田《ほんだ》武蔵守が入ったと考えられる。[*109] ここに、豊臣政権における郡山城・高取城・秋山城を中心とした大和の支配体制が整った。

羽柴秀長・秀保期の動向

郡山城跡　大和郡山市

＊105　金松二〇〇一
＊106　『春日社司祐国記』
＊107　『多聞院日記』
＊108　小竹一九九九
＊109　金松二〇〇一

羽柴秀長期における郡山城普請は、奈良をはじめとして国中の人夫が動員され、法隆寺《ほうりゅうじ》（斑鳩町）には費用の拠出、春日社では山内の石材が収集されるなど、筒井期よりも大規模に行われた。[*110]

天正十六年四月、秀長は公家家格の最上位摂家に次ぐ「清華成《せいがなり》」を遂げ、武家清華家として諸大夫《しょたいふ》（武家の五位相当の家格）を随えることができる家格になった。高取城主本田武蔵守、秋山城主加藤光泰《かとうみつやす》は秀長の諸大夫であったことから、武家官位制度上、両城は郡山城の下位に序列化されていたといえる。[*111]

秀長の跡を継いだ羽柴秀保《ひでやす》期においては、文禄三年（一五九四）に郡山城の移転が検討され、多聞城跡がその候補に上がったが、[*112]企画倒れに終わった。

増田長盛期の動向

文禄四年（一五九五）四月に羽柴秀保が病死、七月には宇陀を領していたとみられる羽田正親《はねだまさちか》が関白豊臣秀次《とよとみひでつぐ》の切腹に連座し失脚した。[*113]それと連動して大和において知行替えが行われ、近江国水口《みなくち》（滋賀県甲賀市）から後の五奉行の一人となる増田長盛《ましたながもり》が二十万石で郡山城に入り、八月十七日には大和惣国の検地を開始している。[*114]

増田長盛は武家清華家ではなく諸大夫であることから、同年八月に五千石を加増されて一万五千石となった高取城主本田因幡守及び、同年九月に新たに宇陀郡の内二万石余りを宛行われて秋山城主となった多賀秀種《たがひでたね》とは、武家官位制度上は同列であった。すなわち、ここにおいて、本田因幡守・多賀秀種は秀吉直臣の独立した大名になったものといえる。このことは、郡山城は実質的には大和の拠点城郭であり続けながらも、高取城・秋山城は、それぞれ彼ら自身の本城と

---

*110　金松二〇〇九

*111　金松二〇〇九

*112　「古蹟文徴」

*113　金松二〇一九

*114　『多聞院日記』

して転換したものといえよう。*115

徳川政権下の動向と一国一城令

慶長五年（一六〇〇）、関ヶ原の戦いの際、増田長盛・多賀秀種は西軍の石田三成《いしだみつなり》方に与した。しかし、西軍が敗れたため長盛と秀種は改易となった。郡山城は破却の上、建物が伏見《ふしみ》城（京都市伏見区）に移築されたようで、ついで大久保長安《おおくぼながやす》が郡山に在し、その後山口《やまぐち》駿河守が伏見に在しながら与力三十六人を郡山に入れていたとされるが定かではない。*116

そして、伊勢長嶋《ながしま》城（三重県桑名市）において一万石を領した福島高晴《ふくしまたかはる》が宇陀郡三万石を領することとなり、「宇《う》多《だ》城」（秋山城）に入った。*117

このように、郡山城が機能停止したようで、大和は東軍に与した本田因幡守の高取城と福島高晴の秋山城の実質的には二城体制によって、豊臣秀頼《ひでより》の大坂城に対する備えとしての役割を果たすこととなった。

このようななか、小藩による陣屋《じんや》（城に準ずる大名などの屋敷）の構築が確認できる。すなわち、慶長六年には桑山一晴《くわやまかずはる》が二万石を与えられて布施（葛城市）に移封され、新庄《しんじょう》陣屋を構えた。*118 同年には片桐且元《かたぎりかつもと》が平群《へぐり》郡内に二万四千四百石余りを与えられて入封し、龍田《たつた》陣屋（斑鳩町）を構えている。*119

慶長十三年頃には、一万石で五條二見《ごじょうふたみ》（五條市）に入った松倉重政《しげまさ》により、中世二見氏の居城であった二見城が再興されたという。*120

大坂の陣終結後の元和元年（一六一五）、福島高晴は改易されることとなり、閏六月二十五日、幕命により秋山城は小堀正一《こぼりまさかず》・中坊秀政《ひでまさ》の手で破却されることとなった。*121 この城割については、

---

*115 金松二〇一九

*116 金松二〇〇九

*117 『寛政重修諸家譜』

*118 葛城市歴史博物館二〇〇五

*119 村田他編一九八〇

*120 葛城市歴史博物館二〇〇五

*121 『駿府記』

閏六月十三日に一国一城令が発令されているので、その流れで捉える必要がある。

七月十九日付けで水野《みずの》勝成《かつなり》が添下郡・平群郡・式下郡・広瀬郡・添上郡内六万石余りを与えられて郡山城に入り、[＊122]高取城は本田氏が引き続き城主を務めた。元和二年には松倉重政の島原（長崎県島原市）国替えにともない、二見城は廃城となった。

陣屋の展開

元和元年（一六一五）の一国一城令以降、大和において新規築城はなされなかったが、各地の小藩や旗本知行地において陣屋が構えられた。

柳生陣屋（奈良市）、小泉《こいずみ》陣屋（大和郡山市）、興留《おきどめ》陣屋（斑鳩町）、柳本陣屋（天理市）、田原本《たわらもと》陣屋（田原本町）、曽我《そが》陣屋（橿原市）、芝村《しばむら》陣屋（桜井市）、戒重《かいじゅう》陣屋（同）、御所《ごせ》陣屋（御所市）、櫛羅《くじら》陣屋（御所市）、福地《ふくち》陣屋（宇陀市）のほか、宇陀松山藩の陣屋（長山《ながやま》屋敷・上屋敷《かみやしき》・向屋敷《むかいやしき》）（宇陀市）が挙げられる。[＊123]

このように、近世大和国は郡山城と高取城のほか、これらの陣屋の新規構築や一部破却を経て明治維新まで続いていくこととなった。

［参考文献］
朝倉弘「大和国人戒重氏考」（『総合研究所所報』一、奈良大学総合研究所、一九九三年）
朝倉弘『奈良県史』一一　大和武士（名著出版、一九九三年）
天野忠幸「奈良県の城館と地域社会」（『奈良県中近世城館調査報告書』第一分冊、奈良県、二〇二〇年）
葛城市歴史博物館『大和の城と城下』（二〇〇五年）
金松誠「大和高取城に関する文献史学的研究」（『大和高取城』、城郭談話会、二〇〇一年）

＊122　「水野文書」

＊123　村田他編一九八〇、葛城市歴史博物館二〇〇五

金松誠「筒井城の歴史」(『筒井城総合調査報告書』、大和郡山市教育委員会、二〇〇四年)
金松誠「中近世移行期の大和郡山城に関する文献史学的研究」(『大和郡山城』、城郭談話会、二〇〇九年)
金松誠「中近世移行期における宇陀秋山城主の変遷について」(中井均監修・城郭談話会編『文献・考古・縄張りから探る近畿の城郭』、戎光祥出版、二〇一九年)
呉座勇一『応仁の乱』(中央公論新社、二〇一六年)
小竹文生「豊臣政権と筒井氏—『大和取次』伊藤掃部助を中心として—」(『地方史研究』二七九、地方史研究協議会、一九九九年)
小林宜右「東寺領大和国平野殿庄の悪党」(『国史学』七〇、国史学会、一九五八年)
中川貴皓「木沢・松永権力の領域支配と大和信貴城」(中西裕樹編『松永久秀の城郭』、戎光祥出版、二〇二一年)
中西裕樹「木沢長政の城—拠点山城の立地と背景—」(『史敏』八、史敏刊行会、二〇一一年)
馬部隆弘「木沢長政の政治的立場と軍事編成」(馬部隆弘『戦国期細川権力の研究』、吉川弘文館、二〇一八年)
松尾良隆「天正八年の大和指出と一国破城について」(『ヒストリア』九九、大阪歴史学会、一九八三年)
村田修三「大和の「山ノ城」」(『日本政治社会史研究』下、塙書房、一九八五年)
村田修三他編『日本城郭大系』一〇 三重・奈良・和歌山(新人物往来社、一九八〇年)。
安国陽子「戦国期大和の権力と在地構造—興福寺荘園支配の崩壊過程—」(『日本史研究』三四一、日本史研究会、一九九一年)
安田次郎「永仁の南都闘乱」(『お茶の水史学』三〇、お茶の水女子大学史学科読史会、一九八七年)
山川均「中世集落の論理—耕地開発と集落景観—」(『考古学研究』四五—二、考古学研究会、一九九八年)

総論2　奈良県下の縄張り研究

髙田　徹

はじめに

本書で個別城郭を取り上げるに先立ち、奈良県城郭のうち、近代以降の縄張り研究・縄張り図を中心とした諸研究を概観する。最初に戦前の地誌や諸研究を取り上げ、次いで戦後の諸研究、特に村田修三氏の論考を中心に取り上げる。なぜなら奈良県下の縄張り研究は実質的に村田氏により始まり、現在もその業績に拠るところが多いからである。村田論考を抜きにして、奈良県下の城郭研究を語ることはできない。

戦前の諸研究

まず、大正期に編まれた二つの地誌を取り上げる。『奈良県宇陀郡史料』[*1]では歩測によって作成された菅野《すがの》塁（菅野城）、神末《こうずえ》塁（秋葉《あきば》城・ともに御杖村）の縄張り図が掲載される。曲輪の外側に広がる尾根・斜面の広がりをおそらく目視によってケバ表記し、立体感あるものとしている。実際の縄張りと比べれば、方位・遺構の認識等において難点があるが、この時期に作成された図としては全国的にみてもハイレベルな図といえよう。

『奈良県宇智郡誌』[*2]では桜《さくら》井康成《いやすなり》邸、二見《ふたみ》城（ともに五條市）の概図を挙げる。等高線風の傾斜部によって平坦面を示した図であり、あわせて鳥瞰図を挙げている。二見城については現状とどのように対応するかがわかりづらいが、改変が顕著な城跡であるだけに、旧状復元をする際の拠所になることは疑いない。他の城郭についても、現状や伝承等が記されているのが有益となる。

＊1　奈良県宇陀郡『奈良県宇陀郡史料』（一九一七年）

＊2　奈良県宇智郡『奈良県宇智郡誌』（一九二四年）

吉野町出身で教育者・郷土史家であった中岡清一氏は、大塔宮護良親王《おおとうのみやもりよししんのう》が拠った「吉野城」の内郭・外郭、そして大塔宮に従った郷士らの事績・城郭について詳述した『大塔宮之吉野城』＊3を昭和十二年（一九三七）に著した。同書にいう「吉野城」とは、吉野山の寺院堂塔を中心とした内郭・外郭からなる巨大な城郭である（防御陣地網と表現するのが妥当かもしれない）。内郭は蔵王堂《ざおうどう》を中心とした本防御陣地、吉野川に面した前線防御陣地、後方の総司令地とされる。外郭は、河内国千早《ちはや》・赤坂《あかさか》城（大阪府千早赤阪村）との間に点在する内郭前面に広がる郷士らの諸城という。

同書は内郭の蔵王堂、高城（ともに吉野町）、外郭の佐味《さび》城（御所市）等の実測図・断面図を収録する他、阪合部《さかあいべ》城（五條市）等の地籍図・字名・地目・地番等も記す。また、豊富に挿入された写真は古写真の域に達しており、古城の旧状を偲ぶことができる。

昭和八年、陸軍築城部本部に本邦築城史編纂委員会が置かれ、全国の城郭調査が行われた。稿本は戦災焼失したが、編纂員の手控えが『日本城郭史資料』として残された＊4。このうち「第三十冊大和国」には蔵王堂・高城・多武峰《とうのみね》（桜井市）、信貴山《しぎさん》城（平群町）等の縄張り図が収録されている。小規模な高城を除けば、ほとんどが部分図・未完成図に止まる。そうした中、多武峰の東・西門の堀や石塁の断面図を作成し、軍事面から寺院勢力にも注視していたことがわかる。

戦前の諸研究中、『大塔宮之吉野城』所収図は遺構の広がりを的確に読み取っており、最も完成度が高い。しかしながら、時代的な背景もあって南朝史観に立った評価に偏る上、遺構を通じての突っ込んだ評価・分析にはつながらない。「吉野城」という捉え方も、今日の城郭研究において支持することは難しい。

郡誌が語る個々の城郭の遺構や伝承に関する記述は、今日確認できないところが少なくないため有益である。城主・歴史に関しては一次史料や二次史料、伝承等に基づいて語られるが、遺構

＊3　中岡清一『大塔宮之吉野城』（吉野叢書刊行会、一九三七）。なお昭和十八年（一九四三）には積善館から改定第五版が刊行されている。

＊4　『日本城郭史資料』については中井均「本邦築城史編纂委員会と『日本城郭史資料』について」（中世城郭研究会『中世城郭研究』七、一九九三年）に詳しい。なお、『日本城郭史資料』は国立国会図書館デジタルコレクションで公開されているが、令和四年九月時点では「第三十冊大和国」は公開対象となっていない。

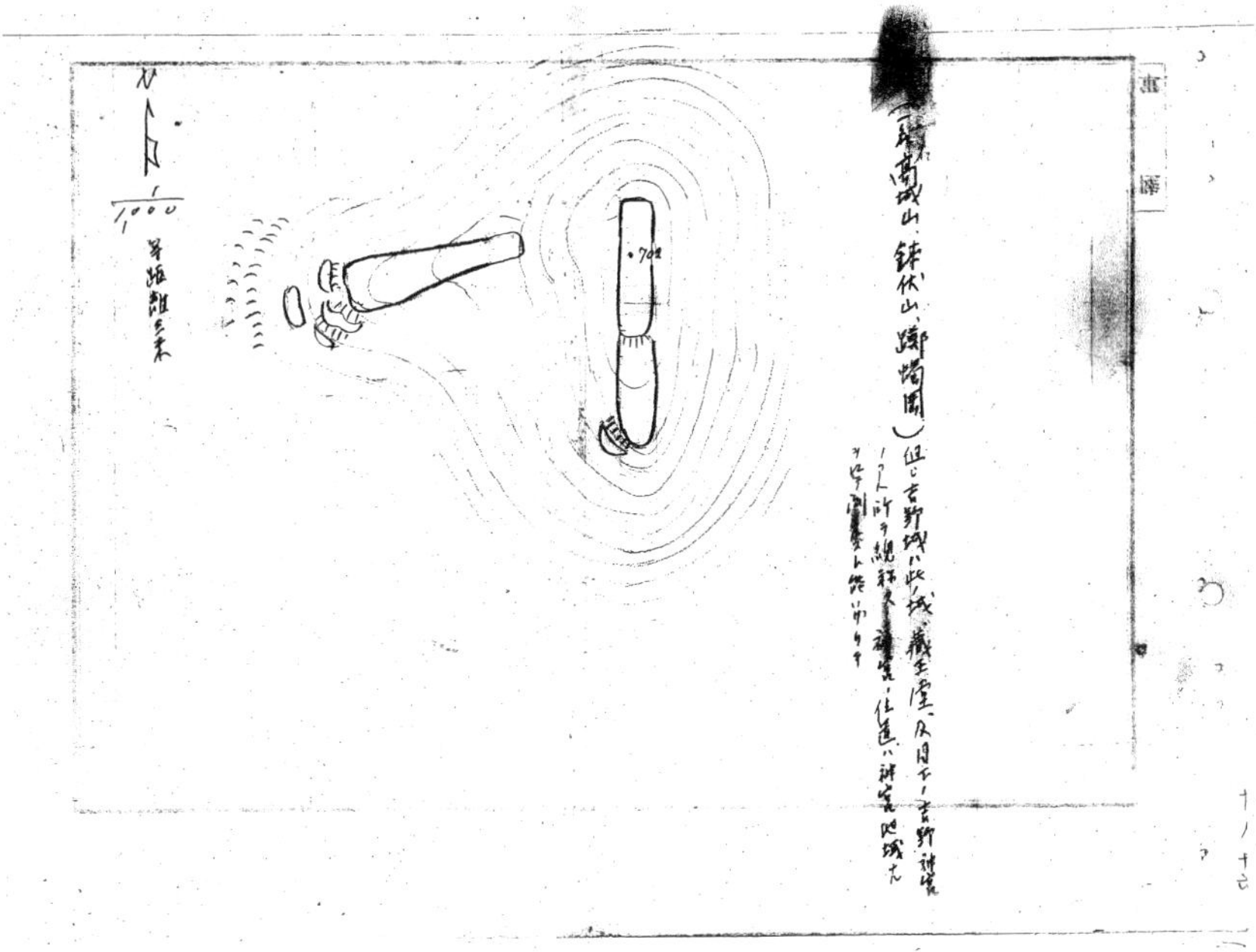

図１　『日本城郭史資料』中、吉野城（高城山）　国立国会図書館蔵

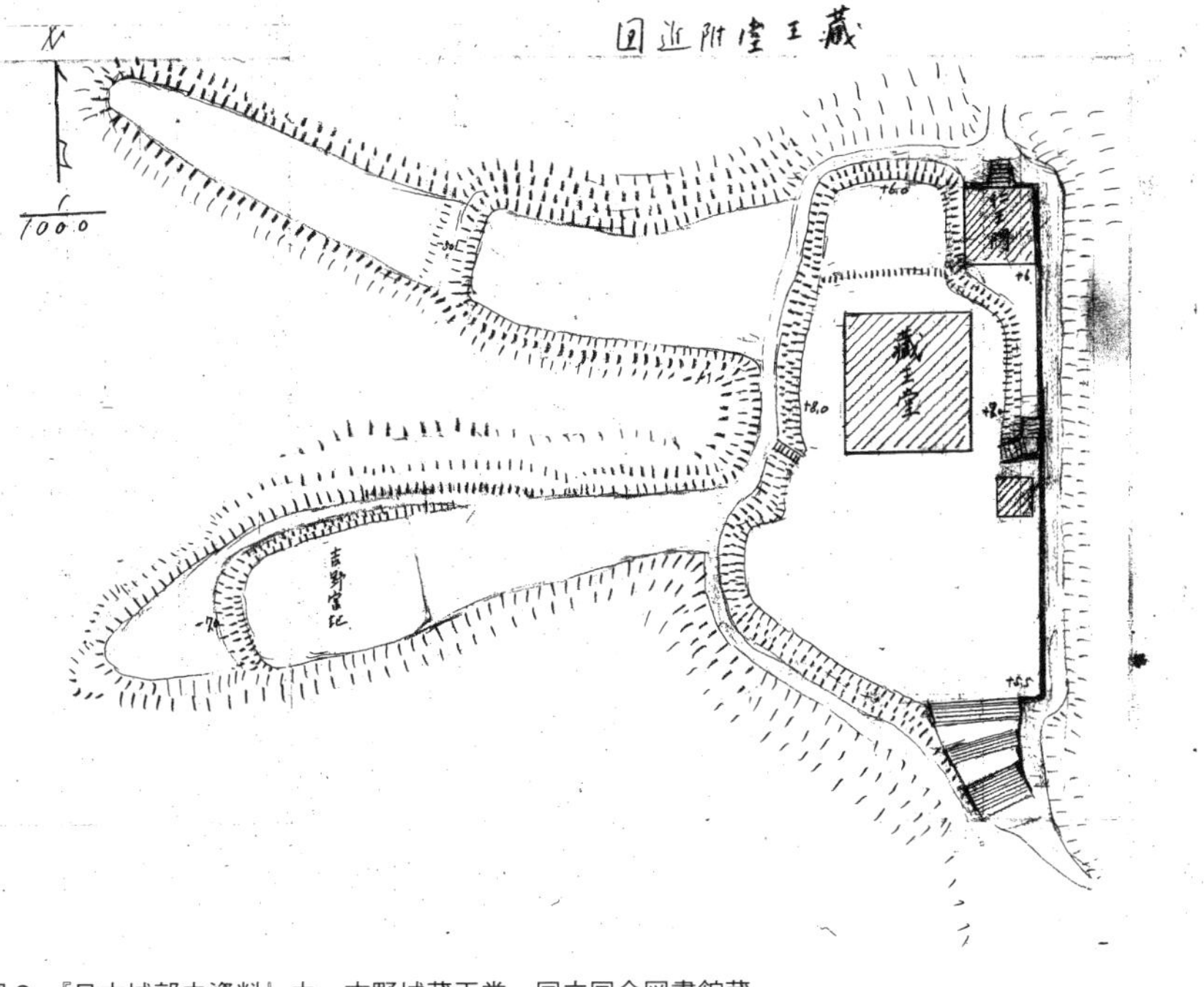

図２　『日本城郭史資料』中、吉野城蔵王堂　国立国会図書館蔵

の解釈を通じての年代・築城主体といった見方には至っていない。これは奈良県だけに限った話ではなく、当時は他県における自治体史でも似たり寄ったりの記述となっていた。

気になるのは、多聞城《たもん》（奈良市）の遺構について、戦前において特段注意されていた形跡がないことである。一部が聖武天皇陵《しょうむてんのうりょう》になっていたとはいえ、主要部は松林となった民有地になっていた。城郭史上、織豊系城郭にも影響を与えたとされる多聞城がほとんど注視されることなく、調査・研究の対象とならなかったのはなぜか。古社寺に比べ、いまだ中世の遺跡全般に対する重要性が認識されていなかったためであろうか。

戦後の諸研究

昭和二十三年（一九四八）、戦後の教育制度改革により多聞城跡に若草中学校が新設され、主要部の遺構が失われた。工事が急きょ進められる中、伊達宗泰氏は立会調査を行い、測量図を作成した。[＊5] 破壊が及ぶ範囲に止まらず、調査は陵墓域も含めた広範囲を対象としているため、細部はともかく、およその城郭構造を把握することができる。今日、多聞城の縄張りを検討する上で伊達氏による測量図は不可欠な存在である。[＊6] それは伊達氏の城郭遺構に対する見識に基づくところが大きい。悪戦苦闘した測量であったというが、今となっては掛け替えのない貴重な測量図に他ならない。

その後、多聞城の一角では奈良市によって発掘調査が行われているが、[＊7] 限られた範囲内でも多くの知見が得られている。主要部が発掘調査されていれば、どれだけ多くのことが明らかになったことであろうか。返す返す惜しまれてならない。

昭和四十九・五十年度、同五十五年度には住宅建設に先立ち、立野城《たつの》（三郷町）の発掘調査が

＊5　伊達宗泰『大和・飛鳥考古学散歩』（学生社、一九六八年）

＊6　拙稿「松永久秀の居城―多聞・信貴山城の検討―」（大和中世考古学研究会・織豊期城郭研究会『織豊系城郭の成立と大和』、二〇〇六年）

＊7　奈良市教育委員会『多聞廃城跡発掘調査概要報告』（一九七六年）

行われている。近世地誌の記述や立地を通じて信貴山城の出城《でじろ》と考えられ、それぞれが横堀を有する曲輪群によって構成され、石垣をともなう土橋《どばし》・馬出《うまだし》も見つかった。遺構は調査後に破壊されたが、これが奈良県において実質的にほぼ全面発掘された最初の事例となる。失われたものは大きいが、基礎データとなる調査成果が残された。[*8] 遺構そのものを現在見ることはできないが、基礎データによって遺構解釈をはじめとする検討は可能となる。

前後するが、昭和四十二年には『日本城郭全集』[*9] が刊行された。およそ近世の地誌・軍記、近代の市町村誌の記述を基とした小和田哲男氏による執筆である。それでも県内の二三三城を個別に解説し、地図上に分布を示したことにより、一冊で県内の城郭がおよそ俯瞰できるようになった。こうした成果が続く『日本城郭大系』や悉皆調査報告書へと発展的に継承されることとなる。

さて、庭園研究者であった森蘊《おさむ》氏は郡山城《こおりやま》（大和郡山市）、龍王山城《りゅうおうざん》（天理市）、西方院山城《さいほういんざん》（奈良市）の実測図を作成している。[*10] 郡山城では、現状でははっきりしない左京堀《さきょうぼり》の堀障子《ほりしょうじ》が明瞭に表記される。早くに中世城郭を測量対象としている点は評価できるが、龍王山城では五m間隔、西方院山城は一m間隔の等高線で表されているのは残念な点である。そのため遺構の実態が共につかみにくい。アウトラインならばともかく、中世城郭の遺構の実態を明らかにする上では五m間隔の等高線では十分といえない。一m間隔であっても遺構評価に基づいて測点を取っていかなければ、城郭としての実態は浮かび上がらない。少なくとも縄張り研究上の資料としては不十分である。森氏個人に帰する問題ではないが、正確な測量は必ずしも遺構の実態を正確に写し出すとは限らない。機器が発達・一般化した現在においても、最終的な判断は人間の認識に拠るところが大きいのである。

＊8　奈良県立橿原考古学研究所『立野城跡・生駒郡三郷町立野所在中世城郭跡の調査概報』（一九七五年）

＊9　鳥羽正雄他編『日本城郭全集第9　大阪・和歌山・奈良』（人物往来社、一九六七年）

＊10　森蘊『奈良を測る』（学生社、一九七一年）

村田修三氏の研究

縄張り研究が果たすべき方向性・役割を明確なものとし、北はチャシ、南はグスクまで全国の津々浦々に至る城郭を広く踏査し、深い観察眼で城郭研究を牽引してきたのは村田修三氏である。今日の城郭研究、特に縄張り研究上、村田氏が果たした功績は計り知れない。氏は初期の論考では奈良県下の城郭を主たる対象としていた。いわば村田氏のホームグラウンドである。

村田氏による最初の城郭に関わる論考は、昭和五十年（一九七五）の「五條の古城館址」[*11]であった。同稿では五條市内の岡氏居館（岡平城《おかひら》）の地形、空堀《からぼり》の痕跡、全体の形態等から検討し、遺構の観察を通じて築城前後の変遷も想定する。さらに全国、近隣の伊賀・甲賀域の方形館と比較することにより、同城の規模・保存状態等での突出性を見出している。特定の立場による目線が及ばず、かつ知名度もない城郭遺構を、「地域の歴史的風土を総合的に理解するのに役立つような」文化財保存に努めるべきとの主張がなされる。名もなき城郭にも歴史がそれぞれあり、地域の歴史とも深く関わるものと捉えられる。こうした思いが県下の城郭、さらには全国の城郭をあまねく踏査し、それらにスポットを当てていく原動力になったことであろう。

ちなみに、前後した時期に縄張り図を用いて緻密な遺構評価を行っていたのは、村田氏の他には関東の伊禮《いれ》正雄氏、[*12]静岡県の見崎閧雄《ときお》氏、[*13]新潟県の伊藤正一《しょういち》氏、[*14]群馬県の山崎一《はじめ》氏[*15]くらいではなかったか。

続く「中世大和の古城址について」[*16]では、奈良県下は古代遺跡に対して城館等の中世遺跡の保存が遅れていることを指摘する。残念ながらこの状況は令和となった現在もさして変わりがない。

また、同稿では先行研究があっても、自らの足と目で実際の遺構を確認することの重要性を指摘する。別稿では「実態をつかむには文字通り探検を重ねて一つ一つ調べ上げていかねばなら

＊11　村田修三「五條の古城館址」（五條古代文化研究会『五條古代文化』三、一九七五年）

＊12　伊禮正雄『関東合戦記』（新人物往来社、一九七四年）

＊13　見崎閧雄「新城発見・確認」（静岡古城研究会『古城』五、一九七六年）

＊14　伊藤正一「戦国期山城跡の畝形施設について」（かみくひむしの会『かみくひむし』二七、一九七七年）

＊15　山崎一『群馬県古城塁址の研究』上・下・補遺篇上・下（群馬県文化事業振興会、一九七一年）

＊16　村田修三「中世大和の古城址について」（奈良歴史研究会『奈良歴史通信』六、一九七五年）

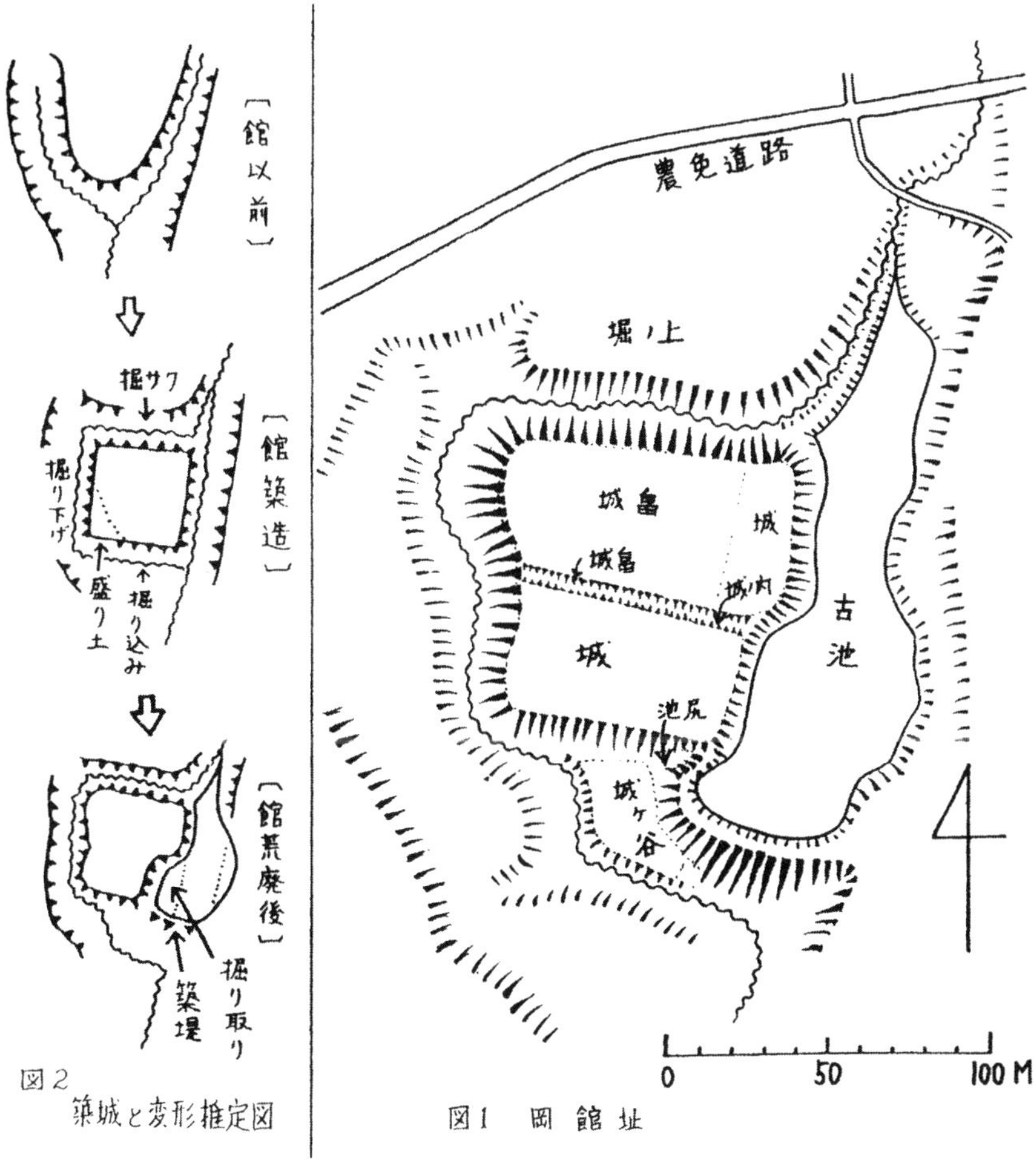

図３　岡館址　村田修三「五条の古城館址」より転載

ない」[*17]と述べる。縄張り研究の基本となる縄張り図作成に使命感を帯び、道なき山中を行き来し、時に藪をかき分けながら孤軍奮闘する姿が想像される。交通機関もなく不便な山間部でも、城郭を求めてとにかく歩く。目星をつけた山に登ったものの、空振りに終わったこともしばしばであったらしい。既知の情報のみではなく、自らの思考に基づいて踏査を繰り返していたのである。氏による「空振りをいとうな」[*18]との言葉には、それだけの踏査結果に裏付けられた重みがある。

『月刊奈良』にて連載された「大和の城跡」[*19]では、信貴山《しぎさん》城（平群町）からはじまって大平尾《おおひらお》城（奈良市）のような小規模な城郭までも、毎回三・四頁前後を費やして詳述されている。縄張り図・写真はいうに及ばず、模式図・断面図も駆使しながらわかりやすく、丁寧に解説が述べられる。縄張りを伝えるため、随所に提示方法等の工夫が目立つ。一般向けの冊子での記述ながら、どれも含蓄ある内容となっている。それでいて城跡周辺に住む人との交流・エピソードがさりげなく語られるところに、村田氏の人となりが感じられる。

龍王山城[*20]では、遺構が確認できないものの関連性が考えられる箇所が林道建設により破壊された点について触れられている。その際、「縄張全体との関連性を考えなければ判断できない。いいかえれば縄張全体を把握していないと、城跡保存はできない」と指摘する。遺構の存在する箇所のみが城域とは言い切れない、遺構が存在していなくても城域（あるいはそれに準じた箇所）として判断すべきところは存在する。だから遺構の存在しない箇所であっても前後のつながりを通じて、つまり縄張り全体をもって把握しなくてはならない。それなくして正しい遺構評価ができるはずはなく、城域の広がりを示すことさえできない。それでは破壊という荒波に立ち向かうことはできない、という主張である。

上記のような見解を確固たるものとし、縄張り研究上の金字塔的な論文となったのが、昭和

＊17　村田修三「大和の城跡（一）信貴山城」（現代奈良協会『月刊奈良』一六―一〇、一九七六年）

＊18　村田修三「私の城跡探検法」（坪井清足他監修『日本城郭大系10　三重・奈良・和歌山』、新人物往来社、一九八〇年）

＊19　村田修三「大和の城跡」（現代奈良協会『月刊奈良』一六―一〇～一七―七、二三―一～二三―七、一九七六・一九七七・一九八三年）

＊20　村田修三「大和の城跡　龍王山城（十）」（現代奈良協会『月刊奈良』一七―六、一九七七年）

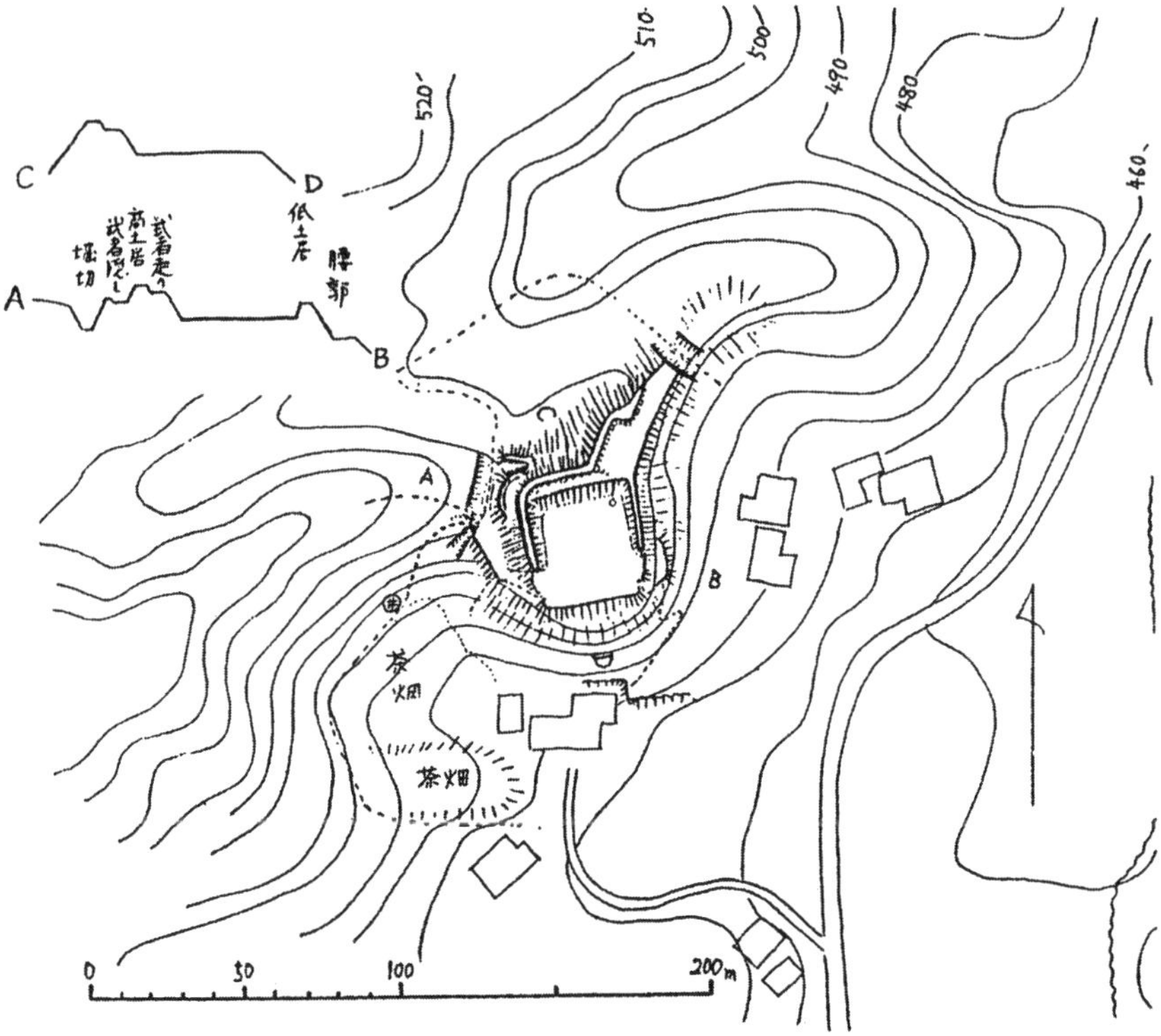

図⑩　別　所　城

図４　別所城　村田修三「城跡調査と戦国史研究」より転載

五十五年に著された「城跡調査と戦国史研究」[*21]である。縄張り研究を志す者ならば繰り返し読み返しているはずだし、著名なフレーズを引用した諸論文は数知れない。すなわち「中世の城郭遺跡を地域史と在地構造分析の史料として活用することが必要」であるとの提唱がなされる。その実践には基礎資料となる調査成果、すなわち縄張り図の蓄積が求め

＊21　村田修三「城跡調査と戦国史研究」（『日本史研究』二一一、一九八〇年）

られる。現地調査の重要性を説くわけだが、その際に①分布・相互関係等の地域、②地形や周辺との関わり、③縄張り、④狭義の遺構（堀・土塁等）が着目点とされる。当時の縄張り研究・縄張り図は在野の人びとによる個人的努力に占められていたが（現在もそうした面は強いが）、今以上にマニアックな世界とみなされることが強く、時にアカデミックな立場からは蔑まれることさえあった。村田氏は縄張り図が学界共有のものとなっていないと控えめに述べるが、筆者の実体験に照らすのならば、共有以前に、無視あるいは等閑視されることはごくごく普通であった。村田論文は当時の縄張り研究者あるいは縄張り研究に足を踏み入れようとしていた人々を奮起させ、基礎資料の蓄積への強力な推進力となったに違いない。かくいう筆者もその一人である。

　個別城郭を取り上げる中では、立野城では四つの曲輪群のプランが共通することから、最終的には同時期に成立すること、地誌の記録と馬出の存在を通じて隣接する信貴山城との関わりの強さ、松永《まつなが》氏との関わりを指摘する。さらには空堀構造に着目し、先行する立野氏居館の比定を試みる。

　上狭川《かみさがわ》城（奈良市）では、敵の侵入と守り手による防御の在り方を模式図によってシミュレーションし、鮮やかに説いた。南側の防御が厳重であるのに対し、北側は手薄である理由は、その先にある狭川氏の本拠の存在に求めている。それでも想定される攻防は少人数を前提にしており、山内《さんない》地域の小国人・土豪層による攻防を前提としているとみなしている。そして縄張りを通じて戦略の規模、築城主体とその占める世界規模が想定できるとし、縄張り研究が戦国史研究に資するところ大、と明快に述べる。城郭の遺構を通じたシミュレーションは今日広く行われている。前提や仮定が不明瞭なシミュレーションならではの限界はあるし、見方が独り歩きしかねない恐れもある。それでも遺構を解釈することは必要であるし、何より広く遺構を理解しやすくするこ

窪之庄城跡　奈良市

とにつながる。

別稿となるが、上狭川城についても砂場で砂型を作り、遺構を立体的に再現した上で検討している。[＊22]提示する手段として縄張り図を用いていても、現地での観察知見や砂型による立体的な再現的実験によって、多角的な検討を行っていたのであった。

小山《こやま》城（明日香村）と窪之庄《くぼのしょう》城（奈良市）では、奈良県下に多く見られる環濠集落としての性格も含めて検討する。特に窪之庄城では、並立する居館の堀の切り合い関係から前後関係を推定するとともに、それらを史料に登場する「窪城」家と「窪城西」家に宛てて一族内部の関係変化を遺構を通じて読み取ろうとする。

下丹生《しもにう》城（奈良市）と山田《やまだ》城（天理市）の例では、城郭が拡張していく過程や城郭が未完成に終わってしまった状況を想定する。こうした遺構を通じての解釈は、それ以前においてどれほどなされてきたであろうか。少なくとも当時にあっては新鮮でオリジナリティがあり、説得力をもって広く受け入れられるものであった。

個々の遺構を丁寧に読み解く姿勢は尊敬に値するが、対象とする範囲は縄張りだけに止まらない。ざっくりとしたものながら比高ごとのランク付け、規模と築城主体との関係性、あるべき箇所に城郭が存在しない（確認した上で）ことをもって地域の政治秩序の在り方等をも読み取っている。

さて、全国の城郭を俯瞰する、城郭研究上のバイブル的存在となるのが昭和五十四年から刊行された『日本城郭大系』（以下『大系』と略す）[＊23]である。村田氏は『大系』の編輯担当者の一人であり、奈良県分をほぼ単独で担当した。同書では奈良県に三七二城が存在するとし、一五六城（いずれも環濠集落を含む）の縄張り図を提示している。『大系』は城郭研究上のバイブル的存在と書いた

＊22　村田修三「中世の山城」（村田修三編『図説中世城郭事典』二、新人物往来社、一九八七年）

＊23　坪井清足他監修『日本城郭大系』（全20巻、新人物往来社、一九七九～一九八一年）

が、県によっては精粗入り混じる。こうした中で、奈良・三重・静岡・新潟・群馬県分については間違いなくトップクラスである。当初、村田氏は奈良県に関して所在が確認できる城跡すべてを踏査する考えであったというが、最終的に三重県近くの数城は山本英雄氏に委ねている。それでも個人によって作成された縄張り図としては、『大系』中では群馬県の山崎一氏と双璧をなす量であった。

個別解説でも、赤埴上城《あかばねかみ》（宇陀市）では中間部分の土塁を鹿垣《ししがき》とみなす一方、西南隅の土塁は狼煙台《のろしだい》ではないかという。そうなると、どこまでを城域とみなすべきか?との疑問が発せられるようになる。まるで読み手を現地に立たせて一緒に思考しているかのように引き込んでいく。さりとて決して結論を急がず、現状で考えうること、疑問点を卒直に語る慎重な姿勢も堅持される。端部巻末の「その他の城郭一覧」ではわずか一、二行で歴史・城主・遺構等を記すのみであるが、残された遺構について可能な限り述べられている。間違いなく自らの足と目で確認した上での記述であり、県内をまさに東奔西走していた証左である。

『大系』中のコラム「私の城跡探検方法」は、後進に対する調査・作図方法が語られている。当時、縄張り図は存在していても、それをどのように記すのか、必要とする器材は何か等が語られる機会はほとんどなかった。「私の図程度なら、地図の読める人なら誰でも書けるようになる」との記述は、一筋の光明となった場合が多かったのではないか。筆者自身は本当にそうだろうか?と思いつつも、この一言に支えられたところが大きかった。

ところで、『大系』中の村田図は、従来のクサビ形のケバ（毛羽）図と細い密なケバ図が入り混じる。細部の遺構表現をする上では、細かい密なケバのほうが優れている。図化方法は言うに及ばず、より掘り下げた遺構評価がこうした変化につながったのではないかと推察する。『大系』

赤埴上城土塁　宇陀市

以降はクサビ形のケバ図が見られなくなり、図を通して遺構が一層把握しやすくなり、解説もより細かなものとなっていく。

『大系』後、『月刊奈良』に改めて連載された「大和の城跡」最終回[*24]では、奈良県の城郭を中心に「中世城郭の見方」が語られる。この中で国指定史跡クラスに挙げられていたのは龍王山城、信貴山城、多武峰城塞群《とうのみねじょうさいぐん》、県指定クラスは椿尾上《つばおかみ》城（奈良市）、秋山《あきやま》城（宇陀市）、豊田《とよだ》城（天理市）等の十四城であった。今日的にみても至極妥当な評価である。ところが令和四年現在、奈良県下で国指定史跡となるのは高取城と宇陀松山（秋山）城のみである。黒塚《くろつか》古墳《こふん》と中山大塚《なかやまおおつか》古墳（ともに天理市）も国指定史跡ながら、言うまでもなく古墳としての評価・価値による。県指定史跡は郡山城と石打《いしうち》城（奈良市）に止まる。こうしてみると、早くに村田氏が国・県史跡指定レベルの中世城郭を挙げながらも、史跡としての城郭の価値が公認されるには至っていない。先に村田氏が重要性を喚起した岡氏居館は地域でも無名に近い存在である上、現在は立ち入りさえ難しい状況にある。まだまだ奈良県では城郭遺跡に対する意識が未成熟と言わざるを得ない。

ところで、同稿では城郭の編年に関わる重要な提言がなされている。城郭が改修されれば遺構の新旧が入り混じる上、地形的な制約により大枠が決定されるため、設計（縄張り）の意図を読み取ることが難しくなる。そこで縄張りの中から決め手になる要素を選び出し、その要素ごとに諸城を比較して地域を限った中での遺構評価に基づき新旧関係を慎重に評価していかねばならないとされる。また、編年に際しては使用期間の短い城を標識にする一方、パーツとしての堀・土塁・虎口《こぐち》の形と普請の形に限っての比較研究の必要性を説く。このくだりを読めば、村田氏の論考がいかにこの後の各氏による諸研究に影響を及ぼしているか理解しやすいはずである。

村田氏の「戦国期の城郭―山城の縄張りを中心に―」[*25]では、戦国期城郭のうち築城・改修等の

＊24　村田修三「大和の城跡（17）中世城郭の見方」（現代奈良協会『月刊奈良』二三―七、一九八三年）

＊25　村田修三「戦国期の城郭―山城の縄張りを中心に―」（『国立歴史民俗博物館研究報告』八、一九八五年）

＊26　村田修三「中世城郭調査の要領」（滋賀県『滋賀県中世

年代が明らかな城郭を事例とし、全国的に永正末から天文年間にかけて戦国大名や有力国人が拠点的な山城が簇生するようになったと述べる。奈良県では信貴山城、佐味《さび》城（御所市）等が該当し、鉄砲が本格的に導入される永禄期になると築城術が一層進歩するとの道筋を説く。また、天文十年代の構築と考えられる龍王山城や椿尾上城の畝状空堀群よりも、永禄期の勝山《かつやま》城（島根県安来市）のほうが発達するとの見方を示している。ざっくりとしたものながら、奈良県さらには全国を視野に入れた編年観をすでに示していた。

こうしてみると、村田氏による奈良県下の城郭研究の成果―およそ一九八〇年代半ばまでの論考―により今日的な問題・課題となるべき点はほぼ示され、氏自身も一層の掘り下げに格闘していたと言えよう。村田氏はその後、滋賀県の分布調査においても主導的な立場となるが、[*26]『図説中世城郭事典』[*27]、近年の『図解 近畿の城郭』[*28]等でも奈良県の城郭について詳述している。氏による城郭観をさらに深めているのである。[*29]

その後の諸研究と課題

村田氏の一連の論考により、多くの城郭研究者が影響・刺激を受けた。千田嘉博氏は周知のように、織豊系城郭の虎口の変遷について画期的な論文を著した。[*30]その際の導入部において、村田論文に拠りつつ椿尾上城の畝状空堀群を取り上げている。

多田暢久氏は、村田氏が山内型として捉えた東山内の城郭を再検討した上で四類型に分類し、大名権力と一揆体制との関りについて論じた。[*31]

多田氏の別稿では織田信長上洛以前の松永氏城郭を検討し、主郭の求心性の弱さ、虎口が明瞭でないこと、横堀等の城域ラインが突出して発達していたことを指摘する。[*32]村田氏が着目した横

城郭分布調査報告』二、一九八四年）

＊27 村田修三編『図説中世城郭事典』二（新人物往来社、一九八七年）

＊28 中井均監修・城郭談話会編『図解 近畿の城郭』Ⅰ～Ⅴ（戎光祥出版、二〇一四～二〇一八年）

＊29 村田氏による二〇〇一年までの諸論考は、村田修三先生を囲む会『踏み越えて・・・村田修三先生論文目録』（二〇〇二年）にまとめられている

＊30 千田嘉博「織豊系城郭の構造―虎口プランによる縄張編年の試み」（『史林』七〇―二、一九八七年）

＊31 多田暢久「城郭分布と在地構造―戦国期大和国東山内の動向―」（村田修三編『中世城郭研究論集』、新人物往来社、一九九〇年）

＊32 多田暢久「織豊系城郭以前」（奈良大学史学会『奈良市学』一三、一九九五年）

堀の導入、それを克服した織豊系城郭虎口との関わりについても述べている。

ここですべてを取り上げることはできないが、縄張り研究から奈良県下の城郭を取り上げた近年の諸研究は実に多い。環濠集落を中心とした藤岡英礼氏の研究、[*33]宇陀郡の松永氏に関わる陣城を対象とした金松誠氏の研究、[*34]吉野郡の城郭を中心とした成瀬匡章氏の研究、[*35]文献史料を駆使した中川貴皓氏の研究等[*36]である。個々の詳細については脚註等の参考文献を参照願いたい。

もっとも、課題は少なからず存在する。第一に個々の城郭の縄張り評価である。見直しにより遺構の範囲が広がるものもあるし、新たな遺構が見出されたものもある。例えば越智《おち》城（高取町）では城域および関連遺構が広範囲に広がることが指摘され、[*37]鬼ヶ城では近年、畝状空堀群が新たに発見されている。[*38]また、本書コラムで述べるように長滝《ながたき》城（天理市）は城郭類似遺構と考えられる。このように、すでに調査・作図された城郭であっても改めて遺構の広がり、遺構評価を再考すべきものは他にも存在する。本書ではこうした城郭をできるだけ取り上げるよう努めたが、遺憾にして取り上げられなかったものが少なくない。取り上げられなかった城郭の中にも、従来と違った評価ができるもの、価値のあるもの、見ごたえがあるもの等を含むことをご承知いただきたい。

また、県下の畝状空堀群は天文十年代とされるが、それは今日的にみてはたして妥当な見方なのだろうか。畝状空堀群を有する城郭はその後、奈良県下でもいくつか確認されている。これらを含めて再考する余地があるはずである。

鉄砲と横堀の関係性についても、はっきりと論証がなされているわけではない。武器の運用面から縄張りを読み解く視点も必要である。当然ながら武器・武具に関する検討も併せて進めていくべきだろう。

＊33　藤岡英礼「中世後期における環濠集落の構造」（村田修三監修『新視点中世城郭研究論集』、新人物往来社、二〇〇二年）

＊34　金松誠「戦国期における大和口宇陀地域の城館構成と縄張り技術」（城館史料学会『城館史料学』六、二〇〇八年）

＊35　成瀬匡章「大淀町薬水城山古墳の城郭遺構について」（奈良県立橿原考古学研究所『青陵』一二四、二〇〇八年）

＊36　中川貴皓「多聞城」（仁木宏・福島克彦編『近畿の名城を歩く　滋賀・京都・奈良編』、吉川弘文館、二〇一五年）

＊37　成瀬匡章「大和越智城―縄張りと考古資料から読み解く大和国人の拠点―」（城郭談話会『城郭談話会特別例会―徹底討論―『図解　近畿の城郭Ⅰ～Ⅴ』発刊記念報告会資料集』、二〇一八年）

＊38　内野和彦「吐田城」（中井均監修・城郭談話会編『図解近畿の城郭Ⅲ』、戎光祥出版、

そして、奈良県の城郭が室町期から戦国期にかけてどのように変遷したか、虎口や畝状空堀群の年代観についても証左を挙げていくことが求められる。発掘調査された城郭例も蓄積されているが、それでも個別の年代が示されるのみで城郭群としての変遷が具体的に示されているわけではない。簡単にクリアできる話ではないが、奈良県に限らずその実現に努める必要はあるだろう。

そして一つ一つ城郭の位置・縄張り等の悉皆的に調査した奈良県『奈良県中近世城館跡調査報告書』第一分冊・第二分冊が令和二年・三年に刊行されたが、不備が目立つ。本書はその欠を補うものとなろうが、それでもまだ十分ではあるまい。引き続き機会を見つけ、県下の城郭の基礎調査、改めて歴史が伝わらない名もなきような城跡を「在地構造分析」の史料として活用を図るべきである。

城郭の発掘調査は本書で取り上げた大塩城《おおしお》*39（山添村）をはじめ、調査事例は増えつつある。精緻な調査が進められているが、反面、その遺構評価は疑問視されるところが多い。公共機関にあっては城郭構造全般に対する認識を深め、理解につとめることが求められる。

奈良県では盆地部に広がる環濠集落の存在が特徴的であり、戦前から研究の蓄積がある。何をもって軍事性を有すると言えるのか、何をもって環濠集落とみなすのかは根本的な問題であろう。環濠集落は近世から現代に至るまで存続しているところもあり、中世段階の広がりや基本構造がどれほどであったかは必ずしも明らかではない。すぐに名案をだすことはできないが、引き続き取り組んでいかねばなるまい。

二〇一六年）

*39　橿原考古学研究所『大塩城跡―県道月瀬三ケ谷線拡幅工事に伴う発掘調査報告書―』（二〇一七年）

第一章 北和地域の城郭

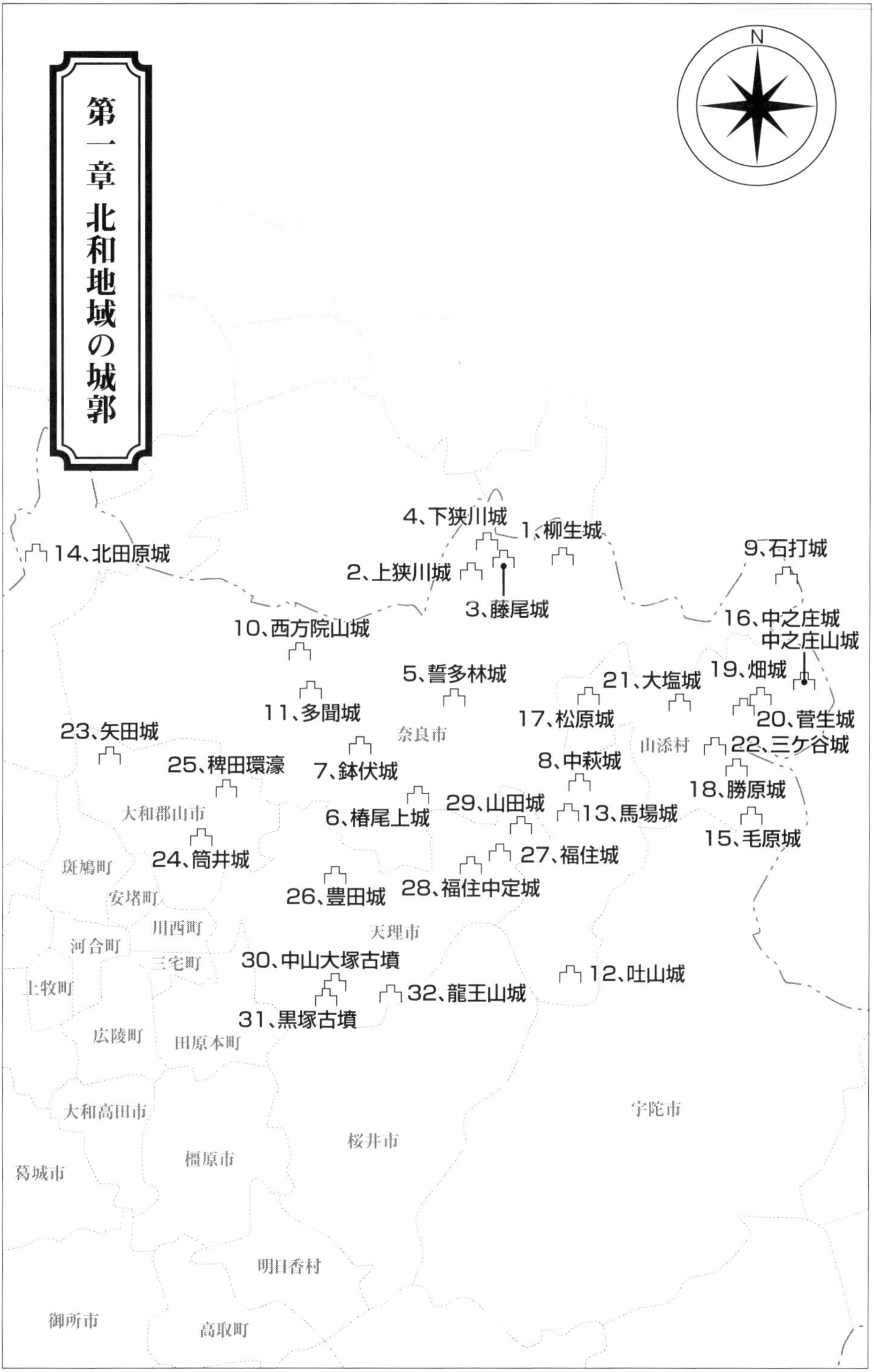
N
1、柳生城
2、上狭川城
3、藤尾城
4、下狭川城
5、誓多林城
6、椿尾上城
7、鉢伏城
8、中萩城
9、石打城
10、西方院山城
11、多聞城
12、吐山城
13、馬場城
14、北田原城
15、毛原城
16、中之庄城
中之庄山城
17、松原城
18、勝原城
19、畑城
20、菅生城
21、大塩城
22、三ケ谷城
23、矢田城
24、筒井城
25、稗田環濠
26、豊田城
27、福住城
28、福住中定城
29、山田城
30、中山大塚古墳
31、黒塚古墳
32、龍王山城
奈良市
山添村
大和郡山市
斑鳩町
安堵町
川西町
河合町
三宅町
上牧町
広陵町
田原本町
天理市
大和高田市
宇陀市
桜井市
橿原市
葛城市
明日香村
御所市
高取町

剣豪の里を見下ろす山城

1 柳生城《やぎゅうじょう》

所在地：奈良市柳生下町
標高（比高）：三二一m（七六m）
別称：なし
史跡指定の有無：—

【位置と歴史】当城は、柳生盆地を見下ろす山上にある。北西山麓の芳徳寺《ほうとくじ》は居館部に比定され、南西約三〇〇mの位置には近世柳生陣屋がある。当地は柳生氏の本拠地であり、天文初年に柳生家厳《いえよし》によって築かれたと推定される。*1 天文十三年（一五七四）に筒井氏の攻撃を受けて落城するが、史料上「本城」「外城」「水の手」を備えていたことが知られる。*2 石舟斎《せきしゅうさい》の名で著名な柳生宗厳《むねよし》は松永氏、次いで織田氏に仕えた。その子宗矩《むねのり》は徳川将軍家の兵法指南役となっている。

北側の堀切

【現況】芳徳寺境内とその南側の山上一帯が城域と考えられる。境内の一角には「石舟斎塁城址」と刻した石碑が建つ。境内には土塁を思わせる高まりがみられるが、全体の広がり・構造ははっきりしない。

山上の主郭Ⅰは畑地となっていた時期があり、改変されたところがある。西側の一段低くなった小曲輪から出入りしていたとみられる。主郭Ⅰの南には南北に長い曲輪があり、その先は堀切によって遮断する。南東・北東側にも堀

＊1　中川貴皓「柳生城」（中井均監修・城郭談話会編『図解近畿の城郭Ⅱ』戎光祥出版、二〇一五年）
＊2　『多聞院日記』

切を設けている。特に北東側には堀切を二重に設け、中間部分に土塁を伴う小曲輪を設けていて遮断性が強い。

【評価】当城は複数の堀切によって主郭裾から派生した尾根を断ち切る造りである。遮断性は強いが、やや技巧性に欠ける。後世の改変を受けている可能性はあるが、古態を留めるようにも思える。芳徳寺部分にどれほどの遺構が広がっていたかが気になるところである。芳徳寺の北約四〇〇mの位置にある柳生古城は折りを有する堀をもち、虎口・動線の配置は技巧的である。「古城」と呼ばれるが、柳生城の外縁部を守るために付加された城郭であったと考える余地がある。

【探訪にあたっての注意事項】一帯は芳徳寺境内であるので、立ち入る際には許可を得ること。山城部分は未整備である。（高田徹）

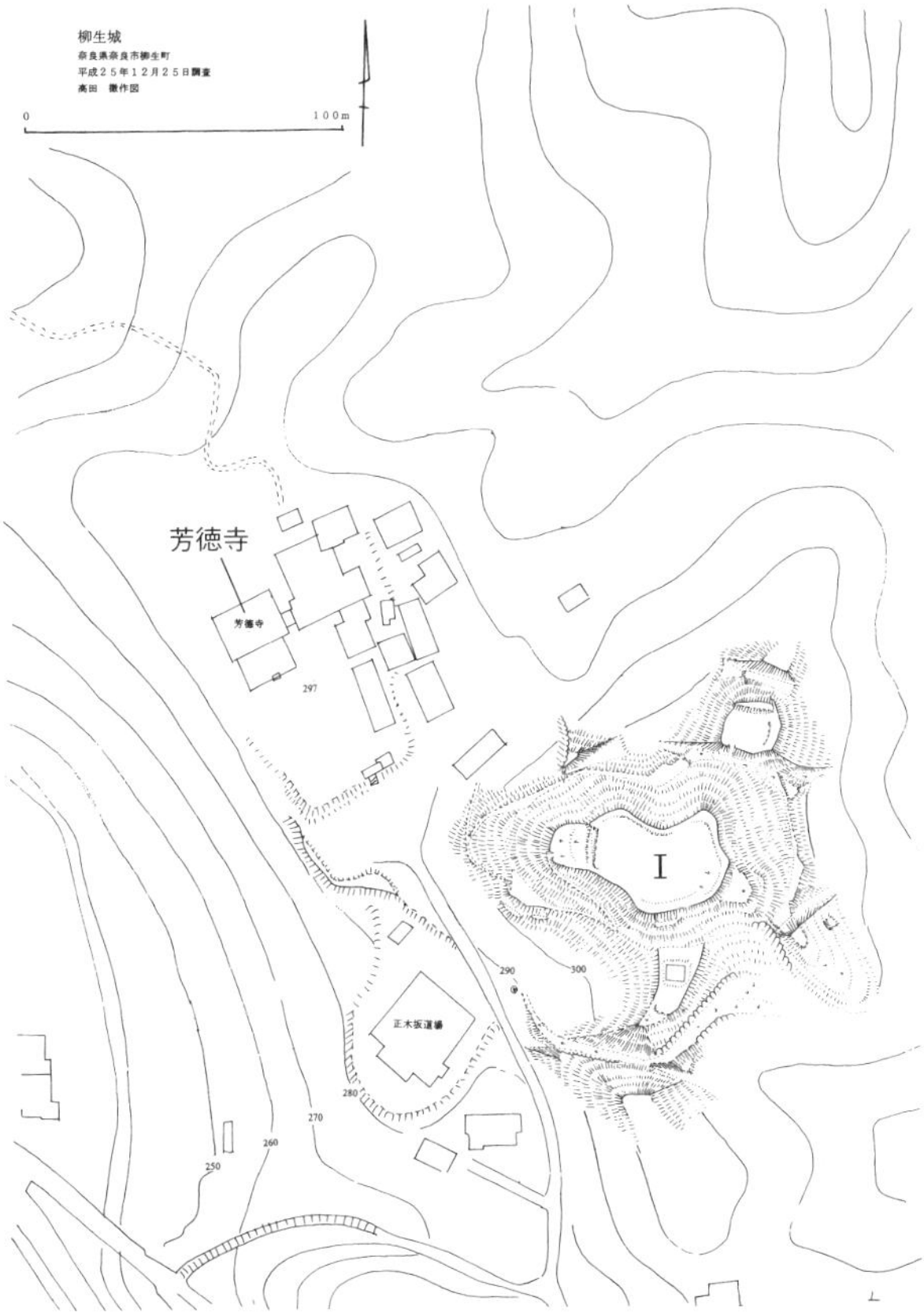

柳生城縄張り図（髙田作図）

芳徳寺境内に建つ石碑

小規模ながらテクニカルな虎口を持つ城

2 上狭川城《かみさがわじょう》

所在地：奈良市西狭川町・狭川東町字シロ山
標高（比高）：二〇〇m（七〇m）
別称：福智城
史跡指定の有無：—

【位置と歴史】東山内の北西部に位置する狭川地域のうち、下狭川地域は総領家である狭川氏が治め、上狭川地域は狭川氏の一族である福岡《ふくおか》氏が治めていた。上狭川城は大字西狭川・狭川東の境界、「シロ山」に所在する。築城年代は定かではないが、福岡氏の居館として機能していたと考えられている。

上狭川地域は一乗院領福智《ふくち》庄であるが、春日社に神供を備進する神戸四ケ郷に属していた。狭川一族は、文明十五年（一四八三）から天正四年（一五七六）にかけて、春日若宮祭礼の長川方願主を務めており、史料には願主として「狭川之一族福岡」、「サカワ福岡」の名が記される。福岡氏が一族を代表していたとみられ、惣領家である狭川氏と対等関係もしくは優勢であったという。*1

また、「シロ山」から南東方向に延びた丘陵南端にある狭川東町公民館の地には、館跡が伝えられる。そこには天文七年（一五三八）銘の十三重の石塔がある。傍らには福岡氏子孫で高知県士族であった福岡孝廉《たかかど》が建てた供養塔があり、「狭

虎口③外側の堀底道

＊1　村田修三「第四節　中世の城館」（『奈良市史　通史二』、奈良市史編集審議会、一九九四年）、村田修三「上狭川城」（『日本城郭大系　第10巻　三重・奈良・和歌山』新人物往来社、一九八〇年）

川城主福岡越前守藤原助宣／明応六年六月廿九日卒」と刻まれている。

【現況】当城は、東西約二〇m、南北約六〇mのⅠ郭を主郭とし、技巧的な虎口を持ち、コンパクトにまとまった造りである。Ⅰ郭の北西隅部の祠により土塁の一部が破壊を受けている。また南端に位置する堀切cと外側の土塁が林道で破壊されている点を除けば、遺構は良好に残されている。

Ⅰ郭は土塁が囲繞し、南北それぞれに虎口を有する。北側の虎口①は前面に土塁を張り出させることにより、外枡形状を呈する。南側の虎口②は前面を土塁で覆い、内側が堀底道となる。

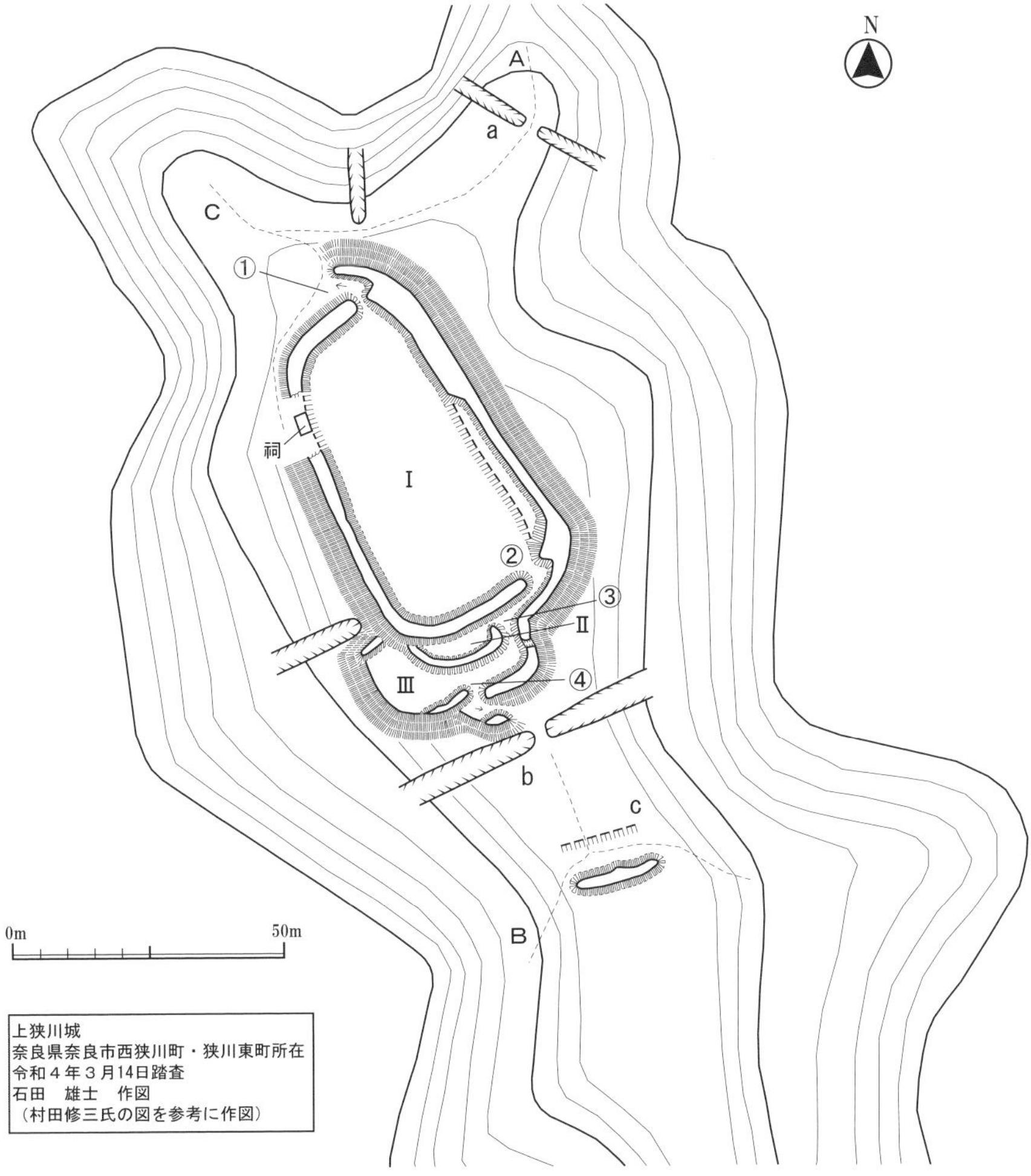

上狭川城縄張り図（石田作図）

堀切ｂと土橋

虎口③

虎口③は、Ⅱ郭を囲繞する土塁と虎口②の前面を巡る土塁の間に設けられ、直進でⅠ郭前面の堀底道の内部に入った後、Ⅰ郭を囲繞する土塁にぶつかって右へ折れさせている。虎口④は堀切の土橋を渡った後にスロープ状の通路を通り、西側に設けられた土塁にぶつかり、右に折れる造りである。

虎口④から②に至る途中には、帯曲輪（Ⅱ郭、Ⅲ郭）が二段設けられている。Ⅱ郭は半月状を呈し、土塁が囲繞する。Ⅲ郭は竪土塁と竪堀を北側に設けて背面側への防御を強化している。虎口④から②までは、屈曲点を持つ堀底道となっており、屈曲点で向きを変えるごとに、Ⅱ郭、Ⅲ郭から横矢が掛かる。南側虎口には厳重な備えがみられることから、大手にあたるとみられる。

当城へ至る登城道は、下狭川城に通じるルート（A）と狭川東集落に通じるルート（B）の二つがあったとみられる。その登城道から主郭までの進入ルートを限定させるために、土橋を有する堀切がA側に一本（a）、B側に二本（b、c）設けられている。堀切cは林道によって破壊されており、やや不明瞭である。西狭川集落から曲輪Ⅰに至るルート（C）は、祠に続く参拝道と考えられる。

【評価】Ⅰ郭は、甲賀、伊賀や当城が所在する東山内《ひがしさんない》地域で分布する伝統的な土塁囲みの城館構造であることから、上狭川地域を治めた福岡氏の居館として機能していたと考えられる。そして、南側虎口は後に改修を受けたとみられる。大和では類例のない発達した虎口であり、改修を受けたとみられることから千田嘉博氏は織豊系城郭の影響下で改修された可能性を指摘している。[＊2] 氏は改修時期を天正四年（一五七六）の安土築城から、天正八年の大和一国破城《はじょう》までの間に推定している。

一方、村田修三氏は上狭川城の堀底道は攻撃を仕掛ける陣（塹壕）にしては深すぎることから、敵兵の動きを封殺する隘路《あいろ》機能を有していたと捉えている。隘路を用いる手法自体は三好・毛利氏等の西国でみられる技術であることから、当城虎口に織豊系の影響は認められないと評価する。[＊3] ただし、改修年代については、千田氏と同様に天正八年の大和一国破城の時期まで下る可能性を示唆している。

いずれにせよ、縄張り構造から最終年代は十六世紀後半頃とみられ、南虎口は改修が想定できるが基本的には福岡氏による方形単郭の居館がベースになっていると考えて良いのではないか。

【探訪にあたっての注意事項】当城は県道三三号線沿いにある上狭川バス停の東丘陵上に所在している。西山麓からは主郭にある祠まで参拝道が通じている。また近年、南側狭川東町公民館側からの山道が整備されるとともに、城に至るまでに案内看板が多数設置されている。

（石田雄士）

＊2　千田嘉博「山城の調査」（『史跡で読む日本の歴史7　戦国時代』吉川弘文館、二〇〇八年）

＊3　村田修三「上狭川城」（中井均監修・城郭談話会編『図解　近畿の城郭Ⅱ』戎光祥出版、二〇一五年）

虎口④

寺院を改修して築いた軍事拠点

3 藤《ふじ》尾《お》城《じょう》

所在地：奈良市下狭川町字藤尾、城山
標高（比高）：約二四九ｍ（約三〇ｍ）
別称：吉村家城
史跡指定の有無：―

【位置と歴史】奈良市下狭川地区と阪原・大柳生地区との境にある微高地に築かれているが、周囲を高い尾根に囲まれているため、眺望はまったく効かない。当城のすぐ側には、狭川地区と阪原・大柳生地区を結ぶ旧道が通っており、これを押さえるために築かれたと考えられる。

当城については大正五年刊の『奈良県添上郡狭川村是』に「吉村家城址　下狭川字藤尾ニアリ、城山、馬場前、大門、等ノ地名存セリ」と記されている。*1 現在も当城周辺には「城山」、「馬場前」、「城ノ谷」、「大門」などの字が残るが、これらを手掛かりにして永井隆之《りゅうじ》氏は平成三年七月に当城を再発見した。*2『狭川之系図』によると、吉村家は戦国時代に狭川家と親戚関係にあった家と伝わる。しかし、当城との具体的な関りについては不明である。

【現況】奈良柳生カントリーの造成により破壊が危ぶまれたが、保存運動が起こりⅣ郭の一部を含む南側は破壊されてしまったものの、大半の遺構は残された。それら遺構は良好に残されているが、手入れがなされていないため、曲輪内に草木が繁茂し

Ⅰ郭を巡る空堀と土塁

＊1　垣内寛嗣『奈良県添上郡狭川村是』（奈良県添上郡狭川村、一九二一年）

＊2　奈良市教育委員会『奈良市埋蔵文化財調査概要報告書 平成6年度』（奈良市教育委員会、一九九五年）

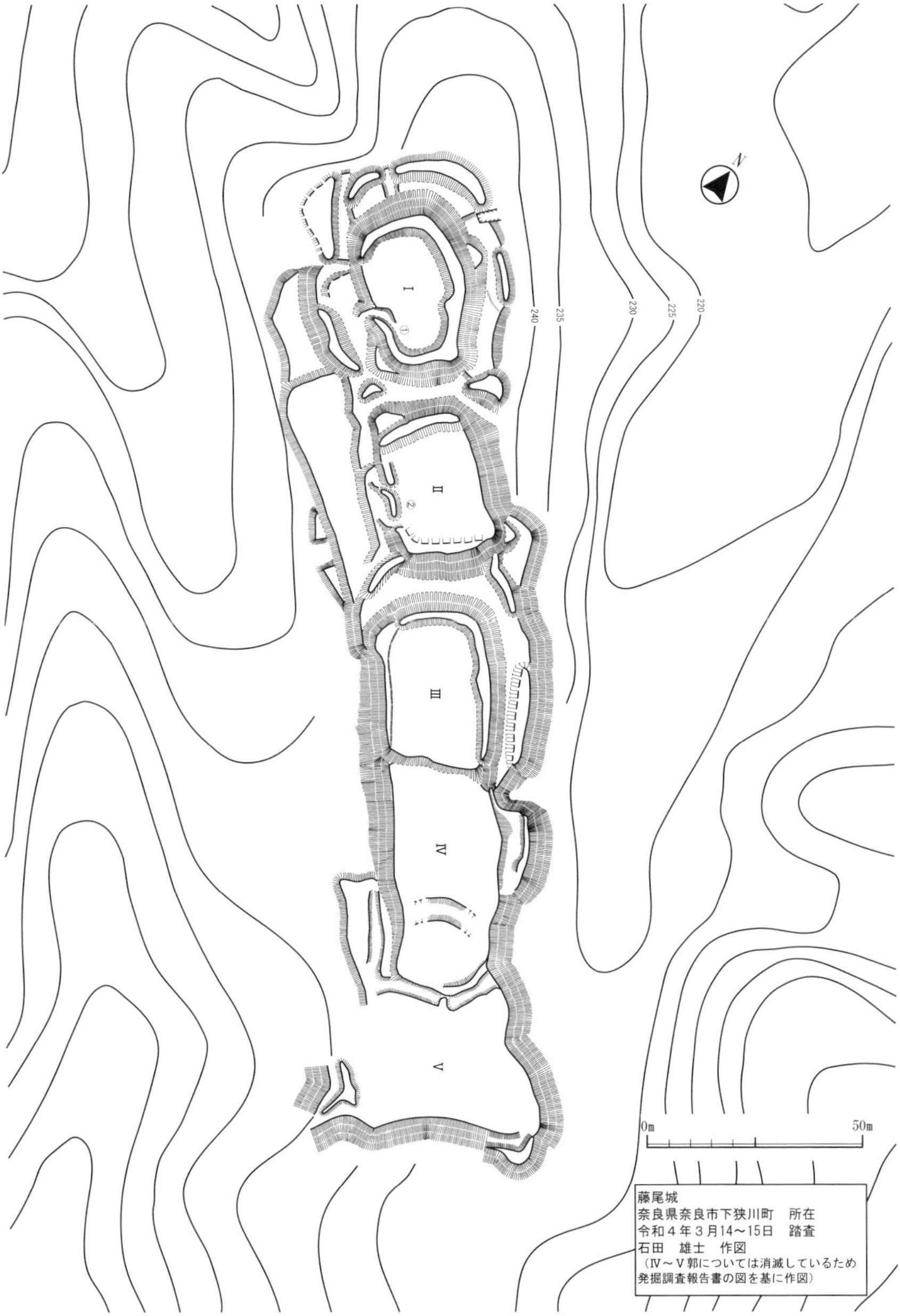

藤尾城縄張り図（石田作図）

Ⅱ郭北側土塁

てしまっている。

城跡の南東方向の地点には「薬師堂」の小字が残る。ここにあった薬師如来坐像は平安末期の作で、現在は近隣の中墓寺《ちゅうぼじ》に安置されている。ほかにも、付近には阿弥陀三尊、不動明王の摩崖仏二体と明応年間（一四九二〜一五〇一）銘の六地蔵菩薩を含む多くの石仏が散在していた。現在はゴルフ場の13番ホールの片隅（当城Ⅳ〜Ⅴ郭に当たる部分）にある石仏公園にまとめて移されている。

【評価】南東方向へ緩やかに延びる尾根上に築かれており、中心部分はほぼ同じ等高で同形の曲輪を三つ（Ⅰ郭〜Ⅲ郭）並べ、外側に空堀、内側に土塁がそれぞれ設けられる。発掘調査により、Ⅲ郭の南東方向でＶ字状の堀で区画された二つの曲輪（Ⅳ郭、Ⅴ郭）が確認されている。Ⅰ郭〜Ⅲ郭までは塁線に土塁が設けられているが、Ⅱ、Ⅲ郭が二辺にのみ土塁を設けるのに対し、Ⅰ郭は土塁が囲繞し、また空堀の外側にも土塁を巡らしている。したがってⅠ郭が主郭に比定できる。これまで各曲輪に虎口が存在しないことから、各曲輪の独立性が高いとみられていた。[*3]しかしⅠ郭とⅡ郭は、街道反対側に虎口（①、②）の存在を確認できる。Ⅲ郭は、ゴルフ場もしくは石仏公園の造成により南側部分の地形が改変されており、虎口を確認できなかった。

小字「薬師堂」の存在、周辺に散在する多数の石仏があることから推測すると、この地にはもともと仮称「狭川廃寺」があったとみられる。当城は東山内に分布する城郭とは様相が異なる上、大規模である。このことから東山内の在地勢力ではなく、上位階層による築城が想定される。

＊3　永井隆之「藤尾城」（中井均監修・城郭談話会編『図解近畿の城郭Ⅰ』戎光祥出版、二〇一四年）

Ⅱ郭と北側土塁

発掘調査では、十二世紀末と十五世紀前半の二時期の遺物が多数を占めており、十二世紀末の遺物は「狭川廃寺」が機能していた時期のもの、十五世紀前半の遺物は当城の時期のものと考えられる。つまり、十二世紀末には「狭川廃寺」が存在しており、十五世紀前半に近接する街道を押さえるために上位階層によって寺院を城郭に改修したとみられる。

立地状況や発掘調査成果をもとに考えると、天文十二年（一五四三）に狭川氏と簀川《すがわ》氏が大《おお》柳生《やぎゅう》地域の支配をめぐって争い、筒井順和が六千騎を引き連れ介入している。当城のある地は狭川氏の拠点である下狭川地域、簀川氏の拠点である須川地域、そして争いの元となった大柳生地域のちょうど中間地点に当たる。争いに介入し三地域ににらみを利かすため、筒井氏によって築かれた可能性を想定したい。

【探訪にあたっての注意事項】当城へは、奈良市下狭川町にある中墓寺からアクセスする。中墓寺では県指定文化財である薬師如来坐像を拝観しておきたい。

中墓寺から徒歩10分ほどで狭川氏の居館跡とされる下狭川城（本書六二頁参照）に着き、そこから5分ほどで下狭川の馬場跡・狭川家墓所に着く。さらに25分歩くと左手に溜池が見え、その反対側の尾根上に藤尾城がある。途中の道は案内板がなく迷いやすいので、注意が必要である。当城と石仏公園の間には鉄条網で遮られている。13番ホールにある石仏公園へは、奈良柳生カントリーに許可を得てから見学する。甘えてカートで送ってもらうことなく、自分の足で歩くこと。（石田雄士）

［参考文献］永井隆之「室町・戦国期大和国東山内北部の政治構造」（『大乗院寺社雑事記研究論集　第1巻』大乗院寺社雑事記研究会、二〇〇一年）／村田修三「第四節　中世の城館」（『奈良市史　通史二』奈良市史編集審議会、一九九四年）／奈良市教育委員会『奈良市埋蔵文化財調査概要報告書　平成6年度』（奈良市教育委員会、一九九五年）

Ⅱ郭とⅢ郭の間に設けられた堀切

馬場跡を残す狭川氏の居城

4 下《しも》狭《さ》川《がわ》城《じょう》

所在地：奈良市下狭川町
標高（比高）：一八一m（四二m）
別称：なし
史跡指定の有無：—

【位置と歴史】京都府笠置町方面から奈良市須川に抜ける道の東方、現在の集落からはやや奥まった丘陵端部に位置する。だが、城跡には近代まで宅地が存在しており、周辺景観は宅地の所在も含めて近代以降にかなり変貌している。城跡の北西約七〇〇mの位置には上狭川城がある。当城は下狭川集落東山内の有力国人であった狭川氏の居城である。狭川氏は筒井氏や古市氏の配下となり、後に松永久秀にも仕えている。近世になると、津藩の無足人《むそくにん》（郷士のような存在）となった。

馬場跡

【現況】およそ三面からなる平坦地によって構成される。このうち最も広い平坦地Ⅰは南北に長く、北側半分の三方を深いところで六mにおよぶ堀で囲い込む。東西の堀の南端はそれぞれ掘り止められている。

南側の平坦地Ⅱの南東には堀Aが巡らされているが、これは通路を兼ねていた

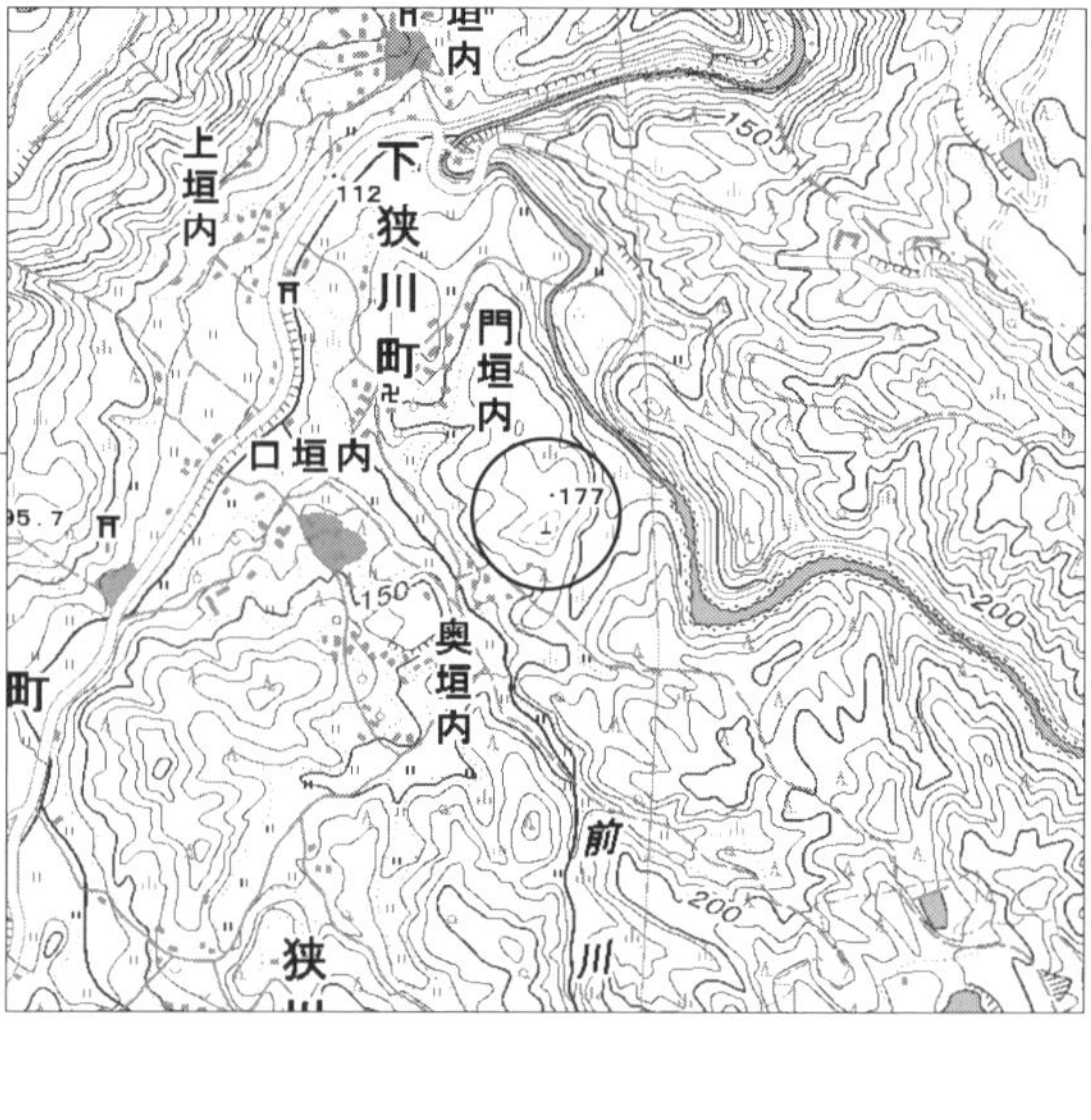

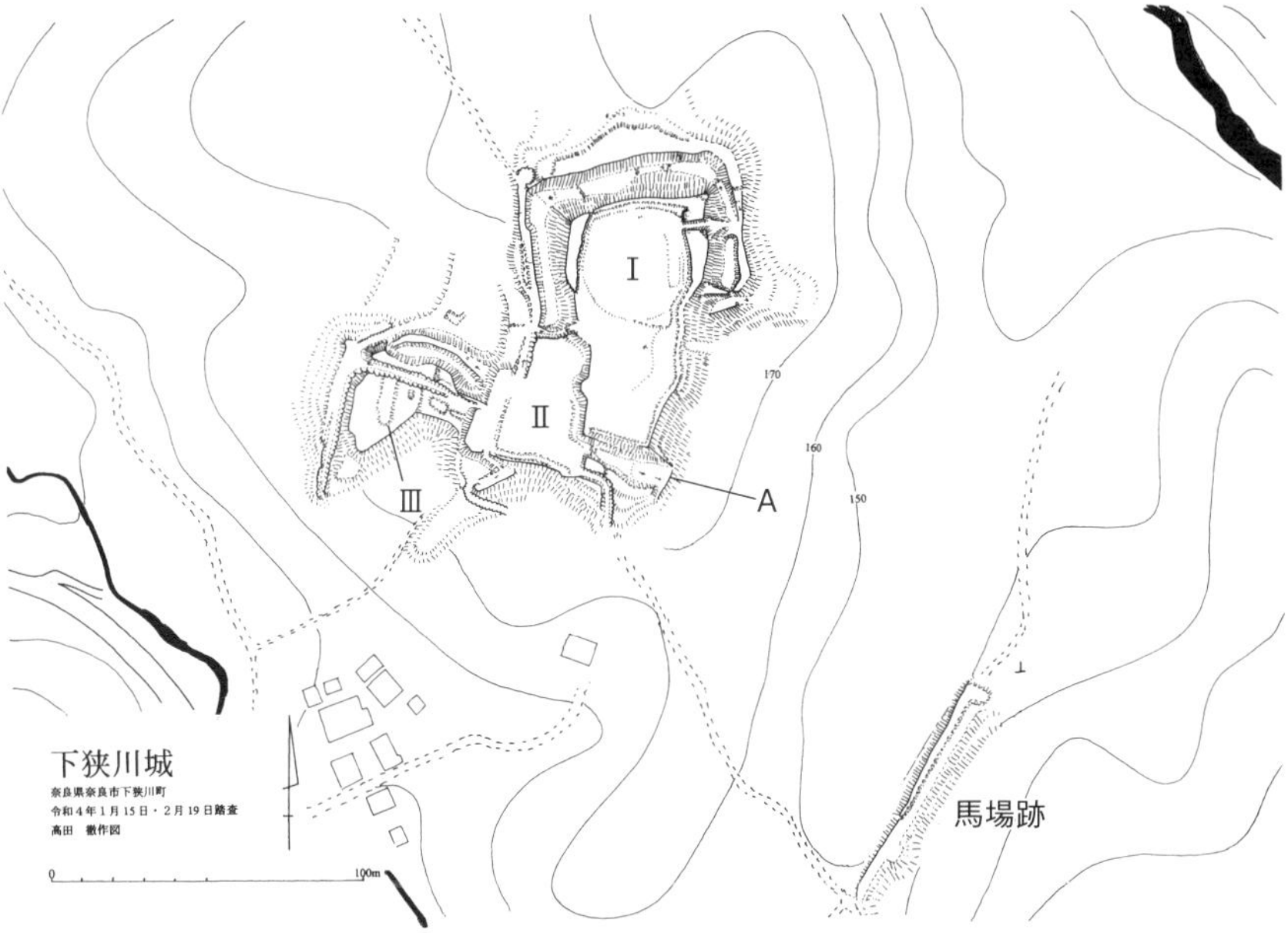

下狭川城縄張り図（髙田作図）

とみられる。南西に突き出した平坦地Ⅲは改変が顕著ながら、北側に堀を設ける。この堀も西端で掘り止めており、中途感がある。

城跡の東方には狭川氏歴代の墓所があるが、隣接して馬場跡がある。廃城後も村落等で使用された可能性もあろうが、馬場としての景観を良好に止めており貴重である。

【評価】廃城後の改変を受けているためか、全体のつながりがややわかりづらい。近接する上狭川城（本書五八頁参照）との違いをどのように考えるかが課題となる。

【探訪にあたっての注意事項】一部茂ったところはあるが、およそ遺構は観察しやすい状態にある。北西の中《ちゅう》墓《ぼ》寺《じ》がある集落側から小道が通じているので、地元の方に確認して訪れるのが望ましい。（髙田徹）

Ⅱに建つ石碑

柳生街道を見下ろす番城か

5 誓《せ》多《た》林《りん》城《じょう》

所在地：奈良市誓多林町中誓多林
標高（比高）：五二五m（一三〇m）
別称：なし
史跡指定の有無：—

【位置と歴史】奈良市街地から石切峠を越え、柳生に向かう柳生街道を北に見下ろす位置にある。山上からは柳生街道が通る北側山麓一帯が見渡せる程度であり、そちら側に対する意識の強さがうかがえる。村田修三氏は比高の高さ、戦国期の軍事動向を通じて、古市氏によって築かれた番城《ばんじろ》の可能性が高いとする。＊1

【現況】東西約二五m、南北約三五mの規模となる単郭の城郭である。曲輪の周囲には高さ二〇cm前後の低い土塁を巡らしているが、不明瞭になったところもある。土塁の切れ目、つまり虎口に比定される箇所は、A・B・Cである。北西にあるAはやや土塁を喰い違いとし、北西に延びた尾根に向かう通路が想定できる。山麓の八柱神社近くに達することができ、主たる上り口（下り口）であったと考えられる。Bは南西に向かって突き出す土塁の北側を通過させ、直下で折り返すような段差が付けられている。Cは東側の尾根に向いた位置にある。スロープによって下るようになっているが、本来は横堀を閉塞する竪土塁であったかもしれない。曲輪の北側から東側にかけて、横堀および帯曲輪状となったDがみ

北側の横堀D

＊1　村田修三「誓多林城」『日本城郭大系』

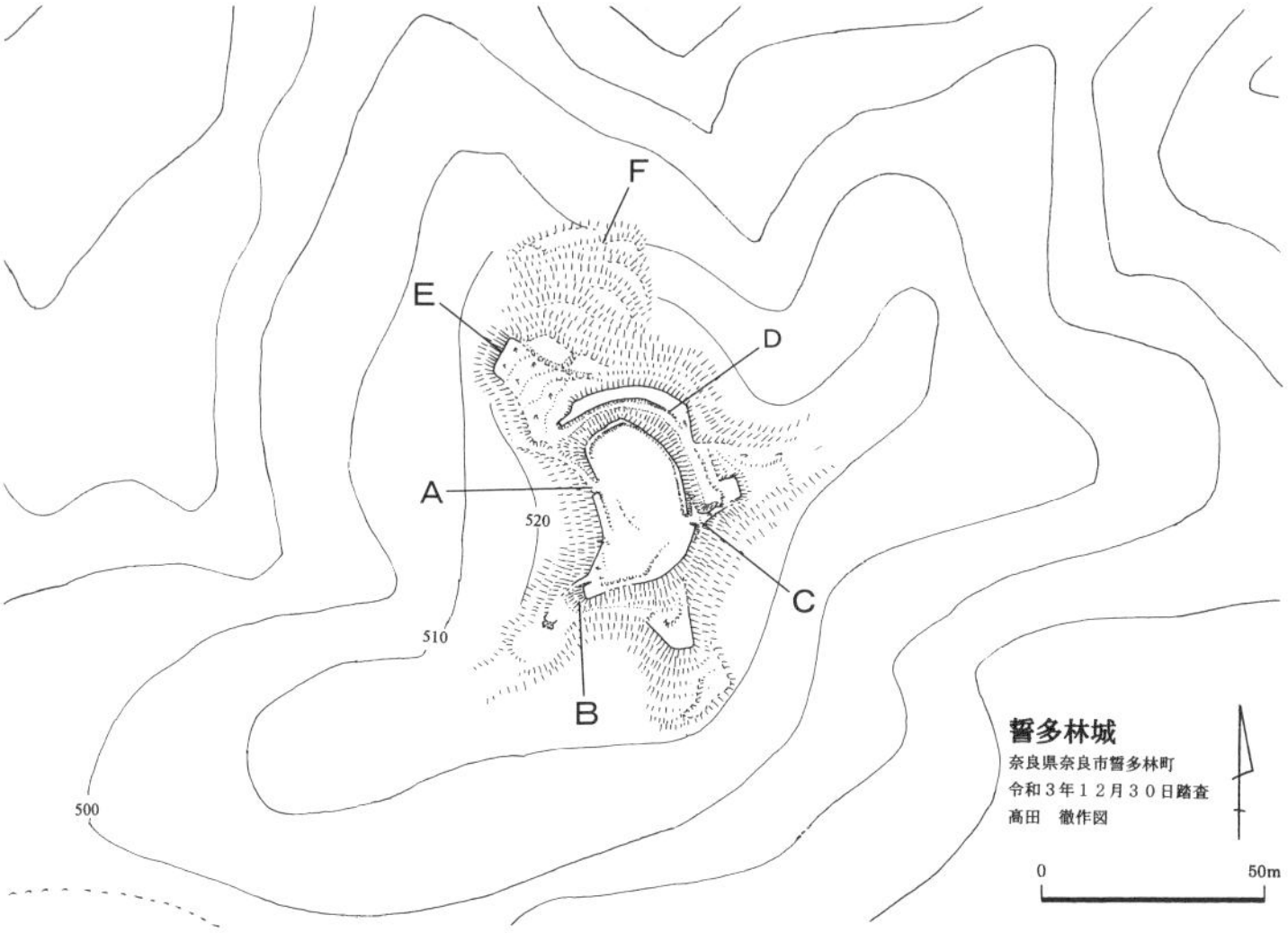

誓多林城縄張り図（髙田作図）

られる。D自体は深いところでも三〇cm前後にすぎないが、その存在により曲輪側の切岸が切り立つ。横堀が帯曲輪状となった南端部は、東側に向かって塁線が張り出している。横矢掛かりであるとすれば、すぐ北側に虎口、そして先述のCのスロープに続く動線を考えることもできよう。

なお、北西方向に延びた尾根上はほとんど未加工ながら、Eには先端部を削り落とした形跡がある。F付近には数段からなる細長い平坦地が見られるが、性格は不明である。

【評価】東山内《ひがしさんない》と呼ばれる奈良北東部の山間地帯には、小規模な城郭が多く見られる。従来、比較的単純な城郭が多いとみられていたが、子細に見ると技巧的・特徴的な縄張りを備えたものが散見される。誓多林城のその一つであると言えよう。

【探訪にあたっての注意事項】位置的にはゴルフ場のディアーパークGCの北東にある頂部であるが、北側の中誓多林集落の八柱神社東側から尾根を伝《つた》って上ることとなる。尾根道は荒れており、わかりづらい。近隣で登り口や目標物を確認した上で登ることが望ましい。

（髙田徹）

主郭

石垣を備えた筒井氏の「山ノ城」

6　椿尾上城《つばおかみじょう》

所在地：奈良市北椿尾町城山
標高（比高）：五二八m（二〇〇m、南椿尾町から）
別称：なし
史跡指定の有無：—

【位置と歴史】『享禄四年記』享禄四年（一五三一）正月十七日条には、筒井順興が「椿尾城」を構えていたと伝える。当城は、大和盆地の中央にあって筒井氏の本拠であった筒井城（大和郡山市）に対し、有事の際の軍事拠点・避難所として営まれた「山ノ城」であった。天文十六年（一五四七）には筒井順昭が改修している。永禄二年（一五五九）に筒井城が松永久秀によって陥落すると、筒井藤勝（後の順慶）は「山ノ城」（椿尾上城）へ拠点を移すことになる。以降、筒井氏は椿尾上城から旧領の奪還を試みて、奈良盆地への出兵を繰り返す。元亀二年（一五七一）の辰市合戦で松永久秀を破った筒井順慶は、筒井城を奪い返した。これにより当城の役割は低下したとみられ、以後は諸記録に登場しなくなる。

　当城は、筒井城からみて東北東約一〇kmに位置する「城山」一帯に築かれている。筒井城からはその山容を臨むことができる。当城からもしかりである。当城の西南西約一・二kmの位置には椿尾下城があり、当城の前衛的な位置を担ったとみられる。椿尾下城の周囲には集

主郭Ⅰ

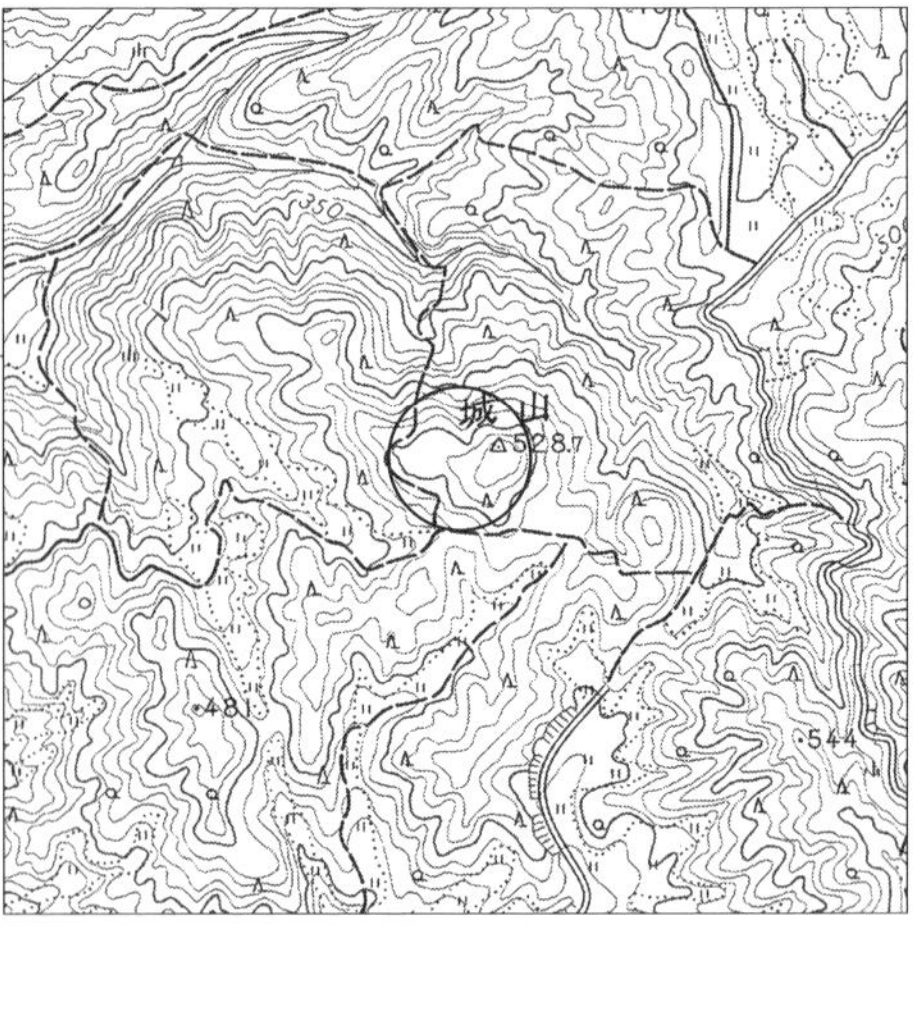

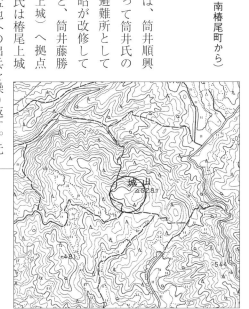

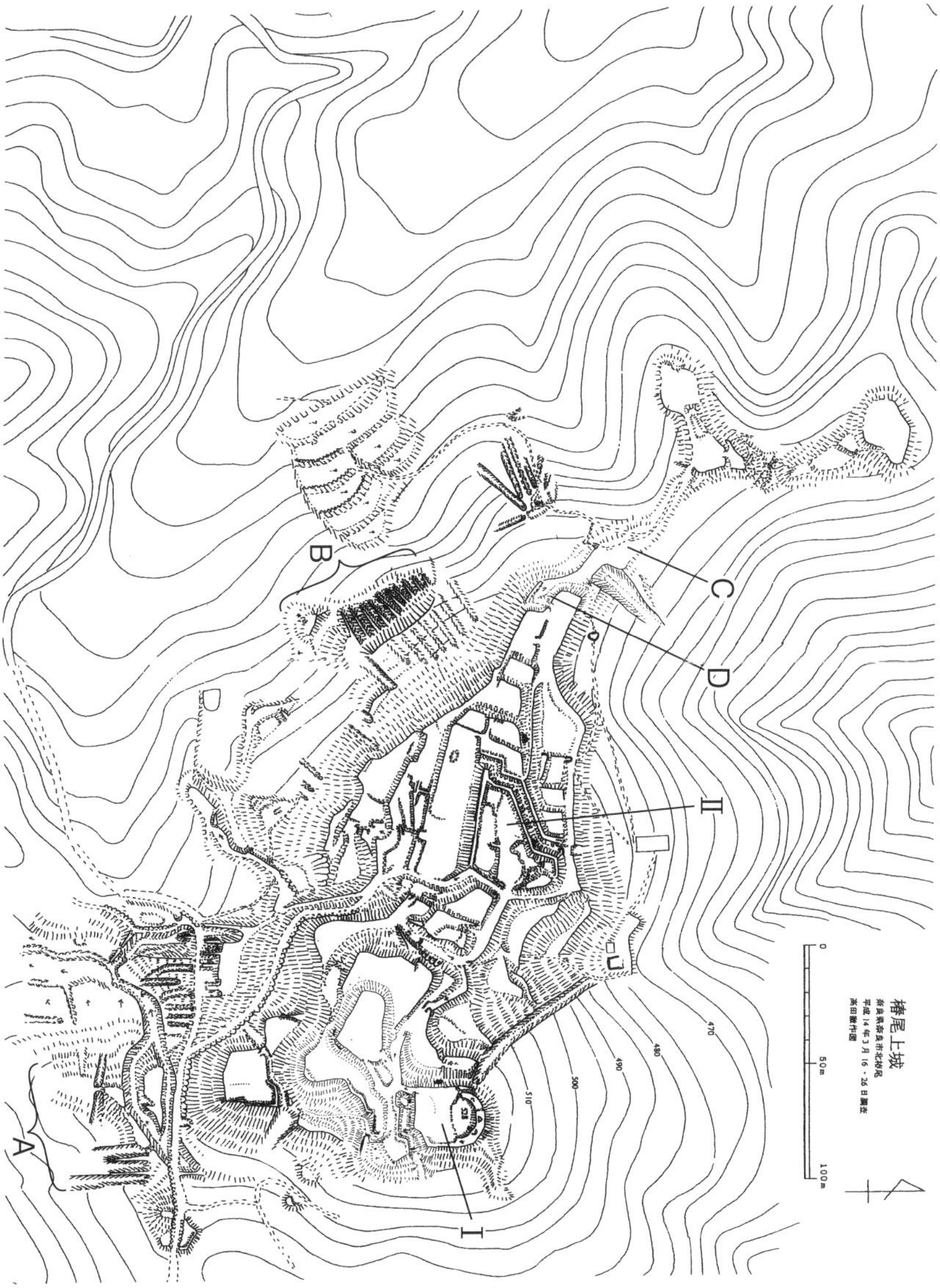

椿尾上城縄張り図（髙田作図）

落がなく、往時も町屋・家臣屋敷が並んでいたような地形的な広がりを見出せない。山並みが続く中の立地ながら、周囲の谷筋には西方の奈良盆地、後背の山間部（東山中《ひがしさんちゅう》）を結ぶ通路が重層的に延びている。

【現況】城山頂部の主郭Ⅰは、北側半分に高さ一～二mの土塁を巡らすが、背面の尾根続きには堀切を設けていない。比較的急峻な谷地形に面するため、あえて堀切を設けなかったのであろう。替わりに主郭Ⅰの北西からは、長大な竪堀を伸ばしている。北側直下の水場を囲い込み、守ることを意図して設けられたのであろう。主郭Ⅰの南側には折りを伴う横堀を巡らし、短い土橋で外側の曲輪と連絡する。付近の曲輪や土橋の法面には石垣が散見される。かつては広範囲に石垣が築かれていたと考えられる。

畝状空堀群は主郭部の南側と南西側に設けられる。南側のAは、中央部を林道が抜けているため、ややわかりづらくなっている。それでも西端の竪堀と竪土塁を明瞭に築いており、外縁部において（防御上の）強弱が付けられている。南西側の畝状空堀群Bは整然と堀・土塁が並んでおり、時期的な新しさを感じさせる。

主郭Ⅰの西方、少し下がった位置には曲輪群Ⅱが存在する。曲輪群Ⅱでは、周囲に横堀を巡らせ、内側には石垣を積み上げる。現状では崩れたり土に覆われたりした部分が多いが、元はほぼ全体が石垣造りであったと考えられる。子細に観察すると、基底部近くには二mを超える複数の巨石を用いている。

曲輪群Ⅱの西方となる鞍部には、土橋状となったCがある。北側には竪堀を伸ばすが、南側には存在しない。加えて土橋状となった部分の幅は約七mと、かなり広い。C東側には高低差を利用した、外枡形状の虎口Dがある。土橋状のCの前後は当城の大手口であり、虎口Dは実質的

曲輪群Ⅱの石垣

畝状空堀群

な大手門跡とみてよいだろう。つまり城郭の正面に見合った虎口、動線を設けていると言えよう。土橋状のCから西へ進むと、尾根続きは地形がやや高まっており、虎口や通路もはっきりしない。これらは臨時性をうかがわせる曲輪群である。

【評価】当城で注目されるのは石垣の使用であり、虎口、曲輪縁辺、法面等の広範囲で確認できる。特に中間部分にある曲輪群Ⅱではかなり大きな石を集中して用いつつ、塁線に折りを持たせている。他方、主郭Ⅰ付近ではやや小ぶりの石を用いており、場所に応じた使い分けがなされている。単なる土留めに止まるものではなく、虎口・動線の角、塁線の折りを明瞭にさせる効果を持たせている。埋没したり崩れたりしている箇所もあろうが、戦国期の大和国において最も石垣を多用した城郭であると評価できる。筒井氏は少なくとも元亀二年以前に横矢掛かりの折り、虎口の動線に関わる屈折を石垣によって造り出していたことが判明する。こうした軍事性の強い縄張りをどのような形で取り入れたのかは興味深く、検討課題となる。

また、文献史料の成果によれば筒井氏にとっては政庁機能を有していたことが知られ、当城には格式・階層性を備えた面もあったと考えられる。

【探訪にあたっての注意事項】中畑町から北上した舗装道の終点から林道に入るのが最も近い。ただし案内板はなく、周囲に民家もないので地図で位置を確認するほかない。南椿尾町側からの道は狭く、距離も長い。城域はおよそ見やすい状態になっており、一見の価値がある。

（髙田徹）

［参考文献］村田修三「大和の「山の城」」（岸俊夫教授退官記念会『日本政治社会史研究』下、塙書房、一九八五年）

石垣1

石垣2

国中への再起を狙う古市氏の「山ノ城」

7 鉢《はち》伏《ぶせ》城《じょう》

所在地：奈良市鉢伏町
標高（比高）：四三一m（四〇m）
別称：なし
史跡指定の有無：—

【位置と歴史】名張街道（鉢伏越）から北方へ約五〇〇m離れた山頂に位置する。街道は国中《くんなか》（奈良盆地）と東山内《ひがしさんない》（大和高原）を結ぶ主要道で、城郭の位置する山頂からは国中全域をほぼ眺望できた。鉢伏城は、「祐維記抄」にたびたび登場する古市氏の「山の城」とされ、[*1]記録は次のように残る。[*2]永正十七年（一五二〇）五月七日、「山ノ城」に布陣して筒井勢と交戦中であった古市公胤は、九日に「山ノ城」を捨てる。筒井勢により「山ノ城」は破却されるが、約一ヶ月後の六月十二日、古市勢は鉢伏に再度着陣し、白毫寺《びゃくごうじ》（奈良市）の堂や庫裡から資材を調達し「山ノ城」に「小屋」を掛けた。二十二日、越智氏の使者が「山ノ城」に仲裁に訪れ、和睦を受け入れた古市勢は大平尾へ退く。

【現況】東西に延びる尾根上に、いくつもの曲輪が並ぶ連郭式の城郭である。曲輪は城域南辺が高く、北辺は低い特徴を持つ。また、土塁は街道に面した南辺および西

Ⅳ郭の石積

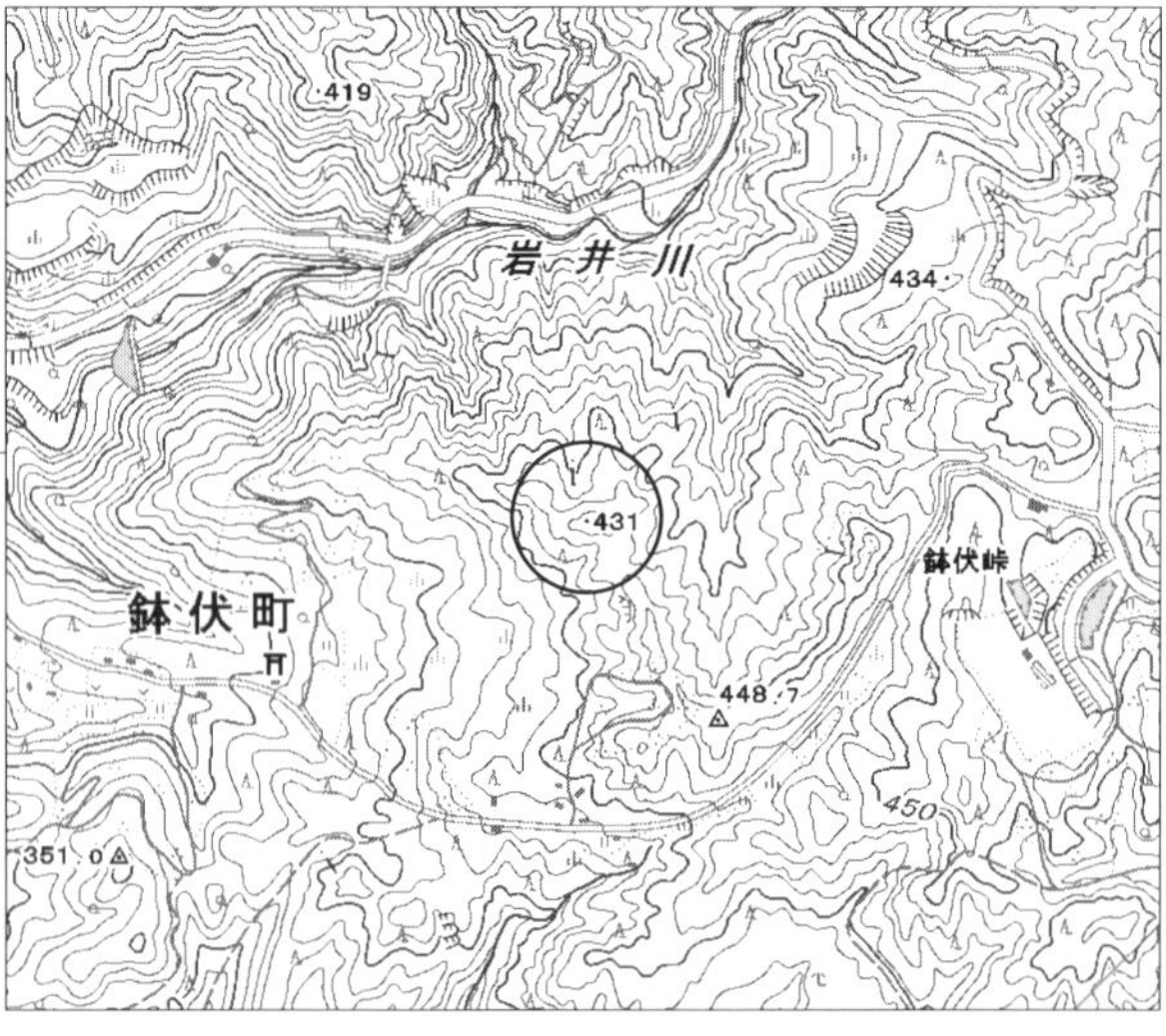

＊1　村田修三「大和の城郭（13）鉢伏城（古市山ノ城）」（『月刊奈良』二三―三、現代奈良協会、一九八三年）

＊2　「祐維記抄」『続南行雑録』

鉢伏城縄張り図（内野作図）

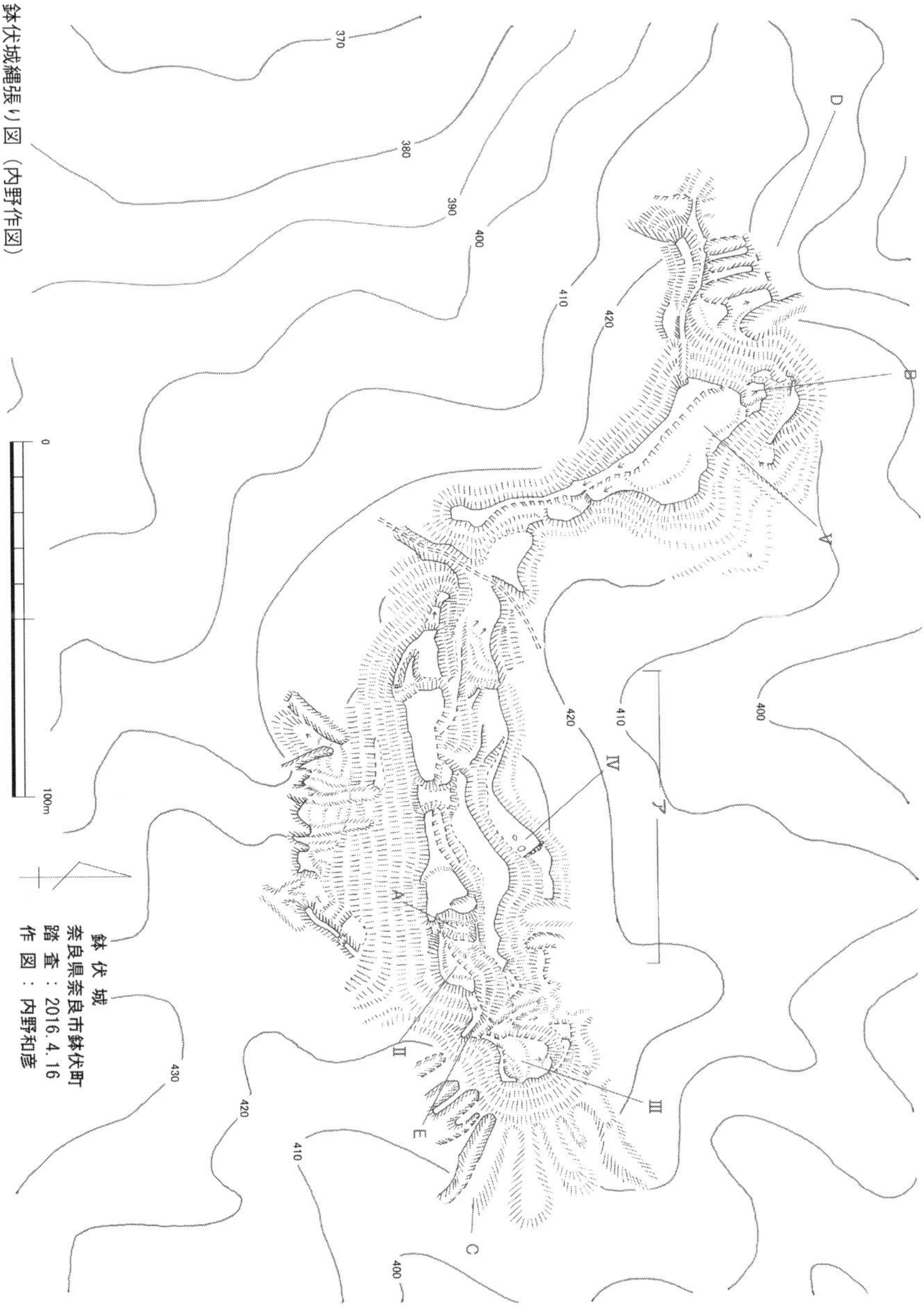

Ⅴ郭の土塁

辺に集中している。城域の東と西端には、畝状空堀群（C・D）が設けられているが、中央南方部に見られる溝状の遺構は雨水の浸食の跡だと考えられる。

主要部はアの区域であるが、主郭と判断できる曲輪は存在しない。Ⅱ郭は南東の尾根続きに正対する櫓台状の小さな曲輪で、尾根続きに面して低い土塁を持つ。Ⅱの西直下には窪んだ遺構Aがあり、南東尾根続きからルートが繋がる虎口であると思われる。Ⅱは南東尾根続きからAに至るルートを監視する、櫓台状の曲輪と評価できる。Aは内桝形状の虎口であるが、北に隣接する曲輪よりも高い位置にあるため、技巧的に中途半端であると言える。東限に位置するⅢ郭にはL字状に曲がった土塁が設けられ、東方の谷へは畝状空堀群Cが延びる。Cは曲輪直下から延び、自然の浸食でできた溝に繋がって東麓の谷まで続く。ⅡとⅢの中間に位置するEは南方へ張り出しており、Ⅱ南斜面に対する横矢を意図したものであろう。当城は自然地形を多分に残すが、唯一Ⅳ郭は削平が綺麗に整えられた曲輪と言える。Ⅳ郭には三〇㎝ほどの低い段差があり、段差は矢穴のある石材によって補強されている。また、Ⅳには礎石状の石も散乱しており、建物があった可能性が高い。

当城中央部付近は鞍部となり、土塁を断ち切った破壊道が南北に延びる。破壊道より西方が西部となるが、西部は折れる尾根の向きに合わせて北西方向に延びる。西部において土塁は西辺に

畝状空堀群C

連なり、東部の南辺と同じく街道方向に対する構築となる。西端となるV郭は規模が大きく、北西部にステップ状の虎口Bを持つ。西方尾根続きには、堀切ではなく北斜面に四本、南斜面に一本の竪堀が残る。尾根を完全に遮断せず、通行を制限する竪堀の存在から、西方尾根上にはルートが存在したと考えられる。ルートは一部崩れて消滅しているが、虎口であるBに繋がっていたと考えられる。

【評価】街道方向に土塁や土塁状の高い曲輪を配置し、東と西端は畝状空堀群で囲い込む。しかし、北方への防御意識は薄いことから、当城が警戒すべき方角が南方の街道方向であったことを示す。また、城内を堀切や明確な切岸で区分せず、メリハリなく曲輪を東西に並べる形態は、軍勢の収容を目的にしたものと考えられる。そして、削平が甘いうえに自然地形を多分に残すことから、急造された臨時の城郭であったと言えるだろう。当城は「祐維記抄」に記された「山ノ城」であり、永正期に古市氏が国中への復帰の拠点とした陣城であることは間違いあるまい。

また、技巧的には土塁のラインおよび畝状空堀群がすでに永正期に活用されていたことを示す好例であるとも言える。そして構造上中途半端ではあるが、内桝形状の虎口が用いられていたことも、大和国における築城技術の進化を見るうえで重要な遺構と言える。Ⅳ郭には建物があった可能性が考えられるが、それが白毫寺から資材を調達して建てられた「小屋」であったかどうかはわからない。

【探訪にあたっての注意事項】城郭へのルートは中央部付近に繋がる破壊道沿いがよいと思うが、筆者は南東尾根沿いから登城したため未確認である。南東尾根沿いには道がないため、おすすめできない。

（内野和彦）

単郭の在地領主城館

8 中《なか》荻《おぎ》城《じょう》

所在地：奈良市荻町中荻
標高（比高）：三九〇m（一〇m）
別称：なし
史跡指定の有無：—

【位置と歴史】中荻城は、布目川《ぬのめがわ》左岸の丘陵先端部にある。付近は布目川に沿ってわずかに平地部が広がっている。布目川に沿って北上すると山添村方向へ、南下すれば名阪国道の針インター方面に至る。布目川に沿って南西約一．八kmの位置には馬場《ばば》城（奈良市都祁馬場町。本書九〇頁参照）がある。

城の歴史は伝えられないが、近隣を支配した在地領主の居所であったと考えられる。曲輪は「トノヤシキ」と呼ばれており、かつて領主層がいたことを伝えている。

【現況】「トノヤシキ」と呼ばれる曲輪は東西約四〇m、南北約二〇mの規模である。内部は傾斜する上、北側と東側には斜面を削り込んだ形跡がある。以前は茶畑になっており、その折に改変を受けたとみられる。東側には高さ約一mの土塁状の高まりがあるが、その上面が本来の曲輪面であった可能性が高い。現状では曲輪の南東隅が虎口状を呈するが、曲輪面全体が掘削を受けているとすれば特定は難しい。むしろ南側から西側裾部には緩斜面が取り付くので、そちら側に虎口・通路を求めるべきかもしれない。

南側から見た城跡

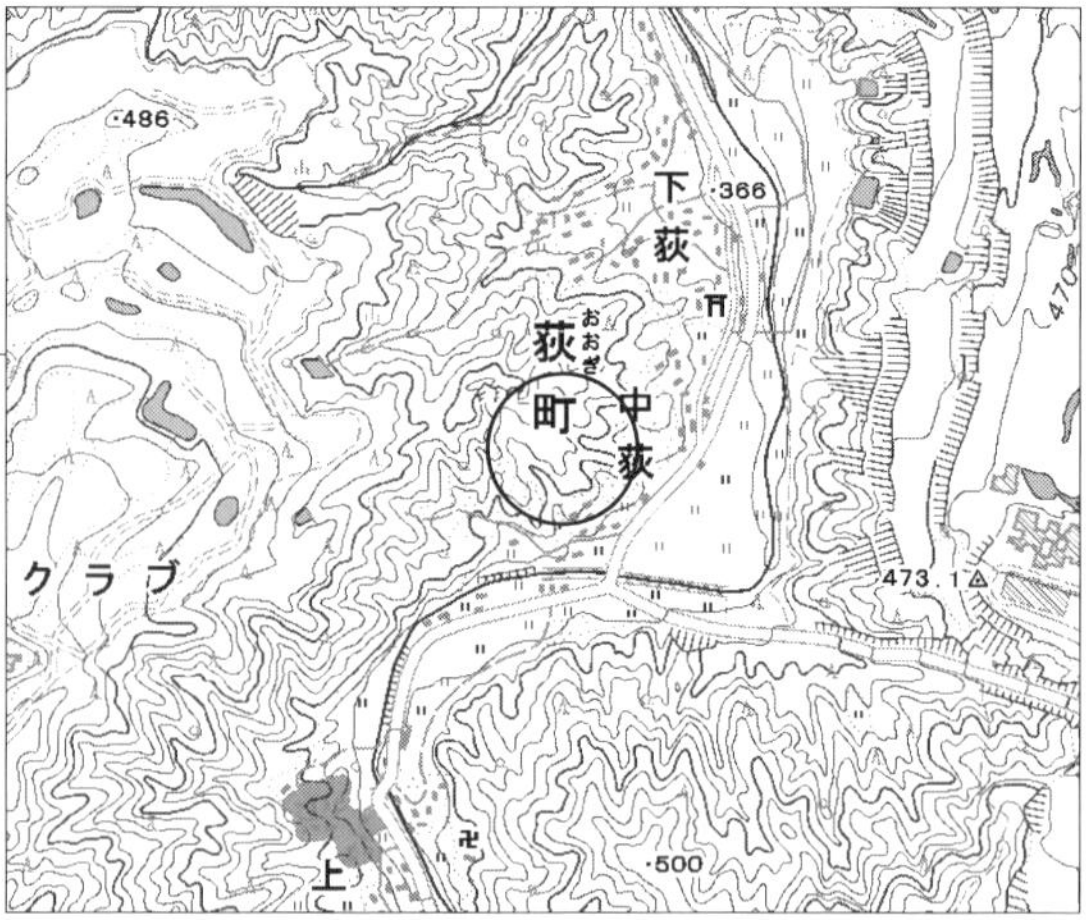

曲輪の北側は高さ約七mの土塁がある。北側から南側に向かって下降していた尾根を大きく削り込んで曲輪を造り出し、背面の掘り残したところに盛土も施して土塁を構築したのであろう。土塁の後方、尾根続きには幅約一三m、土塁天端からの深さ約四．五mの堀切を設ける。堀切の対岸は土塁上部に対して約一m低く、堀切と土塁による遮断は強固である。堀切の端部は竪堀となり、斜面へ長く延びている。

単郭の城郭ならば、これだけの土塁・堀切で防御は十分と思われるが、堀切から尾根を約二五m上がったところに深さ約三〇cmの浅い堀切Aを設けている。尾根続きからの侵入をかなり警戒した処置と言える。

【評価】近隣を支配した在地領主の居所と考えられるが、尾根続きに対する警戒が厳重である。尾根続きの先は現在ゴルフ場になっているが、地形的にもともと緩傾斜となったところが多かったとみられる。それを踏まえての警戒であったのだろうか。

【探訪にあたっての注意事項】隣接する民家所有地であるので、許可を得て立ち入らねばならない。

（髙田徹）

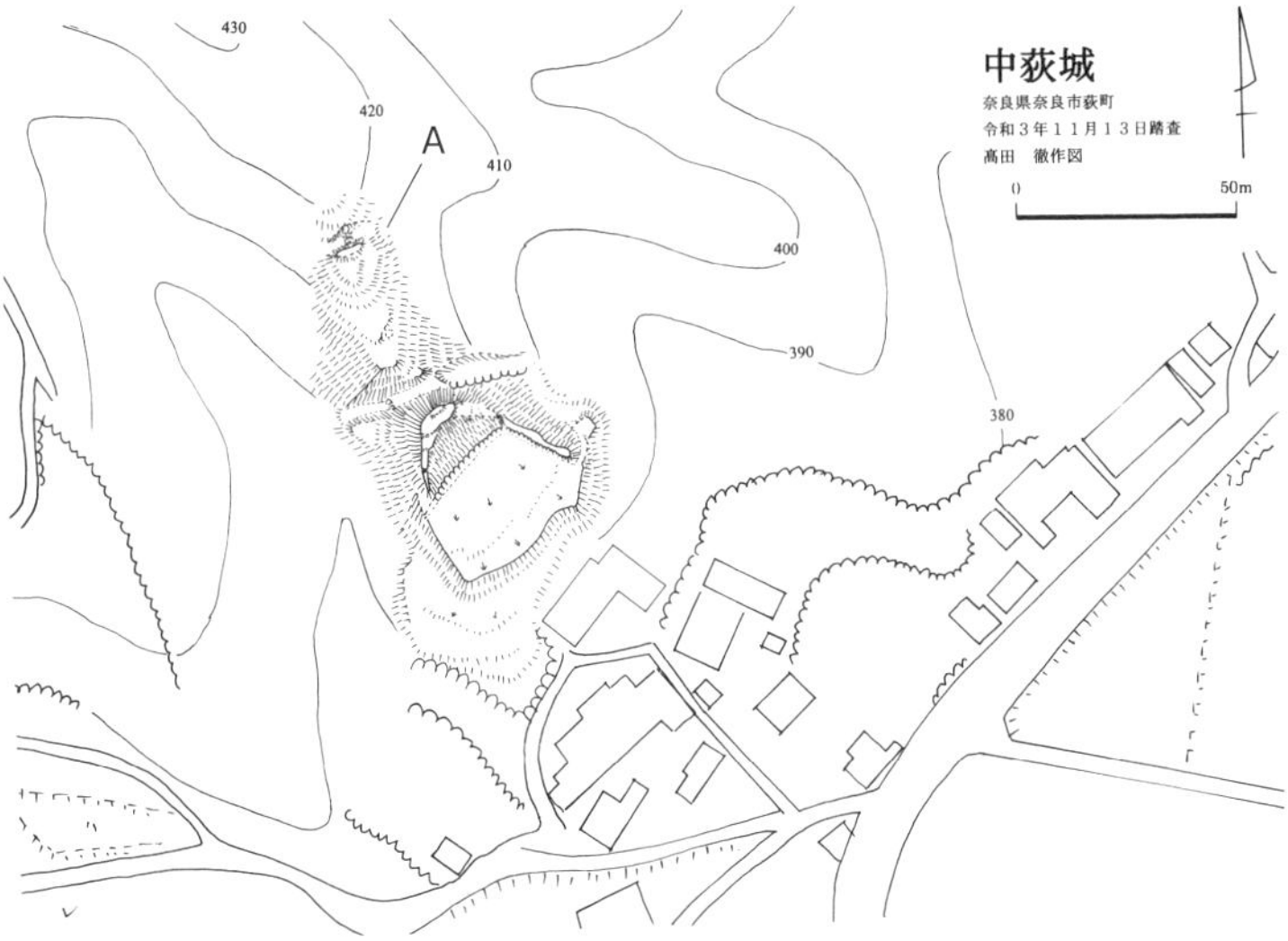

中荻城縄張り図（髙田作図）

主郭と土塁

大和と伊賀の境にある伊賀型の城

9 石《いし》打《うち》城《じょう》

所在地：奈良市月ヶ瀬石打字西広
標高（比高）：二二〇m（三五m）
別称：稲垣氏城・西広城
史跡指定の有無：奈良県指定

【位置と歴史】東の三重県伊賀市の境まで一kmほどの距離にあり、北西から延びた丘陵の先端に構築されている。比高は三五mと、要害性がやや弱い場所である。「石打いこいの家」の北の丘陵端にある。歴史については不明な部分が多く、鎌倉時代は石打周辺は興福寺の荘園であった。その後、在地領主の稲垣《いながき》氏がを支配したといわれる。[＊1]

遠望（東から）

【現況】曲輪Ⅰは土塁が囲繞し、虎口Aが南に、虎口Bが北に開口している。虎口Aは平入であるが、前面となる南の斜面には竪堀Cを配置し、横移動を防止している。虎口東側の土塁斜面には竪堀Dがあり、遮断を意識したものであろう。曲輪Ⅰの西側は、堀切EとFで遮断しており、堀切Eの幅は一〇mほどである。堀切Fの幅は狭いが、竪堀部分が長く、西側斜面からの侵入を防止している。堀切Eは、曲輪Ⅰの北側と東側を取巻く横堀Gにリンクし、曲輪Ⅰの防御を高めている。

南曲輪Ⅱは、西側の通路に対して横矢掛かりが可能となり、

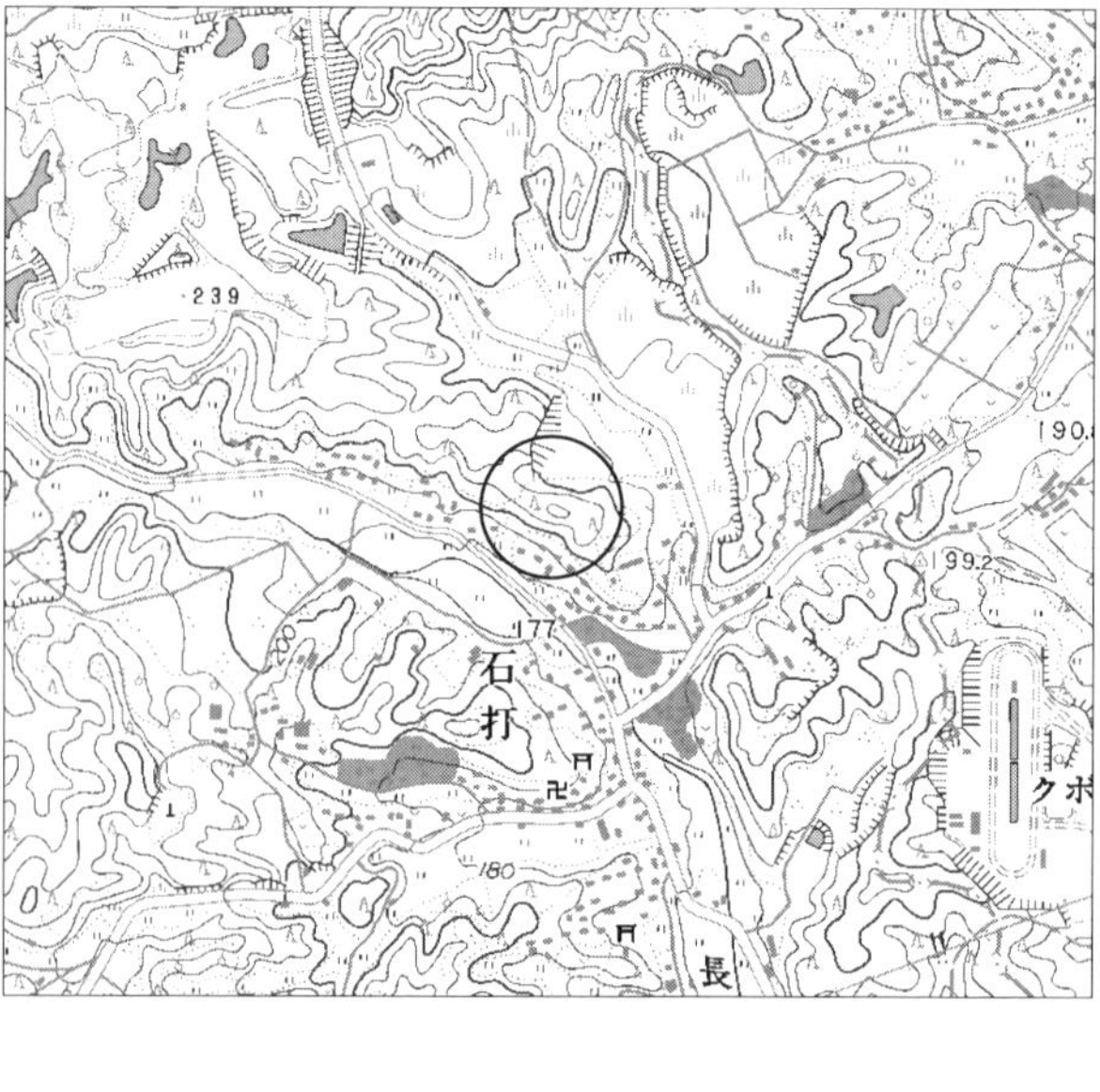

＊1『月ヶ瀬村史』（月ヶ瀬村、一九九〇年）

77 石打城

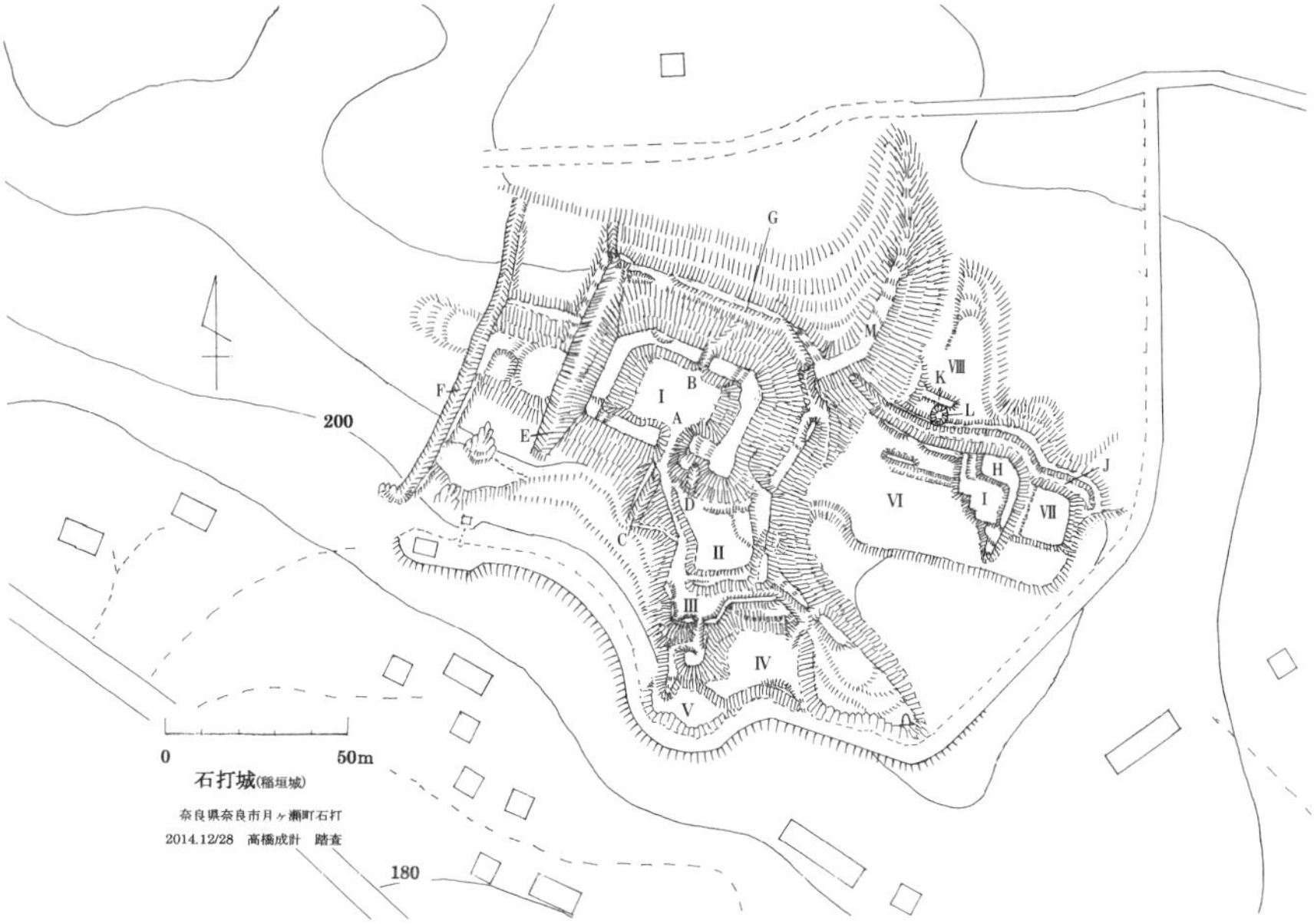

石打城縄張り図（高橋作図）

曲輪Ⅲは曲輪ⅣとⅤからの通路が合流するため、曲輪Ⅱからの横矢掛かりがポイントになる。曲輪Ⅲの役割は、「馬出」的な役割が想定できる。曲輪Ⅳは大手口の曲輪に比定でき、面積も広く削平状態も良好である。曲輪Ⅴは道路拡張のため、平成六年（一九九四）に発掘調査が行われ、十六世紀前半〜後半の常滑の大甕・土師皿が出土している。

東の曲輪Ⅵは、要害性に乏しい地形であるが、東隅にL字形の土塁Hを設け、土塁下のIは櫓台として利用できる形になる。北側には横堀Jを巡らし、東側にも曲輪Ⅶがある。曲輪Iに繋がる通路は、横堀Gを通り、虎口Bに繋がる。曲輪外として曲輪Ⅵの北にある土塁Kと、凹地のLを含めて広がる曲輪Ⅷも、遺構の一部と考えたい。北に張り出した尾

Ⅳ曲輪

上り口

主郭

西の曲輪

根上の土塁Mも敵の遮断を意図していたと考えられる。

【評価】 伊賀国境に近接し、伊賀国につながりの強い地域である。城館の形態も伊賀型城館となる。*2 伊賀国の菊永氏城（伊賀市上友田）の発掘調査成果を踏まえると、*3 石打城も曲輪Ⅰを中心として、周辺に一族郎党の屋敷が広がっていたと推定される。

【探訪にあたっての注意事項】 名阪国道の治田ＩＣから県道82号線を経由して、「石打いこいの家」を目指す。その北側丘陵上が城跡である。奈良県史跡となり、曲輪Ⅰを中心とした範囲は歩きやすい。ただし、城跡直下の道は狭く、車の転回は難しいので注意が必要。

（高橋成計）

石碑

＊2　伊賀型城館とは、丘陵上や丘陵斜面・平地に高土塁と空堀で囲んだ曲輪を造り、その周囲にも曲輪を造成したものである。小規模の城館は単独の場合もある。

＊3　『菊永氏城跡調査報告』阿山町埋蔵文化財調査報告一（阿山町教育委員、一九八七年）

十五世紀の遺構が残る城郭

10　西方院山城《さいほういんざんじょう》

所在地：奈良市高畑町
標高（比高）：一一一m（一七m）
別称：楡伽山城
史跡指定の有無：—

【位置と歴史】春日山（二九七m）から西に延びた丘陵先端の、標高一一〇mの位置にある。北には荒池があり、西の県道を隔てたところには、鬼薗山《きおんざん》城があったが、現在は奈良ホテルが建っている。

当城は文安元年（一四四四）正月に大乗院門跡安位寺経覚を擁して、古市氏・越智氏が筒井氏・成身院光宣（筒井氏一族）と実権を争う過程で築城されたが、計画が変更となり、鬼薗山城が完成したためそのまま放置された。文明十年（一四七八）四月、応仁・文明の乱の中で陣所が必要となり、翌十一年八月に放置されていた西方院山城が築城された。城が完成して三日目に筒井勢が押し寄せて落城した。その後史料に現われないが、永禄十一年（一五六八）六月に松永久秀と筒井・三好三人衆の軍勢が奈良市内で合戦したとき、三好方が陣を放棄したとされる「天満山ノ城」[*1]が、この城にあたる可能性がある。[*2]

空堀B

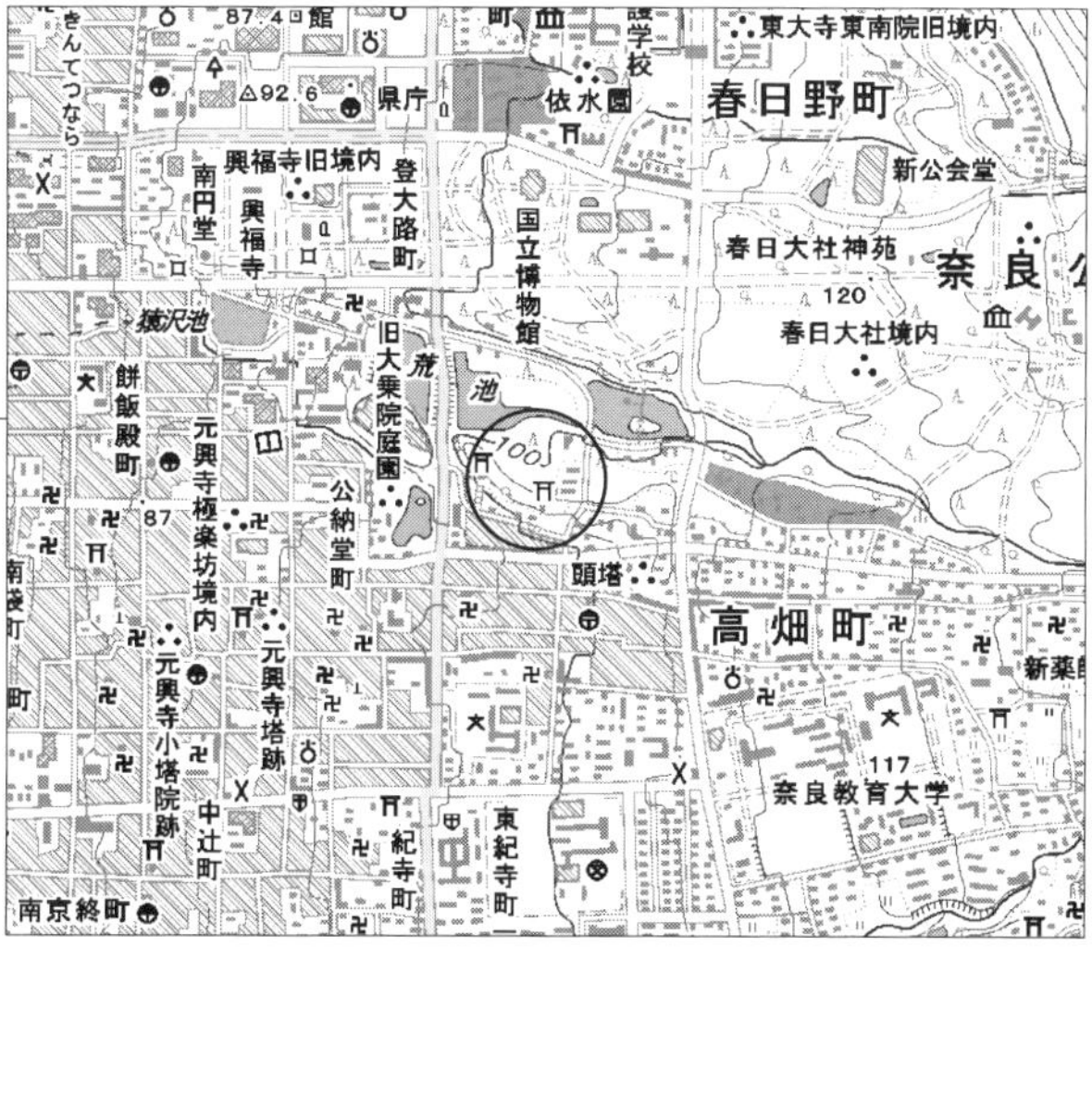

＊1　『多聞院日記』
＊2　『図解 近畿の城郭Ⅱ』（戎光祥出版、二〇一五年）

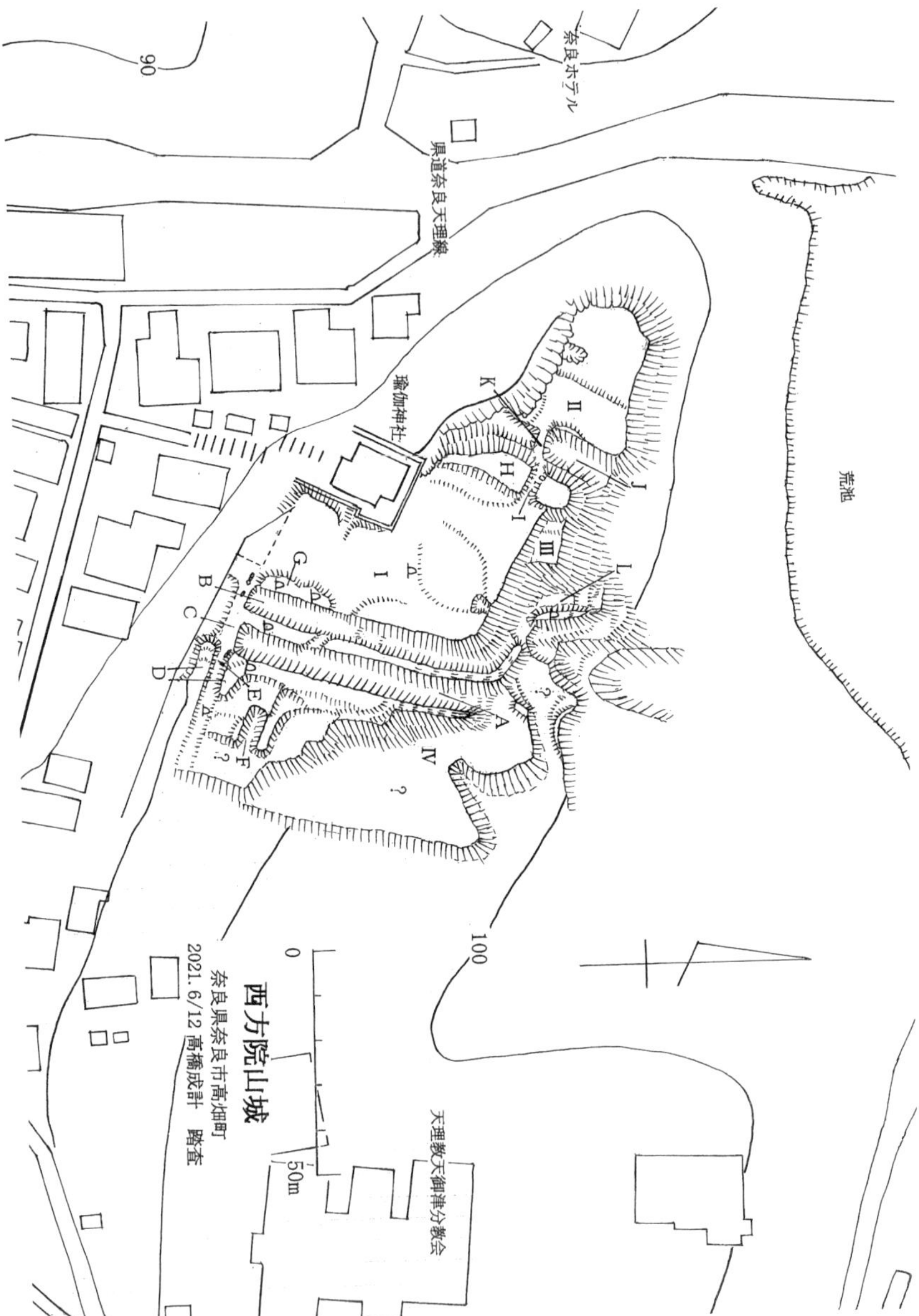

西方院山城縄張り図（高橋作図）

【現況】標高一一一mの丘陵先端近くを、幅七mの空堀A・Bの二重空堀で遮断している。南側には幅三mほどの土橋Cがある。一九八三年四月に崩落した南斜面にも黒ずんだ土の層（空堀跡）がみられたという。土橋Cの東側（堀の外）には、両側に土塁Dがあり、虎口Eを形成している。本来ならば、虎口は土橋Cを渡った曲輪I側に設置されてしかるべきであろう。虎口Eの北東に空堀Fがあるが、縄張り上の位置づけが難しい。

二重空堀の西側には曲輪Iがあり、これが主郭と考えられる。土橋C側には長さ一二mほどの土塁Gがあるが、堀Bと一体となったものであろう。曲輪Iは西側に土塁Hと虎口Iがある。土塁幅は六mと広く、高さも二mほどある。曲輪Iの南部分は楡伽《ゆが》神社境内となって一部破壊され、歪な形をしている。北西の空堀Jは、曲輪IIとの間仕切りとなるが中央に土橋Kが延びる。曲輪IIの南側は削り取られており、元の形状は不明である。曲輪Iの北には小規模な曲輪IIIがあり、東側八m下には空堀Lがある。当初は空堀Lと空堀Bは接合していた可能性がある。空堀Aの東側に広がる平坦地IVは、城外とみられるが断定はできない。

【評価】東の二重空堀A・Bの敷設をみると、間にはさまれた土塁幅は約三mで、二重空堀の全体幅は一七mほどとなる。一五m以上の距離があれば、弓矢による攻撃に対して防御的には有効な広がりとなろう。『尋尊大僧正記』にあるように、応仁文明の乱以前の築城が明らかとなる城郭例であり、貴重な遺構である。

現在南西部分が削り取られているため、旧状は不明である。

【探訪にあたっての注意事項】近鉄奈良線の奈良駅から南東へ一kmほどの距離にある。奈良ホテルから東の道路を越えるとホテルの駐車場があり、この上の台地が城跡である。入口は駐車場の北側の斜面を登って立ち入ることになるが、マダニが生息するので注意が必要である。（高橋成計）

曲輪I

久秀が築いた天下の名城

11 多《た》聞《もん》城《じょう》

所在地：奈良市法蓮町
標高（比高）：一一五m（三一m）
別称：多聞山、眉間寺城
史跡指定の有無：—

【位置と歴史】多聞城は、権門都市奈良北端の丘陵頂部に選地する。当地は大和盆地を一望できるほど眺望に優れ、かつ東側の善称寺《ぜんしょうじ》山を越えた先には「東《あづま》路《みち》」（京街道）が通る交通の要衝でもあった。

築城以前には東大寺戒壇院《かいだんいん》末寺の眉間寺《みけんじ》が建ち、眺望の良さと要害地形から、幾度か戦いの場ともなった。永禄四年（一五六一）、大和国の大半を支配下においた松永久秀は、眉間寺を移して築城を開始する。翌年八月には、奈良住民が見物するなか、棟上げが行われた。

当城は築城過程や内部構造に関する史料が多いため、松永期の様相をおおよそ復元することができる。曲輪に関しては、「本丸（詰丸）」「西丸」が確認でき、それぞれに井戸が掘られた。「本丸」には、主殿や会所・庭園などがあり、将軍御所プランに則った伝統的な館が形成された。[*1] また、城内の道に沿って有力家臣の屋敷もつくられ、[*2] それには上階のある建物や蔵が伴った。そして屋敷と堡塁《ほうるい》（櫓）には瓦が葺かれ、城壁と堡塁の壁は漆喰で白く輝いていたという。これらは山を切り崩して造成した中央の大きな平地（曲輪Ⅰ）のなかに存在したため、宣教師は都市のような空間と評している。[*3]

城内では、相論裁許や検断権の行使、人質の収容等が行われ、政庁としての機能をもつ一方、常駐する軍勢を各地に派遣し、永禄八～十一年（一五六五～六八）には籠城して三好三人衆方を

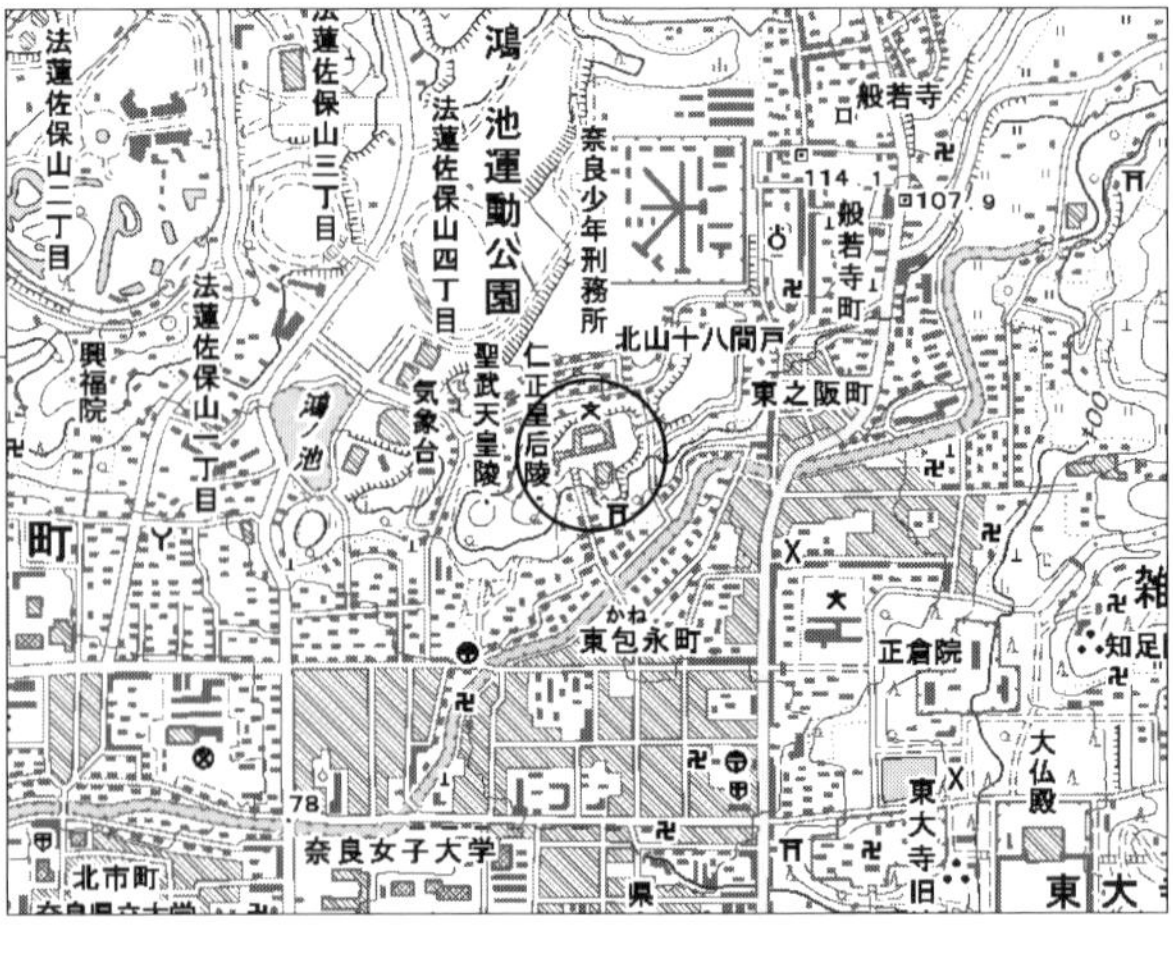

*1 「（永禄五年）十月二十八日付松永久秀書状」『柳生文書』等
*2 「二条宴乗記」等
*3 「アルメイダ書簡」

迎え撃つなど、軍事拠点としても機能した。また興福寺関係者や京の公家、宣教師らが頻繁に訪れ、都市民との茶会も開催されるなど、日常的かつ文化的な交流の場ともなっていた。＊4

元亀元年（一五七〇）には久秀嫡子の久通《ひさみち》が城主になり、その後松永氏は足利義昭に対し謀叛を起こした織田信長と対立するが、天正元年（一五七三）十二月、久通は織田方に当城を明け渡し、信長直轄の城となった。信長は翌年三月に城内で蘭《らん》奢待《じゃたい》の切り取りを行っている。

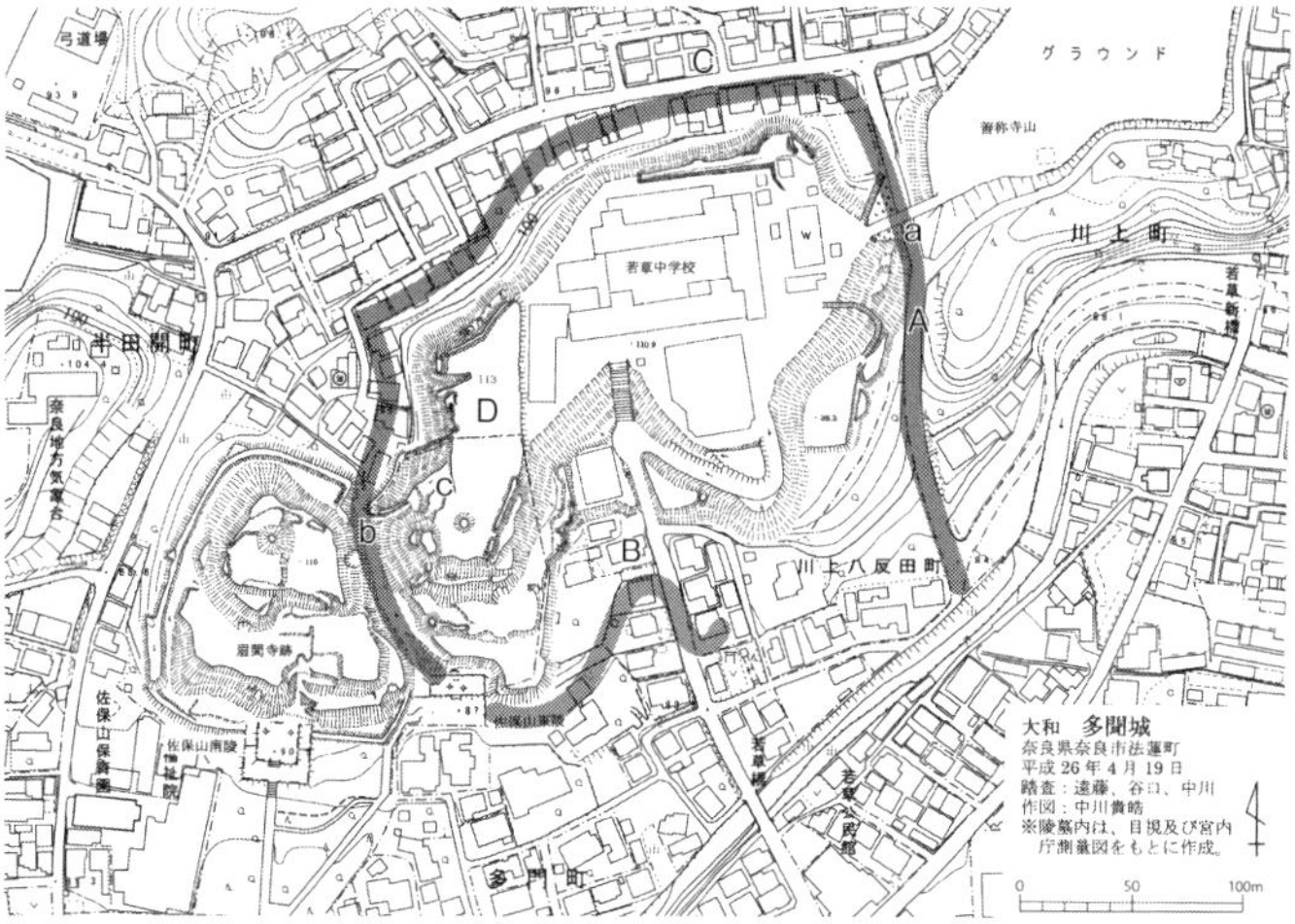

多聞城縄張り図（グレーゾーンは堀）

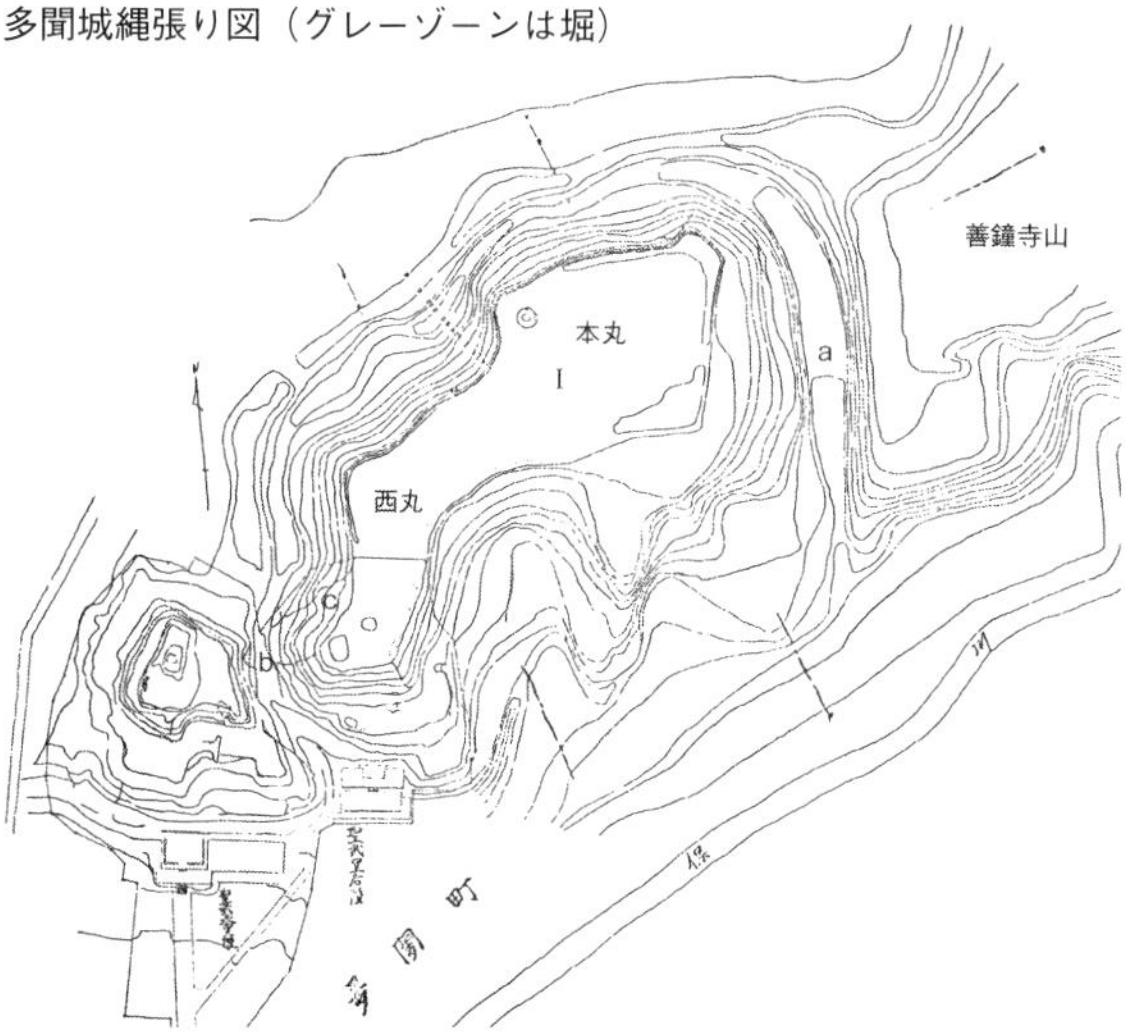

多聞城略測図（伊達宗泰氏作図、『奈良県史跡名勝天然記念物調査抄報』第十輯より、一部加筆）

＊4　福島克彦「大和多聞城と松永・織豊権力」（『城郭研究室年報』一一号、姫路市立城郭研究室、二〇〇二年）

織田期では、城番による管理のもと、建築物の撤去・移築と普請が同時に行われ、改修を受けつつ維持されていたが、天正四年（一五七六）には破城となった。このとき、久通は奉行となり、筒井順慶とともに実務を采配し、「高矢倉（四階ヤクラ）」は安土城へ、石材は筒井城へと運ばれた。しばらくして文禄三年（一五九四）、豊臣政権のもとで郡山城に替わる拠点として「和州多門普請」が計画され、普請役割り振りまで決定するものの、計画は中止となった。

【現況】現在は奈良市立若草中学校敷地となり、校舎造成によって大部分が破壊されてしまったが、局所的に遺構が残存する。東遺構Aには、善称寺山との間の大規模な堀切aや斜面に複数の削平地が確認される。ついで南遺構Bは改変が著しいが、斜面裾に土塁を設けた曲輪が残存する。このうち東側には発掘調査時に出土した石造物が安置される。北遺構Cは造成時の削り残しで、東端は塁線から張り出す。この張り出しは略測図にみえる東北隅櫓台に該当する。西遺構Dは、塁線上に土塁や櫓台が良好に残存する。南西隅櫓台は約五×一〇mの規模で、堀切bと虎口c、両者をつなぐ城道を牽制する。bは佐保山南陵と多聞山を分かつ大規模なもので、城域を画する。南山腹には比較的広めの曲輪が二段形成され、上段のものは小規模な櫓台と土塁を備える。なお、善称寺山には明確な遺構を確認できず、佐保山南陵は山腹に眉間寺が移築されていたことを踏まえると、城域に含めることは難しい。しかし、有事の際の臨時的な利用は想像に難くない。

中学校建設以前の様子は、発掘調査に先立って作成された略測図よりうかがえる。それによると、東西の尾根続きを大堀切a・bによって遮断し、城域を画すとともに、その間には広大な曲輪Iを中心とする曲輪群を確認できる。I周囲は土塁が巡り、四隅には櫓台がみられる。なかでもI東側の土塁・櫓台は相対的に規模が大きく、東端中央部は土塁が開口して虎口が形成された。その先は帯曲輪を経て南尾根の曲輪に連絡し、南斜面には複数の曲輪が造成されていたようであ

佐保山南陵

佐保山南陵東側の堀

る。北側山麓には外縁土塁のある横堀を巡らせ、東西の大堀切a・bに接続し、さらに南側山麓まで延ばして、横堀が四方を取り巻いていた。なお発掘調査では、井戸・礎石建物のほか、石造物・瓦を用いた排水溝や土塁基礎が検出された。[*5]また出土した瓦の大半は、当城専用に新調されたものであった。[*6]

【評価】当城は信貴山城とともに松永氏本拠として機能し、権門都市奈良に隣接して共存関係を志向した。[*7]織田期においても引き続き、大和国の中心的拠点城郭として維持された。

総合的に解釈すると、Ⅰ東半分は、①方形を志向、②土塁・櫓台の規模が突出、③明確な虎口、以上の三点から、「本丸（詰丸）」として久秀館を想定することができる。一方で、西半分は「西丸」として重臣屋敷が道沿いに軒を並べていたようである。この本丸と西丸は、周囲を巡る土塁によって一体化し、土塁上には城壁などが、櫓台上には瓦葺で漆喰壁の重厚な櫓がそびえていた。また石垣も存在し、山麓は横堀が四方を巡っていた。

このように、外見は近世城郭に似た様相であったが、普請による曲輪構成は本丸と西丸が一括となる特異なものであった。この有り様は、同時期の戦国期拠点城郭と一線を画し、松永氏の城郭にも類例がみられないため、多聞城の独自性と評価できる。ゆえに従来指摘されるような信長の城や、それを前提とする近世城郭への影響・連続性という積極的な評価は難しい。松永氏権力は久秀への集権性が指摘されるが、当城をみると、縄張り構造と権力構造が一致せず、必ずしも縄張りが権力構造を反映したわけではないことがうかがえる。中近世移行期の城郭の多様性を示す重要な事例である。

【探訪にあたっての注意事項】校内立ち入りによる見学にあたっては、学校長の許可を得たうえで、教職員・生徒に配慮しつつ散策していただきたい。

（中川貴皓）

*5 『奈良県史跡名勝天然記念物調査抄報』第十輯（奈良県教育委員会、一九五八年）

*6 山川均「城郭瓦の創製とその展開に関する覚書」（『織豊城郭』三号、織豊期城郭研究会、一九九六年）

*7 中川貴皓「多聞山普請について」（『戦国遺文三好編月報』二、東京堂出版、二〇一四年）

善称寺山との間を分ける堀

県下有数の虎口構造を持つ城郭

12 吐《は》山《やま》城《じょう》

所在地：奈良市都祁吐山町
標高（比高）：五七三・四m（九〇m）
別称：早山城
史跡指定の有無：―

【位置と歴史】吐山集落の北方に隣接し、山頂部と山麓部に遺構が残る。位置的には都祁《つげ》盆地の南部となり、吐山城西麓を盆地中心部から宇陀萩原を結ぶ道が通る。吐山氏の城郭と伝わる。吐山氏は一時、都祁盆地から宇陀萩原まで勢力を伸張する勢いをみせ、近隣の多田氏と何度も衝突を繰り返した。両者の争いは大和国の覇権を競う有力国人を巻き込み、近隣に大きな影響を及ぼす。記録上、吐山氏の威勢が最も活発であったのは十五世紀後半であり、『大乗院寺社雑事記《だいじょういんじしゃぞうじき》』『蓮成院記録』に記録が残る。＊1

当時、大和の国人衆は畠山氏の内訌によって政長派の筒井方と、義就派の越智方に分かれ覇権を争っていた。吐山氏は筒井方であったが、のちに越智方となる。当城に関連すると思われる主だった合戦の記録は、下記の通りである。文明十七年（一四八五）十二月、越智方の下笠間氏が当城を攻め、翌年十月には多田氏が吐山氏と合戦に及ぶ。また、

吐山城遠景

＊1『改訂　都祁村史』都祁市史編纂委員会、二〇〇五年

吐山城縄張り図（内野作図）

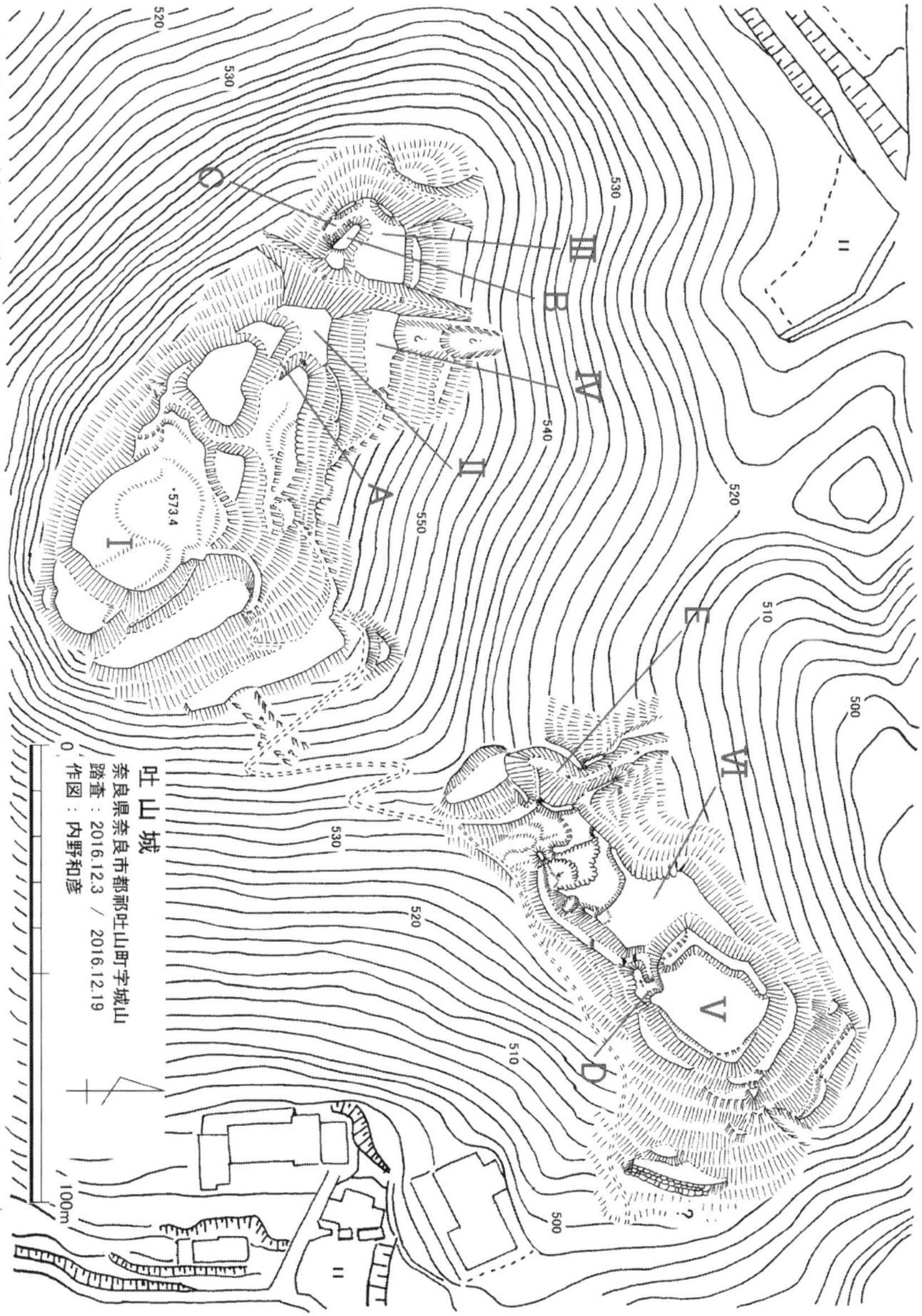

文明十九年正月には吐山氏と筒井氏が当城に立て籠もり、多田氏や古市氏などの越智方と対陣する。そして長享元年（一四八七）十月にも、吐山氏と多田氏間で合戦が起こる。延徳三年（一四九一）二月、宇陀の萩原庄を押領した吐山藤満《ふじみつ》に対して興福寺が発向し、藤満は同族である峯源四朗《みねげんしろう》との間に起こった内紛から二度ほど逃亡と復帰を繰り返す。その間、藤満を支援する越智方の軍勢と、峯源四朗を支援する筒井方の軍勢が入れ替わり当城に入城し、合戦・対峙を繰り返した。最終的に藤満は当城へ復帰するが、吐山氏の勢いは越智氏の衰退と筒井氏の隆盛により衰えたようである。永禄期には、大和に侵入した松永氏に従属したが、往時の威勢はすでになかったと思われる。

【現況】Ⅰが主郭となる。城域の西限には通路を兼ねた堀切が設けられるが、東限は険しい斜面のみとなる。山頂部へは北東麓から続くルートと、北西麓からのルートが存在したようである。いずれ両ルートはⅡ郭へ至り、虎口Aに集約される。Ⅱの西方は両端が竪堀となる堀切で完全に遮断され、西方の対岸には曲輪の西・南辺や、曲輪内部の土塁Bを持つ曲輪Ⅲが配置されている。Bは幅も広く石積みによる補強がみられ、外枡形状の虎口Cに繋がる通路が南に隣接する。Cは、北西尾根続きを通る北西ルートが城内に入る最初の虎口となる。そのあとルートはⅢからⅣに至り（木橋を使用か？）、Ⅱに繋がったと考えられる。

山麓部は南東部が破壊されており、その詳細は不明である。山麓部に堀切はなく、北東先端部は鋭く削られ、直下には細い平坦面が二段残る。曲輪Ⅴは山麓部での中心的な曲輪で、北西から南西辺に土塁を持ち、内桝形虎口の形態を持つDが虎口となる。集落からの登城ルートは、スロープを使って外枡形状の虎口Eと繋がる。スロープの東部に土塁がないのは、Ⅵからの横矢を可能にする処置であろう。Ⅵは南西部が消失しているが、残る塁線と等高線の状態を通じて、南西へ

Ⅰ郭

続いていたと推測される。

【評価】 吐山城は山頂部、山麓部ともに各曲輪間の比高差は小さい。しかし、登城ルートが繋がる虎口には技巧的な外枡形状の虎口が採用され、それぞれに横矢が意図されている。Eに対するⅥ、Cに対するⅡの位置関係はそれにあたる。また、Ⅲは外枡形虎口（C）を有した馬出しと評価することもできるだろう。吐山城の縄張りから推測される実戦を意識した緊張感は、県下の城郭のなかでも有数と言える。防御の主体を曲輪間の比高に頼らず、虎口防御の工夫に重きをおいた技巧的な築城技術は、小規模ながらも県下随一と言っても過言ではない。とくにⅢを中心とした西方への防御意識の高さは、地域信仰の求心的な存在であった来迎寺や、水分《みくまり》神社のある都祁盆地と、宇陀を結ぶ重要な道が北西麓を通ることが考えられる。北西ルートはその道と直接繋がっており、西方は最も警戒すべき重要な方向であったのだろう。いずれにしても大和において、これだけの合戦と軍勢の集結が記録に残る城郭は少ない。

吐山城の技巧的な構造がいつ完成したかは推測の域を出ないが、松永氏に従属した永禄期以降と考えるべきであろうか。しかしながら史料上、当城で最も緊張感が高まったのは十五世紀後半であり、幾多の戦闘を重ねるうちに進化した可能性も否定できない。当城は、県下の城館の進化を考えるうえで重要な位置を占める存在であると言えるだろう。

【探訪にあたっての注意事項】 現在、北西尾根を通る北西ルートに道はないため、山麓部を経由する北東ルートで登城することをおすすめする。遺構は比較的見やすい状態であるが、山頂部北側斜面は笹竹が密生するため注意が必要である。

（内野和彦）

土塁Bの石積

山田氏の伝承が残る拠点城郭

13 馬《ば》場《ば》城《じょう》

所在地：奈良市都祁馬場町字城山
標高（比高）：五三四m（一〇〇m）
別称：なし
史跡指定の有無：—

【位置と歴史】山田氏の本拠である中山田の北東約二km、北を布目川、東は針川に接し、西麓の小盆地には都祁へ抜ける道が通る。歴史は定かでないが、山田《やまだ》氏の築城と伝わる。山田氏は福住《ふくずみ》氏の圧迫によって山田庄から当地へ移動したとされ、山田庄の岩掛《いわがけ》城（山田城）を古城[*1]とし、当城を新城ともする[*2]。

石積み

【現況】四方に延びる尾根上に曲輪を連ね、各主尾根の先端は堀切で遮断される。堀切は全部で一一条あり[*3]、各尾根続きからの侵入に対する警戒度は高い。そのうちA・B・Cの城内側切岸は、傾斜が緩く長い距離を保つという共通特徴がみられる。またAの東には、隣接して浅い塹壕状の溝が造られている。D・E・Fは浅く小規模な堀切で、多様な堀切が用いられているのも特徴と言える。西部には当城唯一の二重竪堀、Gが設

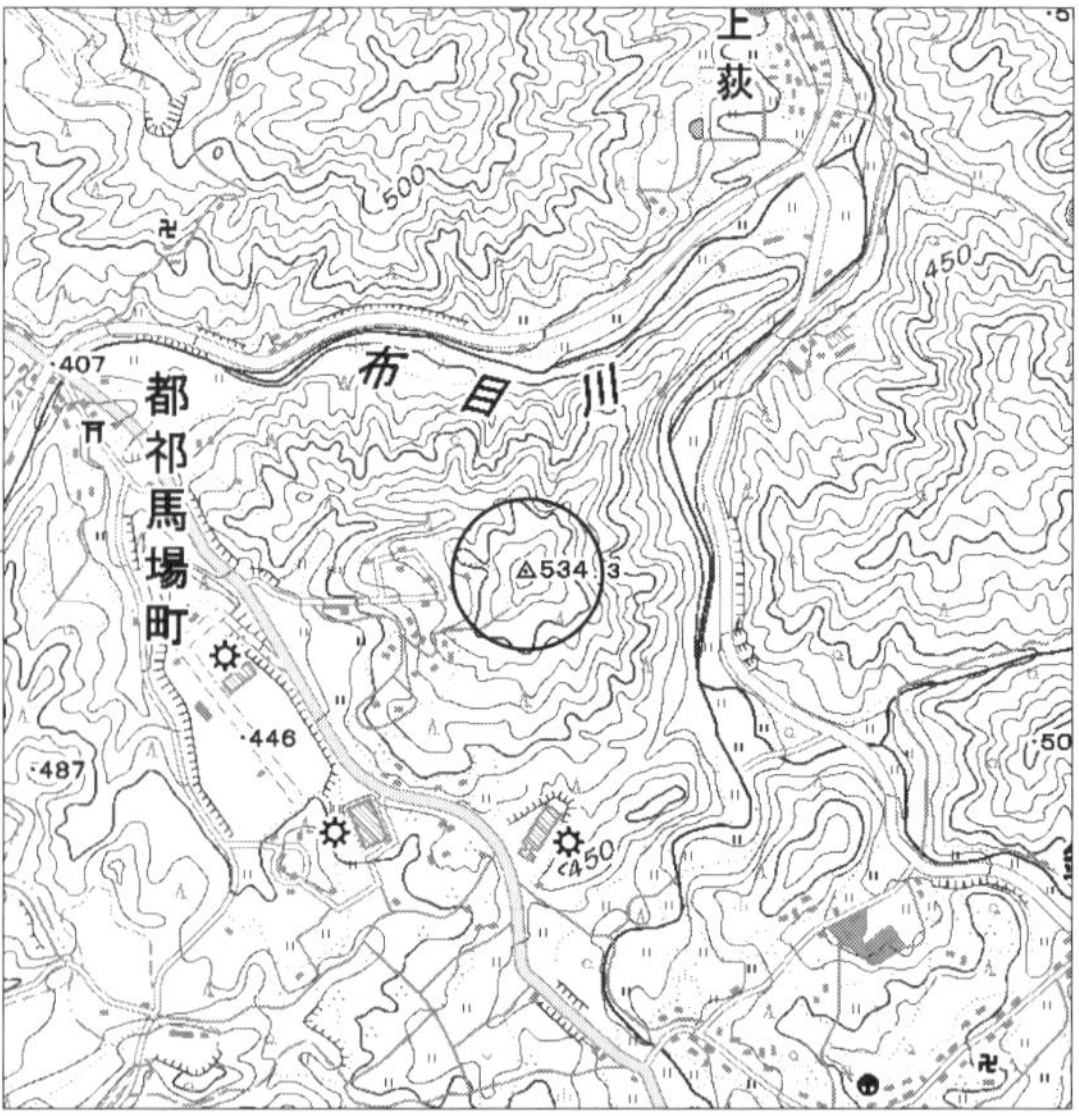

＊1　『多聞院日記』永禄九年正月十七日条に、多田弟が守る「山田古城」が攻略されたと記録される。

＊2　村田修三「大和の城跡8—山田城」（『月刊奈良』一七巻五号、現代奈良協会、一九七七年）

＊3　EはD・Fの事例から埋もれた状態であると判断した。

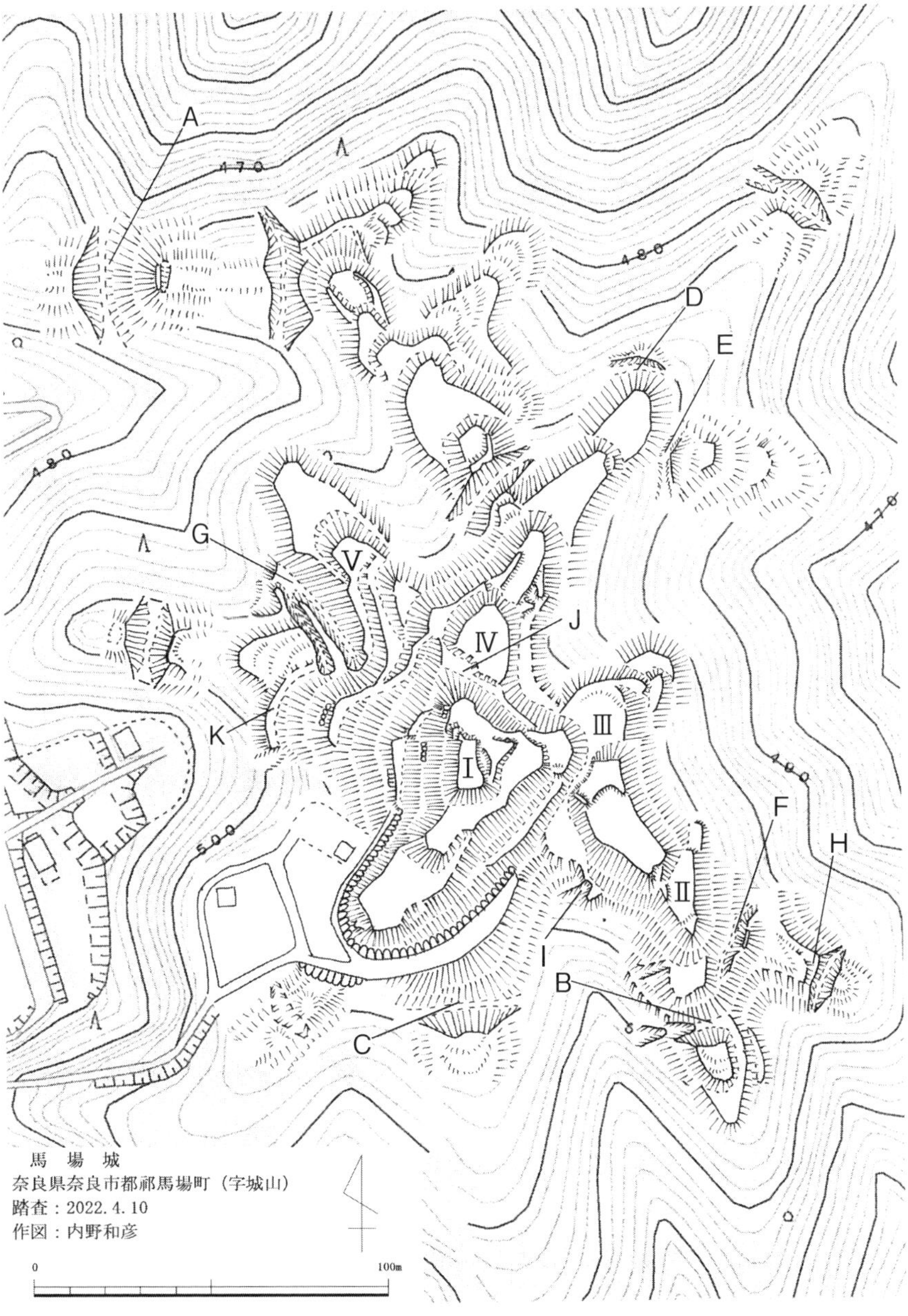

馬場城縄張り図（内野作図）

二重竪堀G

けられている。

　主郭は最高所のIで、周囲を取り巻く曲輪を含んで主要部となる。主要部では所々に石積みが散見される。城内への虎口はHとIが確認でき、Hは堀切を渡る木橋が想定される。城内ルートは明確に確認でき、HからはⅡ、Ⅲ郭を通ってⅣ郭へ、IからはⅢ郭からⅣ郭へ繋がる。Ⅴ郭からのルートも明確で、最終的にはⅣ郭へ繋がる。Ⅳ郭南西部には主要部への虎口Jがあり、すべてのルートはJへと繋がる。Ⅳ郭および中心部に挟まれたJは、西部が広く東部が狭い形態を持つ内枡形虎口で、中心部への重要な虎口であったことは間違いない。

【評価】城内への虎口は二ヶ所（H、I）確認できるが、どれも南方および東方に開口する。西麓に重要な道があったことを考えると、大手は西方であった可能性が高い。Ⅴ郭からJへ繋がる城内ルートの存在から、大手は通路状の遺構KからGを越えてⅤ郭へ延びていたと思われる。城中唯一の二重竪堀Gの存在は、重要なルートに関わる可能性が高い。山田氏の城郭と伝わる当城ながら山田氏単体の城郭としては規模が大きすぎる。山田氏を中心とした、意を同じくする山内衆が集結可能な拠点城郭であったと考えられる。＊4

【探訪にあたっての注意事項】城内へは、西麓より施設された破壊道により簡単に訪問できる。藪も多いため、冬季の探訪をおすすめする。

（内野和彦）

主要部切岸

＊4　永禄年間の山田氏は筒井方であり、松永方と対峙した。藤岡英札氏は、筒井氏の関与を想定する（藤岡英札「馬場城」〈中井均監修・城郭談話会編『図解 近畿の城郭Ⅱ』、戎光祥出版、二〇一五年〉）。

三国の国境近くにある城郭

14 北《きた》田《た》原《わら》城《じょう》

所在地：生駒市北田原町中佐越
標高（比高）：九六ｍ（四〇ｍ）
別称：なし
史跡指定の有無：—

【位置と歴史】大和・河内・山城の三国が接した生駒市北西部の標高一九〇ｍの丘陵地に位置する。西から清滝街道が南麓を通る伊賀街道に合流する、交通の要衝である。『大和志』によると、城主は坂ノ上丹後守といわれるが、[*1] 不明な点が多い。

遠景（東から）

【現況】主郭は北の鉄塔のある楕円形の曲輪Ⅰである。北東の尾根続きを堀切Ａで遮断し、曲輪Ⅰの北西方向の尾根筋には小規模の曲輪Ⅱを配置し、堀切Ｂを越えて曲輪Ⅲ・Ⅳを配置する。曲輪Ⅳは北東側に土塁Ｃを設けている。また、曲輪Ⅲの東の谷間には二条の竪堀を設け、堀切Ａを越えた所に曲輪Ⅴがあり、北側には竪堀Ｄを設けるが、尾根続きの北東は傾斜地となって下っていく。曲輪Ⅰの南東側の曲輪Ⅵの東裾部二〇ｍには帯曲輪Ｅがあり、北側の堀切Ａと繋がる。この帯状曲輪Ｅ

＊1　『奈良県中近世城館跡調査報告書』第二分冊（奈良県、二〇二一年）

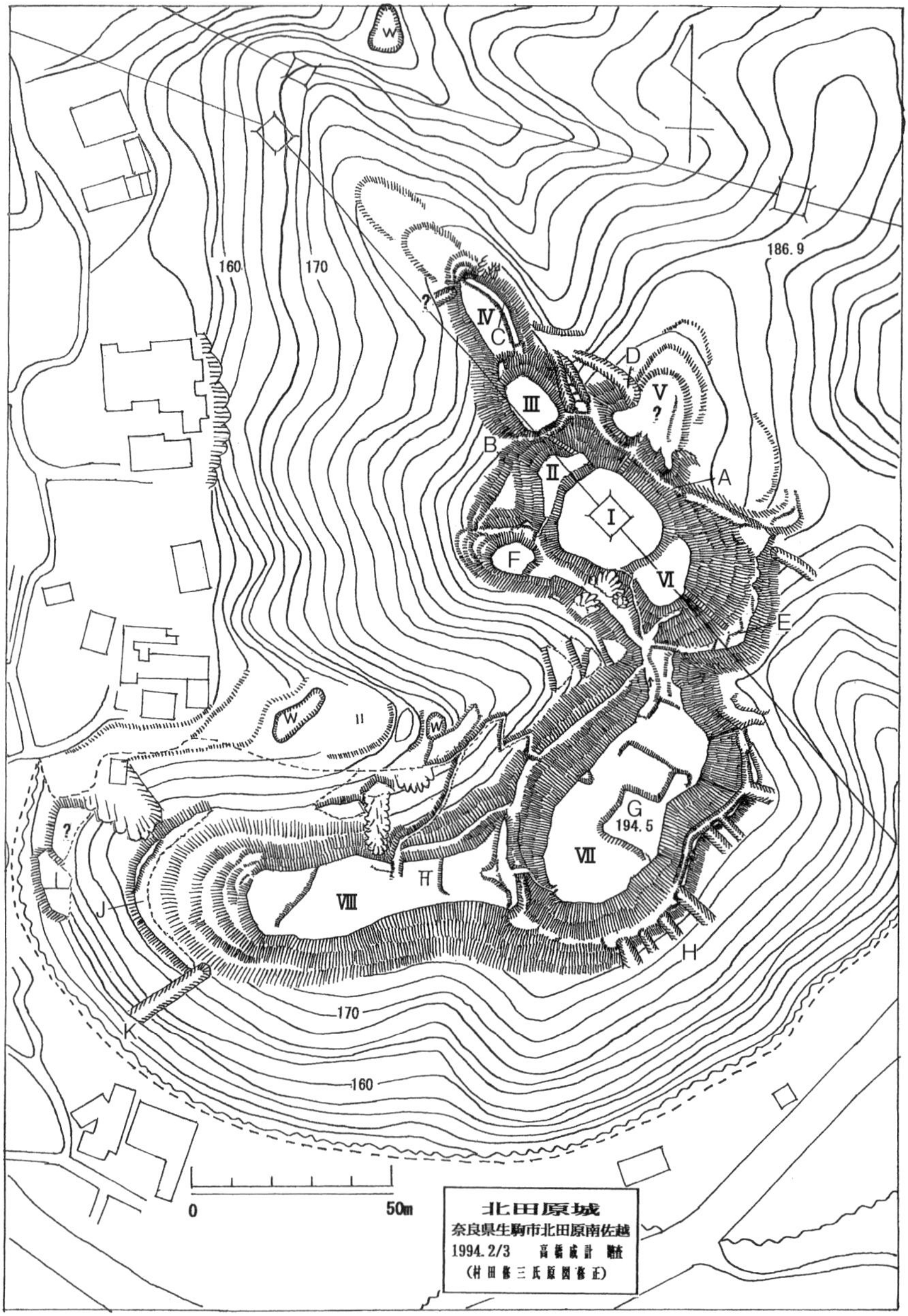

北田原城縄張り図（高橋作図）

北田原城の切岸（増山政昭氏提供）

は曲輪Ⅰの西側にも続き、曲輪Ⅰの西側の櫓台Ｆに繋がる。通路としての役割が想定できる。

曲輪Ⅵの南には当城郭で最大面積を有する曲輪Ⅶがあり、中央東よりに土壇Ｇがある。東を通る伊賀街道を望む場所であり、櫓等の建物が考えられる。土壇Ｇの一〇ｍ下には畝状空堀群Ｈの敷設がみられる。曲輪Ⅶの西の曲輪Ⅷは、長さ七〇ｍ、幅二〇ｍの規模である。その西側先端は緩斜面となり、三〇ｍほど下ると一部に土塁をともなう全長約五〇ｍの帯曲輪Ｊがあり、その南端は竪堀Ｋを落して敵の侵入を阻む構えとなる。

【評価】北側の曲輪群は切岸が高く、小規模の曲輪が配置される傾向が見出せる。南側の曲輪は大規模な二つの曲輪によって主に構成されており、大軍を収容できる規模となる。土壇Ｇからは、伊賀街道を見下ろすことができ、斜面には畝状空堀群の敷設もみられ、重要な箇所であったと考えられる。

詳しい歴史は不明であるが、木沢氏、三好氏、松永氏の軍勢が駐屯した可能性も考えられよう。

【探訪にあたっての注意事項】北田原交差点から、国道一六三号線を伊賀方面に進むと北側にある小高い山が城跡で、関西電力の鉄塔が目印になる。

（高橋成計）

背後を多重の堀切で遮断した城

15 毛《け》原《はら》城《じょう》

所在地：山添村毛原
標高（比高）：三〇〇m（四〇m）
別称：なし
史跡指定の有無：―

【位置と歴史】古代寺院跡である毛原廃寺のある毛原集落の西奥、南東直下に笠《かさ》間川《まがわ》を見下ろす「城山」と呼ばれる尾根先端部に築かれている。『日本城郭大系』によれば、城主は奥田氏麾下の気原長門守、*1 あるいは『大和志料』所引の「筒井諸旧記」にいう山中《やまなか》宗助胤順《たねのぶ》が比定される。

【現況】主郭Ⅰは東西約五〇m、南北約四〇mの規模である。内部はかつて畑となっていたため根切り溝、やや傾斜する状態がみられる。虎口Aは東端にあり、折りを伴う造りである。虎口周りの法面には石を貼り付けた状態が散見される。畑となっていたときに改変を受けている部分もあろうが、もともと石積みがなされていた可能性が高い。一方、曲輪周辺の石積みは、畑地にともなうものが多く含まれるとみられる。

虎口Aからは折り曲がりながら通路が下る。Bでは櫓台状となった高まりの内側を通路が通り、その前方部には浅い堀状遺構を設ける。通路を狭める役割を持たせたものであろうか。主郭Ⅰの背面となる西側は、地山を削り残して造り出し

主郭背後の堀切

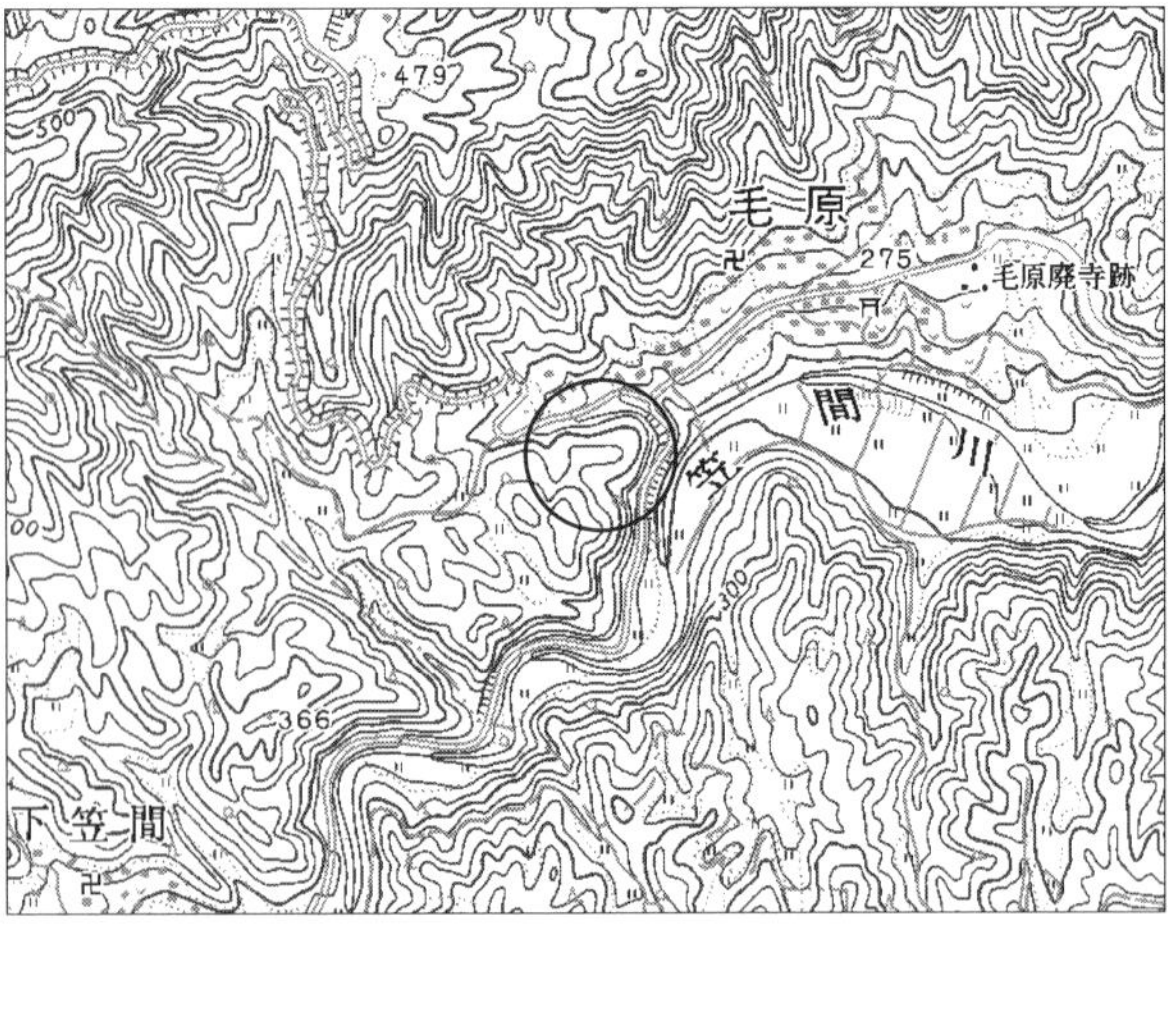

*1『日本城郭体系』10（新人物往来社、一九八〇年）

97 毛原城

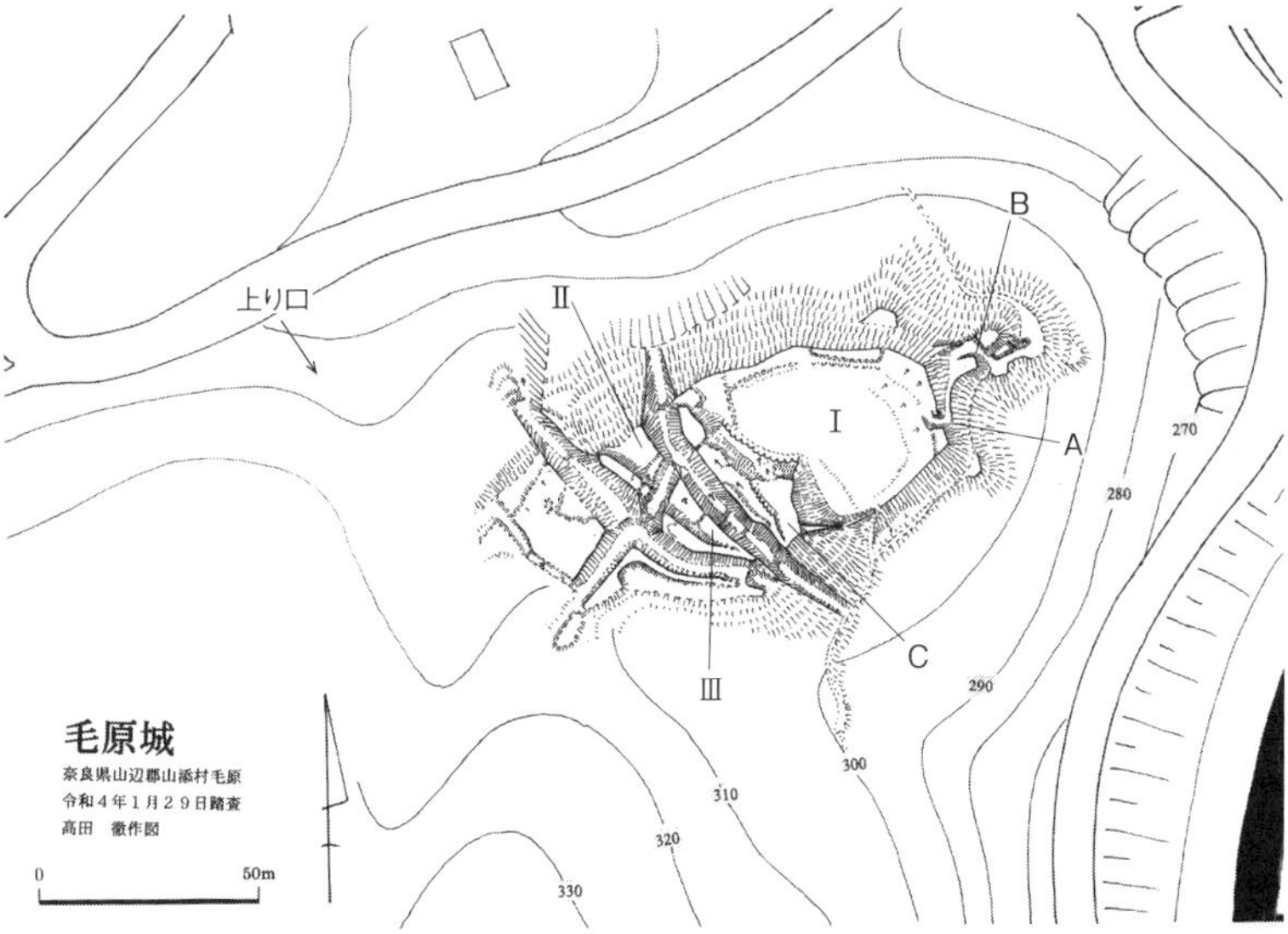

毛原城縄張り図（髙田作図）

たとみられる土塁Cがある。土塁Cの高さは約六m、上部は広いところで一二mの幅を有する。上部は四面ほどの平坦面から形成され、西端の一部にはさらに小さな土塁を構築している。もとは主郭Iから斜路で土塁C上へ上がり、西方に対して備えていたと考えられる（土塁C東側は裾部が削り取られ、現状ではスムーズに上がれない）。I郭の土塁C、その西側にある堀切による遮断性は強いが、対岸にはⅡ・Ⅲ郭が配される。どのようにI郭側と行き来していたのか気になるところである。

【評価】背後を二重に堀切で遮断し、これに直行するように堀を設けて尾根続きをぶつ切り状にするのは類例を見出しにくく、特徴的な造りである。寺岡光三氏は筒井氏の関与を想定するが、[*2]従うべき見解であろう。

【探訪にあたっての注意事項】西側の緩やかな傾斜となった谷部にある小道を上がれば、城域に到達できる。

（髙田徹）

＊2　寺岡光三「毛原城」（中井均監修・城郭談話会編『図解近畿の城郭Ⅳ』戎光祥出版、二〇一七年）

西端の横堀

山間部の集落を囲む二つの城

16 中之庄城《なかのしょうじょう》・中之庄山城《なかのしょうやまじょう》

所在地：山添村中之庄
標高（比高）：中之庄城 三〇七m（二五m）
中之庄山城 三三〇m（五〇m）
別称：なし
史跡指定の有無：—

中之庄城土塁

【位置と歴史】北流する名張《なばり》川の左岸に広がる高原の一角に中之庄集落がある。集落からみて北東側、南北に延びた丘陵上の高まりに中之庄城がある。ただし、城自体は東側直下の吉田集落に近い。虎口も吉田集落側を向いている。これに対して中之庄山城は、中之庄集落を東側に見下ろす山上に位置する。中之庄城・中之庄山城とも、歴史・城主等は伝わらない。中之庄城については「城山」と呼ばれ、周囲には馬場・的場地名が残されている。

【現況】中之庄城は、南側が工場建設にともない削り取られているが、およそ遺構を止めている。東西約四〇m、南北約三〇mの規模である。単郭構造であり、周囲を高さ三m前後の土塁によって囲い込む。土塁は上幅五m前

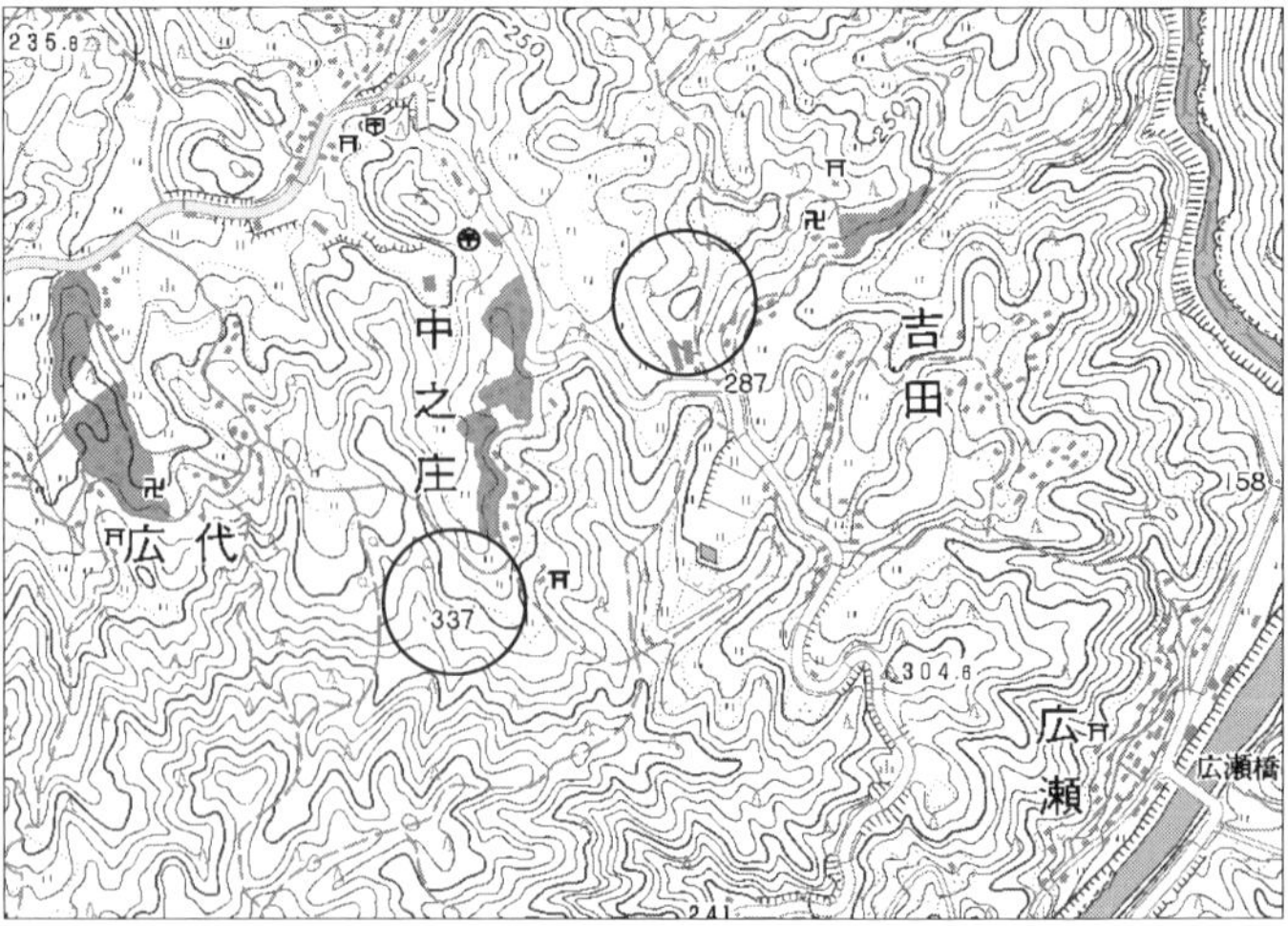

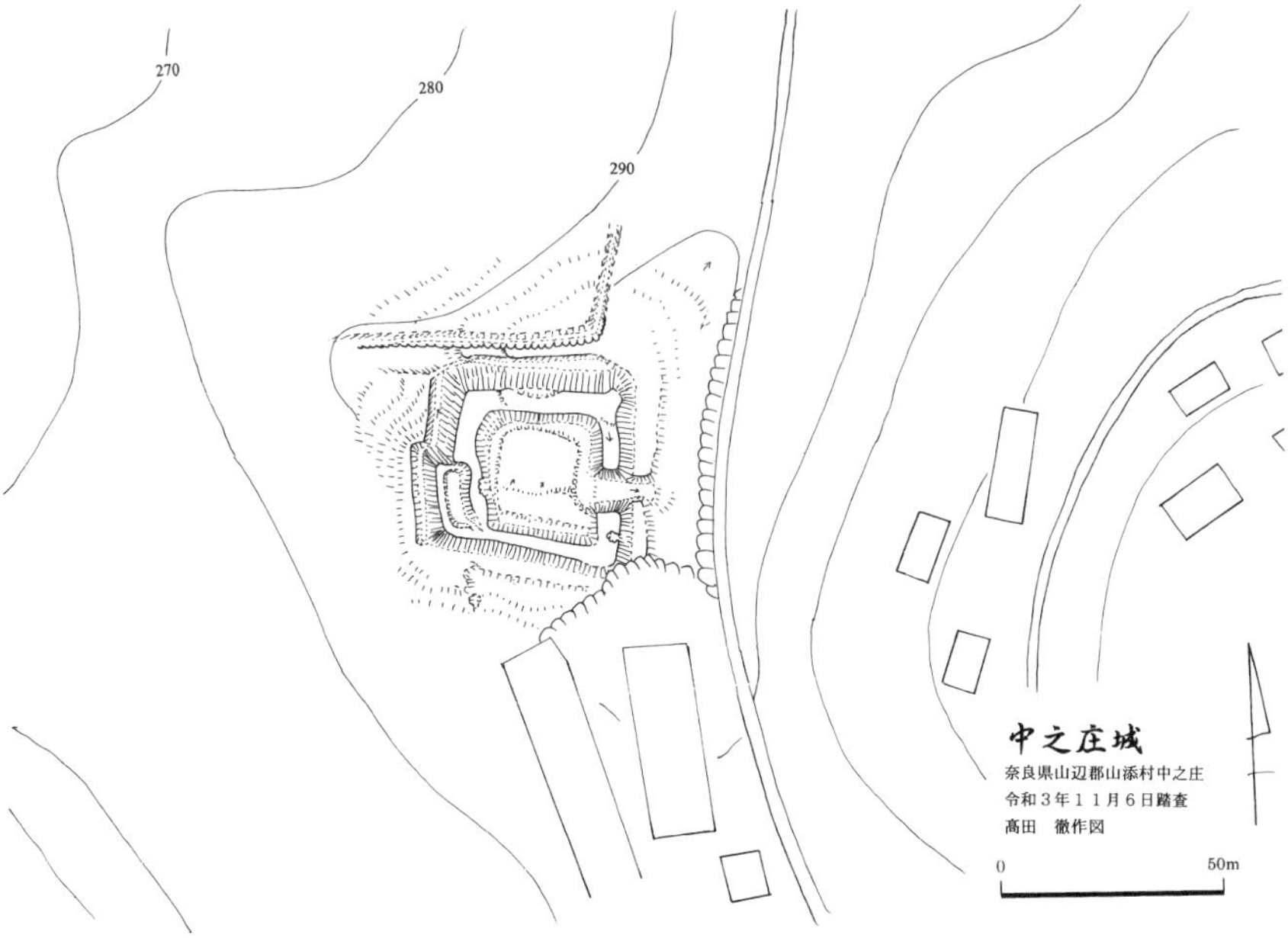

中之庄城縄張り図（髙田作図）

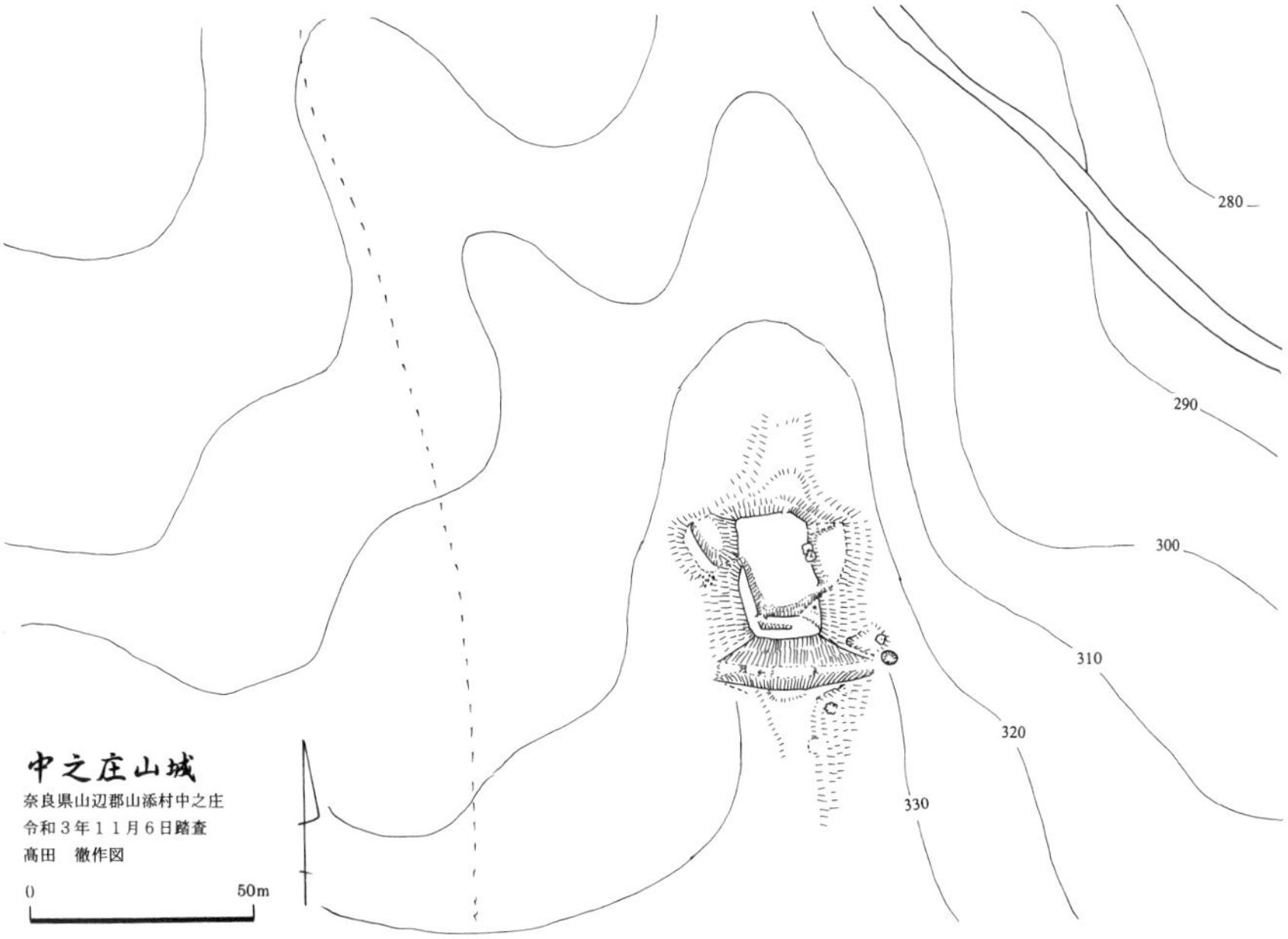

中之庄山城縄張り図（髙田作図）

中之庄城虎口

後と、かなり広い。下幅は一〇mを越える。特に南西隅では上幅が約一〇m、下幅が一五m近くあり、全体が西側に突き出す。突き出した土塁の上部は中央が窪み、土塁が二重になったようになっている。そして外側に突き出すため、西側の塁線は折りを伴う。広がった土塁上部を櫓台状に使用したのであろうか。土塁の西・北外側には深さ四〇cm前後の堀が併走する。南側に堀は見られないが、付近はかつて茶畑になっていたため、その際の改変により埋められている可能性がある。東側の土塁裾は虎口前面こそ窪むが、他は帯曲輪状となる。北側に向かって堀が続いていた形跡はないので、もともと堀はなかったのではないだろうか。北側の堀に並んで堀状遺構がみられる。この堀状遺構の西端は谷に落ちて竪堀状となり、東端では北に折れて緩やかに下降する。内側の土塁・堀と連動せず、垂直状に切り込んでいる。土地の境界等として設けられた城郭類似遺構と考えられる。

なお、西側に約五〇m下がった位置には独立的な平坦地があり、寺院跡の可能性が指摘されている。[*1]

中之庄山城は、ほぼ単郭である。背後は深さ約三mの堀切を掘削して遮断し、内側に盛り土して高さ約二mの土塁としている。土塁の内側となる北側は、尾根上を掘り込んで曲輪としている。曲輪の東側には虎口受け状の小曲輪を伴っている。曲輪の北西裾には堀状の凹地がみられ、外縁

*1　寺岡光三「中之庄城」（中井均監修・城郭談話会編『図解近畿の城郭V』、戎光祥出版、二〇一八年）

は土塁状となっている。付近では花崗岩がいくつか露出しており、それらを持ち出した形跡がみられる。断定はできないが、凹地は廃城後に花崗岩が採掘された痕跡であることも考えられる。

【評価】 中之庄城は、近隣の伊賀国に広く見られる居館タイプの城郭と言える。吉田集落側と強い関りを有したことは間違いない。ちなみに吉田集落の南側、丘陵の一角に吉田城に比定されている場所がある。堀状の地形は見られるが山道であり、内側はほぼ自然地形である。城郭遺構とは考えにくい。

中之庄山城は、中之庄集落は言うに及ばず西方の広代集落側もほぼ一望できる。比較的広域をにらむ、軍事性の強い城郭であったと言えよう。

【探訪にあたっての注意事項】 中之庄城は、工場東側の道を北へ入るとすぐ左手にある。少し先にある墓地の手前辺りからが上りやすい。中之庄山城は、集落の外れにある神社前から湾曲する道の途中で直登する形となる。道は不明瞭なので、地図・地形を頼りに上がるしかない。

（髙田徹）

中之庄山城曲輪内部

中之庄山城堀切

東山内では珍しい連郭式

17 松《まつ》尾《お》城《じょう》

所在地：山添村松尾
標高（比高）：三九五ｍ（三五ｍ）
別称：なし
史跡指定の有無：―

【位置と歴史】山添村松尾は、奈良県北東部にある大和高原北西部にある。城は松尾集落南側の尾根上にある。詳しい歴史は不明だが、城主後裔は城の麓を居所としていた中尾《なかお》氏と推定される。『東山村史』によれば、中尾氏は「殿」と呼ばれていた。[*1]当城の「殿」を指していたという。

主郭

【現況】Ⅰ郭から北へ曲輪が階段状に続く連郭式である。Ⅰ郭（三ｍ×二ｍ）の平坦面は北から南へやや傾斜しており不整形である。居所にできるほどの広さはない。Ⅰ郭南側は、背後の尾根を断ち切る堀切Aとなっている。これに対しⅡ郭（五ｍ×三ｍ）は、比較的丁寧に削平がなされている。Ⅱ郭北側には、小規模な平坦地（一ｍ×三ｍ）がある。この曲輪は、おそらくⅡ郭とⅢ郭の間が急斜面となるため、連絡路の確保の面から造成されたと考えられる。長方形となったⅢ郭（四ｍ×三ｍ）は、北側へいくほど傾斜がきつくなる。Ⅲ郭西側には、横堀状のBが西へ向かって延

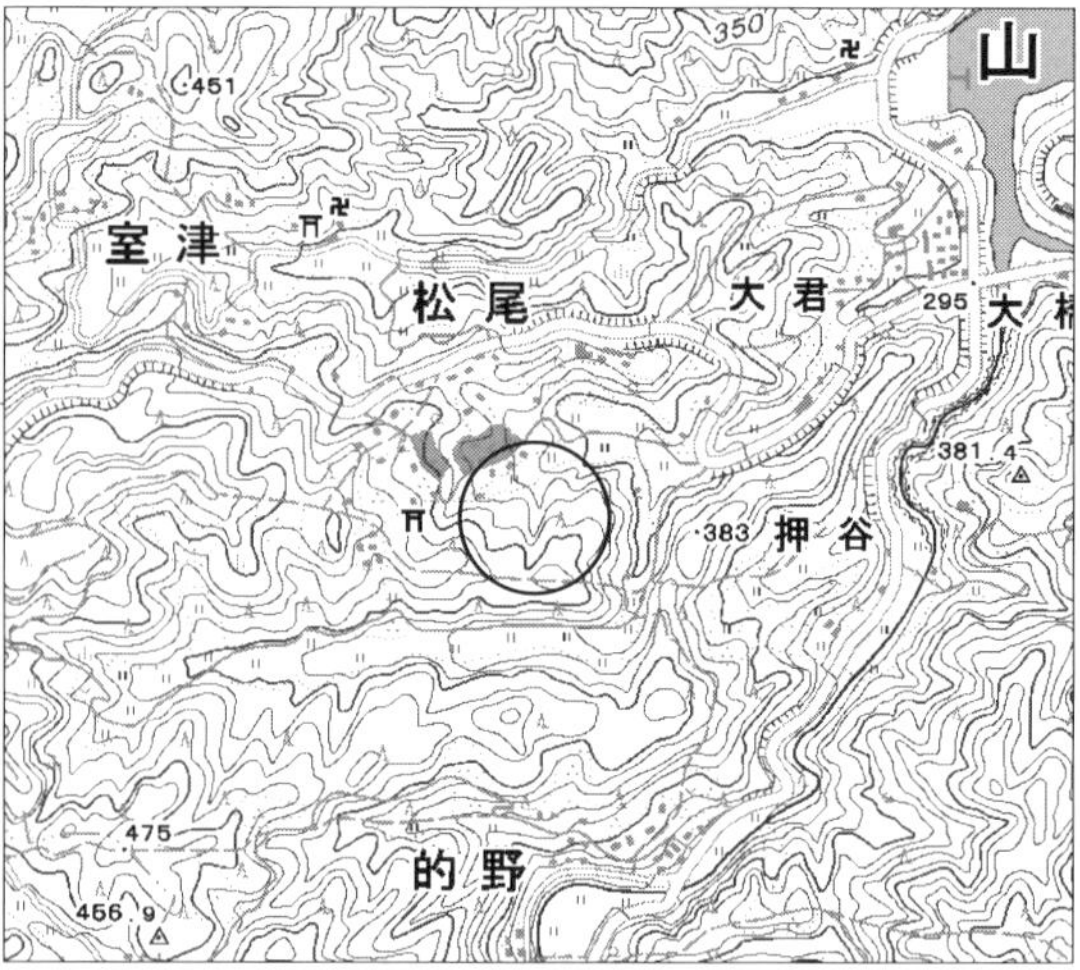

＊1　東山村史編集委員会『東山村史』（一九六一年）

びている。Ⅳ郭（九m×七m）は、最も低い位置にあり、最も広い曲輪である。居所があったとすれば、この曲輪に求められる。Ⅳ郭南東側には、高さ一mほどに満たない土塁Cがあり、その外側には、さらに並行して竪堀Dがある。

【評価】当城は、東山内地域ではやや珍しい連郭式である。もともとは単郭式に近い縄張りであったものか後に曲輪が拡張されていった可能性も考えられるのではないか。

【訪問にあたっての注意事項】松尾集落に隣接するので、探訪の際には近隣に声を掛けてほしい。集落の中の道は狭く、車で探訪には注意が必要である。尾根を大きく断ち切る堀切Aはこの城の見どころであり、必見である。

（北畠俊）

［参考文献］児玉幸多・坪井清足『日本城郭大系　第10巻　三重・奈良・和歌山』（新人物往来社、一九八〇年）

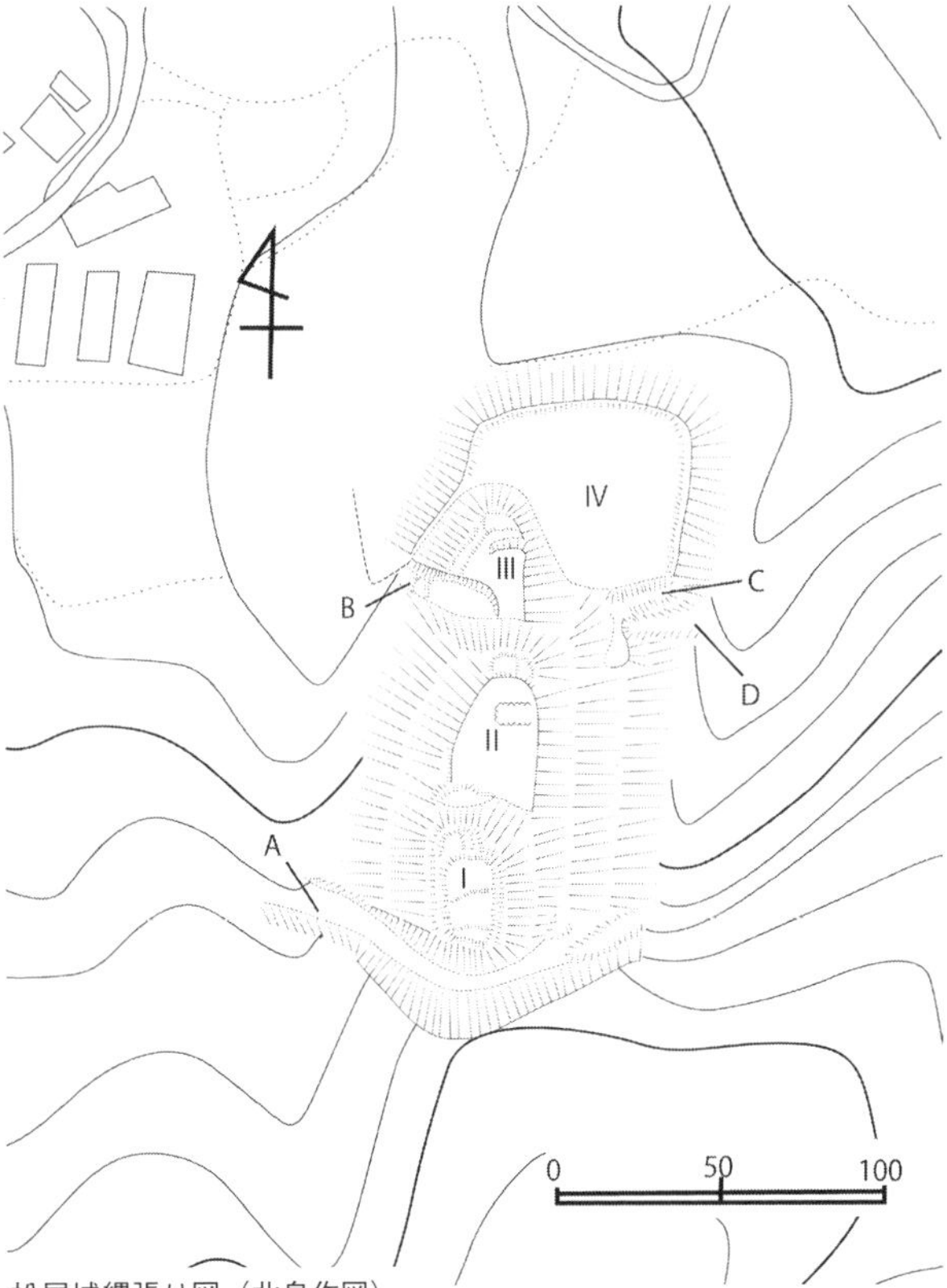

松尾城縄張り図（北畠作図）

堀切A

「山内型」の単郭城郭

18 勝《かつ》原《はら》城《じょう》

所在地：山添村勝原
標高（比高）：四六〇m（一〇m）
別称：なし
史跡指定の有無：—

【位置と歴史】 山添村勝原は大和高原東南部、名阪国道神野口ＩＣの東方向にある。城は、勝原の集落中央部にある標高約四六〇mの小高い丘陵に所在する。城主は勝原氏に比定される。『大和史料』に「同村大字勝原にあり、郷士記に勝原山城備前、聞書覚書に勝原村に勝原肥前と云地侍あり（中略）郷士記に勝原清定勝原貞秀とあり亦同族なるべし」と記述されることによる。『大乗院寺社雑事記』明応六年（一四九七）十二月二日条には「昨日、気原・桂原・切山・下笠間自焼了」とある。この桂原（勝原）氏を含め四氏は連合して外部勢力と戦ったところ、敗れてしまった。十四世紀頃に勝原氏が当城を拠点として活動していたことがうかがえるが、当時今みる遺構が機能していたかどうかは不明である。

勝原城遠景

【現況】 主郭のⅠ郭は、勝原集落の中央の丘陵の頂上部に位置する。Ⅰ郭は約三〇m四方の規模で、西側から北側に

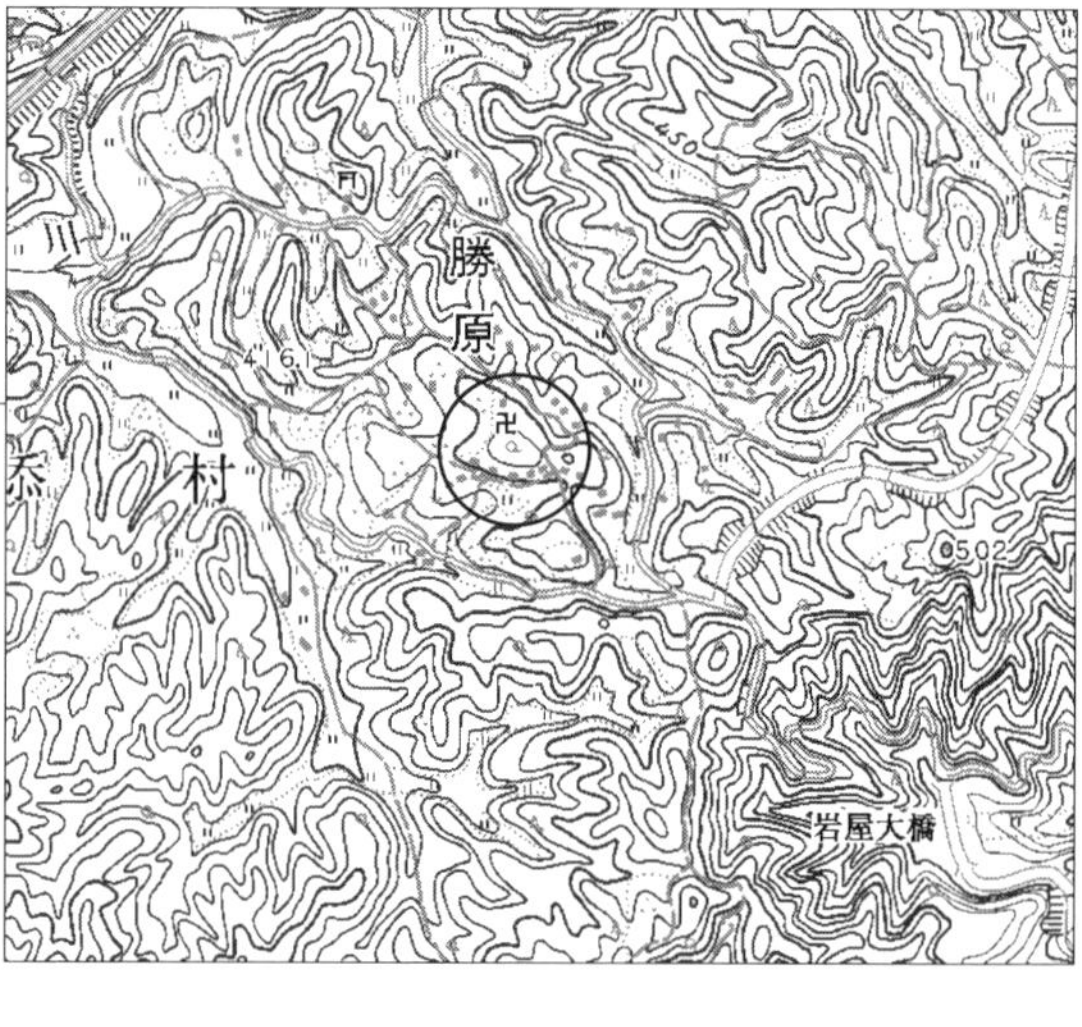

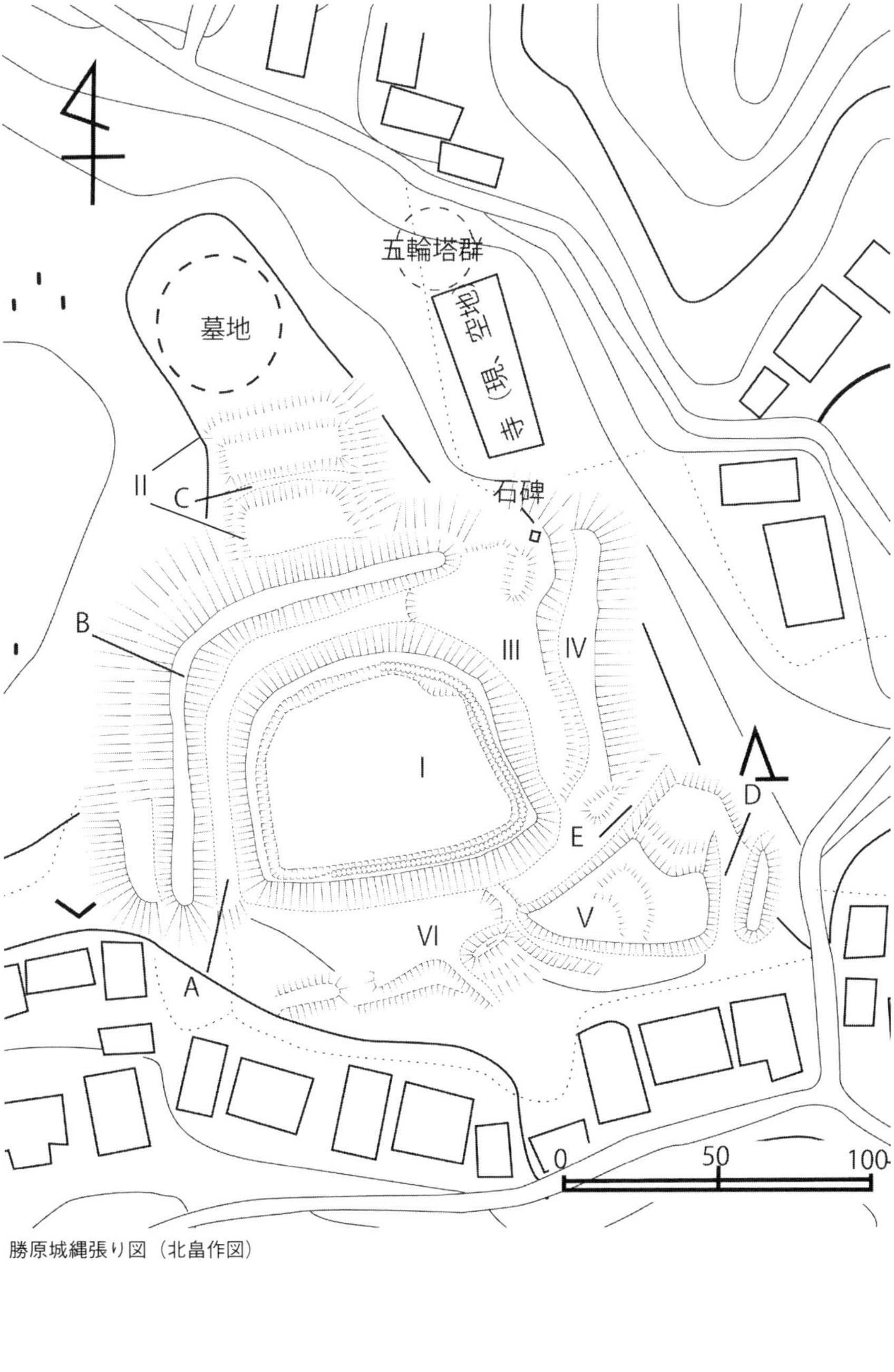

勝原城縄張り図（北畠作図）

横堀１

横堀２

主郭

は、一m前後の高さの低い土塁が巡り、南から東にかけては近年になって掘削されたとみられる溝が続く。また南側端部は、曲輪内部よりもやや高いことから、かつては西・北・東側同様の低い土塁があったと推測される。

堀Aは、深さ約五～六mでⅠ郭西側から北へ回り込むように延びており、その外側には土塁Bが堀Aに並走する。土塁Bの北側にはⅡ郭があり、やや不整形ながら浅い横堀状の堀Cを曲輪中央に挟みつつ墓地方面へ向かってやや下降する。Ⅲ郭は、堀Aの堀底から一段下がった位置にあり、Ⅰ郭すそ東側から北側へ続く平坦地となる。この曲輪の北側には低い土塁状の高まりがあり、さらに北側には近世の石碑（山の神？）がある。Ⅲ郭の東側は一段下がって不整形なⅣ郭へと続く。

Ⅴ郭は、Ⅰ郭南東側にあり、東側には堀切Dを設けている。堀EはⅤ郭とⅢ・Ⅳ郭間にあって東西に延び、東側は竪堀となる。Ⅴ郭西から南側にかけては、曲輪に沿うように集落へ降りる道が延びる。これが大手道にあたると推定される。Ⅳ郭西側にあるⅥ郭は、ブッシュとなっているため詳細が不明ながら、南側には土塁状の高まりが存在するように見受けられる。

【評価】 当城はおよそ主郭を中心とし、堀そして土塁・小曲輪が付随する単郭式に近い構造である。山添村を含む東山内地域にみられる「山内型」（およそ単郭で、南側以外土塁で囲む）の一例と言える。防御は、主に北側に対して重点が置かれていたと推定している。

【探訪にあたっての注意事項】 城は集落の中央部にあるため、近隣に声をかけてから探訪するのが望ましい。Ⅰ郭・Ⅵ郭などは生い茂った竹藪となるため、見どころと言える堀Aを見学するのに止めるのがよろしかろう。また、寺跡の北側には中世の五輪塔等もあるので、併せて見学してみてはどうだろうか。

（北畠俊）

［参考文献］児玉幸多他『日本城郭大系　第10巻　三重・奈良・和歌山』（新人物往来社、一九八〇年）／朝倉弘『大和武士（奈良県史一一巻）』（一九九三年）／寺岡光三「勝原城」（中井均監修・城郭談話会編『図解 近畿の城郭Ⅴ』戎光祥出版、二〇一八年）、山辺郡教育会『奈良縣山辺郡誌　下』（一九一三年）／多田暢久「城館分布と在地構造―戦国期大和国東山内の動向―」（『中世城郭研究論集』新人物往来社、一九九〇年）

石積みが見事な奥田氏の城郭

19 畑《はた》城《じょう》

所在地　山添村春日
標高（比高）：三七〇m（九〇m）
別称：春日城
史跡指定の有無：—

【位置と歴史】伊賀国との国境に近い春日集落の南方尾根上に位置し、後に徳川幕府の旗本を務めた奥田《おくだ》氏の城郭と伝わる。また、天正十年（一五八二）および翌十一年の「侍浪人衆」による蜂起の舞台ともなった。*1

【現況】主郭はⅠで、北東辺には見事な石積みが確認できる。痕跡からⅠの周囲は広範囲に石積みで補強されていた可能性が考えられる。小規模な曲輪Ⅱは、Ⅰの虎口を兼ねていたと思われる。Ⅰの東方尾根続きはメリハリのない平坦地が続き、L字型に屈曲した曲輪Ⅲに至る。Ⅲは傾斜を有し削平は不十分である。Ⅲのさらに東方は横堀状の痕跡はあるものの堀切はなく、竪堀が一本北斜面を下るのみとなる。Ⅰの南東下には傾斜をもつ削平地Bがあり、Bを取り囲む東西の斜面からは竪堀がそれぞれ一本ずつ延びる。Bは内部に造られた窪みから水の手であると判断され、二本の竪堀によって厳重に守備されていたことがうかがえる。Ⅱの西方尾根続きは、最終的に堀切Aによって遮断される。Aから西方へ約一三〇m離れた地点に

畑城遠景

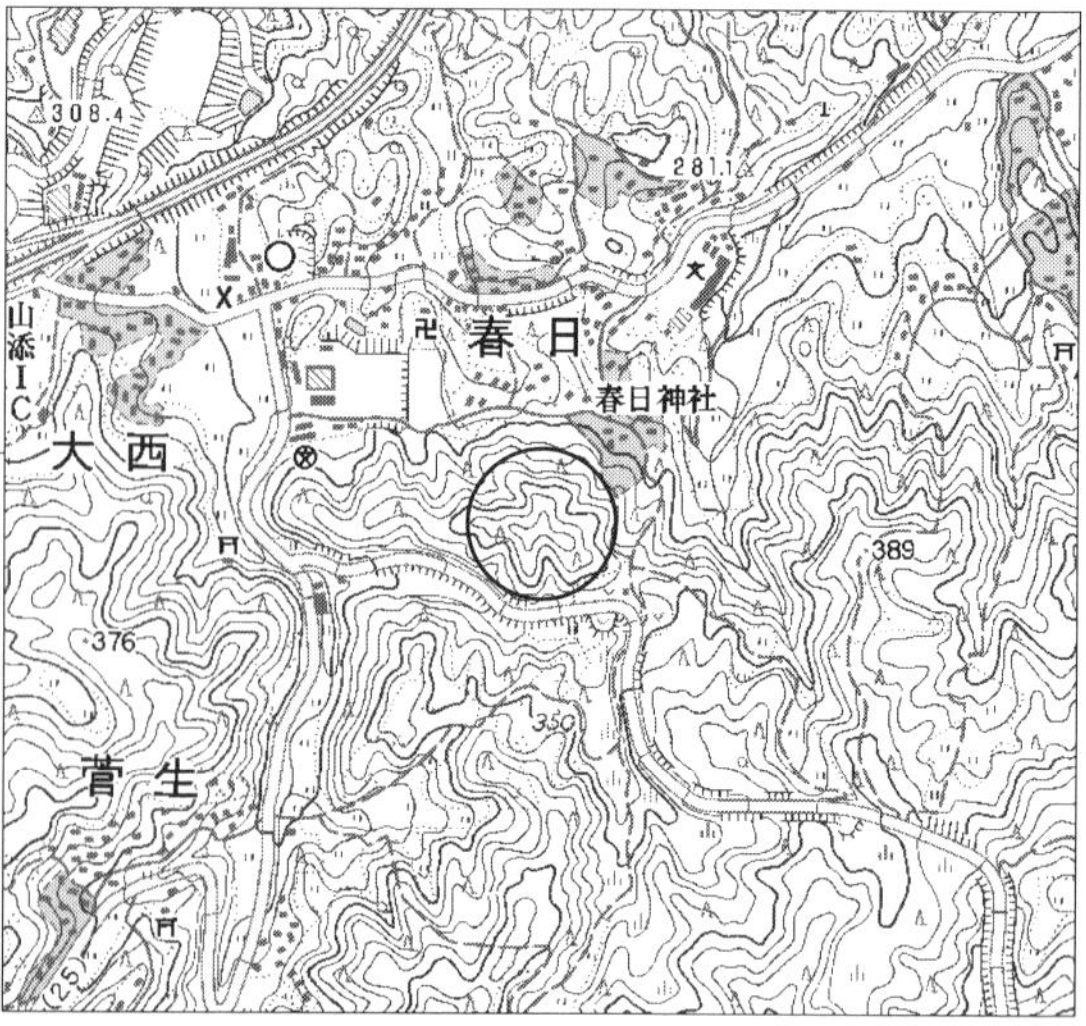

*1『多聞院日記』天正十年七月二十八日条・二十九日条には、「侍浪人衆」による「畑ノ城」での蜂起が記される。また、同記天正十一年四月二十七日条には、「畑ノ城」への「浪人」の合力に「伊賀惣人数」が向かうと記される。

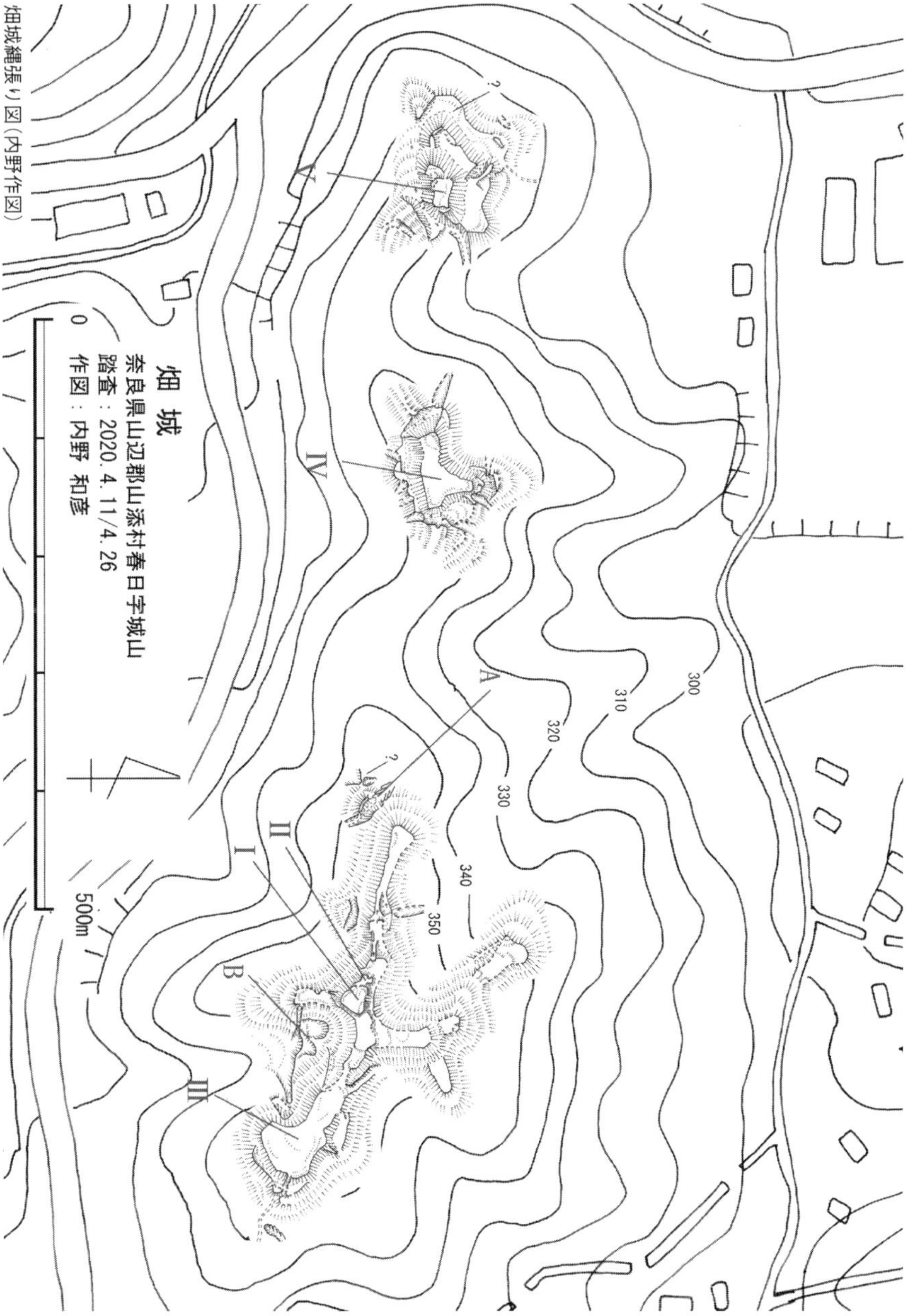
畑　城
奈良県山辺郡山添村春日字城山
踏査：2020.4.11/4.26
作図：内野 和彦
0
500m
300
310
320
330
340
350
Ⅰ
Ⅱ
Ⅲ
Ⅳ
Ⅴ
A
B
?
?

畑城縄張り図（内野作図）

Ⅳ郭周囲の堀切

Ⅰ郭の石積

は曲輪Ⅳがある。Ⅳは三方向の尾根続きを堀切で遮断し、南面には畝状空堀群が設けられている。Ⅳは各尾根続きと比高差がないことから、周囲を深く掘り下げた構造となる。

Ⅳから西方へ約八〇ｍの地点には曲輪Ⅴが位置する。Ⅴの北方下および西方下には帯曲輪があり、東西の尾根続きは堀切で遮断されている。Ⅴも周囲を深く掘りこんだ構造となる。

【評価】当地は伊賀国との街道を押さえる要衝の地であり、当城からは伊賀盆地が眺望できた。当城の特徴は、Ⅰを中心にする曲輪と、Ⅳ・Ⅴが分離して尾根上に並ぶことである。しかもそれぞれ築城の手法が異なり、同一勢力によって同時期に築城されたとは考え難い。[*2] Ⅳ・Ⅴは、奥田氏の手による有事の際の城郭であったと考えられる。またⅢを含めたⅠ周辺は、「侍浪人衆」の蜂起のために築かれた急造の駐屯地を、後日、奥田氏が改修・整備したのではなかろうか。

【探訪にあたっての注意事項】Ⅲ郭東麓から延びる散策路を使うと容易に登城できる。（内野和彦）

＊2　村田修三氏は奥田氏による築城とし、手法の違いを時期差とする（村田修三「畑城」『城郭大系』10、新人物往来社、一九八〇年）。一方、中西裕樹氏は『多聞院日記』の記述にある「侍浪人衆」の蜂起や、合力した「伊賀惣人数」と絡め、手法の違いは機能差によるものとした（中西裕樹「畑城」（中井均監修・城郭談話会編『図解 近畿の城郭Ⅰ』戎光祥出版、二〇一四年）。

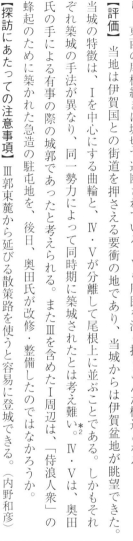

「侍浪人衆」を鎮圧する陣城か

20　菅《す》生《ごう》城《じょう》

所在地：山添村菅生
標高（比高）：約四〇七m（六〇m）
別称：なし
史跡指定の有無：—

【位置と歴史】在地の土豪である菅生《すごう》氏の城郭と伝わるが、歴史は定かでない。菅生集落の北方山上に位置し、「天守」「城の尾」の字名が残る。当城からは北東に畑《はた》城および伊賀盆地が望め、南麓には畑城のある春日を経由し伊賀へ続く道が通る。

【現況】東西に延びた尾根上に造られ、西方に位置するⅠ郭と東方に位置するⅡ郭で構成される。Ⅰ郭とⅡ郭はそれぞれ独立性を持ち、一城別郭の形態となる。字「天守」に位置するⅠ郭は、南、北、東尾根続きを堀切で遮断していたと考えられる。北の堀切は浅く規模が小さいうえ、西端は竪堀となって下るが、東端は痕跡のみで明確ではない。Ⅰ郭直下の帯曲輪状の平坦地には、短く不明瞭な竪堀の痕跡数本と段差が見られる。これらは、平坦地での移動を阻止する目的で造られたと考えられる。また、東の堀切部には張り出しが見られる。Ⅰ郭の東方約八〇mの字「城の尾」にⅡ郭は位置する。Ⅱ郭は東限と西限を浅く小規模な二重の堀切で遮断し、幅の広い

菅生城遠景

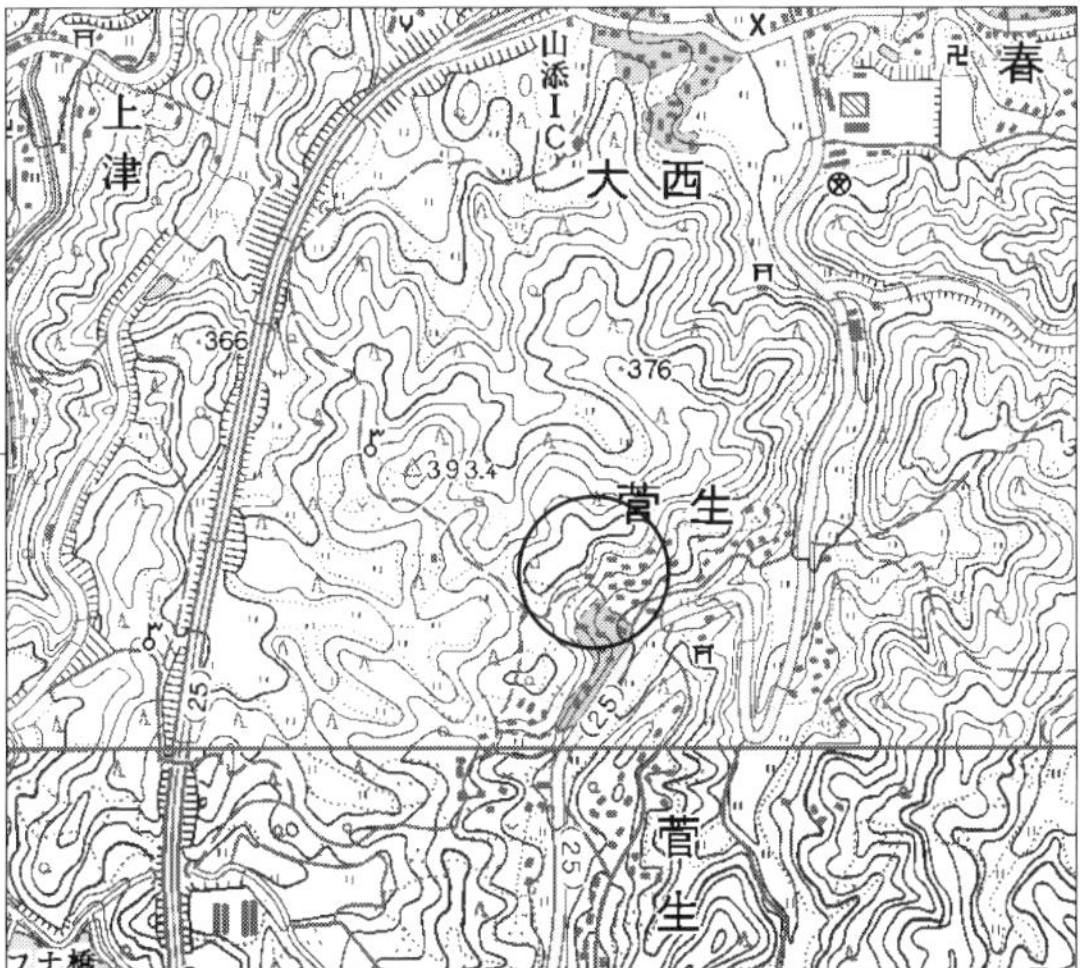

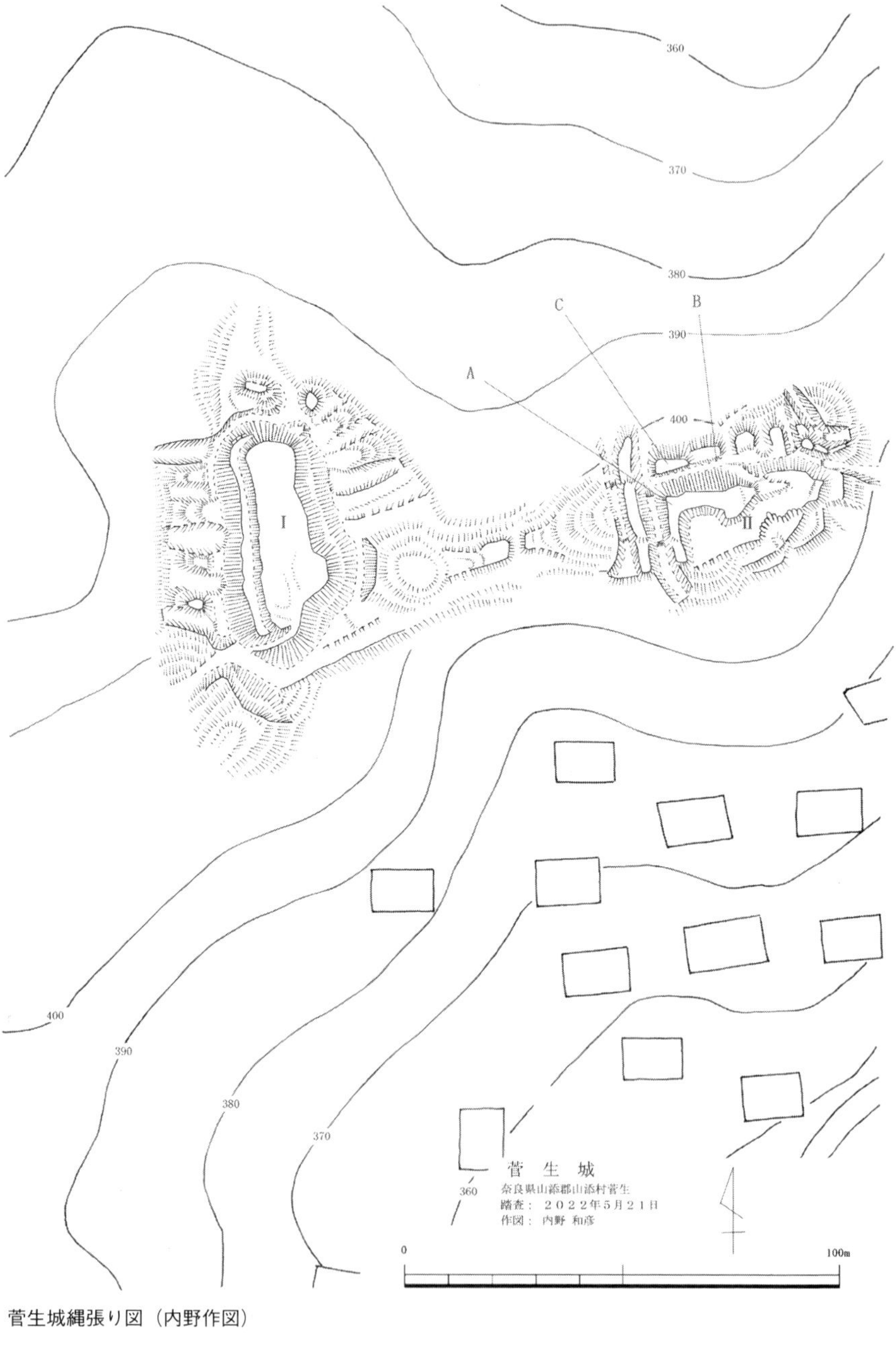

菅生城縄張り図（内野作図）

土塁Aを中心として南方に曲輪が二段、北方は帯曲輪状の平坦地Bとなる。Bには東の堀切から続く竪堀のほか、二ヶ所に竪堀の痕跡が見られる。Bの西半は南直上の曲輪に至るルートになっており、土塁C付近が虎口であろう。また、土塁Aはそのルートに対応しており、虎口およびルートに対する防御の意識が見られる。Bに設けられた竪堀は、ルートから東方への移動を阻止する役割があると考えられる。

【評価】 菅生氏の城郭と伝わるが、在地の土豪が単独で構築した城郭とは考えにくい。Ⅰ郭とⅡ郭を比較すると、両者には形態的な相違点がみられるが、平坦地での移動を阻止する竪堀の使用に共通点がみられる。このことからⅠ郭とⅡ郭は同時期に築城、もしくは改修され、痕跡程度の竪堀の存在から考えて急造されたとみられる。史料で確認できる周辺での軍事的緊張は、北東約一kmの畑城で起こった天正十年（一五八二）、翌十一年の「侍浪人衆」による蜂起があげられる。[*1] 一城別郭構造としてまで、畑城への眺望の良い東方尾根上にⅡを設けることから、当城は蜂起を鎮圧するため造られた筒井勢の陣城であった可能性が高い。Ⅰ郭とⅡ郭の間には土塁状の遺構があるが、破壊も激しく城郭に伴う遺構であるかどうか判断は難しい。

【探訪にあたっての注意事項】 集落からの比高も低く、案内板もあるので訪問しやすい。民家の間にある小道から登るので、近隣に声を掛けるようにしたい。

（内野和彦）

Ⅰ切岸

Ⅰ西堀切

＊1 『多聞院日記』天正十年七月二十八日条、二十九日条には「侍浪人衆」による「畑ノ城」での蜂起が記される。また、同記天正十一年四月二十七日条では、「畑ノ城」への「浪人」の合力に「伊賀惣人数」が向かうと記す。

中世墳墓跡に築かれた城郭

21 大《おお》塩《しお》城《じょう》

所在地：山添村大塩字城山
標高（比高）：三六八ｍ（三〇ｍ）
別称：なし
史跡指定の有無：—

【位置と歴史】奈良・伊勢方面に延びる街道と交差する、「箕輪道」と呼ばれる古道を北に見下ろす尾根上に築かれている。『広大和名勝誌』によれば、当城は柳生氏が城主であったとする。『山辺郡誌』によれば「城山」と呼ばれ、周囲には「的場」や「馬駆場」と呼ばれるところがあったという。

全景

【現況】尾根上の一角、南側を除いた三方を土塁で囲い込んだ造りである。南側は斜面が急となるので土塁は設けられていない。陽当たりを確保することが意図されたためかもしれない。

基本的には曲輪となる面を大きく削り込んで平坦地を造り出し、削り残した部分に盛り土して土塁を造り出しているとみられる。土塁は二～四ｍの高さだが、特に西端の土塁は約八ｍと高くなる。西端の土塁上部は炭竈として改変を受けている。西端土塁の西側は堀切がみられないが、埋められてしまったか、もともと土塁の高まりのみに依存し遮断性は十分とみなしていたのではないか。曲輪の南西裾と北端は、土塁と斜面の間が開口しており、虎口・通路が想定できる。このうち北端の開口部は、北東方向へ延びる尾

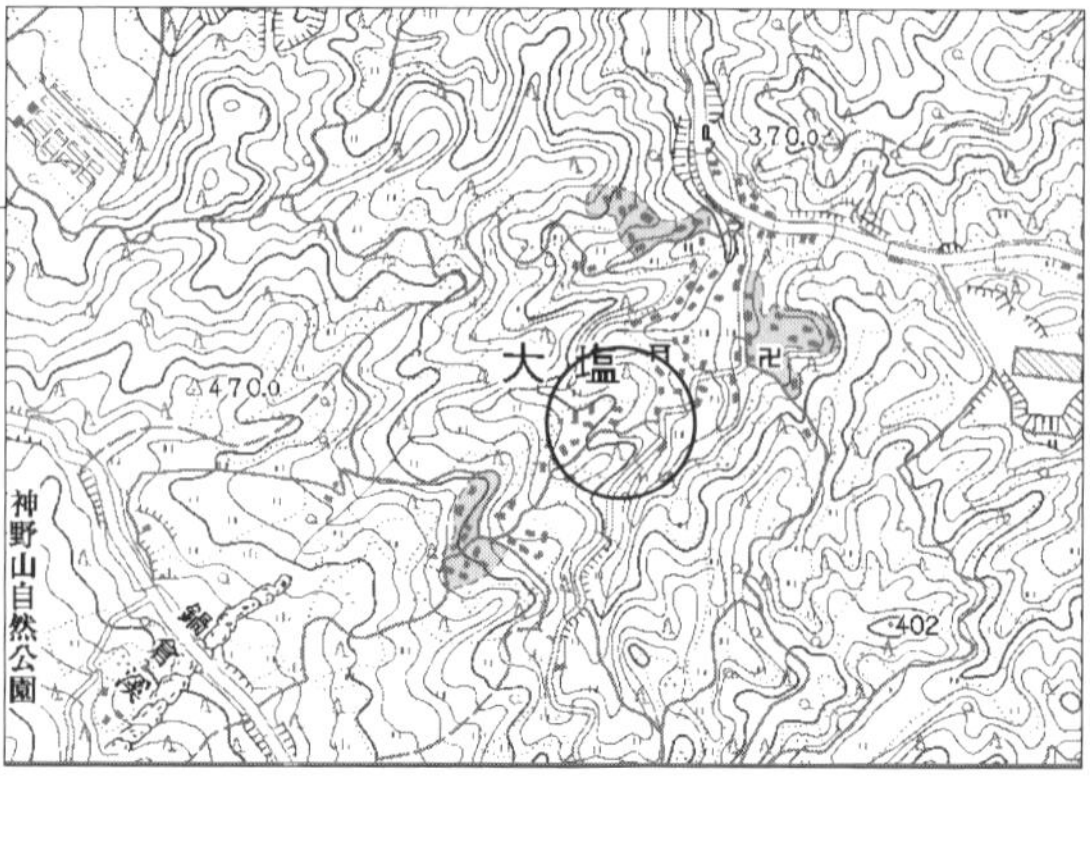

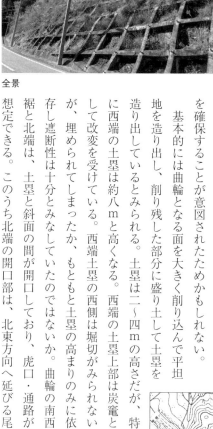

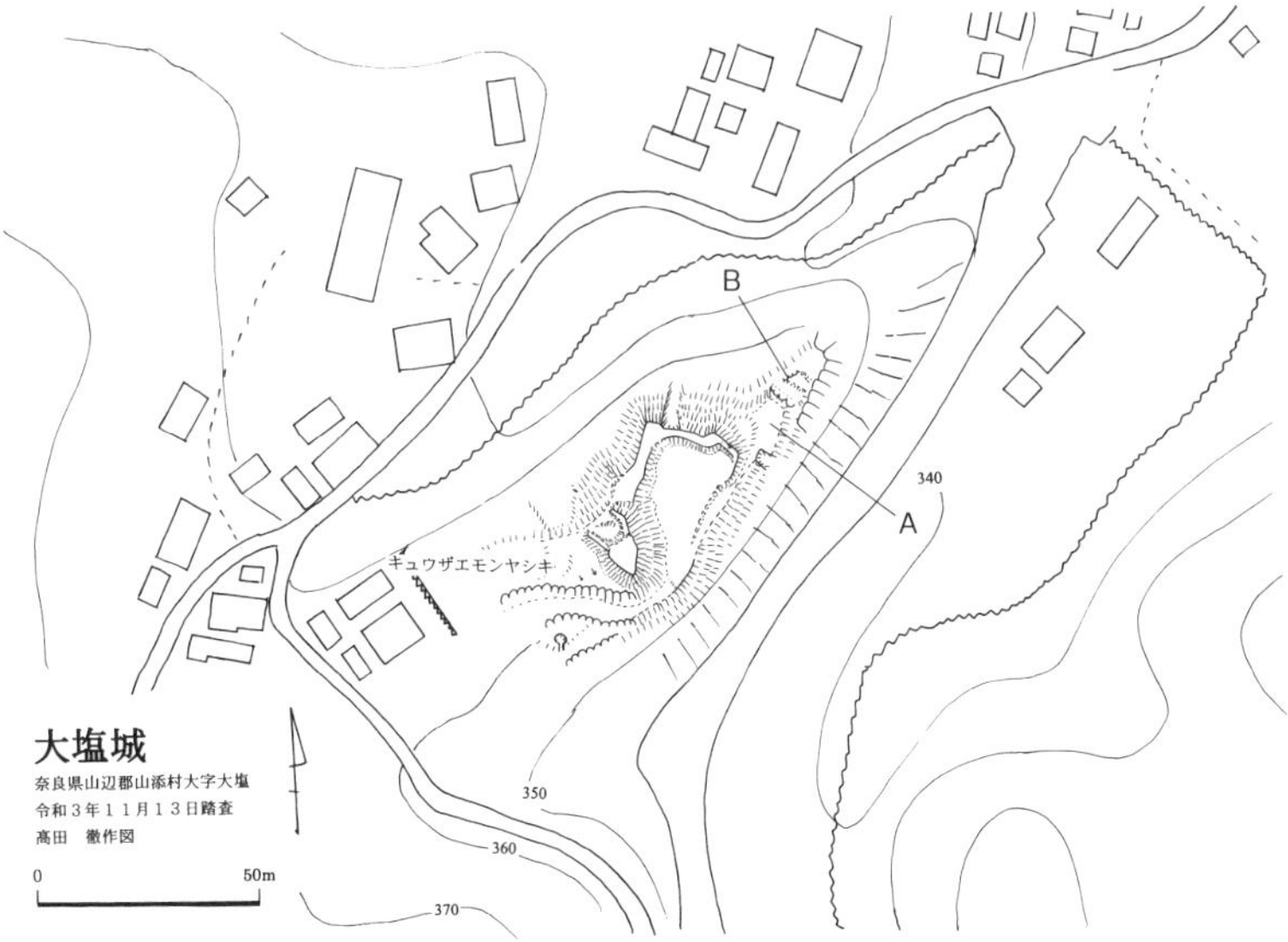

大塩城縄張り図（髙田作図）

根側に向いている。尾根を下るとやや平坦となったAがあり、その先には段差Bがある。

さて、平成二十四・二十五年にかけて、県道拡幅工事に先立ちA付近から北東方向に延びた尾根上が橿原考古学研究所によって発掘調査された。Aを横断する堀切、Bの外側にも堀切が確認されている。尾根上からは中世の土葬墓、火葬墓が見つかっており、その終息時期は十五世紀後半頃と考えられている、城郭はその後に築かれたと考えられているが、曲輪主体部は発掘されておらず、はっきりした年代は不明である。なお、報告書[*1]では西端土塁の外側を主郭と見なすが、曲輪とはみなし難い。ただし付近は「キュウザエモン屋敷」と伝承されている。

【評価】 報告書では四つの曲輪から構成されるとしているが、単郭とみなされる。

【探訪にあたっての注意事項】 西側の民家敷地内から上がれるが、必ず立ち入りの了解を得ること。

（髙田徹）

土塁

＊1　橿原考古学研究所『大塩城跡—県道月瀬三ヶ谷線拡幅工事に伴う発掘調査報告書—』（二〇一七年）

城郭類似遺構が混在する城

22 三《み》ヶ《か》谷《だに》城《じょう》

所在地：山添村三ヶ谷
標高（比高）：四三四m（一〇m）
別称：なし
史跡指定の有無：―

【位置と歴史】三ヶ谷集落を西に見下ろす、丘陵端部に位置する。すぐ北側には「伊勢道」と呼ばれる道が東西に延びている。城主は三ヶ谷氏と伝えられる。

【現況】城跡は、近年まで地元有志により模擬櫓が建てられたり、草刈りが行われたりして見やすい状態になっていた。現在はやや荒れ気味となっているが、それでもおよそ遺構の状態を確認することはできる。

堀切

斜面がやや急となる南西面以外を横堀、横堀に続く犬走り状の平坦面によって囲い込む、単郭の城郭である。横堀底部・犬走り状の平坦面から内側の曲輪面までは、およそ四m前後の高低差がある。特に北側はもともと尾根が続いていたところを掘り切っており、内側に土塁を設けている。堀の対岸側にも土を盛り上げることで堀の深さを増している。掘り切った延長部は横堀となって回り込む。地形的に考えれば、単独で堀切を用いたほうが土木量を減らせるし、防御上も十分なはずであるにもかかわらずである。

ところで東側にも丘陵が続いており、そちら側を断ち切るように北側から堀が回り込んでいる。しかし東側の堀Aは、

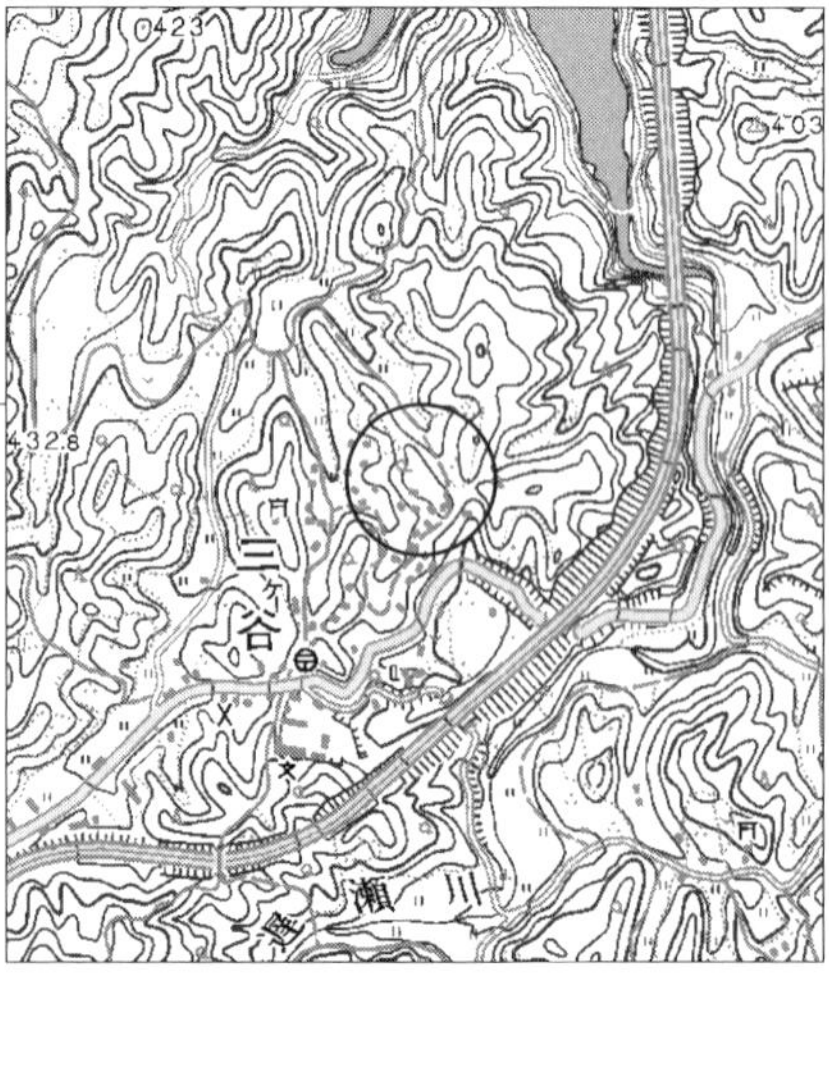

近時に掘り込まれた形跡が明瞭である。他の部分に比べて堀の肩がほぼ垂直に切り落としたようになり、堀底も整いすぎている。掘り込まれたところの南端は土橋となり、北端では北東方向に延びる道と交差している。昭和五十五年に刊行された『日本城郭大系』所収の伊賀中世城館調査会による縄張り図を参照すると、この部分に堀が描かれていない。他の部分は現状とほぼ符合しているのに東側の堀だけが描かれていない。見落とすような規模ではあるまい。考えられることは、伊賀中世城館調査会による作図が行われた後、東側の堀が掘削されたということであろう。位置的に考えればもともと堀があっておかしくない場所だが、廃城後に埋没し、比較的最近になって再掘削されたということではないか。

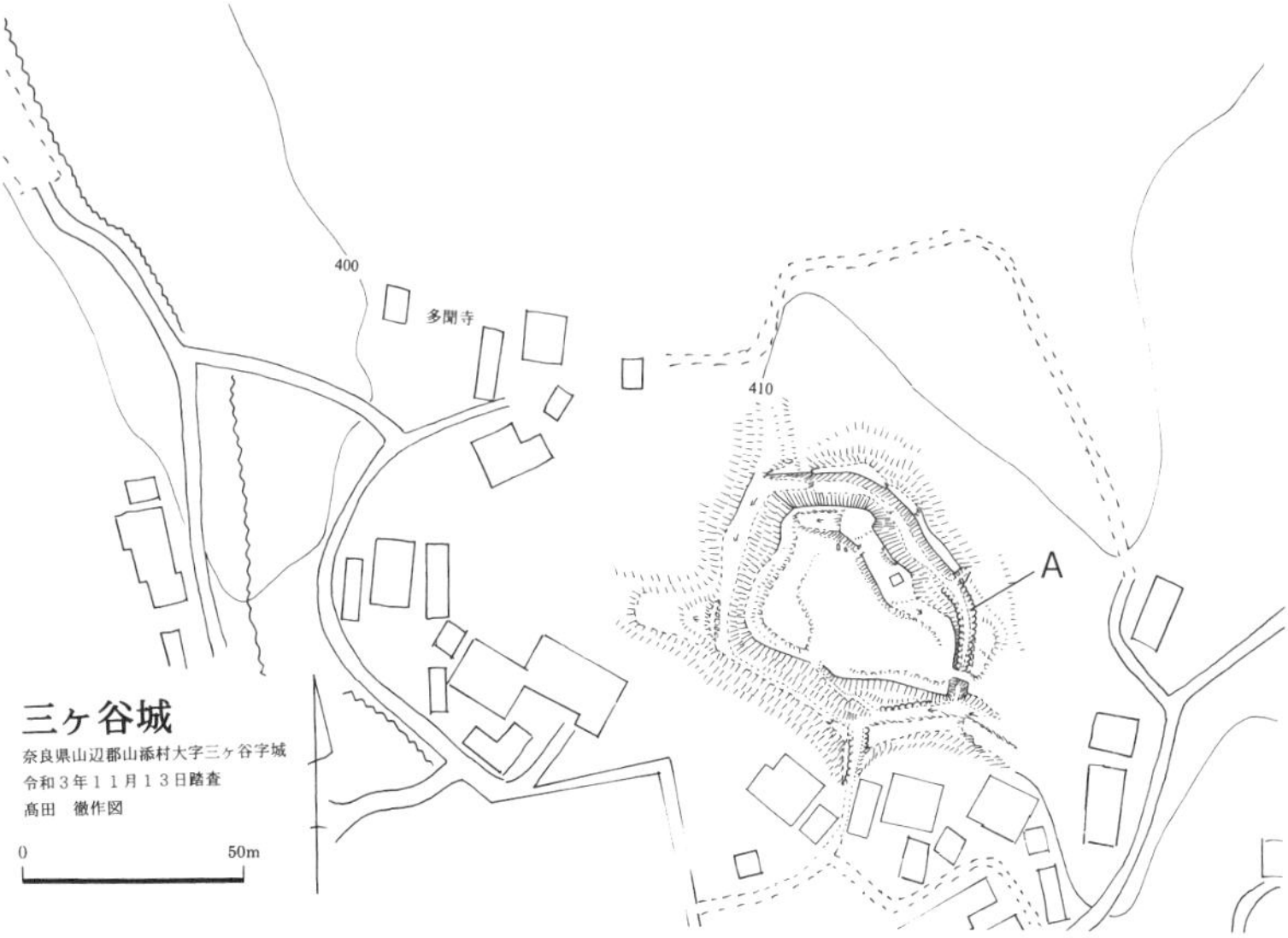

三ヶ谷城縄張り図（髙田作図）

【評価】新旧の堀が入り混じるが、注意深く観察すれば見分けることは可能である。こうした遺構も存在することに注意すべきである。

（髙田徹）

模擬櫓

石碑

矢田丘陵に選地する方形城館

23 矢《や》田《た》城《じょう》

所在地：大和郡山市矢田町
標高（比高）：九〇m（一〇m）
別称：なし
史跡指定の有無：—

【位置と歴史】あじさい寺として名高い金剛山寺《こんごうせんじ》（矢田寺）の東方約八〇〇m、矢田丘陵の一角にある。『和州拾五郡衆徒国民郷士記』には「矢田平城　矢田伊豆」と記される。鎌倉期には矢田若狭、矢田播磨の存在が知られる。戦国期になると筒井氏に属し、天正十三年（一五八五）になると矢田中村信濃守は筒井氏に従って伊賀国に移ったとされる。[*1] ただし、付近には城郭に関わる伝承がほとんど残されてない。

東側からみた城跡

【現況】城跡は、南北方向に延びた丘陵の南東端近くにある。全体が竹林となり、改変されたところが多い。そのため失われた部分、改変された部分を復元的に考える必要がある。最も城跡らしさを残すのはAの堀である。幅一〇m前後、深さ約三mで東に向かって下降する。中間にある土橋は、後世の破壊道と考えられる。堀Aは西端で折れ、その先で急に浅くなる。浅くなった先にある土橋も破壊道であろう。土橋の南側では、堀Bが一〇mほど伸びたところで消滅する。堀Bの南端は段差を持ち、その下には溜池がある。堀Aと堀Bに挟まれたCは、櫓台状と

*1　大和郡山市文化財審議会『ふるさと大和郡山歴史事典』（大和郡山市、一九八七年）

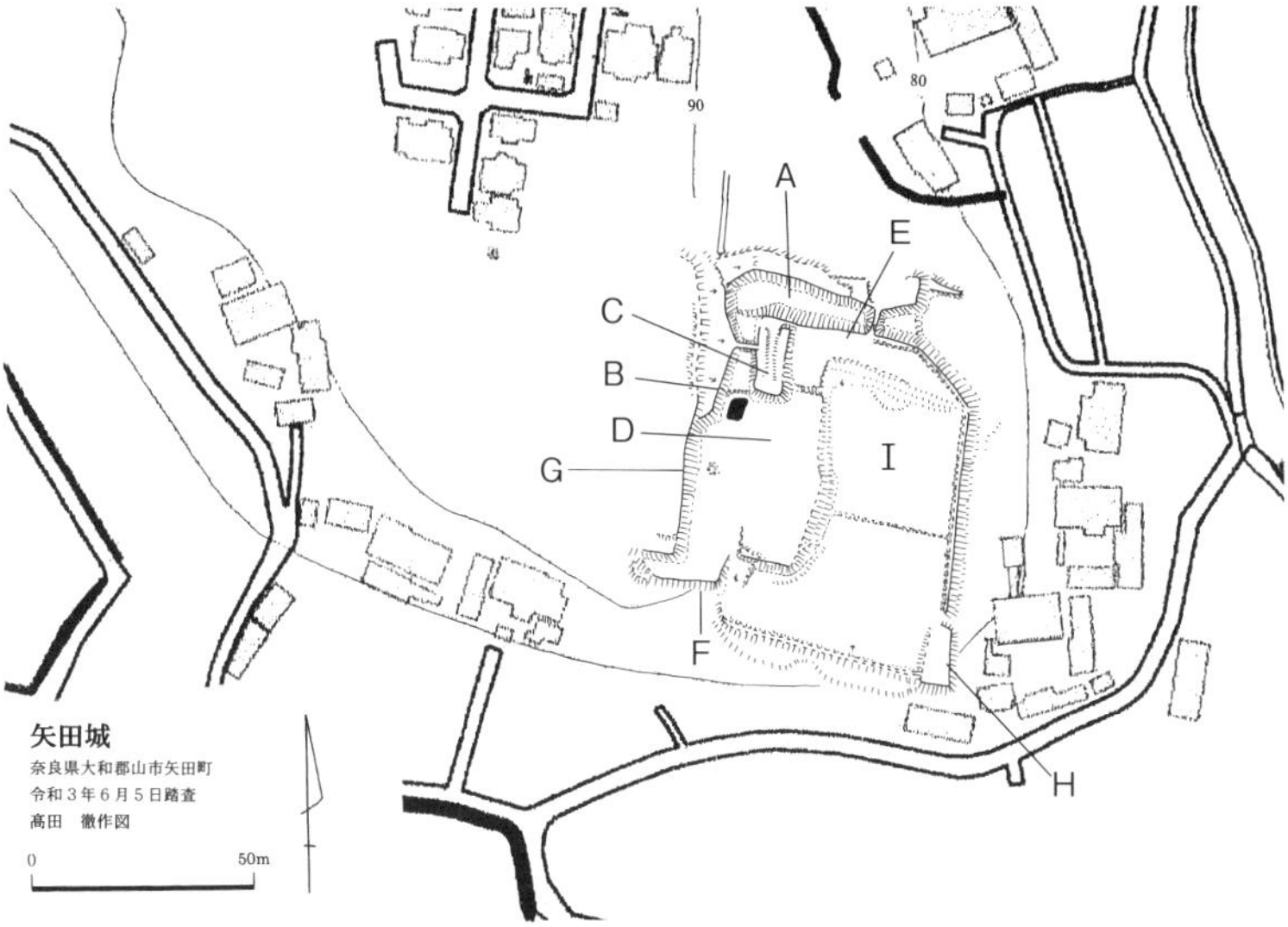

矢田城縄張り図（髙田作図）

なる。Cの南側のD付近、東側のEは均された土塁の痕跡であろう。D・Eの幅は広いので、土塁は二段になっていた可能性がある。こうしてみると、堀Bは南側のF付近まで延びていたと考えられる。堀の外側の肩は、Gのラインとして認めることができる。

I付近は平坦であり、曲輪としての痕跡を残すとみられる。周囲には根切り溝が見られる他、南側には土地境界由来の土塁がみられる。Hの高まりは、東側に突き出す。その北側の開口部は虎口であったかもしれない。

【評価】 丘陵に切り込むように西・北側に堀を設け、内側に土塁を巡らした方形プランが想定できる。およそ半町四方であり、集落に接した居館的な性格が考えられる。

【探訪にあたっての注意事項】 城跡は数戸の民有地となる。民家の裏手にあり、必ず所有者に許可を得た上で立ち入ること。竹藪となったところがほとんどなので、たけのこシーズンの探訪は控えるべきである。

（髙田徹）

堀と土橋

I郭

大和最大級の平城

24 筒井《つつい》城《じょう》

所在地：大和郡山市筒井町
標高（比高）：四九m（〇m）
別称：筒井平城
史跡指定の有無：—

主郭（シロ畠）

【位置と歴史】吉野街道（下街道）と亀ノ瀬越奈良街道が交差する交通の要衝に位置する。城主は興福寺一乗院方衆徒で大和を代表する国人の筒井氏である。

筒井城は永享元年（一四二九）十一月に初めて文献史料に現れる。[*1] 以降、十五世紀前半から十六世紀初頭にかけて、大和永享の乱、越智方との攻防、畠山家の内紛、赤沢朝経・長経父子の大和侵攻により「自焼」「没落」を繰り返した。

永禄二年（一五五九）八月、松永久秀の大和侵攻により筒井城は攻め落とされ、筒井順慶は椿尾上城（奈良市北椿尾町）へ逃れることになった。[*2] 筒井城は久秀家臣の水尾和泉守が入れ置かれ、[*3] その後多聞城（奈良市法蓮町）と信貴山城（平群町信貴畑）を結ぶ拠点城郭として機能するようになった。

筒井方・松永方は筒井城の争奪戦を繰り返したが、元

＊1『満済准后日記』
＊2『享禄天文之記』
＊3『兼右卿記』

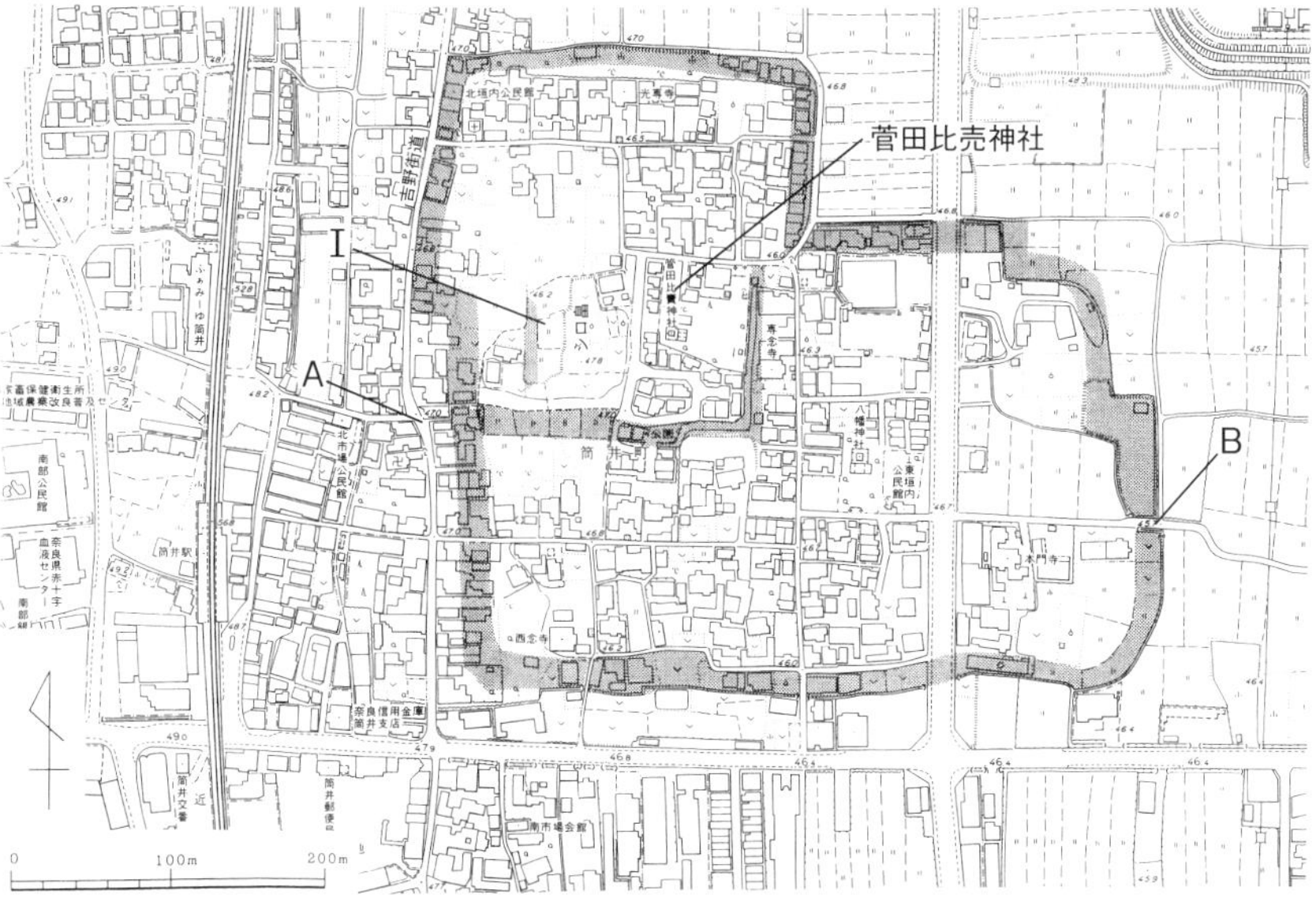

筒井城縄張り図（髙田作図、スクリーントーンは堀〈一部推定〉）

亀二年（一五七一）八月の辰市合戦において、順慶は松永軍を破り筒井城を奪い返した。天正四年（一五七六）五月、織田政権下において順慶が大和国主となった後、天正七年八月に多聞城から筒井城に石が運ばれるなど、織田政権下において筒井城の改修が行われた。しかし、天正八年八月の織田信長による大和一国破城により筒井城は破却され、十一月に順慶は郡山城（大和郡山市城内町ほか）に移った。[*4]（金松誠）

【現況】筒井集落のほぼ中央、「シロ畠」と呼ばれる畑地一帯（ただし、大和郡山市の公有地となった部分が多い）が主郭Iである。西側から南側は水田が囲い込むが、堀跡の名残を伝える。宅地を挟んで位置する菅田比売《すがたひめ》神社境内の東側には「内堀（ウツホリ）」と呼ばれる水路がある。幅約七mを有し、名称どおり内堀の痕跡である。主郭Iの

石碑

*4 『多聞院日記』

堀跡の蓮田（シロ畠南）

外郭東側虎口比定地Ｂ

西側では、過去の発掘調査により南北に延びた新旧二時期の堀が検出されている。先行する堀は上幅八m、深さ一．五mの箱堀であり、十四世紀後葉に機能し、十五世紀前葉に埋められた。後出する堀は、推定幅一四～一六m、深さ約二mであり、先行する堀よりも遮断性が強いものとなっている。この堀の東法面（主郭Ⅰ側）からは鉄砲玉がめりこみ、打ち込まれた状態で見つかっている。これらの点から後出する堀は十六世紀第３四半期に築かれ、松永久秀による筒井城攻め後に埋められたと考えられている。

主郭Ⅰの北側は、概して個々の地割が大きい宅地が並ぶ。上級家臣の屋敷地の地割を止める可能性が高い。集落の北側には、幅三～一五mの「外堀」と呼ばれる水路が東西に伸びている。この水路の南側には、草地・藪となった細長い地割が並んで延びている。該当部分の旧字は「ドイ」であることから、土塁跡の存在を示すものと考えられる。大正末期までは、一部に高さ約二mの

クランク状に折れる吉野街道Ａ

土塁が残っていたという。東西に延びた堀・土塁跡は、西端では吉野街道の手前で南側へ折れ曲がっている。東端でも南側へ折れ曲がる。折れ曲がった先は宅地と化しているが、地割によって「外堀」の延長をたどることは可能である。また集落の北東部、東部、南側には、外堀が水田の畦畔あるいは宅地の地割として残されている。集落の東はずれでは東西に延びた道がクランクする。道が折れた内側（西側）に虎口があったと推定できる。

城の西側には、吉野街道が南北に延びている。吉野街道はAでクランク状に折れており、城郭の防御性に基づくものか、街道の枡形であった可能性が考えられる。吉野街道を城域に取り込んでいたか、あるいは接した状態であったのかは定かではない。クランク状に折れた付近は字「北市場」であり、その南側一帯が字「南市場」である。

【評価】筒井城は、大和盆地の平野部の城郭では最大規模を誇る。さらに内堀・外堀を比較的良好に残しており（その広がりを目視しやすい）、過去の発掘調査によって地中にも遺構が眠っていることが明らかにされている。歴史的にも筒井氏の本拠として機能していたことが明瞭であり、関連する史料にも恵まれている。国指定史跡級の価値を有する城郭と言えよう。今後の保存・整備が大きな課題となる。

【探訪にあたっての注意事項】集落内は道も狭く、駐車場もないので車での探訪は注意が必要。また堀跡の水田を見学する際には、不用意に立ち入らず道路側から望見するにとどめたい。

（髙田徹）

〔参考文献〕金松誠「筒井城の歴史」（大和郡山市教育委員会・城郭談話会『筒井城総合調査報告書』、二〇〇四年）／髙田徹「筒井城の現況」（大和郡山市教育委員会・城郭談話会『筒井城総合調査報告書』、二〇〇四年）／山川均「筒井城に関する復元的研究」（『関西近世考古学研究』Ⅳ、一九九六年）

内堀

奈良県を代表する環濠集落

25 稗《ひえ》田《だ》環《かん》濠《ごう》

所在地：大和郡山市稗田町
標高（比高）：四九ｍ（〇ｍ）
別称：なし
史跡指定の有無：大和郡山市指定史跡

【位置と歴史】奈良盆地には、周りを堀（濠）で囲んだ集落がいくつか見られる。これらは環濠集落と呼ばれ、戦国期に集落を守るために築かれたものとされる。研究史上、その代表例とされるのが稗田環濠集落である。奈良盆地のほぼ中央部に位置し、周囲には水田が広がる。南東約五〇〇ｍの位置には、これも著名な若槻《わかつき》環濠集落がある。

東側の環濠（南側から）

『経覚私要抄《きょうがくしようしょう》』文安元年（一四四四）二月条には、古市胤仙《ふるいちいんせん》が稗田に陣を置いたとあり、『大乗院寺社雑事記《だいじょういんじしゃぞうじき》』には文明十一年（一四七九）、同十四年に筒井方が稗田を攻撃したとある。稗田に軍勢が駐屯したこと、また敵対勢力から攻撃を受けたことが知られるが、この時点での環濠の有無は不明である。環濠が存在していたとしても、現在見られるような規模であったかは不明である。平成四年に環濠の発掘調査が[*1]行われたが、構築時期を明らかにするには至らなかった。

【現況】集落の周囲には水路を兼ねた堀がぐるりと取り囲んでいる。特定保水池整備にともない、護岸整備がなされたた

＊1　大和郡山市教育委員会『稗田環濠』（一九九二年）
＊2　山川均「若槻環濠」（中井均監修・城郭談話会編『図解近畿の城郭Ⅰ』戎光祥出版、二〇一四年）

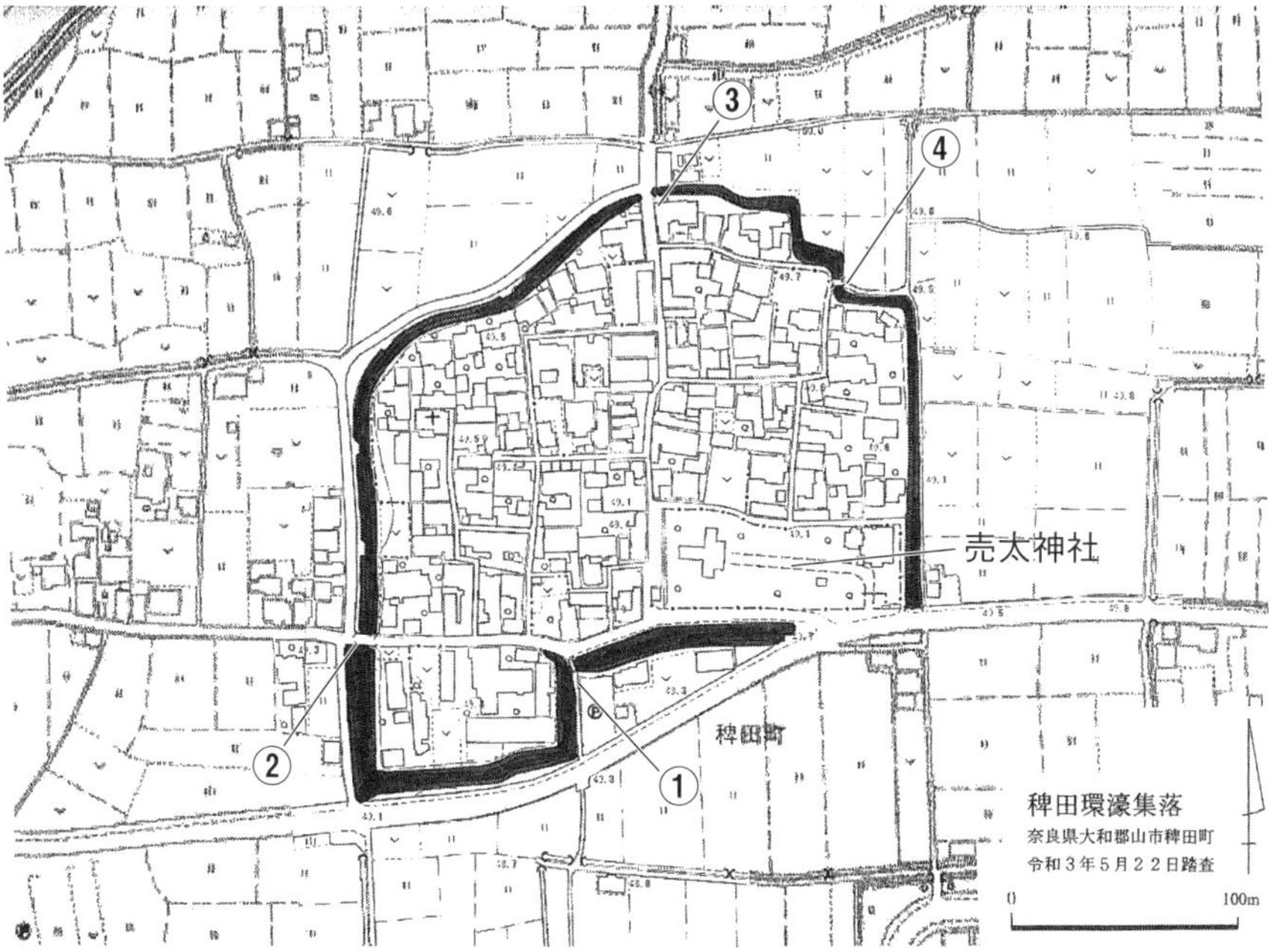

稗田環濠縄張り図（髙田作図）

めにかつての趣は薄らいだ。それでも水を湛える堀が全周して残っている点で貴重である。集落の南側にある売太《めた》神社は、『古事記《こじき》』を誦んじたことで知られる稗田阿礼《ひえだのあれ》を祀る。ここ稗田は阿礼の出身地であるとも言われるが、定かではない。かつて売太神社の西側には、環濠から派生する堀が南北に延びていた。現在は埋められてしまったが、道幅が広くなっているため名残はある。

環濠全体は方形ではなく、いびつな形態である。売太神社の南西では、全体が大きく南側に向かって張り出している。集落の北東は「七曲り」と呼ばれ、堀が繰り返し折れ曲がる。多くが折りを伴いつつ直線状に延びているが、北西側の堀のみ湾曲する。堀の内側に

②の橋跡

北西部の環濠

南側の環濠（西側から。木立は売太神社）

土塁は認められず、江戸期の絵図でも同様である。ただ集落南側に対し、北側では堀の内側が地形的にやや高めとなっている。

江戸期の絵図によれば、堀を渡る橋は四か所に設けられていた。①売太神社の南西で張り出し部の東、②西方（稗田堀橋）、③北方、④七曲りの北東、である。①は横矢掛かりのように見えるが、そのような意図があったかは定かではない。②③では、横矢掛かりを想定できないが、④は折りが続き側射が期待できる。

集落中央にある融通念仏宗・常楽寺《じょうらくじ》は永和二年（一三七六）の創建と伝えられる。集落の形成時期と重なる可能性も考えられる。

【評価】環濠の成立時期は不明である。堀自体にどれだけ防御性が期待されていたかも不明である。近隣の若槻環濠では、史料から文正元年（一四六六）以前に形成されたことが指摘されている。ただし、発掘調査の結果、中世段階の環濠は小規模であり、防御性よりも灌漑機能を専一にしていたと考えられている[*2]。稗田環濠についても、同様に考えることもできよう。著名な環濠集落だけに、今後成立時期の解明が期待される。

【探訪にあたっての注意事項】環濠の周囲は自由に歩くことができるが、売太神社前の車道は交通量が多いので注意が必要。売太神社駐車場はあるが、参拝者専用である。集落内は民家が密集しているので、写真撮影等には配慮が必要である。

（髙田徹）

北東側の環濠

③の橋跡

大和の代表的な横堀の城郭

26 豊田城《とよだじょう》

所在地：天理市豊田町字城平
標高（比高）：一九一m（一〇〇m）
別称：なし
史跡指定の有無：―

【位置と歴史】大国見山（四九八m）から西に延びた尾根上に位置し、西の大和平野への展望は良好である。『和州衆徒国民郷士記』に「豊田山城」とあり、豊田氏の城郭と考えられる。明応七年（一四九八）四月、越智氏が没落したとき「豊田本城煙立」との記述[*1]、翌年五月にも「夜豊田城辺焼亡了」とあり、これは当城を指していると考える。[*2] 永禄十一年（一五六八）十月、松永軍に攻められて落城し、それ以後松永氏の支配下で改修されたと考えられる。[*3]

豊田城　横堀（増山政昭氏提供）

【現況】大和国の城館は横堀を巡らしたものが多いが、当城は北の曲輪群Ⅰは四方に巡る構造であり、南の曲輪群Ⅱも南東の一部を除いて横堀が巡る。横堀は通路や塹壕《さんごう》として利用され、防御上の武器として鉄砲や弓が使用されたはずである。槍や刀の場合は接近戦となり、守備側は不利になりやすい。ただし土塁側の切岸が高い場合は別である。また、横堀には遮断よりも、

*1『大乗院寺社雑事記』
*2・3『図説中世城郭事典』第二巻（新人物往来社、一九八七年）

豊田城縄張り図（高橋作図）

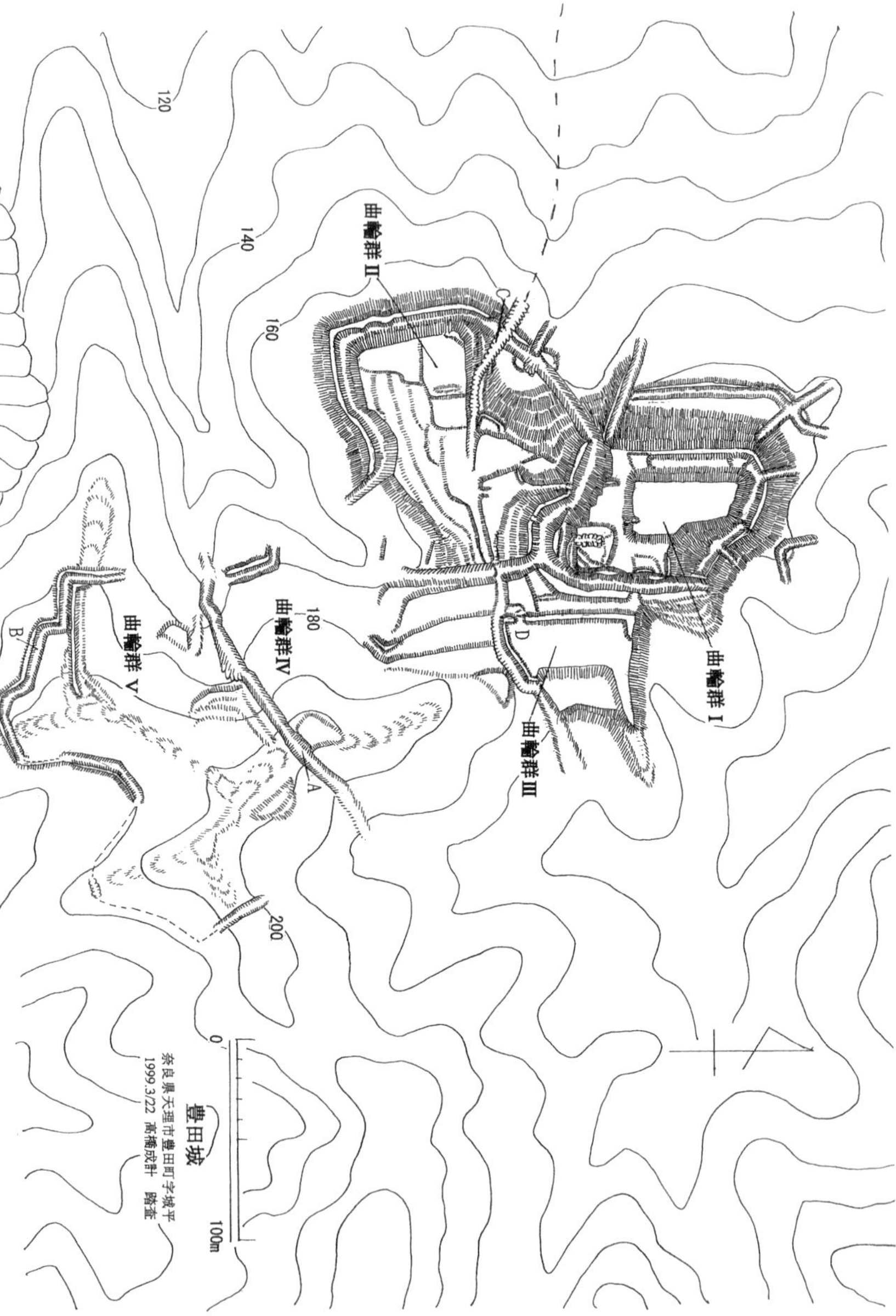

土塁と空堀

区画や堀底道、塹壕としての機能がある。曲輪群Ⅰ、Ⅱ、Ⅲの南にやや離れて存在する横堀Aは、南東に続く尾根筋への防御と、駐屯地の確保を主目的に築かれたと考えられる。その南の横堀Bには折れがあり、南の尾根先端からの侵入を阻止するものである。

北の曲輪群Ⅰには虎口がなく、密閉的な曲輪群となる。南にある曲輪群Ⅱは西に大手虎口に比定できるCがある。曲輪群Ⅱの内部は平坦地が少なく、デコボコとした地形である。南東部は横堀の敷設がなく、開放的なまま横堀A地区に続く。曲輪群Ⅰの東に位置する曲輪群Ⅲには二段の曲輪で構成される平入り虎口Dがある。北の谷間には水場もあり、生活空間としての印象を受ける曲輪である。南の曲輪群ⅣとⅤは、兵員の駐屯地として利用されたと考えられる。

【評価】 曲輪群Ⅰ、Ⅲは平坦な曲輪で、曲輪群Ⅱは自然地形を取り込んでおり、面積も広い大手に比定できる虎口Cもあり、防御の中心となる曲輪群といえる。南東部に広がる自然地形は、兵員の駐屯地としての利用が考えられ、松永氏が駐屯した際に拡大利用した城域であろう。[*4] 大和国人の争いの中で豊田氏がになった役割のうかがわれる城郭である。

【探訪にあたっての注意事項】 名阪国道天理東インターを降りて県道五一号線を南下し、豊井町交差点から北へ二〇〇mほどの所の農道を東に入って行くと、城の案内板が設置されている。この周辺に駐車場はない。

（高橋成計）

＊4 中井均監修・城郭談話会編『図解 近畿の城郭Ⅰ』（戎光祥出版、二〇一五年）

土塁

大和東山内の拠点城郭

27 福《ふく》住《すみ》城《じょう》

所在地：天理市福住町井之市
標高（比高）：五六一m（一〇〇m）
別称：井之市城
史跡指定の有無：—

【位置と歴史】福住郷は、西の奈良盆地と東の大和高原の境目にあり、当城（井之市城）の南側には東西に名阪国道が通る。城郭は井之市集落の北東にある標高五六一mの山頂部に位置する。福住地区には二つの城郭があり、もう一つは中定城（本書一三三頁参照）で、福住氏の館城から発展したと考えられている。

福住氏は至徳元年（一三八四）に「福住殿」として登場する。*1 応仁・文明の乱の最中である文明七年（一四七五）に、筒井方として福住氏が戦死している。筒井氏が越智氏に敗北し、九月に「福住館」に入ったとあるのは中定城を指すとされる。*2

一方、井之市城は文明十三年に越智氏と古市氏が築いた「山内新城」*3がこれに当たるとされる。*4 福住氏は、福住七郷の鎮守である氷室《ひむろ》神社の神主も務めていた。元亀元年（一五七〇）の筒井氏と松永氏の合戦で、福住城（井之市城）に入った筒井氏を松永氏が攻撃したとき、当城には伊賀衆を含めた五、六百人が籠城していたとされる。*5

【現況】標高五六一mの山頂を中心に、東西に曲輪を配置

遠景（南から）

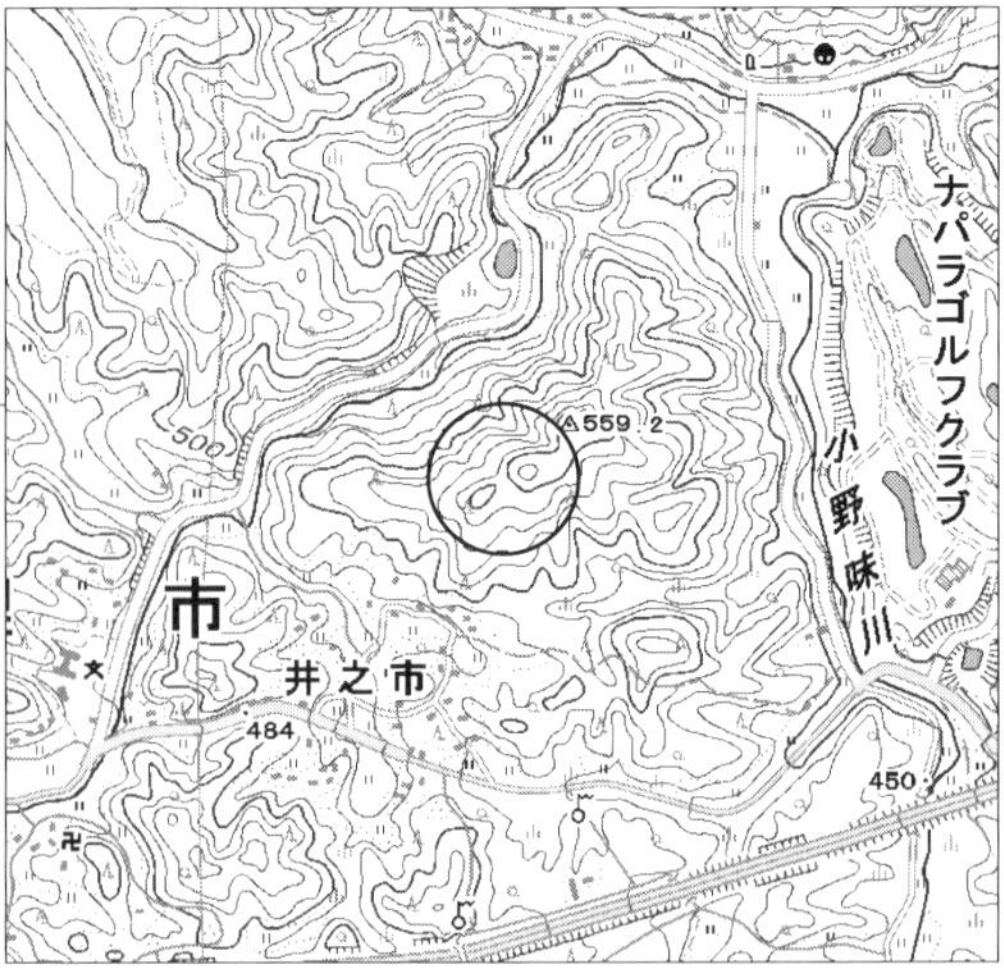

*1 「長川流流鏑馬日記」
*2・3 『大乗院日記目録』
*4 『図解 近畿の城郭Ⅲ』（戎光祥出版、二〇一六年）
*5 中井均監修・城郭談話会編『多聞院日記』、『奈良県中近世城館跡調査報告書』第二分冊（奈良県、二〇二一年）

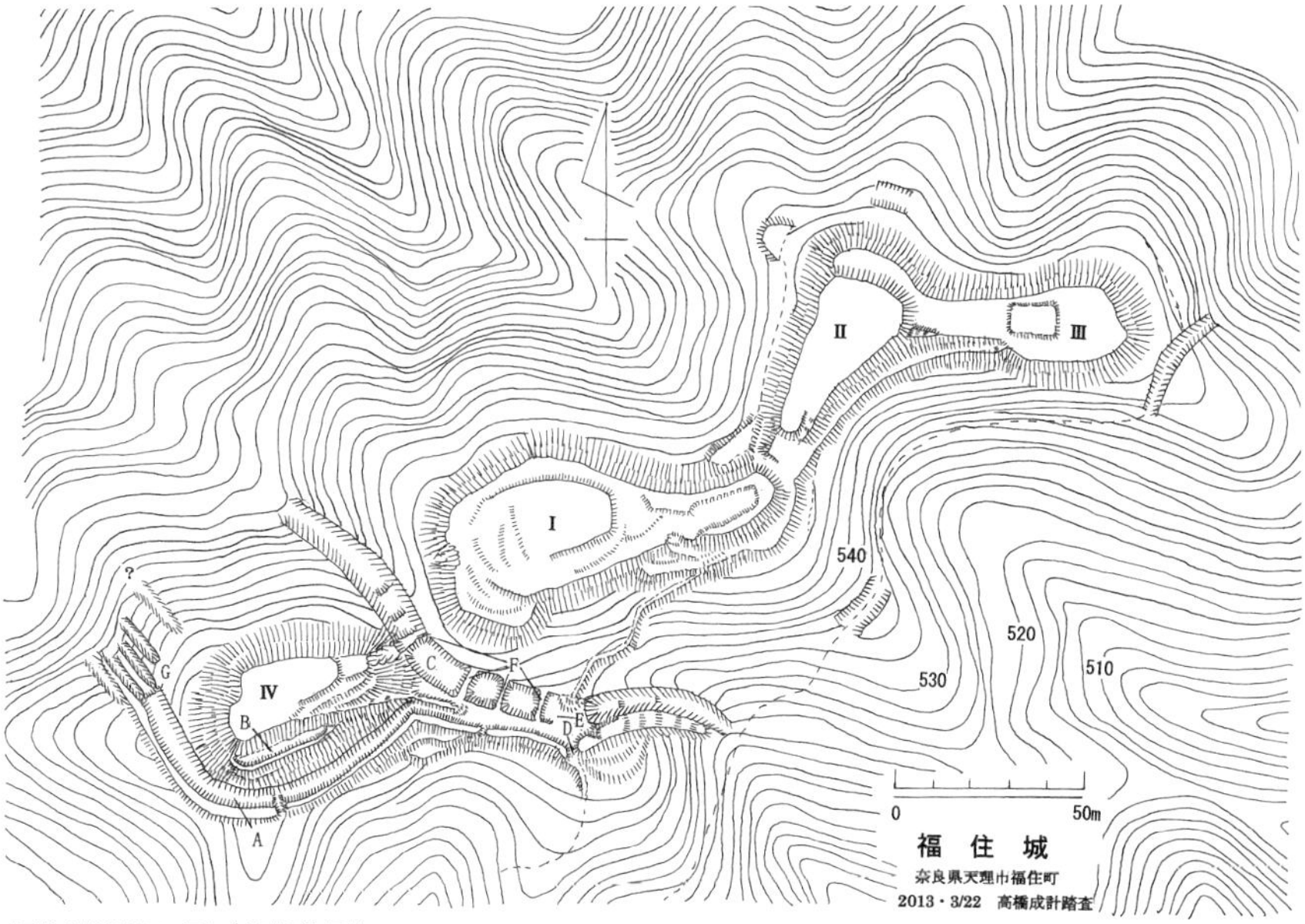

福住城縄張り図（高橋作図）

しており、そのうち曲輪Ⅰが主郭と考えられる。東には曲輪Ⅱ・Ⅲがあり西には外縁に横堀Aを巡らす曲輪Ⅳがある。曲輪Ⅳの南側、一段下った位置には長さ二五mほどの塹壕Bが設けられている。曲輪ⅠとⅣの間には横堀Cがあって、曲輪Ⅰの南側で大手虎口Dに繋がっている。ここに横堀Cが連結し、虎口空間Eを形成している。この空間から曲輪Ⅰ～Ⅳまで通路が繋がる構造となる。横堀Cの西側には仕切（堀内障壁、堀障子）Fがある。曲輪Ⅳを巡る横堀Aの西北端には畝状空堀群Gが設けられ、横堀Aへの侵入を阻止している。

横堀Cと連結した大手虎口Dを中心とした、曲輪Ⅰ～Ⅳへの連携を考えれば当城は福住氏の城郭というよりも大和国人の大勢力による駐屯が契機として考えられる。古市氏、筒井氏、松永氏が在城したことがうかがわれる。

【評価】当城の縄張りを、館城といわれる中定城と比較すると、曲輪Ⅳの周囲を巡る横堀の造りは共通しており、同系の縄張りと考えることができる。中定城の大手虎口も東の横堀に向かって開いており、堀底を通って主郭虎口と連絡する構造である。相違点は当城が横堀上に、各曲輪に繋がる大手虎口を設けている点となる。分立的な曲輪群で構成された縄張りである上、西側の曲輪Ⅳだけが横堀が巡る構造となり、さらに曲輪Ⅰより一〇mほど低い位置にあるためによる違いであろうか。史料的には多様な籠城者が考えられるが、遺構的には曲輪が分立する構造となっていてそこに多様な築城者が入っていた状況を考えることができる。こうしてみると当城は、史料と遺構が符合する事例といえる貴重な事例と評価できる。

横堀（増山政昭氏提供）

【探訪にあたっての注意事項】名阪国道の福住インターを降りて、国道二五号線の井之市公民館から北へ里道を登る。城への入口は近くの民家で確認する必要あり。井之市公民館には駐車場があるが、必ず許可を得て駐車すること。

（高橋成計）

横矢掛かりを意識した折りを有する城

28 福住中定城《ふくすみなかさだじょう》

所在地：天理市福住町
標高（比高）：五一〇m（七〇m）
別称：なし
史跡指定の有無：—

【位置と歴史】当城は、筒井氏に従った福住氏が拠った。名阪国道の福住インターチェンジの北東の丘陵上にある。集落を挟んだ北東山上には福住井之市《いのいち》城がある。

主郭

【現況】周囲を横堀・堀切で囲い込まれた主郭によって構成される縄張りである。主郭Ⅰの北端には高さ約三m、上幅約七mの土塁を設ける。この土塁の西端は北側に突き出しており、堀底に侵入した敵に対して横矢掛かりが効く構えとなる。櫓台とみなすこともできよう。もしくは向かい合う尾根に面する範囲を狭め、守りやすくした櫓台とみなすこともできる。土塁に対応して、外側に設けられた堀切も折れており、西側端部はやや長い竪堀となっている。堀切の東側は曲輪裾を回り込む横堀状となるが、南側では石垣が組まれたところで止まっている。本来はさらに横堀が続いていたとみられるが、上部の斜面には崩された状態が認められる。先の石垣は、崩した斜面

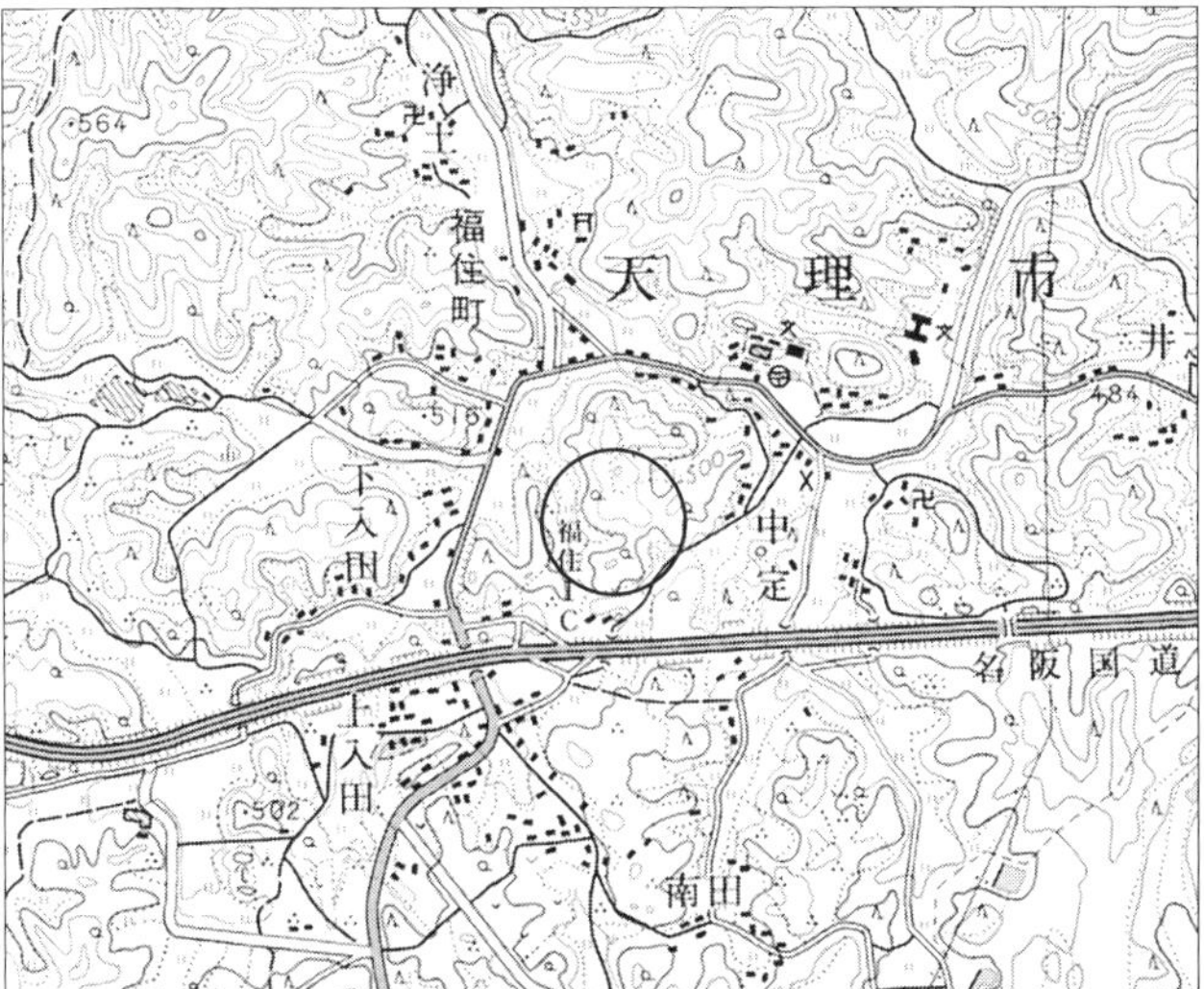

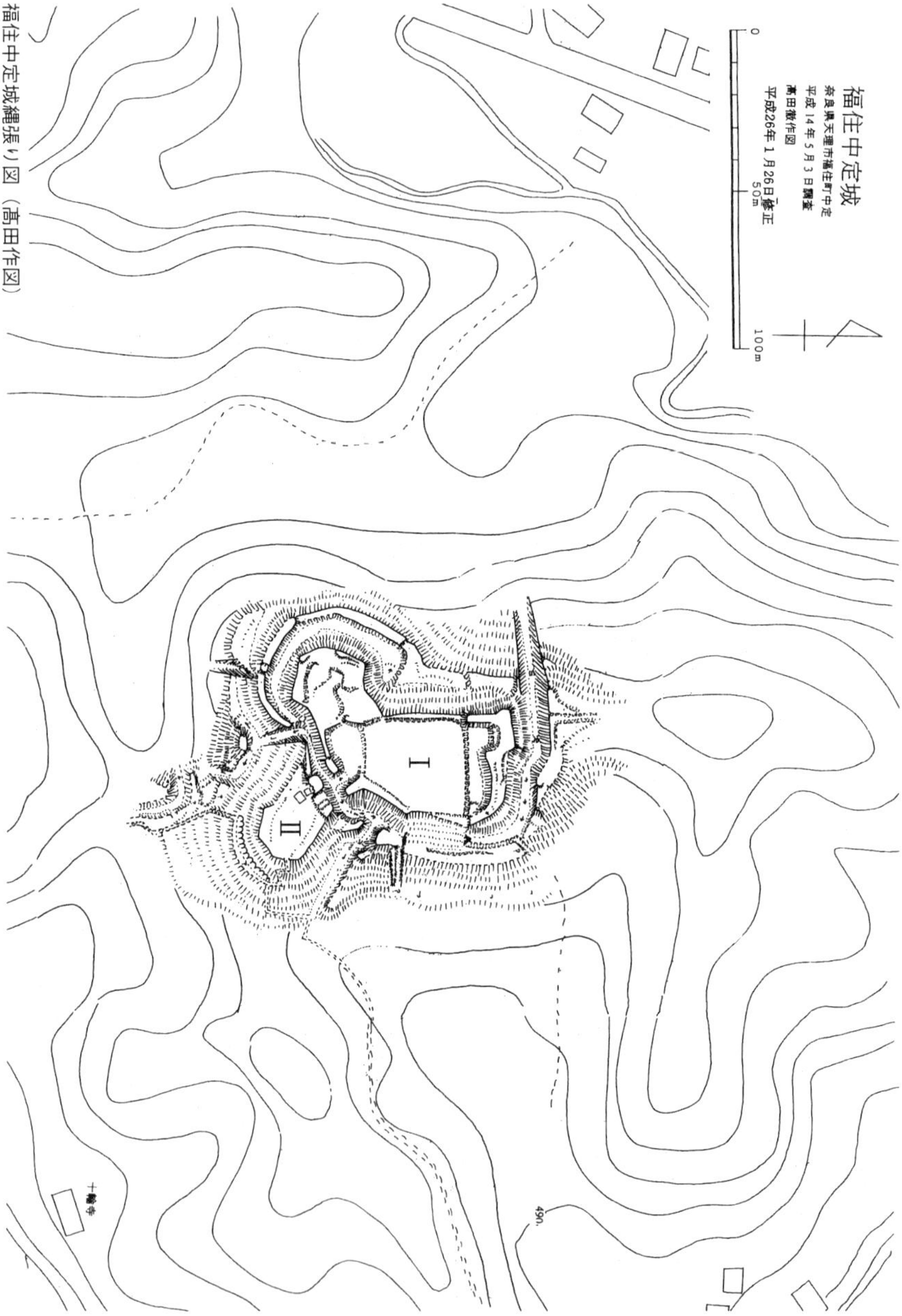

福住中定城縄張り図（髙田作図）

の土留めとして後世に設けられたものと考えられる。

主郭Ⅰ南西部は折りを伴いながら、大きく突き出している。内部には段差を有するが、主郭Ⅰの主要面となる東側よりは全体が一段高くなっている。裾部は横堀がぐるりと囲い込み、対岸を土塁状に整形する。主郭Ⅰ南東隅には内側を方形に掘り窪めた枡形状の虎口がある。虎口の前面は横堀となり、横堀対岸には土塁が立ち塞がる。したがって、虎口から堀底経由で外部へ出ていたと考えられる。虎口から堀を挟んで向かい合う位置には、小堂の建つ平坦地Ⅱがある。一見すると曲輪のようであるが、背面に土塁があるため主郭と直接行き来できない。さらに主郭虎口からの動線が明瞭であり、防御・迎撃を意図したものとなっているのに対し、Ⅱからは同様の備えがみられない。これらのことから、平坦地Ⅱは曲輪であったとは考えにくい。

【評価】小規模ながら櫓台とみなしうる張り出しを持ち、全体を堀切・横堀で囲い込む。堀底道を利用するが、虎口からの動線も明瞭である。丘陵上の使用する場所とそうではない場所の区別もはっきりしている。こうした技巧的な構造から福住氏というよりも筒井氏の強い関与によって築城、改修されたものではあるまいか。

【探訪にあたっての注意事項】中定集落の南、妙成院の先にある山道から上る。城跡にある小堂に通じる参道があり、上がりやすい。

（髙田徹）

小堂の建つ平坦地

松永氏重臣竹内秀勝の城

29 山田城《やまだじょう》

所在地：天理市山田町下山田
標高（比高）：五〇六m（六八m）
別称：岩掛城、山田古城、山田竹下城
史跡指定の有無：—

【位置と歴史】「東山内《ひがしさんない》（山内）」（大和高原）のほぼ中央に位置する山田は、南から順に、上・中・下に分かれており、当城は中山田と下山田境目の狭隘部に張り出した尾根上に築かれている。そのため、中・下山田を広く見渡すことができる立地となる。また、当地には主要街道が通らないものの、福住《ふくすみ》や田原、馬場などの東山内各地へつながる間道が抜けるため、東山内における要衝と言えよう。なお、中山田の集落には山田氏所縁の蔵輪寺《ぞうりんじ》が現存する。

Ｉ郭西側の堀

通説では山田順貞（道安）・順清の居城とされるが、同時代史料からは彼らと当城の関係を確認できず、定かでない。当城が初めて史料上にあらわれるのは、永禄九年（一五六六）正月のことである。松永方の多《た》田常胤《だつねたね》が守る「山田古城」が攻められ、調停によって明け渡された（『多聞院日記』）。ついで元亀二年（一五七一）九月四日には、多聞城から「山田竹下城」へ鉄砲と玉薬が搬入された（『二条宴乗記』）。これは辰市《たついち》の敗戦にともなう動向であるが、このときには松永久秀重臣の竹内下総守秀勝

（竹下）の城と認識されている。同月七日、筒井勢が山田に攻め寄せ、「竹下ノ城」は「退散」したという情報が多聞院英俊のもとに届いたが（『多聞院日記』）、誤報だったことが新出の松永久秀書状から判明する。この久秀書状は同月二十三日付で「山田城御在城衆中」宛てに出されており、秀勝亡き後の竹内家の家督は「長寿殿」が相続するよう調整するので怠ることなく働くようにと通達したものである。これら一連の史料から、当城には秀勝家臣・軍勢が在城し、在地支配・軍事を担っていたことを読み取ることができる。いつから秀勝管轄下になったのかは定かでないが、秀勝は常時多聞城内の自らの屋敷を拠点としていることを踏まえると、「福住城」の山口秀勝と同様の事例と言えよう。[*1]

　ちなみに先述の蔵輪寺には順貞・順清の位牌が安置され、順貞を「馬場城主」、順清を「岩掛城主」と記す。位牌の製作年代は不明で、検討の余地はあるが、この記述が正しければ、辰市合戦での順清戦死後、竹内氏が当城に配置されたと考えることも

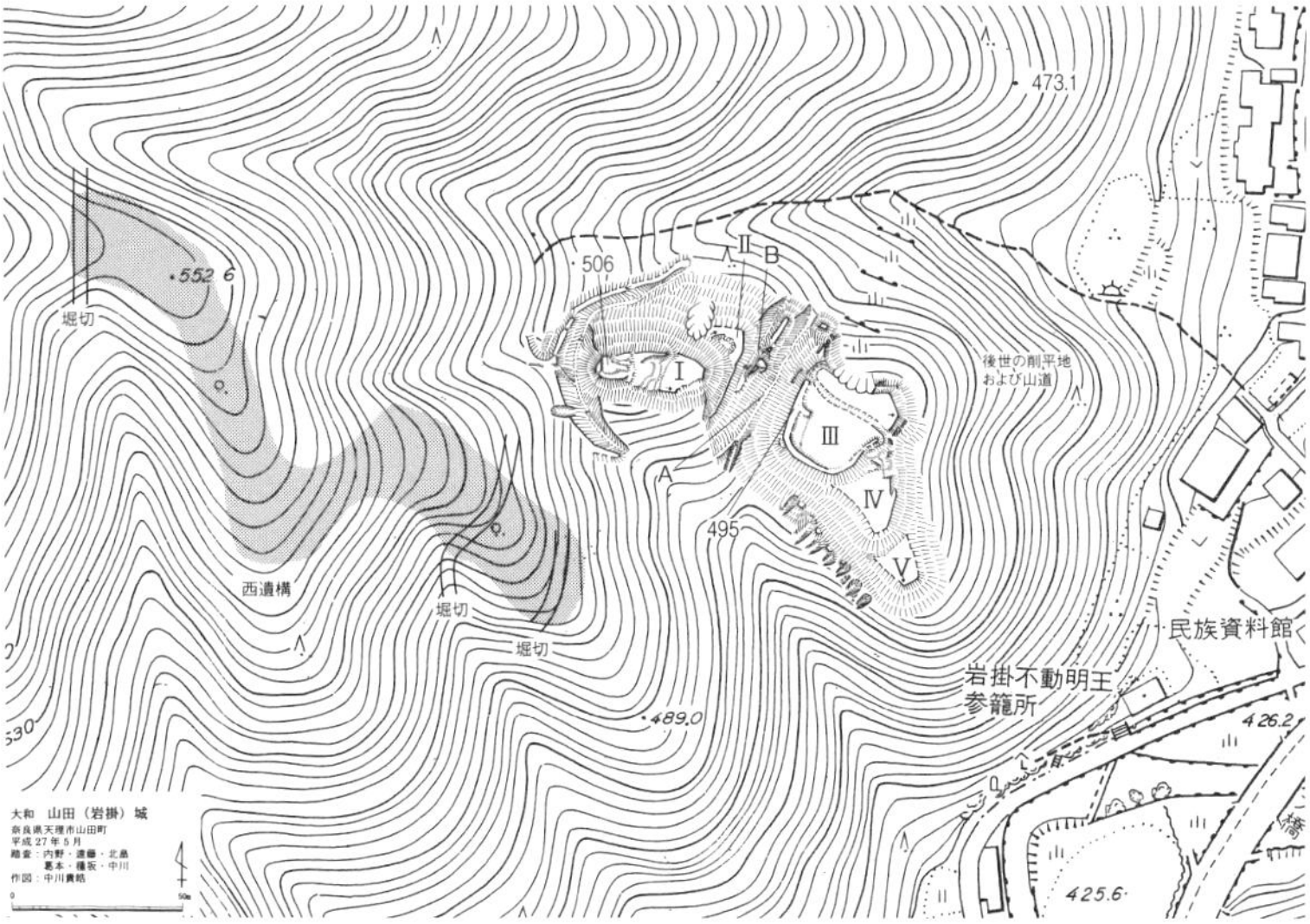

山田城縄張り図（中川作図）

＊1　中川貴皓「松永久秀被官に関する一考察—山口秀勝を中心に—」（『奈良史学』三〇、奈良大学史学会、二〇一三年）

上り口

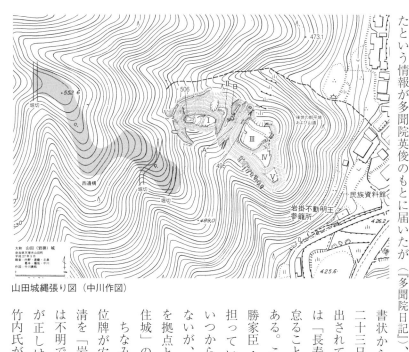

できる。

【現況】城域中央を画する大規模な堀切Aによって、東西の曲輪群に二区分される。

主郭は最高所に位置する曲輪Ⅰで、周囲は急峻な切岸が巡り、内部は三段からなる。上段は横堀に接して櫓台状に高まり、西端に低土塁が設けられる。中段は北端に土塁が設けられるものの、削平は甘く緩やかに東に傾斜する。下段は丁寧に削平が施され、南東隅が虎口状に一段落ち込む。背後となる西側尾根続きに対しては、大きく掘り込んだ横堀を廻すが、その両端は尾根両側の谷底まで至り、単独の防御ラインとして完全に遮断する。Ⅰに比して不釣り合いな規模・構造と言えよう。Ⅰの北東直下にはすり鉢状に窪んだ腰曲輪Ⅱがあり、その東側直下、つまりAの西側北半分には、土塁を挟んで堀切Bが穿たれる。BはAに平行し、北側端部は同様に竪堀となるが、深さはAより浅い。B南端は堀底にならず、テラス状の空間が形成され、ここからⅡへ上がることができる。AB間の土塁上面は凹凸があり、一部幅が広くなる箇所がみられる。当所は後述のⅢ壁面テラス状空間と対応する。

曲輪Ⅲは城内で最大の面積を持ち、現状では北を除く三方面に土塁が巡る。Aに面した北側隅部は土塁が設けられず、直下のテラス状空間から対岸土塁上へ至る木橋などを用いた連絡路が想定できる。曲輪内部は後世の改変がみられるが、削平は丁寧に施される。城郭に伴うものかは判断しがたいが、北および東側切岸の一部には石積みが残存する。Ⅲの南東尾根には曲輪Ⅳ・Ⅴが造成され、Ⅳ北東隅部には虎口状の窪みがみられる。Ⅲ・Ⅳ・Ⅴの直下には、連郭の塁線に沿って畝状空堀群が敷設される。西端の竪堀は他の竪堀と比べて高い位置に設置されるため、隣の竪堀底から見上げると土塁の切岸が高く切り立つ。それゆえ、この畝状空堀群は尾根先端や南側谷部から廻り込む敵に対して設けられたものと考えられる。

Ⅲ郭

当城より高い西の尾根上には城郭遺構（西遺構）を確認できる。甘い削平で切岸の造成も不十分であるが、城域端部に明確な堀切を穿ち、城域を確定している。

【評価】東曲輪群は主郭群（西曲輪群）に面してAと土塁を設けており、一定の独立性を有する。しかし、ⅠとⅢの比高差は大きく、Ⅲとほぼ同じ高さのⅡ直下にBを構築することで、東曲輪群に対する主郭群の優位性が際立つ。さらにⅢからⅡへは木橋を用いた連絡路も想定されることから、両曲輪群の積極的なつながりを確認できる。一見、並立的にみえるが、Ⅰは一定の求心性があると判断できよう。Ⅰは面積が手狭なため、主たる居住空間はⅢであった可能性が高い。すなわち機能分化がなされていたことも指摘できる。

技術面では枡形虎口などの複雑な導入系技術は用いられないものの、横堀や畝状空堀群などの発達した遮断系技術が要所に配置され、防御性を高めている。特に横堀の使い方は椿井城《つばい》（平群町）と共通する箇所がある。松永氏による関与が想定できよう。

当城は、在地領主山田氏の成長にともない、Ⅲを主郭とした館城《やかたじろ》（山内型）から背後の尾根続きに城域を拡張し、未完成に終わった事例（山内型拡張パターン）と評価されてきた。*2 西遺構の存在はその最たるものと解釈されたのである。しかし、曲輪規模に比して不釣り合いなⅠ背後の横堀により、当城の城域が完結していることを看過してはならない。その構築は西遺構を意識したためと考えたほうが自然である。つまり、西遺構が時期的に先行した可能性が高い。隣接する点において何かしらの関連性をうかがえるが、当城の縄張りを読み込むと西遺構は別個の城と捉えるべきである。

【探訪にあたっての注意事項】集落奥に「山田岩掛城跡」の案内表示と説明板がある。表示に従い、えん堤横に設けられた小道を登ると到達する。（中川貴皓）

＊2　村田修三「大和の城跡（8）山田城」（『月刊奈良』巻十七巻五号、現代奈良協会、一九七七年）

西遺構の堀

横堀や虎口が付加された古墳

30 中《なか》山《やま》大《おお》塚《つか》古《こ》墳《ふん》

所在地：天理市中山町
標高（比高）：一〇〇m（一一m）
別称：なし
史跡指定の有無：国指定史跡

【位置と歴史】龍王山城（奈良県天理市・桜井市）の西側山麓部にあり、大和《おおやまと》古墳群を形成する。前方部の南西裾部には大和《おおやまと》神社の御旅所があり、墳丘の一部が崩されている。

【現況】平成五・六年に発掘調査が行われ、後円部から竪穴式石槨《たてあなしきせっかく》、前方部からは夥しい量の葺石《ふきいし》等が検出された。発掘調査前から後円部を囲む土塁・堀の存在が指摘され、発掘調査によってその詳細が明らかになった。後円部頂部は東西約二四m、南北約二八mの規模であり、周囲には高さ約七〇cmの土塁が認められる。南側には動線に折りを伴う虎口が確認されている（発掘後、埋められている）。

後円部頂部から約三m下がった位置には、幅約二mの平坦面が帯曲輪状に取り巻く。発掘調査により、もとは薬研状の横堀であったことが明らかになった。深さは一・二五m前後、幅は二m前後、内側となる法面を急角度にカットしている。この際、法面にあった葺石をかなり撤去しているとみられる。堀は土が堆積した後に再掘削されており、長期間にわたる使用が想定できる。後円部南側からは折りを伴う虎口が

西側から見た後円部

見つかっている。虎口の前面は二重堀となり、その中間部分に木橋を掛け、堀と堀の間から西へ下っていたのではないかと考えられる。その場合、堀の間は馬出状の機能が想定できる。

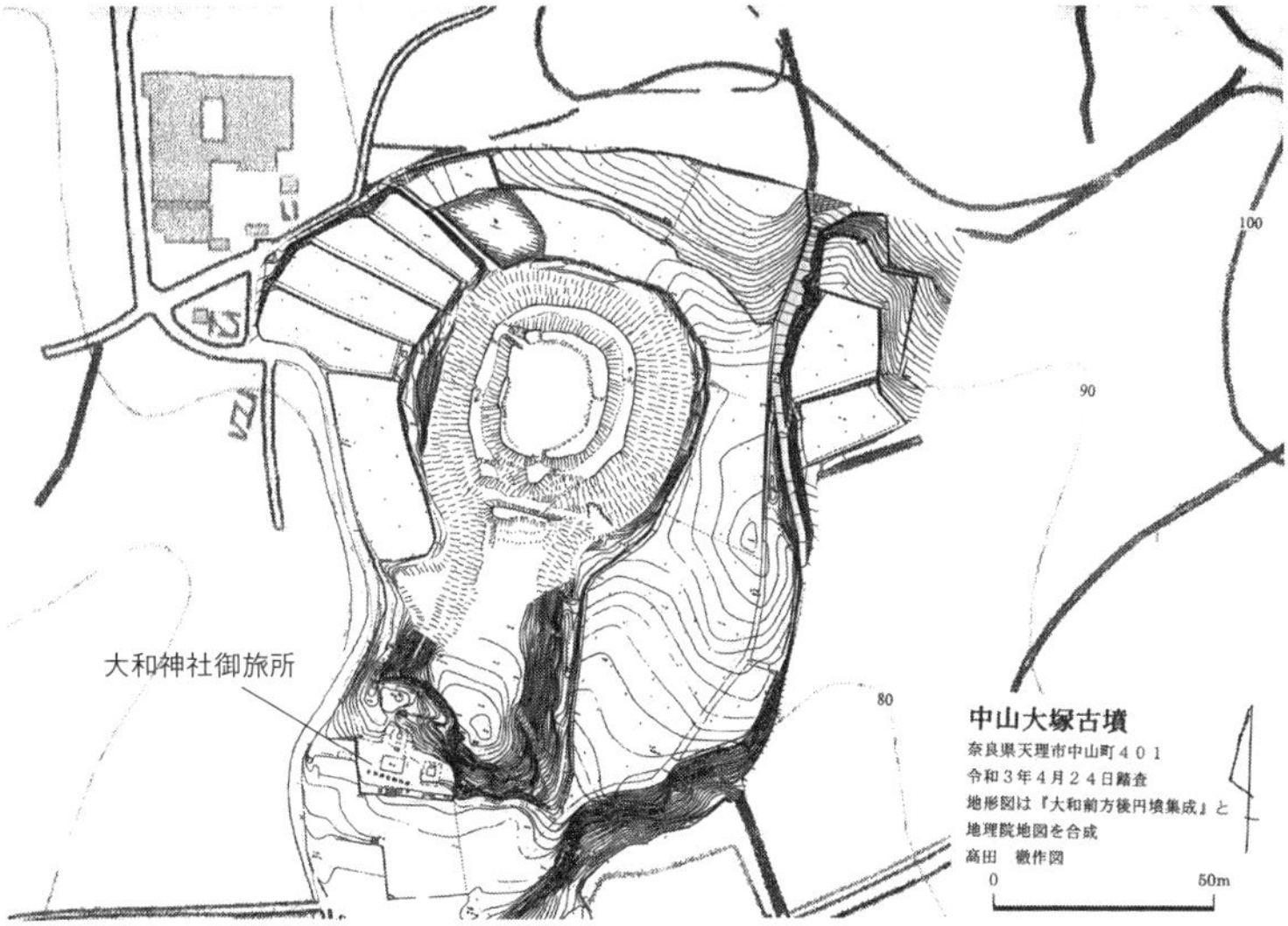

中山大塚古墳縄張り図（高田徹作図）

【評価】当城は、大掛かりな土木工事を指揮・完遂しうる築城主体の関与が想定できる。立地的に考えれば、東方山上にある龍王山城の十市氏、あるいは松永氏との関係性を指摘できる。しかし、周囲は特段、防御性が優れた場所であるとは言い難く、特徴的な縄張りの位置づけが難しい。大掛かりな普請からは、防御性を特に重視した築城であったとみられる。横堀が再掘削された事実から長期間の使用、あるいは断続的な使用が考えられる。転用された明応六年（一四九七）銘の石造物を通じて、それ以降に築かれたことは間違いない。

【探訪にあたっての注意事項】大和神社の御旅所右手（東）から墳丘部に上がる道がある。後円部は発掘調査後に石槨周辺が整備されている。城郭に伴う堀跡は未整備であるが、見やすい状態にある。（高田徹）

後円部

南側の堀

銅鏡三十四面が出土した古墳の再利用

31 黒《く》塚《ろつか》古《こ》墳《ふん》

所在地：天理市柳本町
標高（比高）：八〇m（一一m）
別称：なし
史跡指定の有無：国指定史跡

【位置と歴史】黒塚古墳は、奈良盆地の東南部に位置する。大和《おおやまと》古墳群のうち、柳本《やなぎもと》支群の一つに数えられる。全長約一二四mの前方後円墳であり、三世紀後半の築造と考えられている。平成九年から同十一年にかけて、後円部の墓壙《ぼこう》を中心に発掘調査が行われた。未盗掘の竪穴式石槨《たてあなしきせっかく》からは、三十三面の三角縁神獣《さんかくぶちしんじゅう》鏡《きょう》等が出土している。

南側から見た墳丘

ところで、『多聞院日記』天正五年（一五七七）十月一日条には「楊本・クロツカモ内ワレテ、楊本ノ衆ヨリ金吾ヲ令生害、則入夜城モ落了、」と記される。当時、松永久秀は織田信長に反して居城である信貴山城（奈良県平群町）に籠城中であった。この際、楊本のクロツカ（黒塚）では対立が起こり、楊本衆が久秀の子である松永久通（金吾）を自害せしめたというのである。ここにあらわれる「クロツカ」は、黒塚古墳にあった城郭に比定される。古墳南東一帯には、近世に織田氏一万石の柳本陣屋が営まれた。黒塚古墳の南から北東裾をめぐる池は「内堀」、北から北西側をめぐる池（菱池）は「外堀」と呼ば

れていた。

【現況】過去の発掘調査では、前方部と後円部の境界から深さが約三、四mの堀が見つかっている。前方部には曲輪と思しき平坦地が見られたが、多くは陣屋期の状況を伝えるものであろう。中世城郭としての遺構は、前述の堀を除けばどの範囲まで広がっていたのか、どのような遺構を伴っていたかは不明である。後円部を主体に用いつつ、堀（池）の外側にも関連遺構が広がっていたのかもしれない。

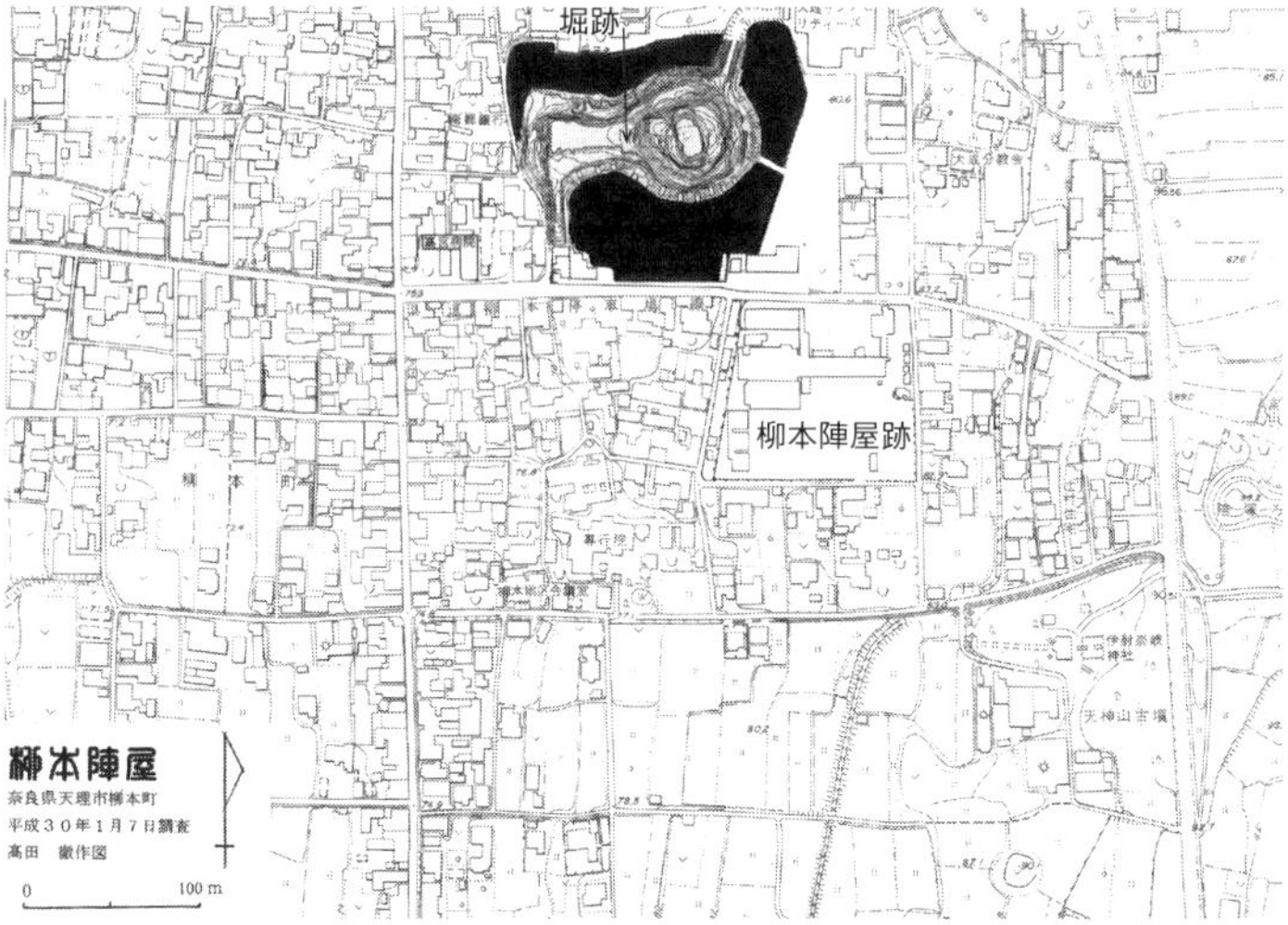

黒塚古墳縄張り図（髙田徹作図）

【評価】前方部と後方部の境界に堀を設け、前方部を城郭化していたことは間違いないが、細部の様相は明らかではない。中世城郭としての利用もさることながら、近世の陣屋に取り込まれていた点でも注目されるところである。

【探訪にあたっての注意事項】隣接する天理市立黒塚古墳展示館には、城郭に関わるパネルも掲示されている。駐車場もあり。　（髙田徹）

［参考文献］橿原考古学研究所『黒塚古墳の研究』（六一書房、二〇一八年）／髙田徹「奈良県下における城郭利用が考えられる古墳について―奈良盆地を中心に―」（中世城郭研究会『中世城郭研究』三五、二〇二一年）

東側の周濠

西側から見た後円部

大和最大の「山ノ城」

32 龍王山城《りゅうおうざんじょう》

所在地：天理市田町・柳本町、桜井市笠
標高（比高）：北城（柳本町側から）五八五・七m（四五〇m）
南城（柳本町側から）五二二m（三八〇m）
別称：十市山ノ城、龍王城
史跡指定の有無：—

龍王山城南城主郭

【位置と歴史】 龍王山城は、十市郡十市《といち》（橿原市）を本拠とした十市氏によって営まれた。『多聞院日記』永正四年（一五〇七）条に、国衆が蜂起した際にかがり火を挙げたうちの一つとして「釜口ノ上」が挙げられる。これは長岳寺《ちょうがくじ》（釜口）の上方の意味となり、龍王山を指すことになる。天文十一・十二年（一五四二・四三）には十市遠忠《とおただ》の「山ノ城」を興福寺の使者が訪れている。「山ノ城」とは奈良盆地に本拠（平城）を構えた国人層が営んだ文字通りの山城である。十市氏は十市平城（橿原市）とセットとなる「山ノ城」として龍王山城を維持していたのである。永禄三年（一五六〇）に十市氏は松永久秀に降るが、同十一年には十市遠勝《とおかつ》は松永氏と対立して十市平城に退去する。やがて宇陀の秋山氏が龍王山城に入城した。翌十二年になると、十市家中は松永方と筒井方に分裂し、龍王山城には松永方となった十市氏が復帰する。

天正三年（一五五七）には、松永久秀の甥松永金吾《きんご》と十市おなへが龍王山城で祝言を挙げた。これには松永氏が十市氏との関係を強化し、かつ龍王山城の支城化を進める目的が

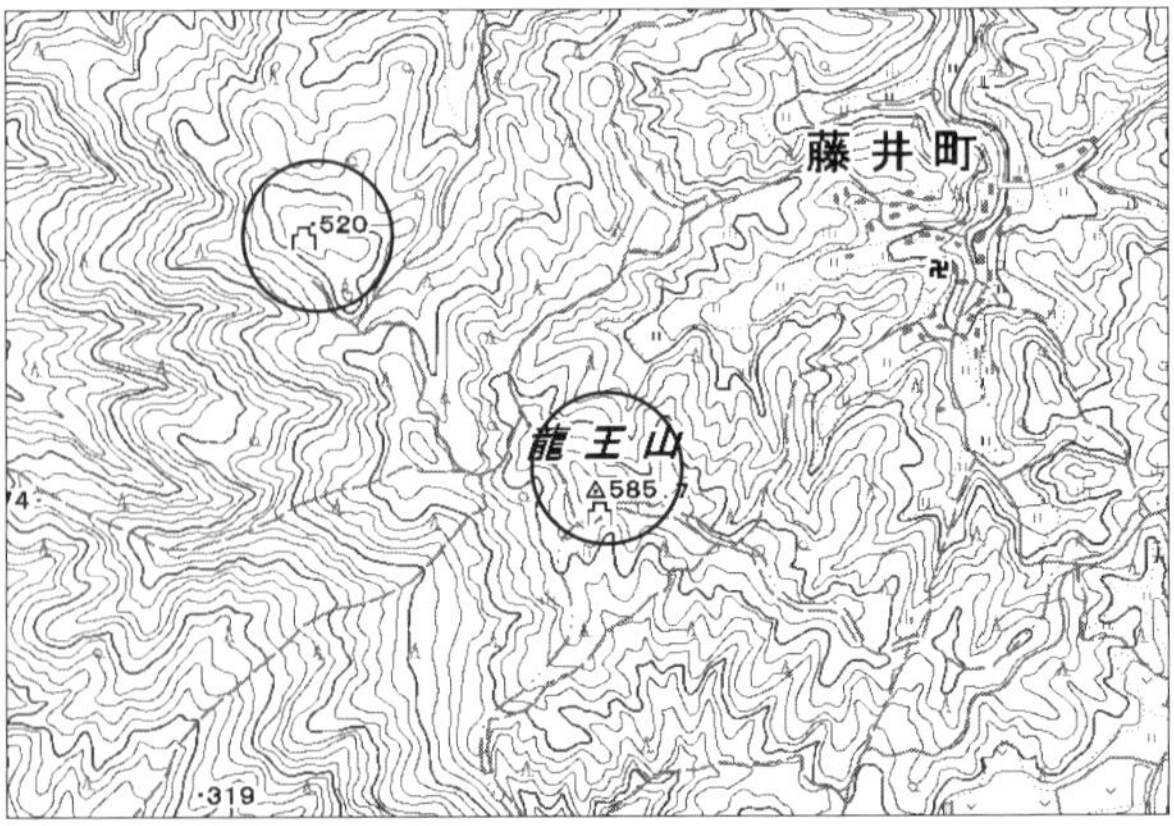

龍王山城縄張り図（髙田作図）

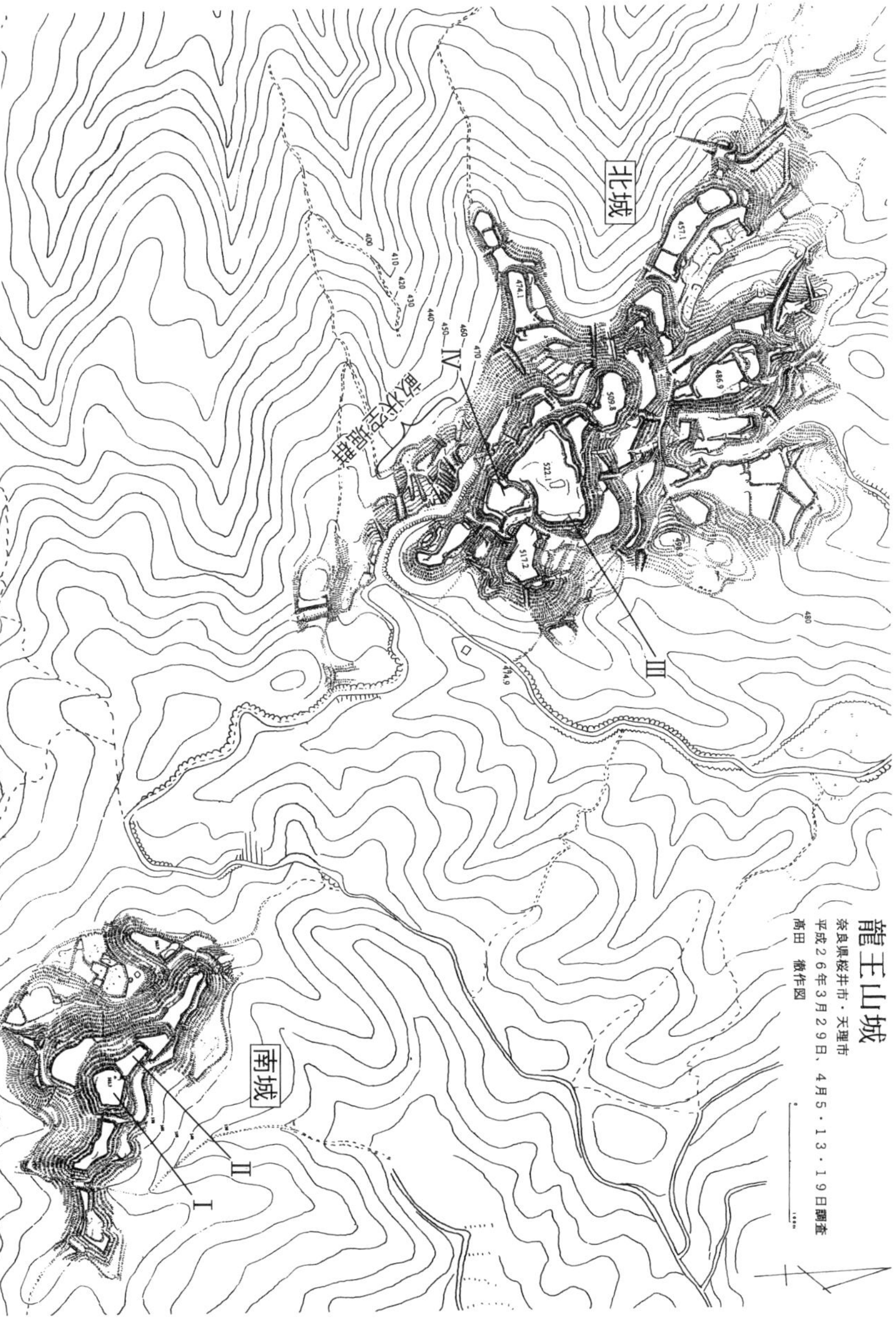

南城Ⅱ郭の石段

北城の馬池

あったと考えられる。しかし、天正五年に松永金吾が討ち死にし、同八年の大和一国破城により龍王山城は廃された模様である。

【現況】 龍王山城は、南城と北城から構成される。ただし両城の間は中間に自然地形を挟んで、直線距離で約二〇〇m離れている。縄張り的にそれぞれ完結するが、両者の間を天理市柳本町側から藤井町側へ抜ける峠道が通っている。北城に対して南城は約六〇m高い位置にあり、およそ尾根上に曲輪を連ねた縄張りであり、規模もやや小さい。一方の北城は全体の規模が大きい上、複数の曲輪を複雑に配置している。

南城は頂部Ⅰを主郭とする。北西隅に石段を伴う虎口がある。曲輪の周囲に土塁が設けられていた形跡はなく、切岸と後方の堀切によって防御する。主郭Ⅰから北西に下った位置のⅡ郭は、平成八~九年度に天理市によって発掘調査が行われた。曲輪の中央やや北寄りの位置で、桁行七間、梁間三間の礎石建物が見つかっている。礎石建物の南側からは庭園と考えられる石組が検出されている。また、調査前から現れていた曲輪北端の石段が、往時の遺構であることが確認され

北城主郭

北城堀切

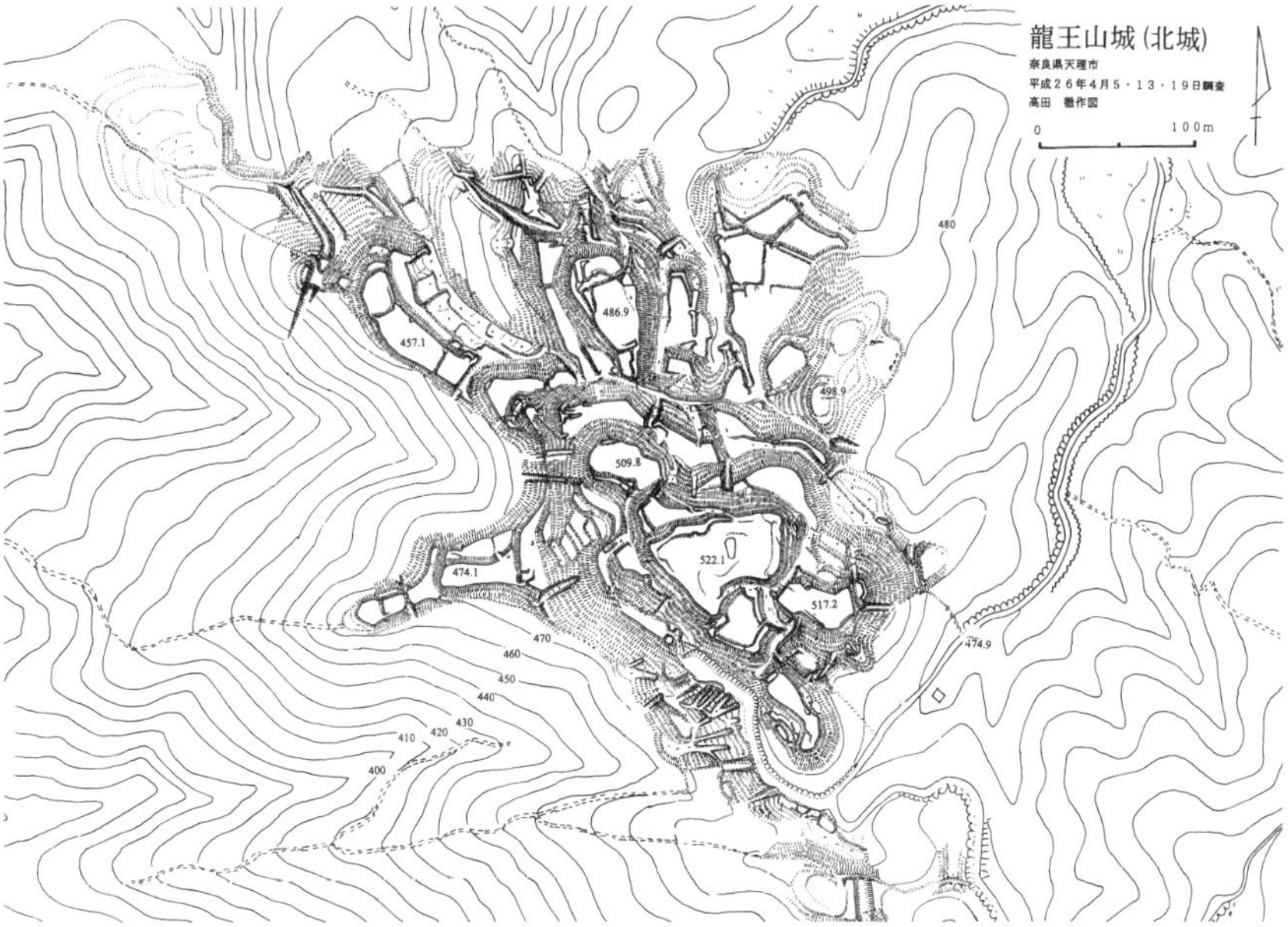

龍王山北城（髙田作図）

た。曲輪内からは丸瓦、擂鉢、土師《はじ》質土釜《しつどがま》、鉄釘が出土した。

一方の北城の主郭Ⅲ（江戸期の絵図では「本城」）は東西約一〇〇m、南北約六〇mと、最も大きな曲輪である。内部にある堀状の凹地によって区画していた可能性がある。虎口は南北にそれぞれ一つあり、前面に長いスロープを設けている。主郭Ⅲの南側には、三方を土塁囲みとしたⅣ郭がある。その先には絵図で「太鼓ノ丸」、「辰巳ノ櫓」と呼ばれる長細い曲輪を配する。主郭Ⅲ郭の南側虎口から下った道は、「太鼓ノ丸」、「辰巳ノ櫓」の間にある、二重に土塁を食い違いにした虎口を通過する。

北城の南側斜面には、畝状空堀群が設けられている。柳本町側から上がってくる道に対する構えで、その侵攻を阻止しようとするものである。

石垣

この他、絵図で「馬池」と呼ばれる貯水池や、「五人衆ノ郭」と呼ばれ、家臣団屋敷地に比定される曲輪等がある。

【評価】 南城に比して北城は規模も大きく、縄張りが複雑である。村田修三氏が指摘するとおり、*1 基本的に両者は築かれた時期が異なるとみられる。ただし、最終段階まで南北ともに機能していたことはまちがいあるまい。北城は地形的に曲輪の拡幅が難しいが、高所であること、水場が確保できること、そのまま縄張りを利用できたこと等から継続して使用されたとみられる。北城については、家臣屋敷地等を多く抱えていたと考えられるが、一方で自然地形を多く残し、中途な曲輪部分を含む。いずれにせよ城域は広大で、細かな遺構も随所にみられる。詳細な総合調査を行うことが望まれる。

【探訪にあたっての注意事項】 やや大回りとなるが、東側の天理市藤井町側からは北城・南城近くまで林道利用により車で上がることができる。山上には駐車スペースもある。徒歩の場合、いくつか上り口はあるが、天理市柳本町の長岳寺あるいは崇神天皇陵経由が一般的である。山上の遺構はおよそ見やすいが、外縁部ほど未整備で樹木が茂ったところが多い。

（高田徹）

＊1　村田修三『龍王山城調査概報』（天理市教育委員会、一九八一年）、村田修三「龍王山城」（中井均監修・城郭談話会編『図解 近畿の城郭Ⅰ』戎光祥出版、二〇一四年）

第二章 西和地域の城郭

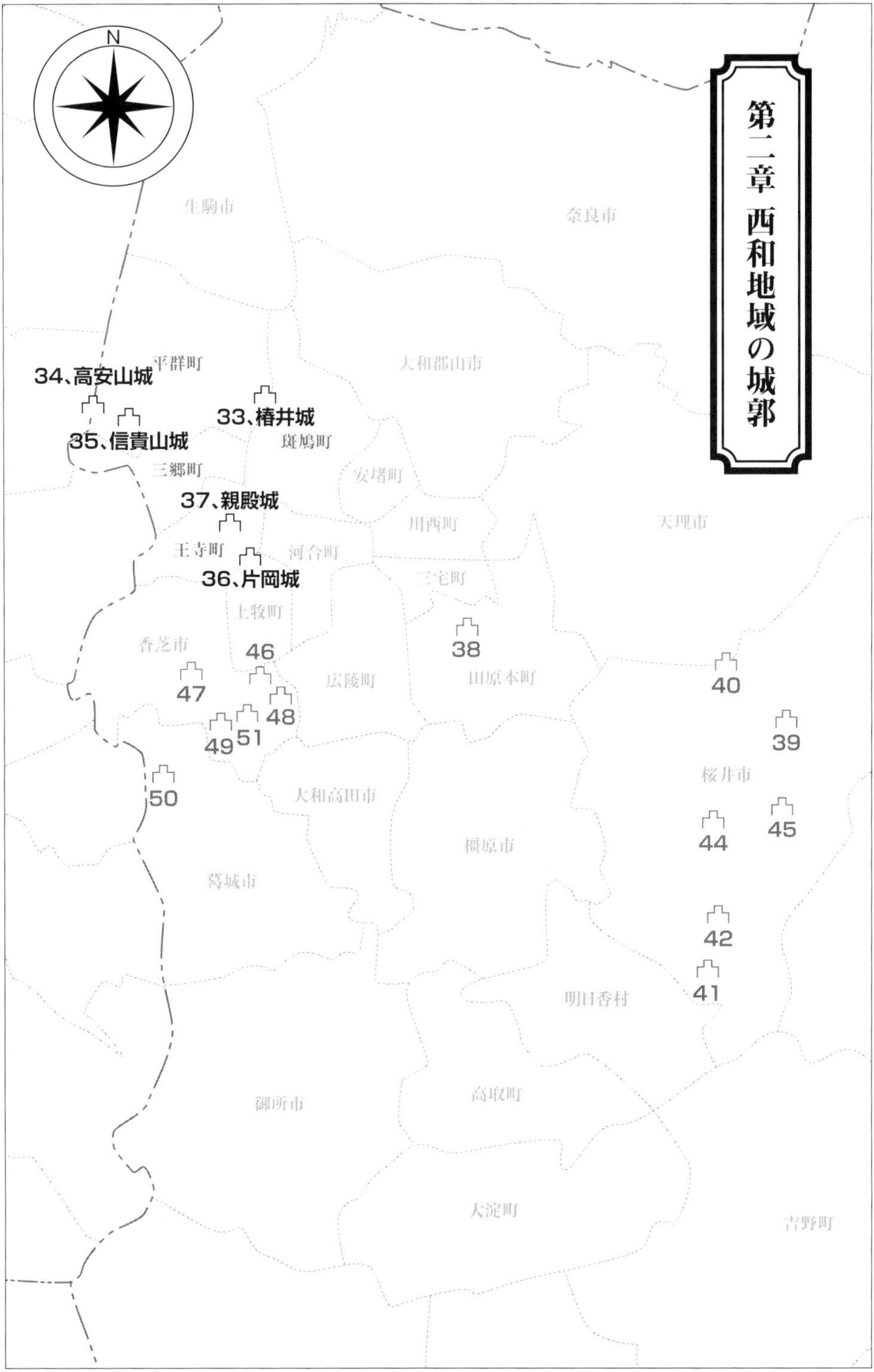
N
生駒市
奈良市
平群町
34、高安山城
大和郡山市
33、椿井城
35、信貴山城
斑鳩町
三郷町
安堵町
37、親殿城
川西町
天理市
王寺町
河合町
36、片岡城
三宅町
上牧町
38
香芝市
46
広陵町
田原本町
40
47
48
39
49
51
50
桜井市
大和高田市
44
45
橿原市
葛城市
42
41
明日香村
御所市
高取町
大淀町
吉野町

嶋氏の伝承が残る堅城

33 椿《つば》井《い》城《じょう》

所在地：平群町椿井・平等寺
標高（比高）：二四三m（一五〇m）
別称：なし
史跡指定の有無：―

【位置と歴史】在地の勢力である嶋《しま》氏の城と伝承されるが、歴史は不明である。位置は矢田丘陵南西部の尾根上に位置し、西麓に広がる平群谷《へぐりだに》と河内国から延びる諸道を望むことが可能であった。また、北方直下には平群谷と郡山を結ぶ「平等寺～松尾山道」が通る。

【現況】城域は三つの地区に分かれる。南北尾根上に位置する南・北曲輪群と、西麓に離れて位置する「上山塁」で構成される。南曲輪群は南辺に土塁を持つⅠ郭を中心に、南北尾根を遮断する堀切二本とⅡ郭で構成される。南の堀切には土橋が残存し、北の堀切には木橋が架かっていたと想定される。土橋や想定される木橋は尾根の軸に対して斜めに架けられ、各曲輪の土塁から横矢が掛かる工夫がみられる。南曲輪群の土塁はすべて南方尾根続きから延びるルートに対して設けられている。Ⅰ郭の中心部では発掘調査[*1]によって、東斜面の竪堀と繋がる堀切が確認された。[*2]この堀切は埋められており、東辺に残る石積みなどからもⅠ郭は拡張され現状の規模になったと考えられる。[*3]

Ⅰ郭

＊1　平群町教育委員会により平成二十六年から同二十九年にかけて行われた。

＊2　平群町教育委員会『椿井城跡発掘調査報告書』（二〇一九年）

＊3　埋土より検出された遺物から、十六世紀中頃から後半にかけて埋められたとされる。

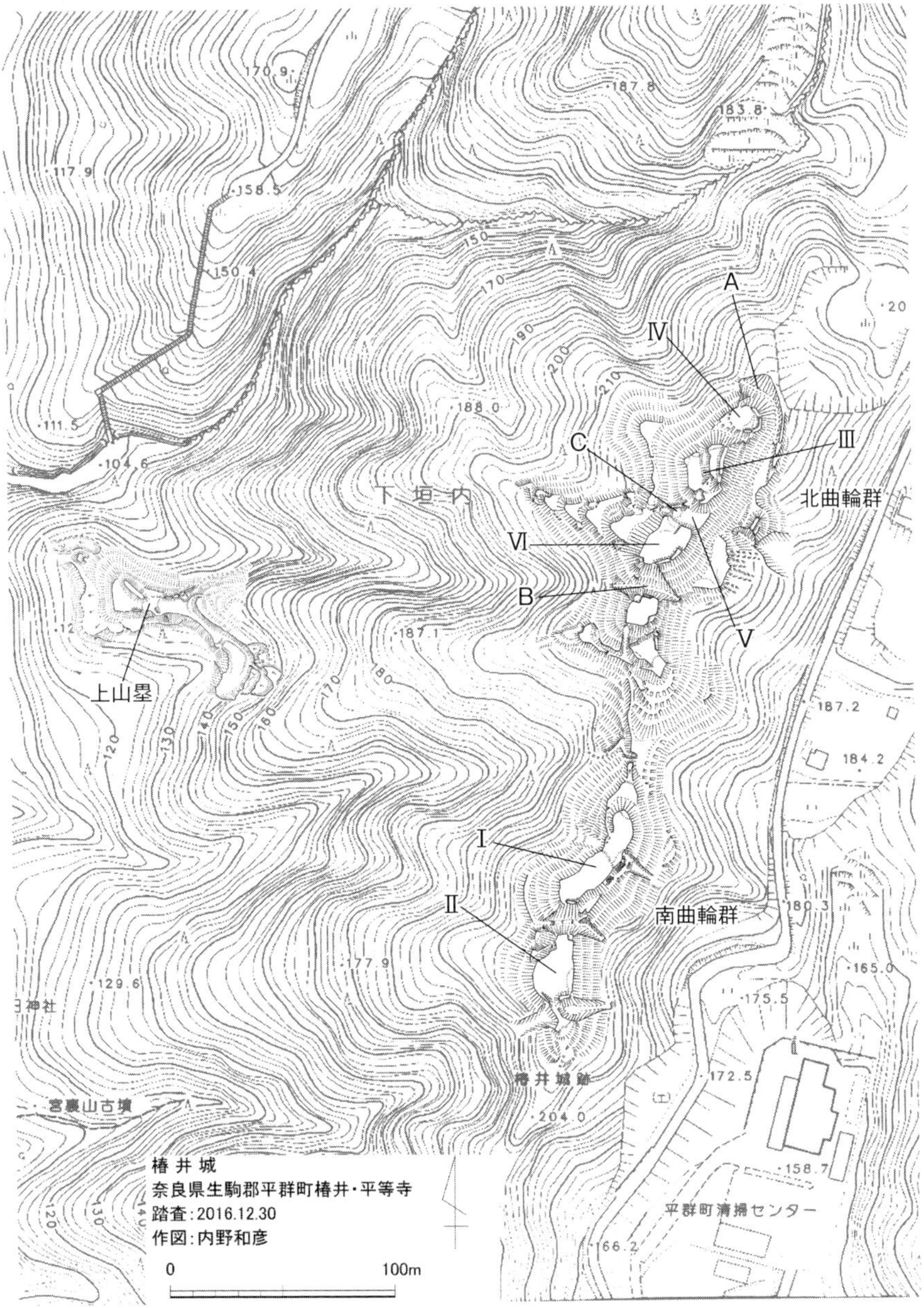

椿井城縄張り図（内野作図）

南曲輪群堀切

北曲輪群はⅢ郭を中心に構成され、南北を堀切A、Bによって遮断し、北東麓側にはAから横堀が延びる。Ⅲ郭の直線的な東塁線は尾根を西方へ削った痕跡があり、塁線を西方にずらすことによってⅣ郭からの横矢を可能としている。Ⅳ郭はコの字状の土塁を持つ曲輪で、西方以外の方位を警戒していたことがうかがえる。Ⅴ郭は周囲の曲輪より一段低い曲輪で、西辺に虎口Cが開口することから、曲輪全体が虎口に関連するとみてよいだろう。Cは西方の曲輪群から延びるルートが接続する虎口で、ルートに平行して東辺に竪土塁が延びる。これにより閉塞された空間が形成され、Cは外桝形虎口状となる。Cの西方尾根続きには曲輪間の比高も小さくメリハリに欠けた曲輪群が続く。Ⅵ郭は城中最大の曲輪で、東辺に土塁を持つ。北曲輪群の土塁はすべて東部に設置され、Aから延びる横堀からも東方および北方を警戒した構築であったと言えるだろう。自然地形を挟んで西麓に位置する「上山塁」は、西麓から北曲輪群へ延びるルート上に位置する。北直下の谷には「平等寺～松尾山道」から延びるルートが通り、上山塁の土塁はすべて北方を向く。ルートが接続する虎口には北辺の土塁が竪土塁状に延び、Cに類似した形態を持つ。ルートは「上山塁」を経由し、尾根伝いに北曲輪群へ延びる。

【評価】 南曲輪群はルートに対して横矢の工夫がみられるものの、堀切や土塁による切岸主体の単調な印象を受ける。比べて北曲輪群は尾根を大胆に削り取って横矢を造り出し、横堀、外枡形状の虎口の配置などから技巧的であると言えよう。また、南曲輪群は南方からのルート防御を主

堀切

南側の曲輪

とし、北曲輪群は北方を通る「平等寺～松尾山道」を意識した縄張りである。この違いは両者の選地上からの役割の違いと考えることもできるが、両者の技巧的な差は大きい。それに加えて、Ⅰ郭とⅢ郭の連絡路を地表面で確認することはできず、連絡性は希薄であったと言わざるをえない。また、Ⅰ郭にとって北方を遮断するための堀切が埋められた事実は、ある時期から北方を警戒する必要がなくなったことが読みとれる。このことから、南曲輪群が単体の城として先に造られ、同勢力あるいは敵対しない勢力によって北曲輪群が後に造られた可能性が高い。*4

Ⅰ郭の拡張工事は、北曲輪群の築城時期とほぼ同時期であると考えられる。遺物の年代から、拡張工事および北曲輪群築城の時期は松永氏の当地進出の時期と重なる。地元に伝わる伝承も考慮すると、南曲輪群はもともと在地勢力である嶋氏の城郭であり、北曲輪群は松永氏に関連して造られたと考えられる。当地は嶋氏の領地であり、当時松永方であった嶋氏が*5北曲輪群の整備に関わったとすると、伝承は史実をある程度反映しているのかもしれない。また、北曲輪群の西方の単調な曲輪群の存在から、北曲輪群にも先行する城郭が存在し、Ⅰ郭周辺部のみが改修された可能性も否定できない。

当地は十五世紀以降、畠山氏、木沢氏、松永氏などの外部勢力の侵入をたびたび受けている。よって、当地域の城郭を嶋氏と松永氏だけで語るのは安易すぎる。北曲輪群が十六世紀中頃に改修されたとするならば、改修以前の当城の使用および築城について、畠山氏や木沢氏などの勢力による関与も無視できないだろう。

【探訪にあたっての注意事項】　西麓の椿井春日神社脇の南北に登城路が整備されており、訪問しやすい。ただし現在、北曲輪群は立ち入り禁止である。

（内野和彦）

＊4　南曲輪群からは十五世紀とみられる遺物が確認されている。

＊5　『多聞院日記』永禄十年（一五六七）六月二十一日条では、当時「平群嶋城」に嶋氏が在城していたことが確認できる。

織豊系陣城に改修された国境の山城

34 高安山城《たかやすやまじょう》

所在地：平群町久安寺、大阪府八尾市服部川
標高（比高）：四八七m（四一〇m）
別称：蓑盛カ付城
史跡指定の有無：―

【位置と歴史】奈良県と大阪府の境界の高安山の山頂に位置する。東南東約一・一kmに信貴山城（平群町信貴畑）が位置し、河内側から立石越えやおお道越えなどを経て信貴山城へ向かうルートを抑える役割を果たしていたとみられる。

享保二十年（一七三五）の『河内志』には、「高安故城（中略）俗に志貴出城と呼ぶ」とあり、信貴山城の出城と伝わっていた。現在の小字も「出城」である。一方、明和三年（一七六六）調製の『浅野文庫諸国古城之図』（広島市立中央図書館蔵）の「礒城」には、当城の箇所に「蓑盛カ付城、城ヲ去る事十丁余り、本城ヨリ高シ」とあり、信貴山城攻めの付城として記載されている。

信貴山城は、天文五年（一五三六）に木沢長政の居城として築かれたもので、永禄三年（一五六〇）に松永久秀が居城とした。元亀元年（一五七〇）八月二十二日、三好三人衆との争いの中で、久秀は河内高安（八尾市）に、家臣の竹内秀勝は大窪（同）に陣取っている（『多聞院日記』）。

天正五年（一五七七）年八月十七日、久秀・久通父子は織田信長に背き信貴山城に立て籠もった。九月二十九日、信長

Ⅱ郭南東部（北西から）

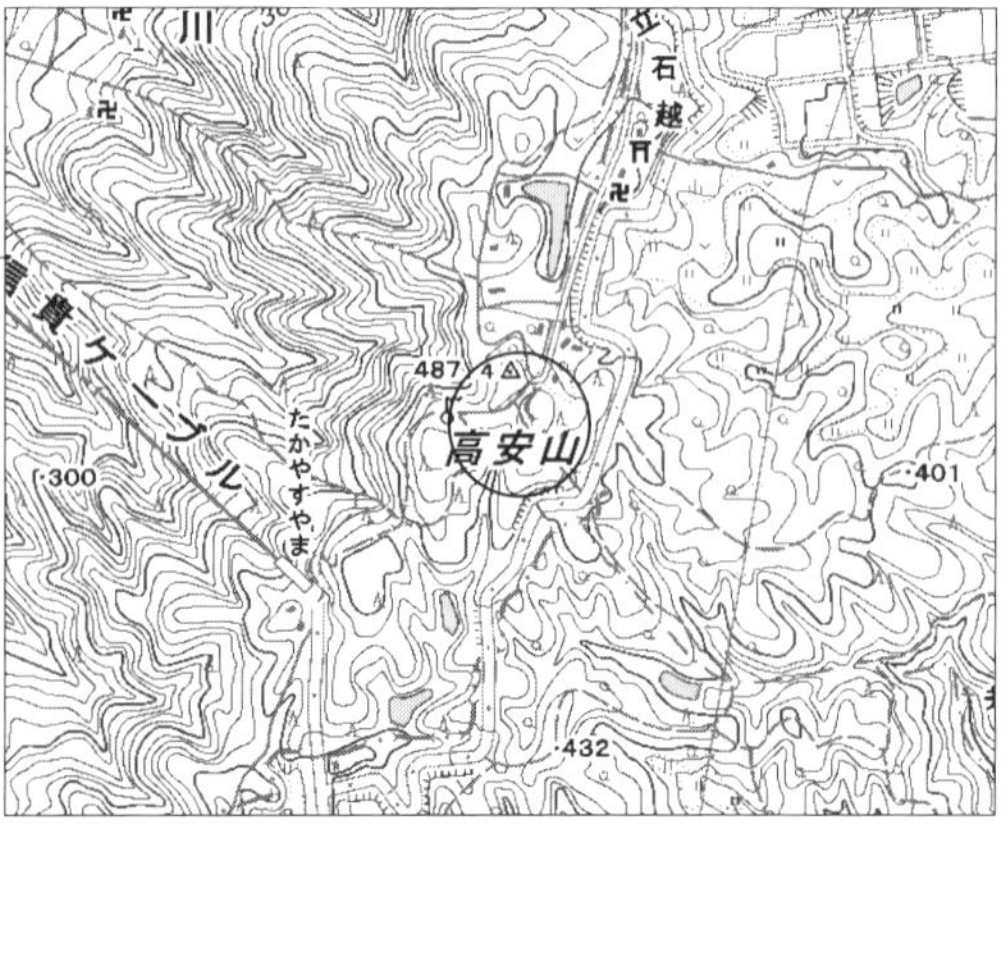

は信貴山城へ軍勢を派遣し、十月一日、織田方の細川藤孝・明智光秀・筒井順慶等が松永方の森・海老名氏が籠もる片岡城（上牧町下牧）を攻め落とした。三日、織田信忠は信貴山城へ押し詰め、「御陣」を据えて城下を悉く焼き払い「御在陣」し（『信長公記』）、夜には信貴山毘沙門堂を焼いた（『多

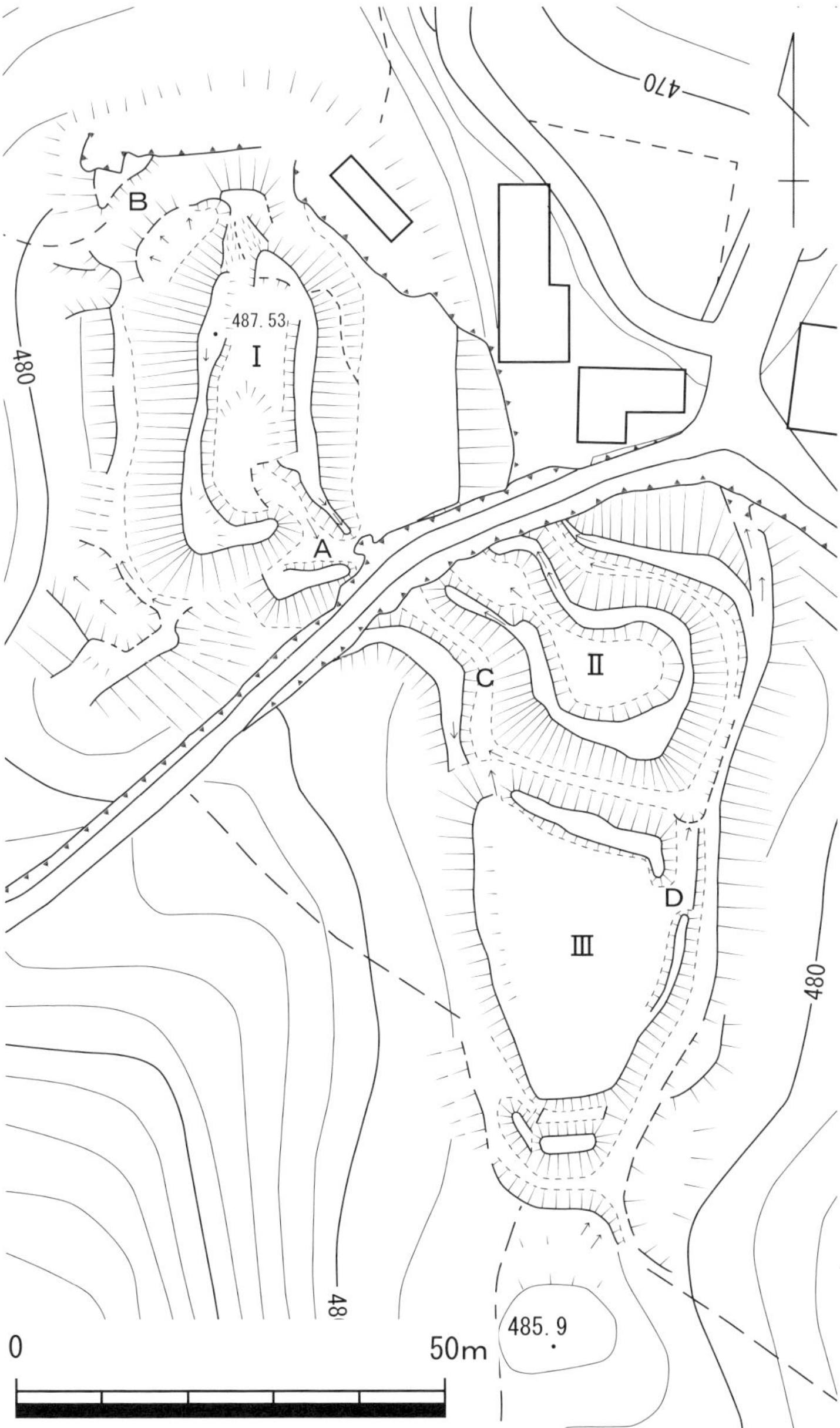

高安山城縄張り図（金松作図）（大阪府教育委員会 1982 所収の測量図をベースに作成）

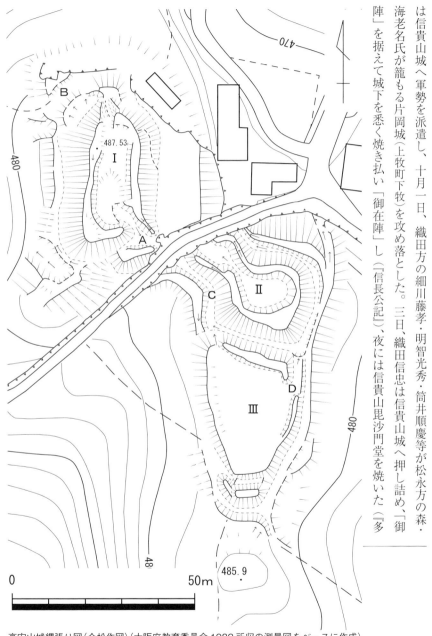

聞院日記』）。九日には、織田方は調略にて周りの小屋、南の雌嶽《めたけ》を取って焼いた（『多聞院日記』）。十日、信忠・佐久間盛政・羽柴秀吉・明智光秀・丹羽長秀の夜攻めにより追い詰められた久秀は、ついに信貴山城において自害するに至った（『信長公記』『多聞院日記』）。

【現況】ハイキング道を挟んだ北西側のⅠ郭及び南東側のⅡ・Ⅲ郭で構成されている。

Ⅰ郭は、南北方向の長方形を呈し、西辺・南辺にL字状に土塁がめぐり、東辺も土塁で囲まれている。南辺東側は土塁が途切れ、南面の外枡形虎口Aに至る。外枡形虎口Aは東・南辺が土塁で防御され、南東端の土塁開口部から出入りできたと思われるが、その先はハイキング道によって破壊されていることから詳細は不明である。外側南西側に横堀がめぐるが、その東続きも同様である。Ⅰ郭北側はスロープで下段の帯曲輪につながり、さらにその下段は横堀Bがあり、城域を画す。横堀B南西端は竪堀と連結している。この竪堀の南側は帯曲輪状の空間となっており、南側は竪堀によってルートが制限されている。Ⅰ郭東側下段の平坦地は畑地として利用されていたことから、後世の改変である可能性も否定できない。

Ⅱ郭は、東西方向に延びたひょうたん状を呈し、周囲は土塁と横堀Cで囲まれている。横堀Cに進入した敵兵に対して屈曲部から土塁越しに横矢を掛けることができる。北西側はハイキング道によりⅠ郭とのつながりは不明である。

Ⅲ郭は、Ⅱ郭の横堀Cを挟んだ南側尾根続きに位置する。南北方向の逆台形状を呈し、北辺と東辺北半に土塁がめぐる。北東端が虎口Dとなっており、一折れしてⅢ郭に進入するようになっており、北辺土塁東端の土塁越しに横矢を掛けることができる。Ⅲ郭南側尾根続きには二重になった、ややL字状に折れる堀切によって城域を画す。

Ⅰ郭では発掘調査が実施されており、[*1] 遺構面が三面確認されている。一番古い遺構面（Ⅰ期）

Ⅱ郭西辺横堀C（北西から）

＊1　大阪府教育委員会『高安城跡範囲確認調査概要Ⅱ』（一九八二年）

は北側において掘立柱建物と礎石建物によって二回以上にわたって建て直されていたこと、南側には掘立柱建物が存在していたことが想定されている。Ⅱ期では南側において建て直しが想定できる礎石群が検出されている。一番新しいⅢ期は遺構面の踏み締めが認められず、遺構のまとまりもないことから、短期間しか存続しなかったと考えられている。

遺物は主にⅠ期の建物に伴うとみられる十六世紀の土師器・瓦質《がしつ》土器・備前焼・瀬戸焼のほか、鉄釘、鎧の草摺《くさずり》・小札《こざね》、刀子《とうす》・古銭・碁石などが出土している。

【評価】Ⅰ郭が主郭、Ⅱ郭が副郭、Ⅲ郭が軍勢の駐屯地として機能していたと考えられる。

Ⅰ郭は、十六世紀代において複数回にわたって改修を受けたことが確認されている。このことから、当城は遅くとも松永久秀が信貴山城を居城とした永禄三年（一五六〇）以降にその出城として築城された可能性が高い。特にⅡ郭の折れを伴う土塁・横堀ラインや並立的な曲輪構成から考えると松永方の関与が想定されよう。[*2] 元亀元年（一五七〇）に久秀が在陣した「高安」が当城を指すかどうかは不明であるが、少なくとも当城を経由した可能性は高いといえる。

その一方でⅠ郭に設けられている外枡形虎口は、信貴山城攻めの前哨戦となった織田方による片岡城攻めの付城とされる馬ヶ脊城（王寺町本町）にも設けられている。[*3] 当城は、織田信忠が「御在陣」した付城かどうかはわからないが、先述の絵図に「付城」と記述されることも踏まえると、織田方の部将が在陣した可能性が高い。すなわち、河内方面からの反織田方による援軍に対処するとともに、西側から信貴山城を包囲することを目的として接収されて改修を受けたといえる。

【探訪にあたっての注意事項】公共交通機関を利用した当城へのアクセスは、大阪府側からは近鉄西信貴ケーブル信貴山口駅からケーブルカーで高安山駅下車、徒歩約10分で到着する。奈良県側からは奈良交通バスで信貴山バス停下車、徒歩約35分で到着する。

（金松誠）

＊2　村田修三「高安山城」（村田修三編『図説中世城郭事典三』、新人物往来社、一九八七年）

＊3　中川貴皓「馬ヶ脊城」（中井均監修・城郭談話会編『図解近畿の城郭Ⅱ』、戎光祥出版、二〇一五年）

大和・河内国の境目の巨大な山城

35 信貴山城《しぎさんじょう》

所在地：平群町信貴畑、三郷町信貴山東
標高（比高）：（南側の朝護孫子寺から）標高四三四m（一三〇m）
別称：信貴城
史跡指定の有無：―

【位置と歴史】近世以来、南北朝期に楠木正成によって築城されたとの伝承が存在するが、良質な史料で裏付けることはできない。十五世紀中葉から十六世紀初頭にかけての戦乱時にたびたび「信貴山」「信貴城」の記述が現れるが、臨時的な状況下での使用に止まったとみられる。天文五年（一五三六）に木沢長政が飯盛城（大阪府大東市・四条畷市）から拠点を移したことが本格的な築城となる。

雌嶽虎口

もっとも長政は、同十一年に太平寺の戦いで敗死し、信貴山城も落城した。永禄三年（一五六〇）、大和に侵攻した松永久秀は、信貴山城を居城とする。同五年に久秀は多聞城（奈良市）に居城を移し、その後筒井方や三好三人衆方に占拠された時期もあったが、いずれも奪還を果たしている。天正元年（一五七〇に多聞城を失った久秀は信貴山城に移り、松永氏の本拠とした。同五年、久秀は織田信長に対して謀反を起こし、信貴山城に籠城するも落城する。これにより信貴山城は廃城になったと考えられる。なお、南側に位置する朝護孫子寺《ちょうごそんしじ》は古代以来、城郭が機能していた

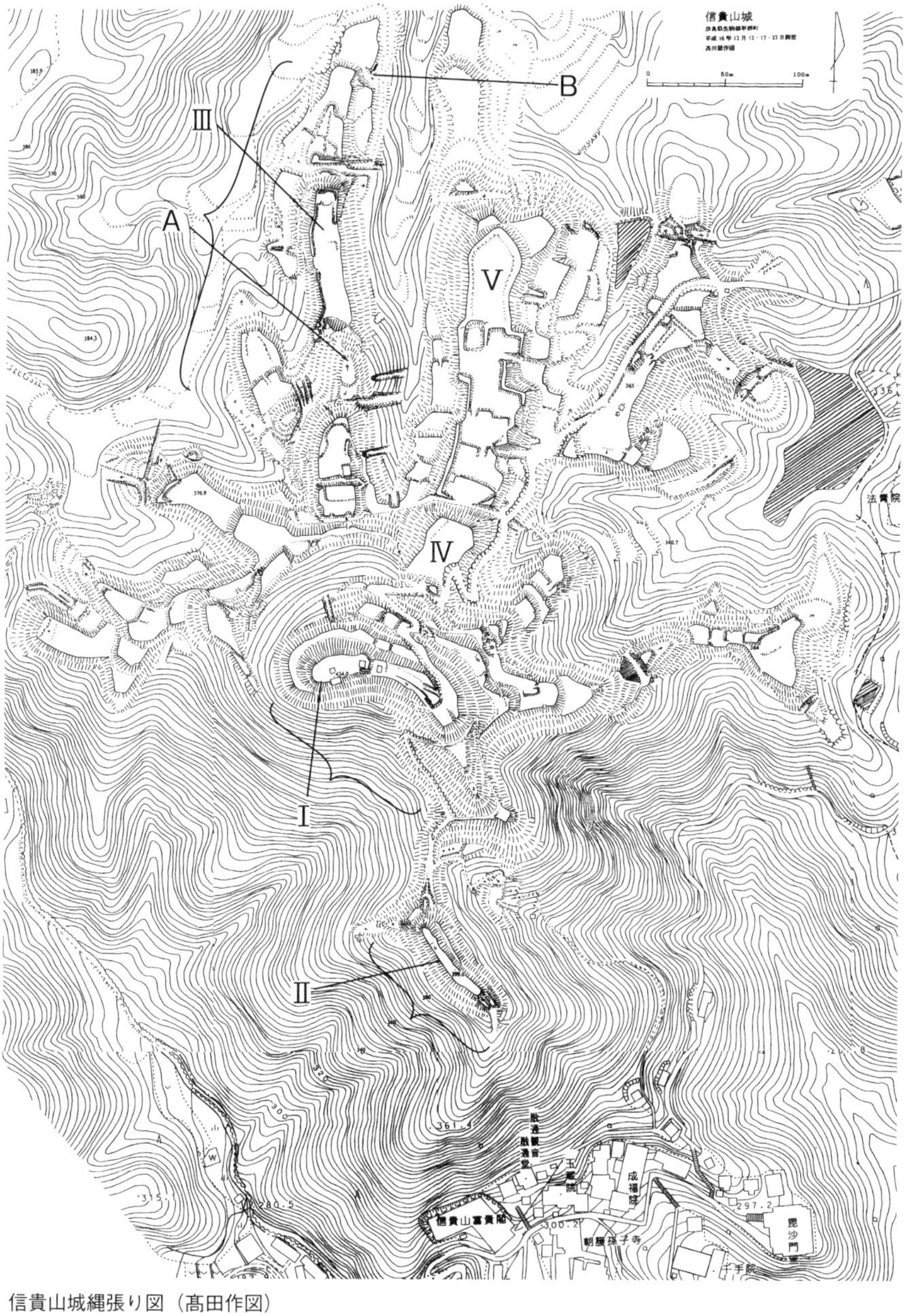

信貴山城縄張り図（髙田作図）

時期や、廃絶後も継続して法灯を護持していたとみられる。

【現況】巨視的にみれば山頂部の雄岳（Ⅰ）を中心とした曲輪群、雄岳から西・北・東へ放射状に派生する支尾根上の曲輪群、雄岳の南側にある雌岳（Ⅱ）の曲輪群によって構成されている。雄岳の山頂部は中井家蔵「和州平群郡信貴山城跡之図」では「大嶽本丸」と記され、主郭に比定される。山頂からは東方向に平群谷、南西方向に河内国南部が見渡せる。ただ、山頂部には平坦面と切岸以外は明瞭な遺構が見当たらない。

北西方向に延びた支尾根の曲輪群Ⅲは、およそ四つの区画により構成される。雄岳との間は堀切で区画し、中間部分にも堀切を設ける。中間部分の堀切北側Aは高まりとなるが、曲輪を造り出した形跡がなくほぼ自然地形である。そこから北側に下ったところには曲輪があるのに、中間部分の高まりがあたかも放棄したかのようである。

その先の尾根には六つほどの曲輪が連なるが、先端部Bには枡形状の虎口を残す。この虎口の北側には、およそ十二石で構成される石垣が残っている。現状では三段積まれているが、元はもう少し高く積まれていたのであろう。

北側に延びた支尾根は、まとまった規模の曲輪が連なる。南端の曲輪Ⅳは絵図に「立入殿屋敷」とあって、松永久秀家臣の立入勘介の屋敷跡に比定される。その北側、約八m低い位置には絵図で「松永兵部大輔殿屋敷」もしくは「松永弾正少弼殿屋敷」と記される曲輪Ⅴがある。「松永弾正少弼」は松永久秀であり、「松永兵部大輔」は松永久秀一族の松永秀長《ひでなが》を指す。この曲輪は北端に低い土塁を巡らし、東側は直角に折れ曲がる土塁を設け、虎口を設ける。虎口の南側にある塁線は大きく張り出し、横矢掛かりとなる。

雌岳（Ⅱ）は絵図に「宮部殿　加藤殿」と記され、宮部・加藤氏によって守備されたと伝えら

雄岳山頂

信貴山城から河内方面を望む

れていたようだ（屋敷地があったほどの広さはない）。頂部の曲輪が細長く、南端にある小曲輪では土塁を尾根先端に向かって張り出させた虎口・動線となっている。

【評価】広範囲に城域は広がるが、曲輪間を結ぶ虎口・通路、そして城外と出入りする虎口・通路の多くが明瞭ではない。江戸期に作成された絵図を見ても、虎口・通路を明瞭に描いておらず、はっきりしない。廃城後の破壊も考慮すべきだが、もともと曲輪間をしっかり結ぶ意識がなかったのかもしれない。また、曲輪によっては独立性を欠き、前後の位置に自然地形を残したところも散見される。曲輪の配置、完結性は一様ではない上、防御面では不十分な箇所も散見される。曲輪群の機能分化に対応していたとみなす余地はあるが、統一性・計画性を欠くのは否めない。

こうした中、「松永兵部大輔殿屋敷」あるいは「松永弾正少弼殿屋敷」といわれる曲輪Ⅴは最もしっかりと土塁を巡らし、塁線に明瞭な折りを伴う。それでも城域全体からすれば、さほど優れた場所にあるわけではない。全体的に縄張り上の評価が難しい城郭である。部分的な遺構は大和国内の城郭に類例は見いだせようが、縄張り全体は極めて特徴的である。松永氏によって築かれた多聞城との共通性も、現状では見出しにくいと言わざるをえない。

【探訪にあたっての注意事項】南側の朝護孫寺側から山頂の空鉢堂《くうはつどう》までは参道が続く。山頂には信貴山城跡を示す石碑も建つが、一帯は信仰の場であるため立ち居振る舞いには注意したい。参道から横道に入れば雌岳に上れるが、表示はない。主郭から北側へ下った曲輪群は、松永屋敷付近は草木が伐採されて見やすい状態になっている。それ以外の曲輪は未整備である。

（髙田徹）

［参考文献］村田修三「信貴山城」（村田修三編『図説中世城郭事典』二、新人物往来社、一九八七年）／中川貴皓「松永久秀と信貴山城」（天野忠幸編『松永久秀―歪められた戦国の〝梟雄〟の実像―』宮帯出版社、二〇一七年）

松永屋敷を見上げる

Bの石垣

街道を取込んだ丘陵の城

36 片《かた》岡《おか》城《じょう》

所在地：上牧町下牧
標高（比高）：九二m（四八m）
別称：下牧城
史跡指定の有無：—

曲輪Ⅰの遠景（南から）

【位置と歴史】片岡城は馬見《まみ》丘陵の北端、下牧集落の北西にある比高四八mに位置する。西側には葛下川、東側には滝川が北流し、馬見丘陵を東西に横切る旧街道が通過する。城に関係した小字として、主郭周辺の「シロ」や、東側の「出口」、「白見池」、「向城」がある。*1

牧山上庄・同下庄は、鎌倉時代に興福寺一乗院の荘園であった。片岡氏の初見は、鎌倉時代の正和四年（一三一五）の若宮神主祐臣の祭礼記に「流鏑馬《やぶさめ》十騎片岡一騎」とある。*2 その後、至徳元年（一三八四）の「長川流鏑馬注進日記写」にも「片岡殿」の記録がある。*3 片岡氏は十五世紀初頃に一乗院方の荘官という身分で、永享元年（一四二九）以来の内乱により、筒井方あるいは越智方となる。「法隆寺一切経奥書」には康正十四年（一四八八）八月、畠山義就に敗れ、城を自焼させている。しかし、これが片岡城にあたるかは不明である。また文明十四年（一四八八）六月、畠山義就方に降参し、明応七年（一四九八）四月にも畠山尚順によって片岡谷が攻略さ

*1 『片岡城跡』中世山城の研究（上牧町教育委員会、一九八四年）
*2 『大和志料』下巻
*3 『片岡城跡』中世山城の研究（上牧町教育委員会、一九八四年）

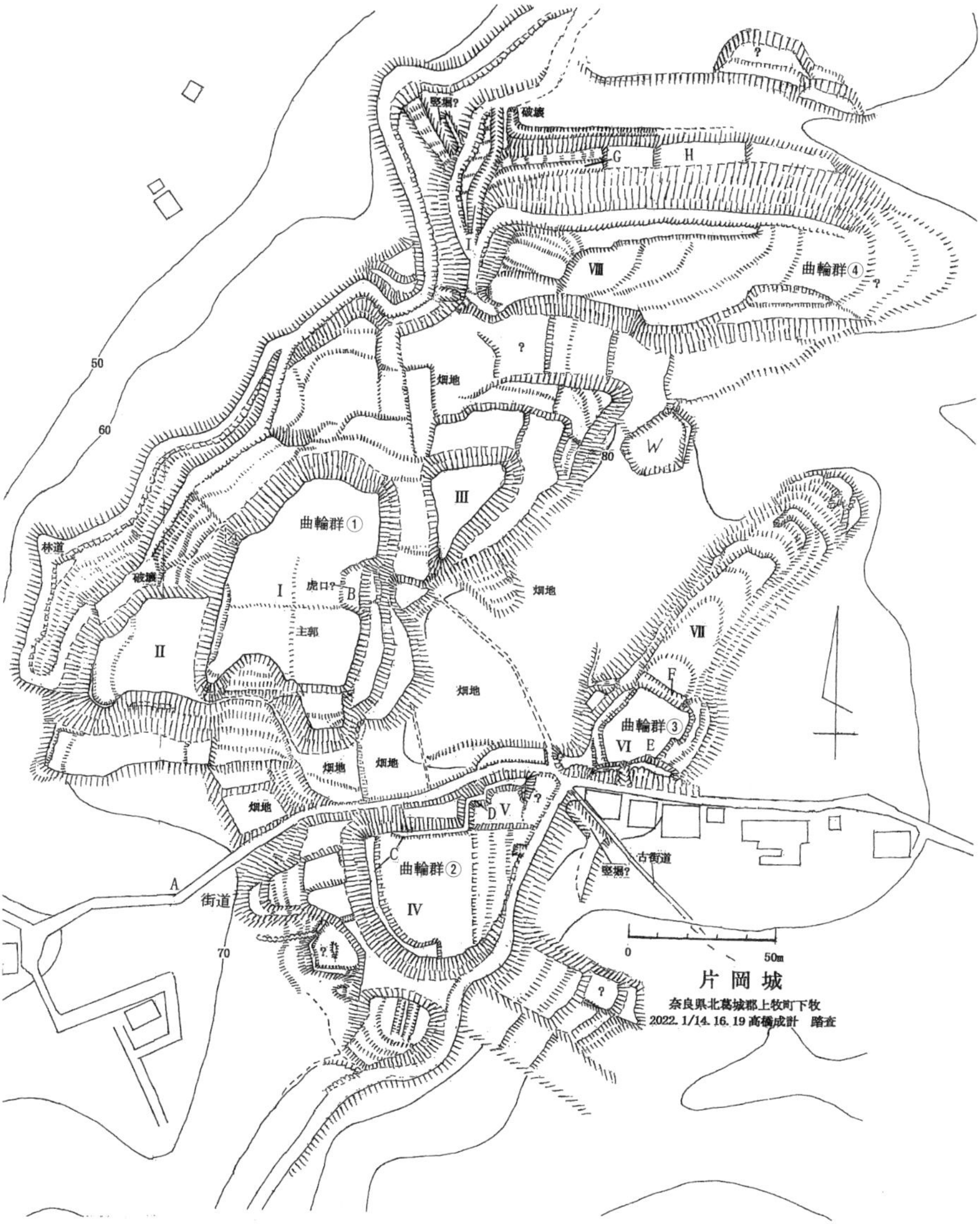

片岡城縄張り図（高橋作図）

片岡城曲輪群②の空堀

れた。このとき、当主の片岡利持《としもち》が自害した。[*4]

永禄十二年（一五六九）に松永久秀によって片岡城は落城し、松永勢が数日間駐留したことが『多聞院日記』に記されている。天正五年（一五七七）八月十七日に大坂本願寺（大阪市中央区）攻めの戦線を離脱した松永父子は、信貴山城に籠城した。原因は織田信長が大和守護の原田直政の後任として筒井順慶を任命したためである。片岡城には松永氏与力の森正友《もりまさとも》と海老名《えびな》友清《ともきよ》が守備していた。十月一日に明智光秀、筒井順慶、細川藤孝に攻められ落城した。[*5]

【現況】片岡城は、四つの曲輪群で構成される。本来の遺構は、曲輪群①と②で構成されていたと考えられ、中央に街道（古街道）が東西に通過するのを、取り込んでいたと考えられる。曲輪群③と④は、合戦時に拡張された遺構であろう。曲輪群①の中心となる曲輪はⅠであり主郭となる。虎口は東側のBと考えられ、間口の広い構造である。曲輪Ⅱからは西の葛下川方面への展望が良好である。三角形を呈した曲輪Ⅲは、虎口Bを守る位置にあり、北東や東の谷筋の守備が目的と考えられる。

曲輪群②の曲輪Ⅳは、北側と西側に土塁Cが巡り、東側は緩斜面となって、防御の甘さを感じさせる。北東の曲輪Ⅴは、北側の土塁Dに折れが見られ、北を通過する街道の番所等の監視所的な性格ではなかろうか。曲輪群③の曲輪Ⅵは南側に土塁Eをもつが、一部は水道タンク設置で破壊されている。北東の堀切Fを越えると、自然地形Ⅶが続くが一部に手が加わったところもみら

曲輪Ⅰ

曲輪Ⅰから古街道を見る

＊4　『大乗院寺社雑事記』

れる。

曲輪群④は竹藪化し、また土取り等により破壊を受けているとみられる。北には横堀Gと帯曲輪Hが敷設される。北側の一部と西側には空堀Iが設けられているが、加工度が不十分で臨時的に増設された印象を受ける。

【評価】　初期の片岡城を構成していたのは曲輪群①と②で、③と④は合戦時に拡張された遺構と考えられる。理由は、尾根の先端部分がほとんど削平されていないためである。気になるのは、曲輪群①の西側から北側にかけての充分に削平されていない地形部分である。一部は林道で破壊されており、はっきりしないところがある。これらの曲輪は、曲輪Ⅰ（主郭）を支えるために構築されたと考えられるものの確定的なことは言えない。また、曲輪群①の曲輪ⅠとⅢの間には、南へ一一〇mほど北へ五〇mほどの長い空堀となっていたとの見方もあるが、*6 現状ではこのような空堀跡は認められない。当城は西と東を河川に挟まれた山陵地であるため要害性はやや弱い。このため切岸を高くして、人工的に要害性を造り出すことが求められたはずながら、意外に切岸は低い。当城跡は江戸時代から開墾されて、畑地として利用されているが、それでも曲輪の形をおよそ保って耕地化しているとみられる。そのため大きく破壊された個所は少ないとみられる。

【探訪にあたっての注意事項】　城跡へはＪＲ畠田駅より東へ徒歩15分で到着する。途中二ヵ所に案内板がある。見学路に沿って見学し、周辺の耕作地には入らないように注意が必要である。なお、駐車場がないため車での探訪は避けたい。

（高橋成計）

＊5　『多聞院日記』

＊6　中井均監修・城郭談話会編『図解 近畿の城郭Ⅰ』（戎光祥出版、二〇一四年）

陣城か？城郭類似遺構か？

37 親《おや》殿《どの》城《じょう》

所在地：王寺町本町二丁目
標高（比高）：五八ｍ（五ｍ）
別称：なし
史跡指定の有無：—

【位置と歴史】聖徳太子が建立したと伝えられる達磨寺《だるまじ》の南西約六〇〇ｍ、本町の旧集落を見下ろす位置に親殿《おやどの》神社が鎮座する。同社は、文明二年（一四七〇）に片岡《かたおか》弥五郎道春《みちはる》が春日若宮社を勧請し、片岡氏一族が信仰した神社である。拝殿には江戸期の合戦にかかわる絵馬が残されている。社地には後述する堀状遺構を残すことから、王寺町・奈良県により「（仮称）親殿城」とされている。

南側からの遠望

【現況】西側から延びた小尾根上に神社はある。東側への眺望はすぐれ、葛下川流域を見渡すことができる。南東約一．一㎞の位置にある片岡城（上牧町）方面への眺望も効く。神社の南西には「中池」、南東には「芦田池」があり、南側は谷地形となっていたことが知られる。境内東側、参道の南北には堀状のA・Bがみられる。Aは深さ約二ｍ、幅約六ｍであり、Bは深さ約二．五ｍ、幅約一〇ｍである。東側に延びる小尾根続きを分断したかのような造りである。参道の石段部分を除けば遮断性は強いと言えるが、境内側に土塁は見られない。境内には起伏を残し、きれいにならされ

＊1　城郭遺構（堀・土塁等）に類似するが、城郭以外の目的・役割をもって築かれたもの。単独で存在する場合もあるが、城郭遺構と重なって存在することもある。土地境界の土塁、区画溝等が挙げられる。

された形跡もない。社殿西側は切通しになっている。堀が拡幅されて切通しになっている可能性も否定できないが、現状では判断できない。

親殿城縄張り図（髙田作図）

天正五年（一五七七）に松永方の片岡城は、織田信長軍によって包囲された。仮定の話ながら、こうした時期に片岡城攻めの付城として親殿神社の遺構が築かれた可能性も考えうる。一方、土塁をはじめとする明瞭な城郭遺構が見られない点も気になるところである。見ようによっては堀Ａ・Ｂは古い時期の切通しのようでもある。単独では堀に見えるが、城郭類似遺構[*1]である可能性も考えるべきであろう。

【評価】完結性に欠ける縄張りは陣城である可能性もあるが、城郭類似遺構である可能性も有する。判断は難しく、現状では複数の案を示すに止めておく。

【探訪にあたっての注意事項】境内は自由に散策できるが、信仰の場のためマナーを守りたい。周囲の道は入り組み、幅の狭いところが多いので注意したい。（髙田徹）

堀状地形

堀Ａ（南側から）

コラム

城郭類似遺構の見分け方

奈良県教育委員会『奈良県中近世城館報告書』の第一分冊には、天理市長滝町に長滝城《ながたき》が存在するとして地図上に位置を示し、堀・曲輪が残るとしている。この城郭は、第二分冊で縄張り図が掲示されていない。幸い、奈良県から先行する長滝城の縄張り図の提供を受けることができたので、改めて遺構を確認し、図化してみようと現地踏査を行ってみた。

現地ではまず聞き取り調査を行った。地図の位置に城跡があったのか？と。集落で生まれ育った人たち数人に聞いたみたところ、どなたも「そんな話を聞いたことはない」ということであった。続いて城跡とされる場所に上がってみると、細い尾根上は竹藪となったところが多かった。最初に堀切とされる部分を見たが、城ではないと直感した。しかしながら、一部をみただけで判断するのは危険である。図化を行いながら、順に曲輪・土塁とされる部分を確認してみたところ、改めて城跡ではない、少なくとも城郭遺構ではないと判断した。

堀切状の遺構は、切り通し道である。斜面が切り立ちすぎている上、遮断するための堀幅が十分確保されていない。また、かなり荒れているがその東西に道が続いている。西側では直下の民家への送水管が伸びており、現在も利用されているようであった。

曲輪とされる部分には平坦になったところはあるが、起伏を残す。法面《のりめん》には傾斜が緩い部分が多く見られる。法面が垂直状となっているところでは、えぐったような状態になる。曲輪の切岸を思わせる部分は見られない。土塁についても同様である。外側部分の傾斜が緩く、自然地形に近いのに対し、内側はえぐったような状態になっている。竹林となる以前は耕地となっており、その折にいくらか平坦に造成されたのではないだろうか。一見すると堀切や曲輪、土塁のように見えるが、城郭由来のものではあるまい。

全体を一つの城として仮定しても、曲輪・道・虎口の関係性を追うことはできないのである。さらに伝承もないことから、「長滝城」なるものは存在しないと評価できる。城郭遺構に類似しながら、そうではない遺構を指して「城郭類似遺構」と呼ぶ。城郭類似遺構は単独で存在し、その

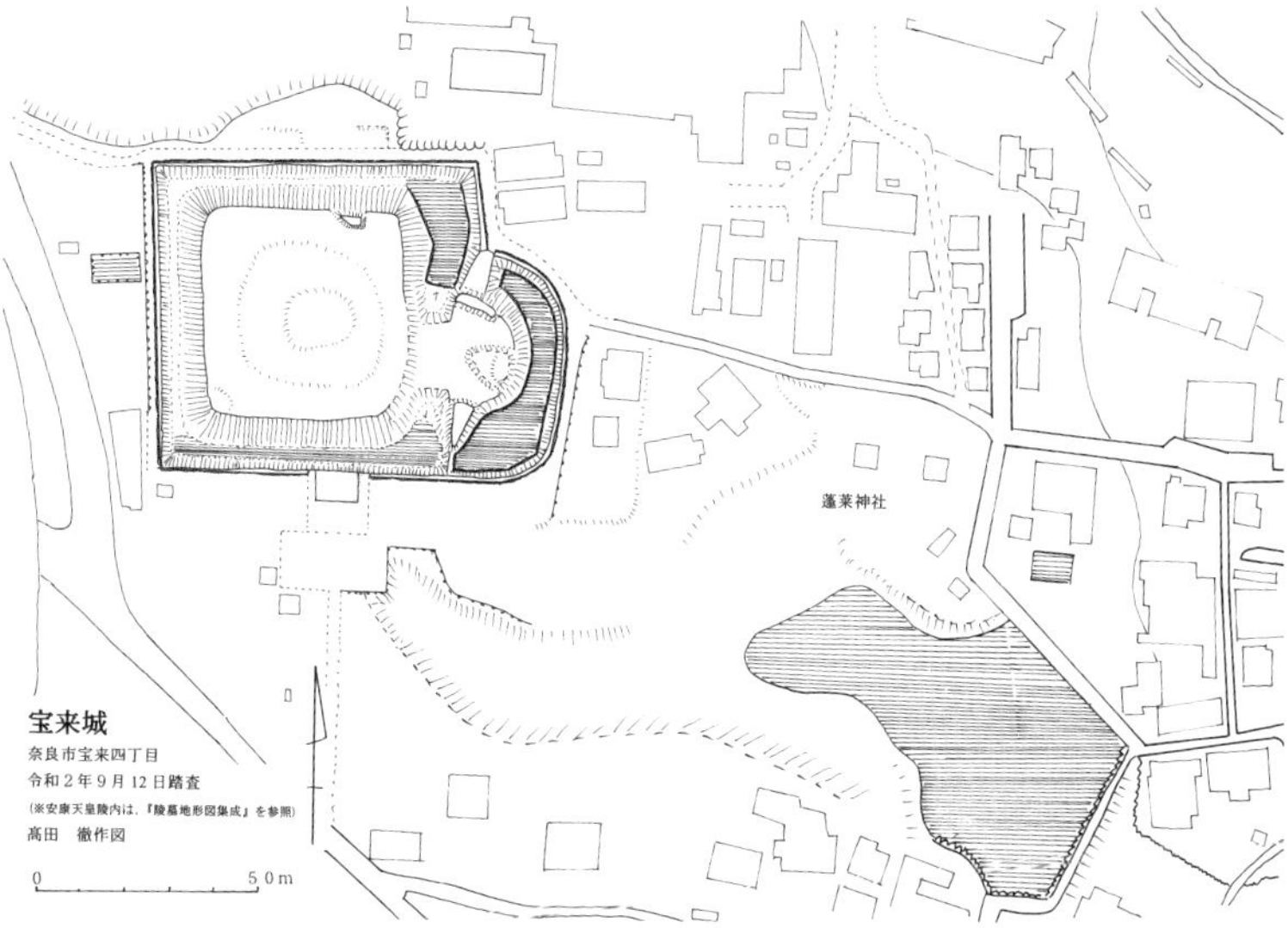

宝来城縄張り図（高田作図）

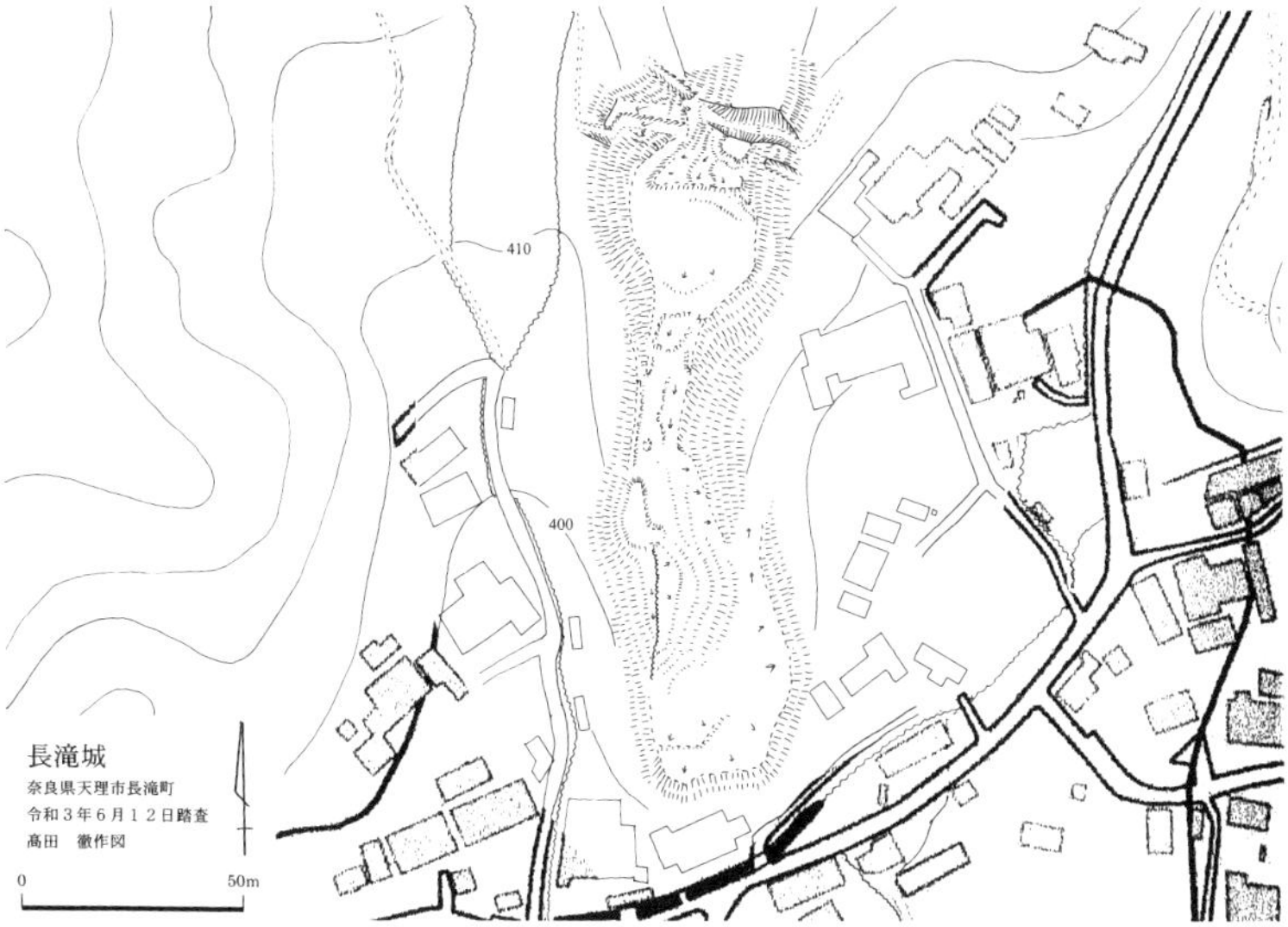

長滝城縄張り図（高田作図）

ものが城郭跡と認識される場合がある。また、城郭遺構と重なって存在することもある。後者の場合、城郭の廃絶後に何らかの土地利用がなされて改変を受けることもある。

単独で存在する城郭類似遺構は、奈良県内にもいくつかある。佐紀城《さき》、宝来城《ほうらい》（いずれも奈良市）、天神山城《てんじんやま》（桜井市）等である。宝来城は安康天皇陵《あんこうてんのうりょう》に治定されたところであるが、古墳であることも、城郭であることも疑問視される。文献史料から宝来城の存在は確実視されるので、周辺の別の場所に城郭はあったのだろう。天神山城については同所に「陣」が置かれた歴史はあるが、平坦地等は後の時代のものと考えられる。

城郭と城郭類似遺構の見分け方は、ケースバイケースである。城郭としての一貫性を有するかどうか、イレギュラーな遺構となっていないか、城郭遺構として確実な遺構があるかどうか等となる。また、山中に存在するさまざまな遺構について知識を得ておくことも重要である。炭焼き窯はしばしば井戸と間違われる。山道の切り通しは、堀切と間違えられやすい。土地の境界を示すため、堀や土塁を設ける場合もある。一見しただけでは城郭遺構のようであっても、図化してみることで不自然さ、縄張りとしての破綻が明瞭になることもある。例えば高桶城（奈良市）では、尾根上に延々と土塁が続き、途中で土塁が分岐する。図化してみると、曲輪として囲い込まれる範囲が漠然としていることに気がつくのである。

あと一つ加えるのならば、勘である。各地の城郭を訪ね見ていると、それぞれの多様性を知ることになるが、同時に城郭が醸し出す独特の雰囲気を体感できるようになる。同様に、城郭類似遺構を目のあたりにすると何か違うと感じることが多い。勘は外れることもあるし、客観性に欠けるものであるから個々の遺構をじっくり観察し、それぞれのつながりを図化して冷静に判断する必要もある。

縄張り的に破綻していれば、図化するだけで城郭とは考えにくくなる。しかし、図の描きようによっては長滝城のように城郭らしくなってしまうこともあるから、要注意である。また、公共の出版物や城郭専門書に城郭として登載されていたとしても、必ずしも城郭であるとは限らない。聞き取り調査、諸々の資料調査、そして現地調査を通じて確認すること、その際先入観にとらわれすぎないことが重要であろう。

（髙田徹）

第三章 中和地域の城郭

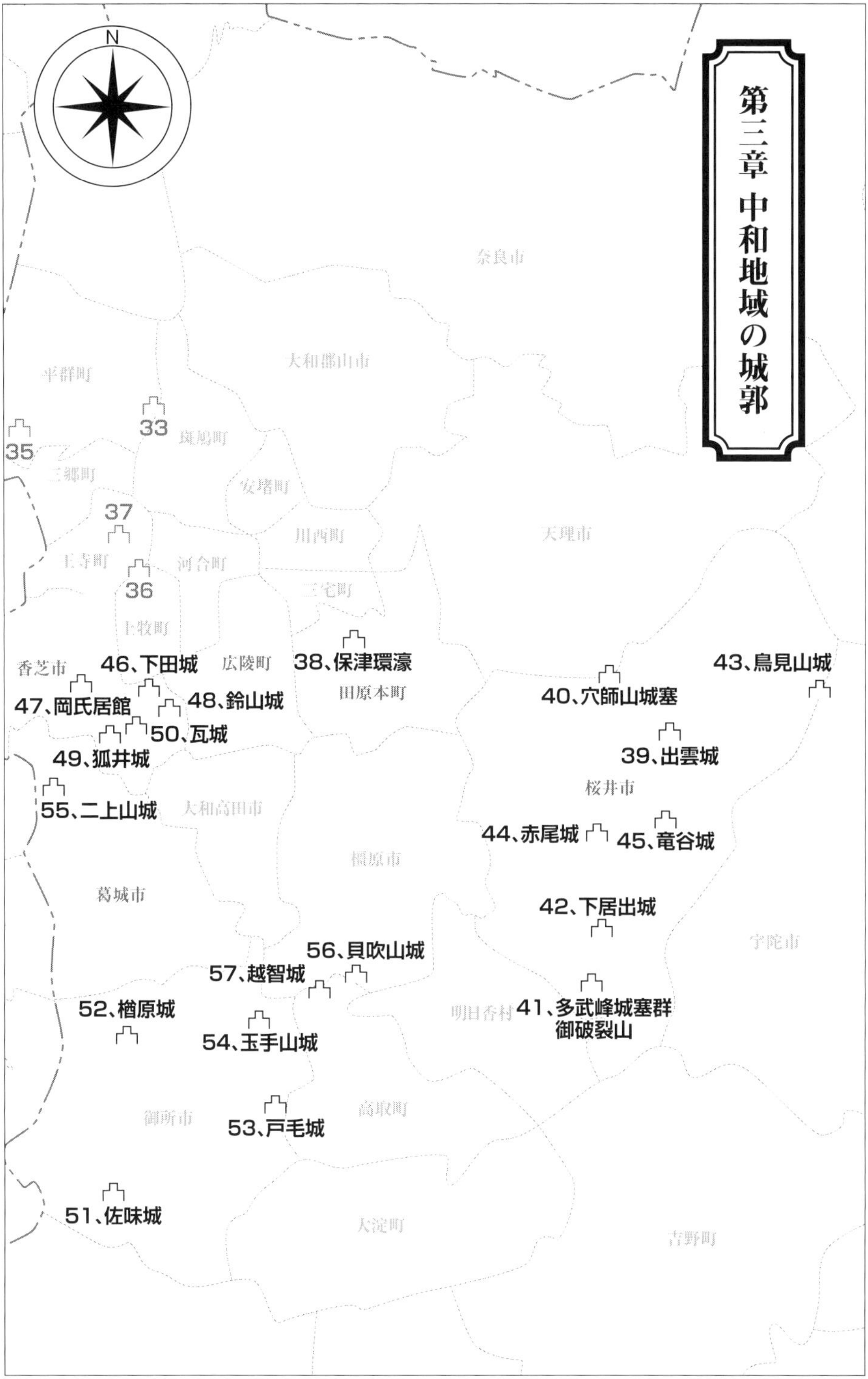
N
奈良市
平群町
大和郡山市
33
35
斑鳩町
三郷町
安堵町
37
川西町
天理市
王寺町
河合町
36
三宅町
上牧町
香芝市
46、下田城
広陵町
38、保津環濠
43、鳥見山城
田原本町
40、穴師山城塞
47、岡氏居館
48、鈴山城
50、瓦城
39、出雲城
49、狐井城
桜井市
55、二上山城
大和高田市
44、赤尾城
45、竜谷城
橿原市
葛城市
42、下居出城
宇陀市
56、貝吹山城
57、越智城
52、楢原城
明日香村
41、多武峰城塞群
御破裂山
54、玉手山城
御所市
高取町
53、戸毛城
51、佐味城
大淀町
吉野町

環濠を良好に残す環濠集落

38 保《ほ》津《つ》環《かん》濠《ごう》

所在地：田原本町大字保津
標高（比高）：四七m（〇m）
別称：なし
史跡指定の有無：―

【位置と歴史】奈良盆地のほぼ中央にあり、代表的な環濠集落の一つである。旧十市《といち》郡域にあるが、環濠の北側は旧式上《しきじょう》郡である。戦国期にはこの地に保津氏がいたが、環濠との関係は明らかではなく、環濠が設けられた時期も不明である。集落は、かつてすぐ東側の小字中垣内にあったと伝えられる。環濠のすぐ西側、南北に伸びる道は太子道（筋かい道）と呼ばれ、法隆寺方面と飛鳥を結ぶ。

南側の環濠と鏡作伊多神社

【現況】集落の周囲には、水路を兼ねた堀がぐるりと取り囲む。東側は暗渠となっているが、道路上に水路の広がりを確認できる。北側は堀が二重になっていたが、内側の堀が幅を狭めて残っている。現在もそうだが、堀はもともと南側と南西側が他に比べて広くなっていた。堀の護岸は変貌するが、かつては夏場でも深さ一m強ほどであったという。以前は毎年あるいは隔年で掘り浚えが行われ、掻き上げた泥土は乾燥させて畑で用いたという。[*1]

堀で囲まれた範囲は南北一二〇m、東西一二〇mで、環濠集落としてはやや小ぶりである。南西部が南へ張り出した造りとなる。この張り出し部には、延喜式内社に比定される

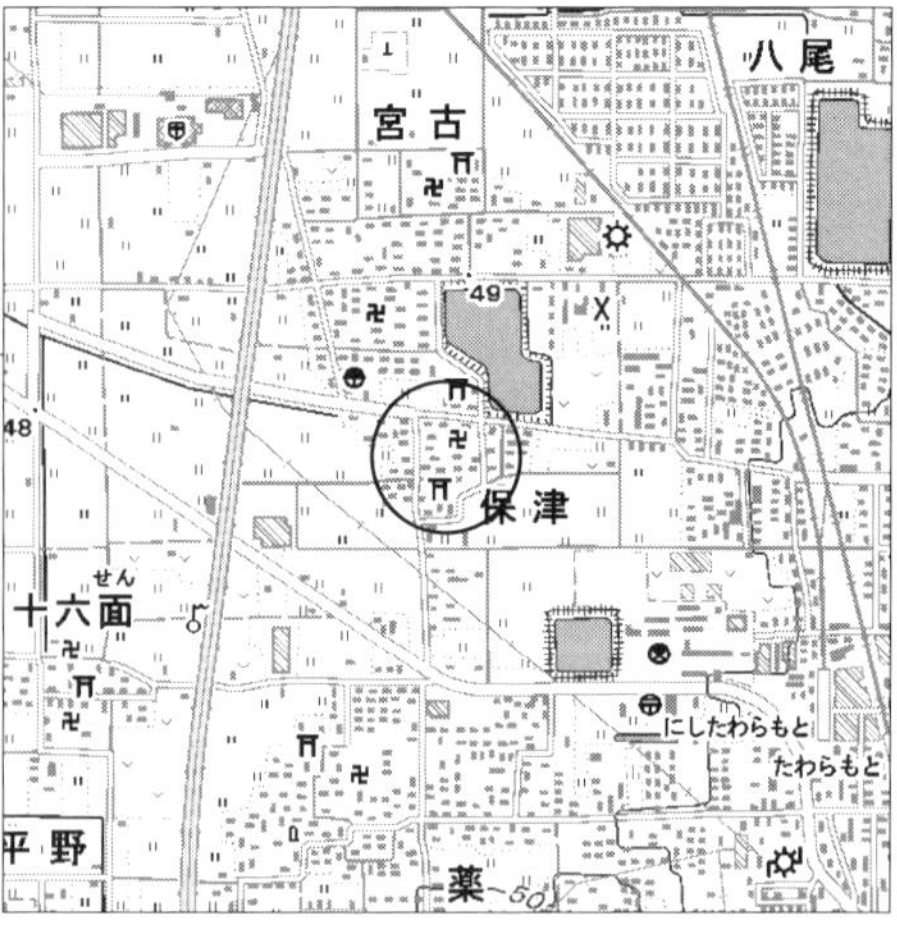

＊1　堀内義隆「環濠集落について―田原本町を中心とした―」（田原本町史編さん委員会『田原本の歴史』1、一九八三年）

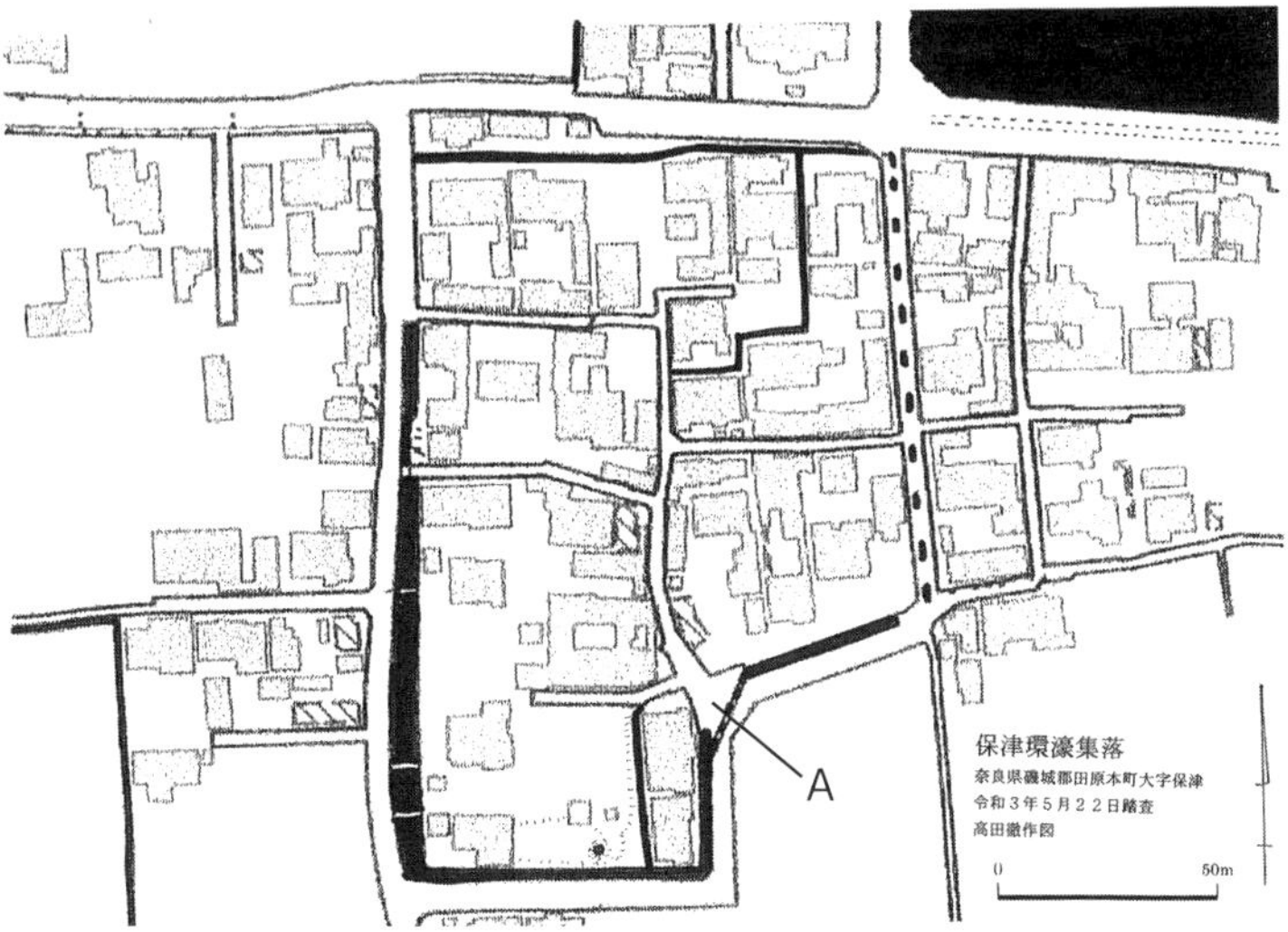

保津環濠縄張り図（高田作図　破線は堀跡）

鏡作《かがみつくり》伊多《いた》神社が鎮座する。現在は埋められているが、境内の東側にはかつて環濠から枝分かれした堀が伸びていた。江戸期に描かれた絵図によれば、環濠内側の西・南・東面は藪となり、北側は堀と堀の間が藪となっていた。藪は失われたが、鏡作伊多神社の南側はわずかに高くなっている。堀を掘り上げた土によって藪はやや高くなっていたと考えられる。堀に掛かる橋は、西側と南東側の二ヶ所のみであった。西側はかなり細い木橋で、主として用いられていたのは南東側Aであった。堀の折れた箇所にあたり、名残りがある。南東側の橋を渡った内側は共有地となり、傍らに高札場があった。

【評価】一口に環濠集落と言っても規模・構造が一律ではない。規模の大きな稗田環濠集落と比較すると、似た部分と異なる部分がそれぞれある。当環濠は小規模ながら、環濠集落の面影を伝える上で貴重である。

【探訪にあたっての注意事項】環濠の周囲は自由に歩くことができるが、集落内の道は狭く入り組む。集落周囲での写真撮影はマナーを守りたい。

（高田徹）

A付近

初瀬・宇陀攻めに伴う山城

39 出雲《いずも》城《じょう》

所在地：桜井市出雲字城山
標高（比高）：一八三m（六〇m）
別称：なし
史跡指定の有無：―

【位置と歴史】出雲集落北東の尾根先端付近に位置する。麓には出雲集落の氏神である十二柱神社が鎮座し、眼下に伊勢街道、西側には白河《しらが》集落に続く山道がある。

直接的に出雲城に関する史料は確認できないが、付近の軍事的動向としては、永禄三年（一五六〇）十一月、当時大和支配を進めようとしていた松永久秀方による初瀬・宇陀攻めが確認できる。十一月に松永方が摂州衆を率いて宇陀郡の「澤日の牧の城」を攻め、十一月十八日に「泊瀬の櫻の坊退城」、十一月二十四日に「澤日の牧の城」が和談によって開城となっている（『細川両家記』）。その後も周辺では断続的に軍事的緊張が続き、永禄六年一月の松永方による多武峰《とうのみね》攻めを契機に両軍の攻防が始まり（『享禄天文之記』『澤蔵及松永乱記』）、永禄八年十月二十四日には、多武峰軍は外山《とび》城（桜井市外山）の麓において、松永方として同城を守備する安見右近丞等と一戦におよんでこれを討ち取り、同城に入城している（『多聞院日記』『澤蔵及松永乱記』）。

【現況】主郭Ⅰは四七m×二五m。北端に高さ約三・五mの櫓台状の土塁が設けられ、東西に傾斜している。西辺は北辺土

櫓台状の土塁（南から）　内野和彦氏提供

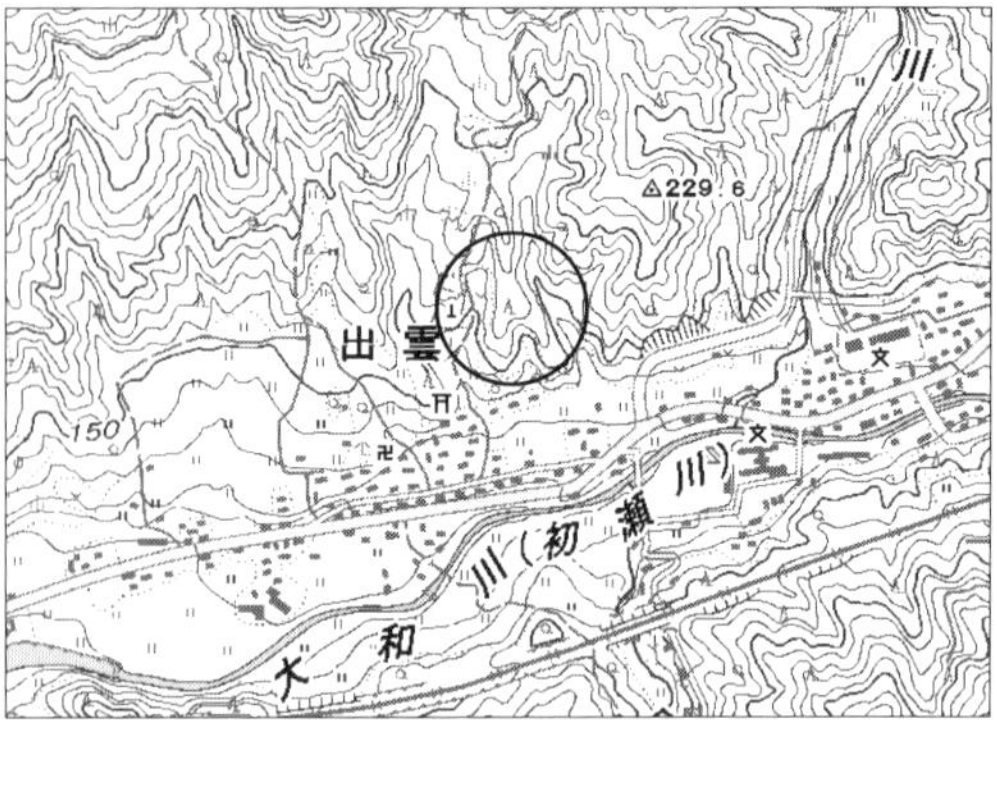

塁から続く高さ約〇・五mの土塁ラインが設けられ南西端で東へ折れる。東辺には土塁がみられない。主郭Ⅰ東側と西側には帯曲輪を配する。

主郭Ⅰ南西端は、二重堀切A・Bで城域を画す。そして、主郭Ⅰ北側は断面が薬研状の堀切C・D・Eで三重に城域を画す。規模は堀切Cが幅約九m・深さ約四m、堀切Dが幅約八m・深さ約三m、堀切Eが幅約九m・深さ約三m。堀切D・E間が城内最高所となる。この曲輪を挟む堀切D・Eと主郭南西端に接する堀切Aは、西側帯曲輪で連絡が可能である。なお、主郭南東尾根続きは削平および切岸が不明瞭なため、積極的には城域とは判断しがたい。

【評価】出雲城付近の軍事的動向で注目されるのが、永禄三年（一五六〇）十一月の松永久秀方による初瀬・宇陀攻めである。この軍事的緊張が出雲城築城の契機となった可能性が最も高い。しかし、永禄六年一月から永禄八年十月にかけての松永方と多武峰方との攻防戦によるものである可能性も排除しきれない。

築城主体としては、国人慈恩寺氏などの在地勢力ではなく、松永方などの広域な勢力による築城の可能性を想定すべきであろう。[*1]

【探訪にあたっての注意事項】公共交通機関を利用した当城へのアクセスは、近鉄大阪線長谷寺駅下車、西へ徒歩約20分（約一・七km）で登城口に到着する。

（金松誠）

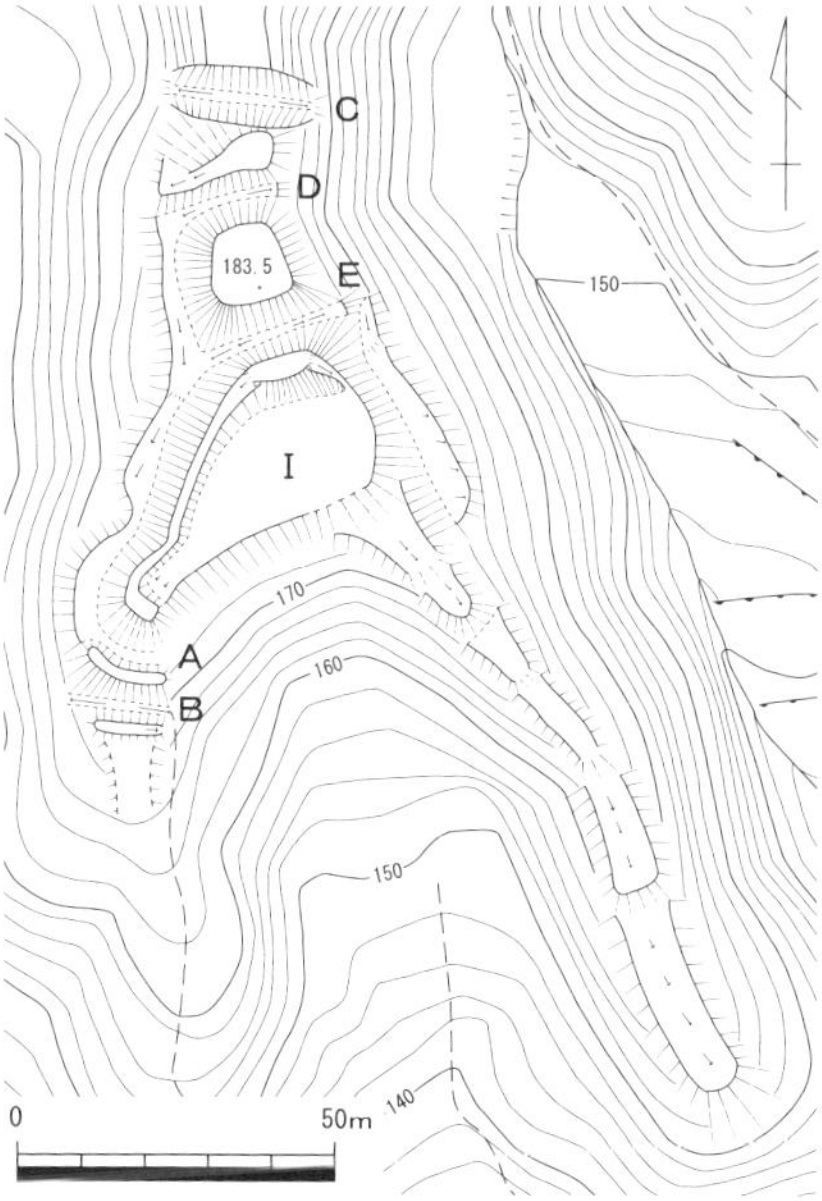

出雲城縄張り図（金松作図）

＊1 金松誠「出雲城跡縄張調査報告」（『桜井市平成21年度国庫補助による発掘調査報告書』、桜井市教育委員会、二〇一〇年）

堀切C（東から）内野和彦氏提供

山中に現れる巨大な堀切

40 穴師山城塞《あなしやまじょうさい》

所在地：桜井市穴師
標高（比高）：四〇九ｍ（二六〇ｍ）
別称：なし
史跡指定：―

【位置と歴史】三輪山の北側にある穴師山山頂付近に立地し、山麓には式内社の穴師《あなし》坐《います》兵主《ひょうず》神社が鎮座する。

穴師山から東に続く尾根を一㎞ほど進むと、十市氏の「山の城」として知られる龍王山城が所在する龍王山（標高五八五．五ｍ）に至る。また、西斜面の標高三五〇ｍほどの地点には穴師坐兵主神社の旧鎮座地であったとされる〝ゲシノオダイラ〟と呼ばれる削平地がある。

堀切Ｂ

【現況】明確に城郭遺構といえるのは穴師山山頂北側の堀切Ａと、山麓側の堀切Ｂの二本の堀切のみだが、穴師山山頂部は平坦で、その西側は特に加工された痕跡は見いだせないものの、比較的広い緩斜面となっている。

龍王山へと続く尾根を遮断する堀切Ａは、深さ八ｍほどで東斜面側に向かって長く竪堀状に延びる。堀切Ｂは深さ五ｍほどで、山頂から穴師坐兵主神社に向かって下る尾根が幅を狭める地点に設けられている。堀切Ｂの山頂側・山麓側も共に自然地形であるが、山麓側は果樹園の造成による改変を受けているため、遺構が存在していたかどうかは不明である。

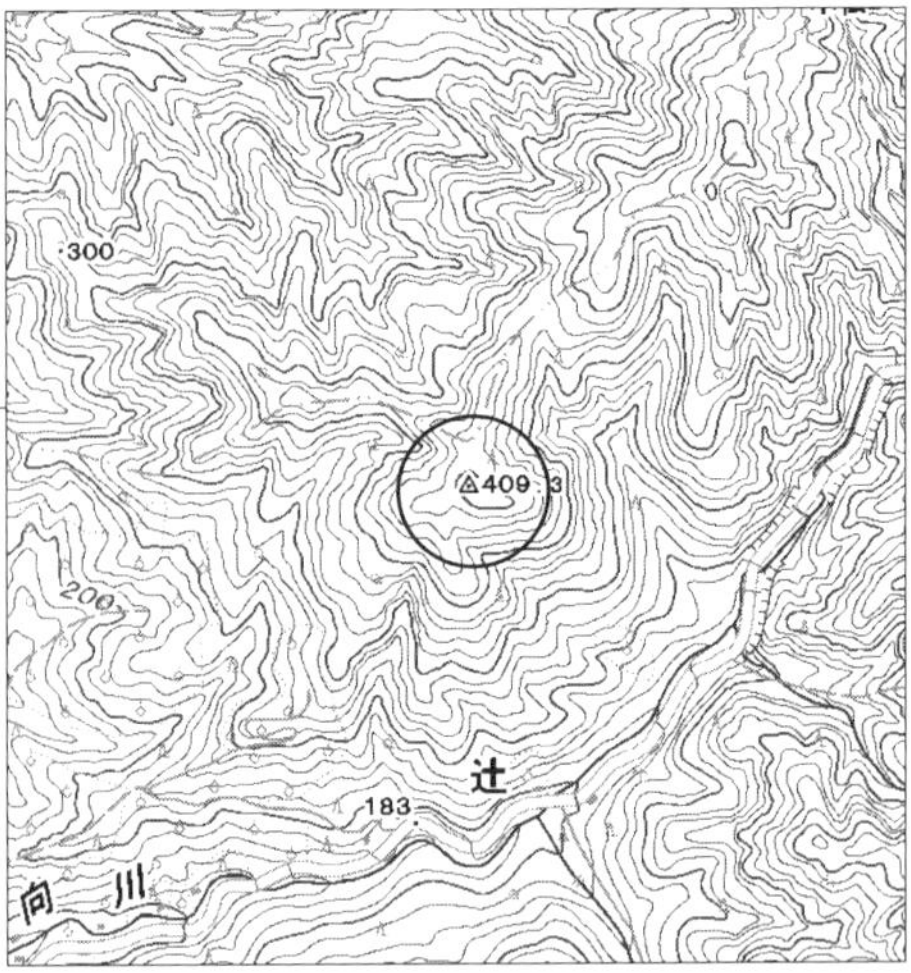

【評価】穴師山城塞は龍王山城に向かうルート上に位置している。堀切に伴うような城郭遺構が見られないこともあり、龍王山城の一部、遠構の一種と評価されているが、堀切周辺が自然地形のみというわけではない。前述した〝ゲシノオオダイラ〟は山頂から二〇〇mほど離れた標高三五〇m付近の斜面を大きく削平した、東西三〇m×南北七〇mほどの広い平坦面である。穴師坐兵主神社の社伝によると嘉吉～応仁年間に兵火に罹ったため山麓の現在地に遷座したとされている。龍王山城の遠構かどうかの判断はひとまず措くとして、堀切を単独で設けただけではなく、穴師坐兵主神社も含めた山頂一帯が城郭として利用されていたのではないだろうか。

【探訪にあたっての注意事項】山麓の穴師坐兵主神社から尾根道を通っていくことが可能であるが、堀切Bの手前からは道が途絶えているので注意が必要である。

（成瀬匡章）

［参考文献］村田修三「龍王山城」（『図解 近畿の城郭Ⅰ』戎光祥出版、二〇一四年）／大三輪町史編集委員会編『大三輪町史』（一九五九年）／桜井市史編纂委員会編『桜井市史 上巻』（一九七九年）／小川光三『増補 大和の原像』（大和書房、一九八〇年）

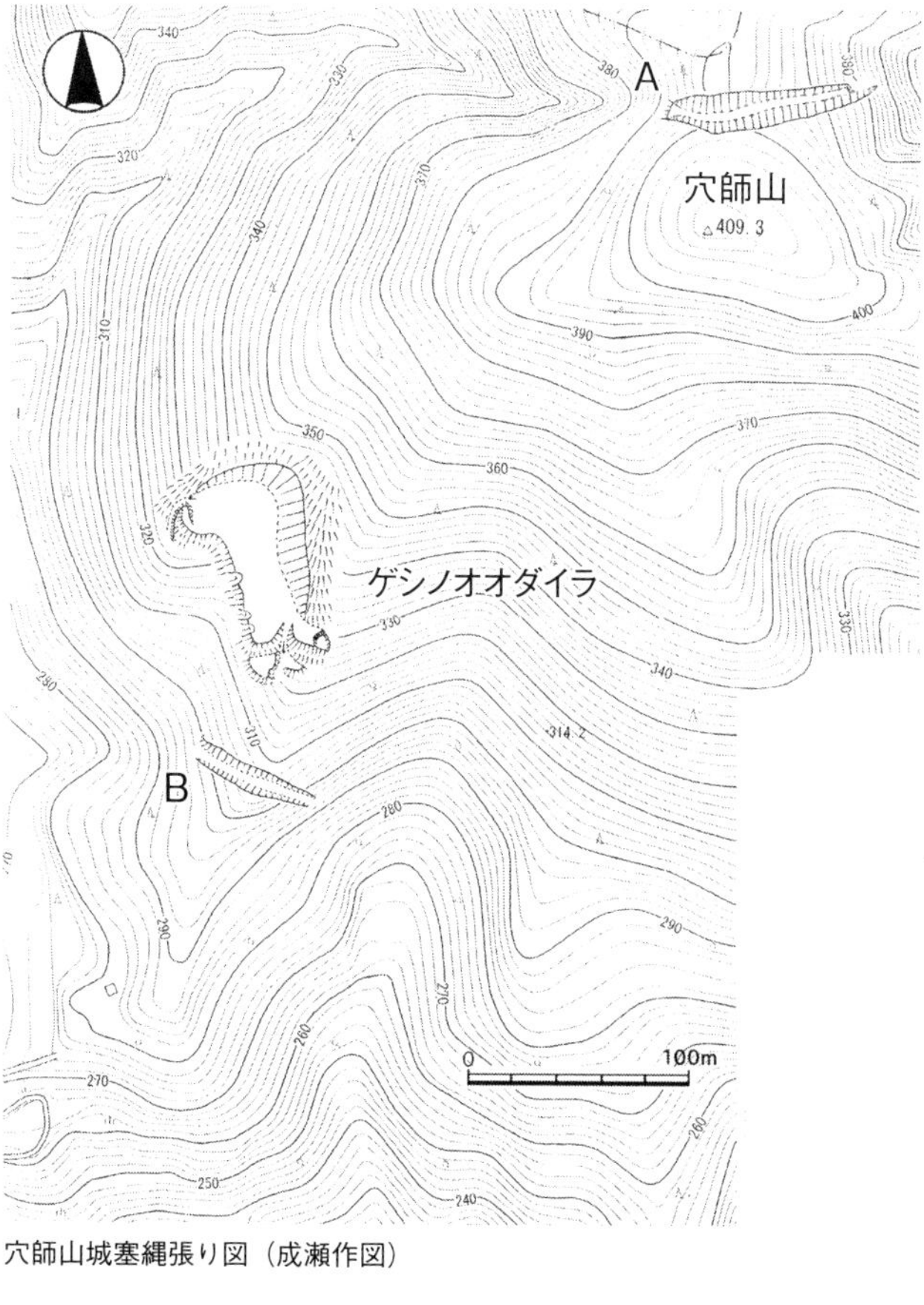

穴師山城塞縄張り図（成瀬作図）

尾根上を遮断する広域な阻塞

41 多武峰城塞群《とうのみねじょうさいぐん》・御破裂山《ごはれつやま》

所在地：桜井市多武峰
標高（比高）：六一〇m（東方の八井内から二六〇m）
別称：なし
史跡指定の有無：—

御破裂山

【位置と歴史】多武峰妙楽寺《みょうらくじ》は、藤原鎌足《ふじわらのかまたり》の廟所として七世紀後半に建てられた。中世には多数の僧兵を抱え、武装勢力となり、たびたび興福寺と対立し焼き討ちを受けている。南北朝期以降では、永享九年（一四三七）に越智・箸尾氏が籠もる中、幕府軍の攻撃を受けた。また永正三年（一五〇六）には赤沢朝経が侵攻し、越智・箸尾・十市氏ら国人が結集した多武峰方との間で大規模な戦闘が行われた。村田修三氏は、後者の時期に広域にわたる城塞群が形成されたとし、[*1] 藤岡英礼氏は永禄二年（一五五九）、同六～十年にかけて松永久秀との抗争期に形成されたと考える。[*2] 妙楽寺は明治二年（一八六九）の神仏分離令により廃寺となるが、諸堂の多くは談山《たんざん》神社として引き継がれている。中でも国内唯一の十三重塔（重要文化財）が著名である。

【現況】多武峰城塞群は、談山神社境内を囲い込むようにおよそ東西五．五km、南北三．五kmの範囲に比定される。南方

＊1　村田修三「中世城郭の縄張り」（児玉幸多監修『日本城郭大系別巻Ⅰ城郭研究入門』、新人物往来社、一九八一年）

＊2　藤岡英礼「多武峰城塞群」（中井均監修・城郭談話会編『図解 近畿の城郭Ⅴ』、戎光祥出版、二〇一八年）

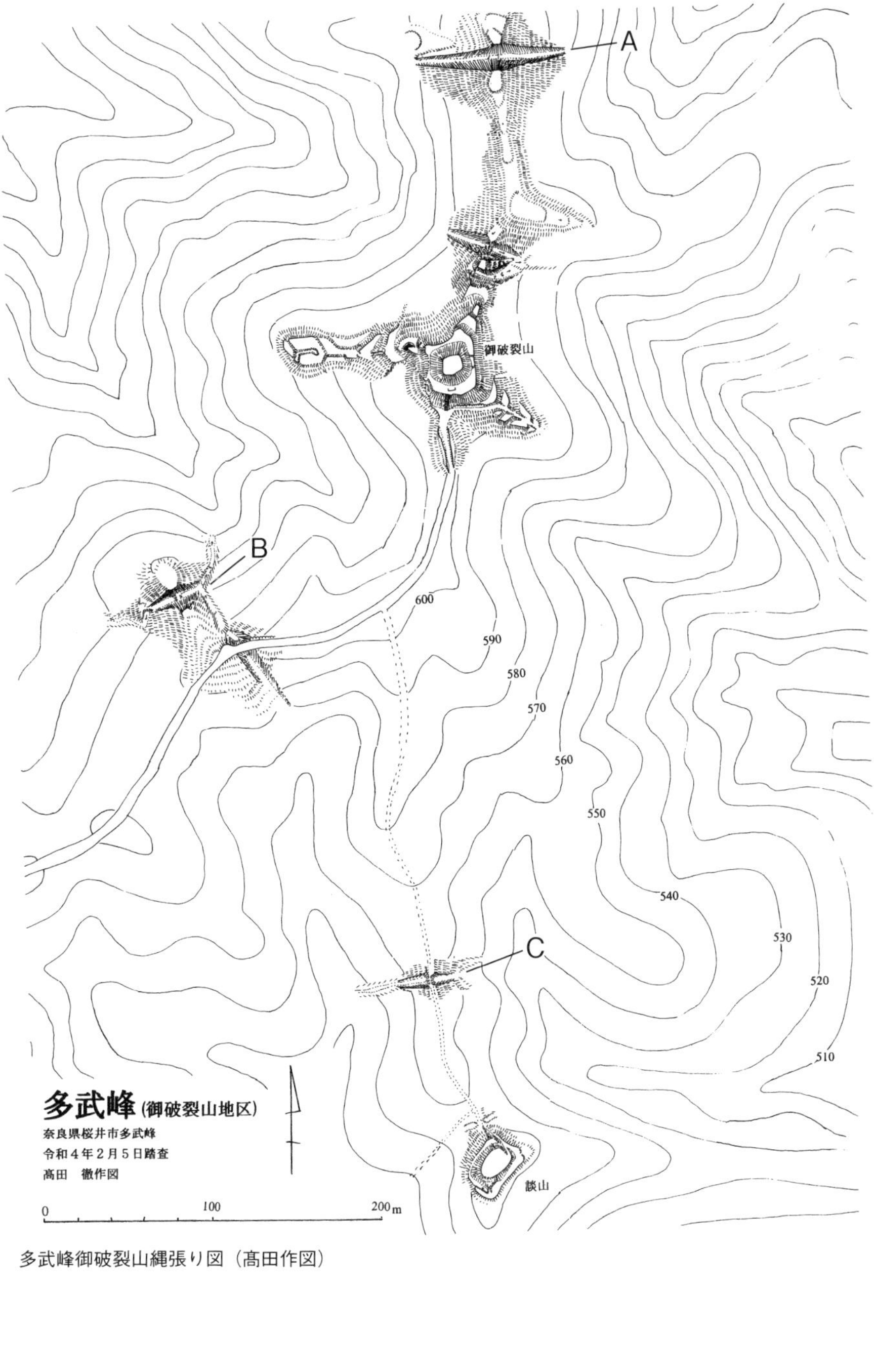

多武峰御破裂山縄張り図（高田作図）

北端の大堀切A

堀切B

にある冬野《ふゆの》城は曲輪を伴うが、ほとんどは尾根上をぶつ切りにした堀切によって構成される。談山神社北側に広がる御破裂山地区も同様である。御破裂山は藤原鎌足の墳墓とされ、変事の際に鳴動《めいどう》することからその名がある。頂部は禁足地であるため立ち入れないが、下方から見上げると平坦になっていることがわかる。頂部の北・西側裾部には、曲輪と思しき狭隘な平坦地が広がるが、不明瞭な段によって構成されるところが多い。頂部から北側に延びる尾根上には二本の堀切を連続させた後、距離を空けてから大堀切Aを設ける。幅約一四m、深さ約七mで端部は竪堀状に長く伸びる。隔絶性の強い堀だが、前後の尾根上はほとんど自然地形である。堀の掘削による残土をどう処理したのかと思うほどである。

【評価】点々と続く堀切を通じて、阻塞のイメージをつかみやすい。宗教勢力による武装の観点からも興味深い遺構群である。

【探訪にあたっての注意事項】神域は立ち入りできないところもあり、山道沿いにある堀切以外は、見学しづらい部分が多い。案内板もなく、山も深いので注意が必要。

（髙田徹）

堀切C

多武峰城塞群の北の要となる城郭

42 下居出城《おりいじょう》

所在地：桜井市下居
標高（比高）：三六〇m（一八〇m）
別称：なし
史跡指定の有無：―

【位置と歴史】下居出城は談山《たんざん》神社から北へ二．五kmの距離にあり、御破裂《ごはれつ》山（六〇七．四m）から北へ延びた尾根の先端に位置する。北東山麓には下居集落があり、寺川上流域にあって談山神社の北の入口となる。

　奈良県桜井市南部の山間部にある多武峰妙楽寺が、廃仏毀釈で廃寺となり、談山神社と称した。この談山神社の四方を囲む山稜にある城郭遺構を「多武《とうの》峰《みね》城塞群」という。多武峰は大化の改新の立役者であった藤原鎌足の廟所として、七世紀後半に建立された寺院である。多武峰の軍事力は、宗徒と称する在地勢力を中核として形造られていた。大和永享の乱（一四二九～一四三九）では興福寺に反抗する越智氏や箸尾氏、後南朝勢力が籠もるが、焼き討ちされて敗北する。永正三年（一五〇六）の管領細川氏被官の赤沢朝経による大和侵攻時には、越智氏、十市氏、箸尾氏等の拠点となり焼き討ちされた。永禄六年（一五六三）には、松永久秀の侵攻を撃退し、将軍足利義輝の仲介で和

遠景（北から）

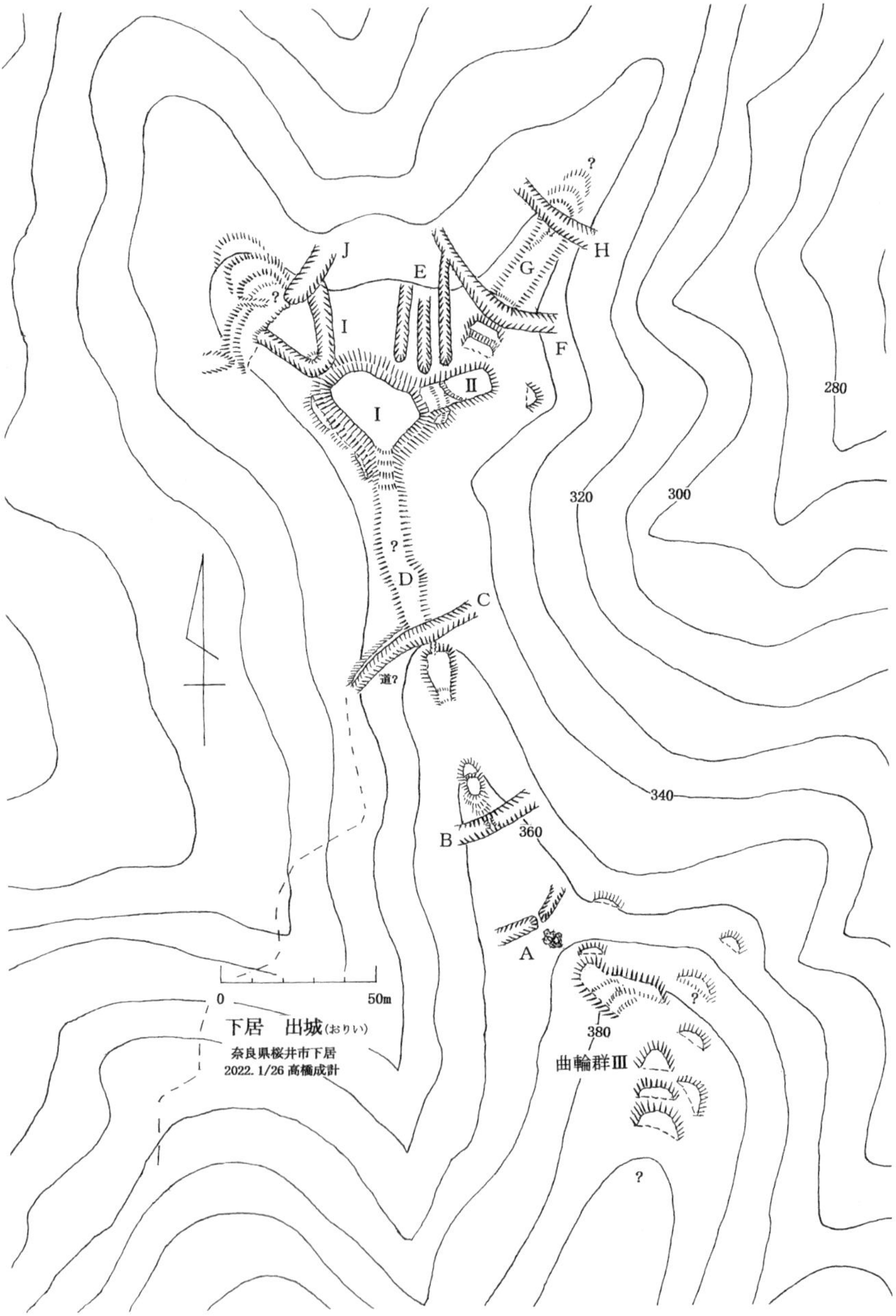

下居出城縄張り図（高橋作図）

睦する。下居地区は永禄六年の合戦で、桜井方面の最前線となった。[＊1]

【現況】南の御破裂山から延びた尾根の先端を、三条の堀切A、B、Cで遮断し、主郭となる曲輪Ⅰを確保している。堀切Cから曲輪Ⅰの間は五〇mほどの距離をあけており、自然地形Dとなっている。曲輪Ⅰの北東には曲輪Ⅱを設け、北側には畝状空堀群Eを敷設している。北東尾根には小規模の曲輪を設け、堀切Fにより遮断する。自然地形Gの先には、堀切Hを設けて厳重に遮断する。北西方向の尾根筋は、U字形の竪堀Ⅰを敷設し、その下には片側の斜面に堀切Jを設けている。北西尾根側には緩やかな自然地形が続くが未調査である。曲輪Ⅰより三〇mほど高い位置には不規則に並ぶ曲輪群Ⅲがある。

【評価】標高三八〇mにある曲輪群Ⅲは堀切の外側にあり、南の御破裂山に接続した峰々を縦走する形で戦闘が展開された可能性がある。曲輪群Ⅲは年代的に古く、最終的には先端にある曲輪Ⅰを中心として、南や北東、北西の尾根を遮断する縄張りになった可能性がある。尾根先端の要所を拠点化することで、東側の下居集落から多武峰に侵入する敵を撃退する拠点となったことであろう。

【探訪にあたっての注意事項】桜井市浅古の交差点から三七号線を南下し、倉橋の九頭神社から東へ一四〇mほどにある交差点を右折する。その後、谷沿いに横柿集落の最奥の人家を目指す。あとは山頂の尾根筋を目指して登るのみである。尾根筋を北へ下ると標高三五〇m辺りに城跡がある。地形図やGPS等は必携である。

（高橋成計）

堀切Ｆ

＊1　中井均監修・城郭談話会編『図解 近畿の城郭Ⅴ』（戎光祥出版、二〇一八年）。

畝状竪堀群は改修の痕跡か

43 鳥見山城《とびやまじょう》

所在地：桜井市外山・赤尾・浅古
標高（比高）：二四五m（一五一m）
別称：外山城、鵄城
史跡指定の有無：―

【位置と歴史】戒重西阿《かいじゅうせいあ》が南北朝期に築いたとされ、興国二年（一三四〇）に北朝軍の攻撃により落城している。[*1] 永享十二年（一四四〇）には一色義貫《いっしきよしつら》が当城に布陣。永禄八年（一五六五）には松永方の竹内下総守が鳥見山麓で合戦した記録[*2]から、筒井方が籠もっていたと考えられる。

【現況】鳥見山城は東西二つのピークを中心に構成される。西ピークに位置するI郭が最高所であるが、主郭は東ピークに位置するⅡ郭と思われる。I郭の南尾根続きには二本の堀切に挟まれるかたちでⅢ郭が設置される。Ⅲ郭の南部は一段低く、西方を除いて低い土塁の痕跡が残る。また、東斜面には竪堀が二本造られており、堀切Aは東麓へ竪堀として長く延びる。I郭北方にはI郭への竪土塁状の通路と小さな曲輪、最北には虎口Bが存在する。虎口Bには、北麓の宗像《むなかた》神社方面から尾根伝いにルートが延びていたと思われる。現在は西麓の護国《ごこく》神社方面からのルートが山腹伝いに繋がるが、当時から繋がっていたかどうかはわからない。西ピークは主郭であるⅡ郭と、一段低いⅣ郭で構成される。Ⅳ郭の

Ⅱ郭

＊1『櫻井町史』櫻井町史編纂委員会、一九八六年
＊2『多聞院日記』

鳥見山城縄張り図（内野作図）

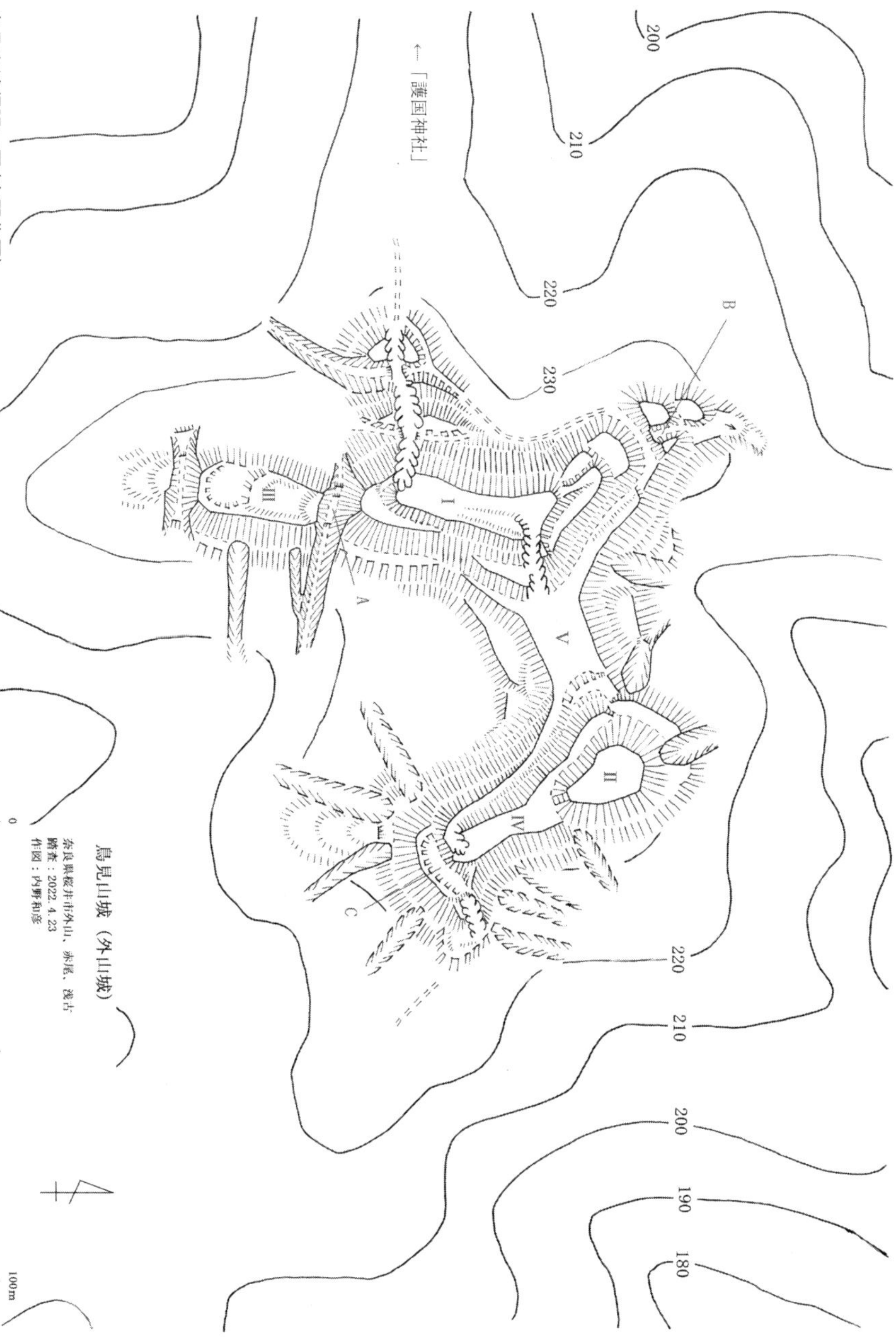

Ⅰ郭

南方下には低い土塁に囲まれたCが存在し、北東麓の赤尾方面からのルートが繋がる。Cはルートから回り込む敵に対する塹壕状の曲輪であり、虎口も兼ねていたと考えられる。注目すべきはCを取り囲むように並ぶ畝状空堀群である。畝状空堀群は浅く小規模な竪堀で構成される。東西ピークの鞍部であるⅤ郭は、Ⅰ、Ⅱ郭および虎口Bを繋ぐ役割を持ち、南北に一段低い小さな曲輪と、北方に竪堀を二本持つ。

【評価】 当城で目立つのは竪堀で、西方以外の斜面すべてに設けられている。Cを取り巻く畝状空堀群の存在は、北東麓赤尾方面からの敵の進軍を警戒していたことは間違いない。麓の赤尾城と当城の連絡性から、赤尾城が支城として造られたのであろう。また北方斜面の竪堀は、傾斜の緩い北方斜面への虎口Bからの移動を阻害するためであろう。同じく傾斜が緩く幅の広いⅤ郭南方の谷部へは、竪堀は長く延びる特徴を持っている。時代を経ていくつもの勢力に使用されたと思われる当城だが、そのつど改修されたと考えられる。残存の乏しい土塁の残欠や、浅くて規模の小さい畝状竪堀群などは、急造で改修された痕跡であろう。また、Ⅲ郭南部もCと同じく塹壕を兼ねた虎口である可能性があるが、現状城外から繋がるルートは確認できない。

【探訪にあたっての注意事項】 鳥見山ハイキングコースが通るため、登城も観察も容易である。西麓の護国神社から徒歩30分でⅠ郭に至る。

（内野和彦）

ハイキング道

西麓登山口

多重の堀と塹壕の残る城郭

44 赤尾城《あかおじょう》

所在地：桜井市赤尾
標高（比高）：一四〇m（四〇m）
別称：なし
史跡指定の有無：—

【位置と歴史】宇陀・伊勢方面へと繋がる忍阪《おっさか》街道（現国道一六六号線）沿いに位置する。南北朝期、南朝方であった戒重西阿《かいじゅうせいあ》によって築城され、興国二年（一三四〇）に北朝軍の攻撃により落城した赤尾城が当城とされる。*1

【現況】主郭は方形の曲輪Ⅰで、南東部が虎口となる。Ⅰは土塁で囲まれ、土塁は北東角で幅が広く、南部は痕跡のみとなる。Ⅰの虎口へは、東方下の帯曲輪を介してルートが延びる。帯曲輪の北部は外周に土塁を伴う横堀となってⅠを囲み、さらにⅠの南方は二重の堀切A、Bにて尾根続きを遮断する。北東尾根続きに対しては堀切Cが設けられ、Ⅰから延びる尾根続きにはすべて堀切が設置されている。この結果、Ⅰは南方および東方を二重の堀で囲まれる形となる。Ⅱは削平が甘く、東方は横堀、西方は緩い緩斜面となる。Ⅱの南方には堀切が二重に設けられているが、Dは塹壕状の遺構であろう。城域の南限である堀切Eの東方内部には、南尾根続きから延びるルートが通る。南東尾根を遮断する堀切Fの東方には、櫓台

堀切E

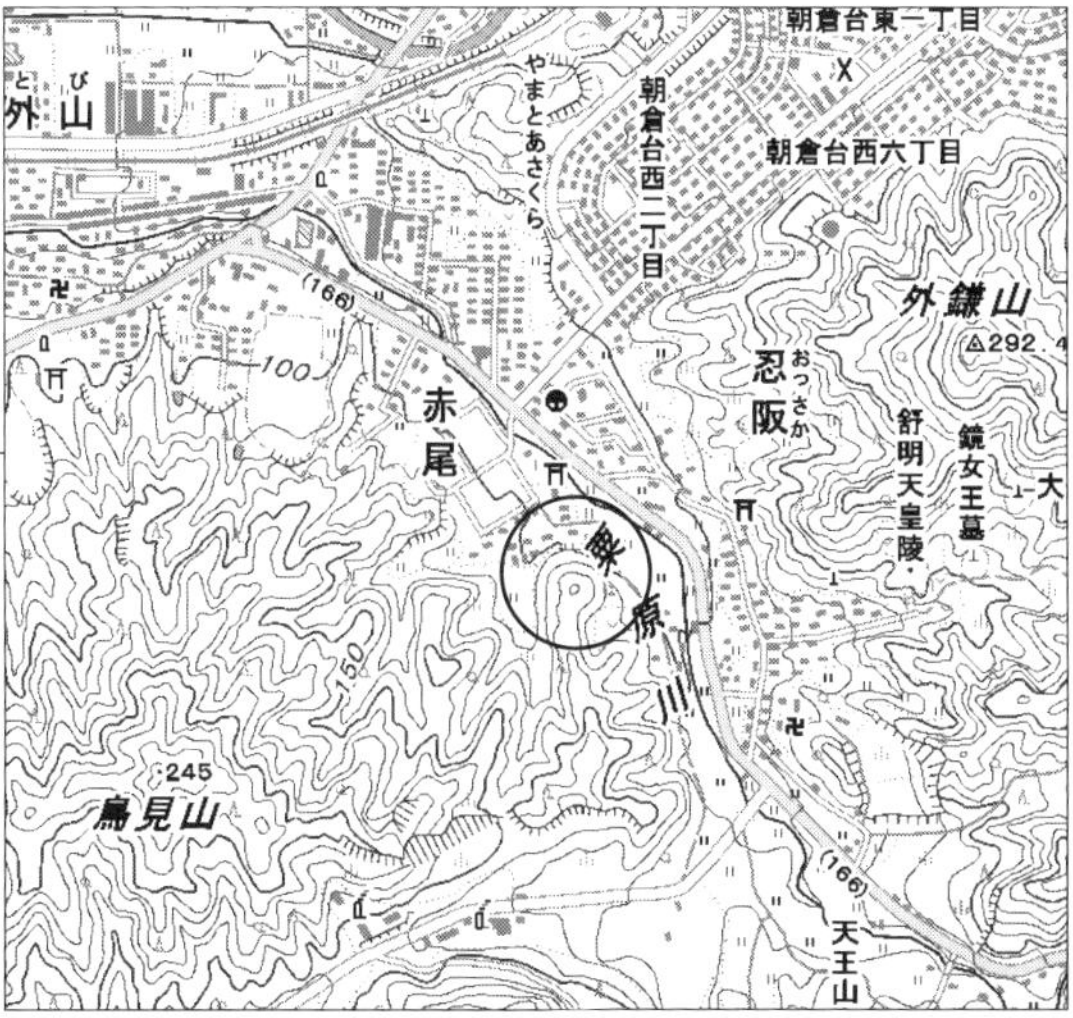

*1 『櫻井町史』櫻井町史編纂委員会、一八九六年

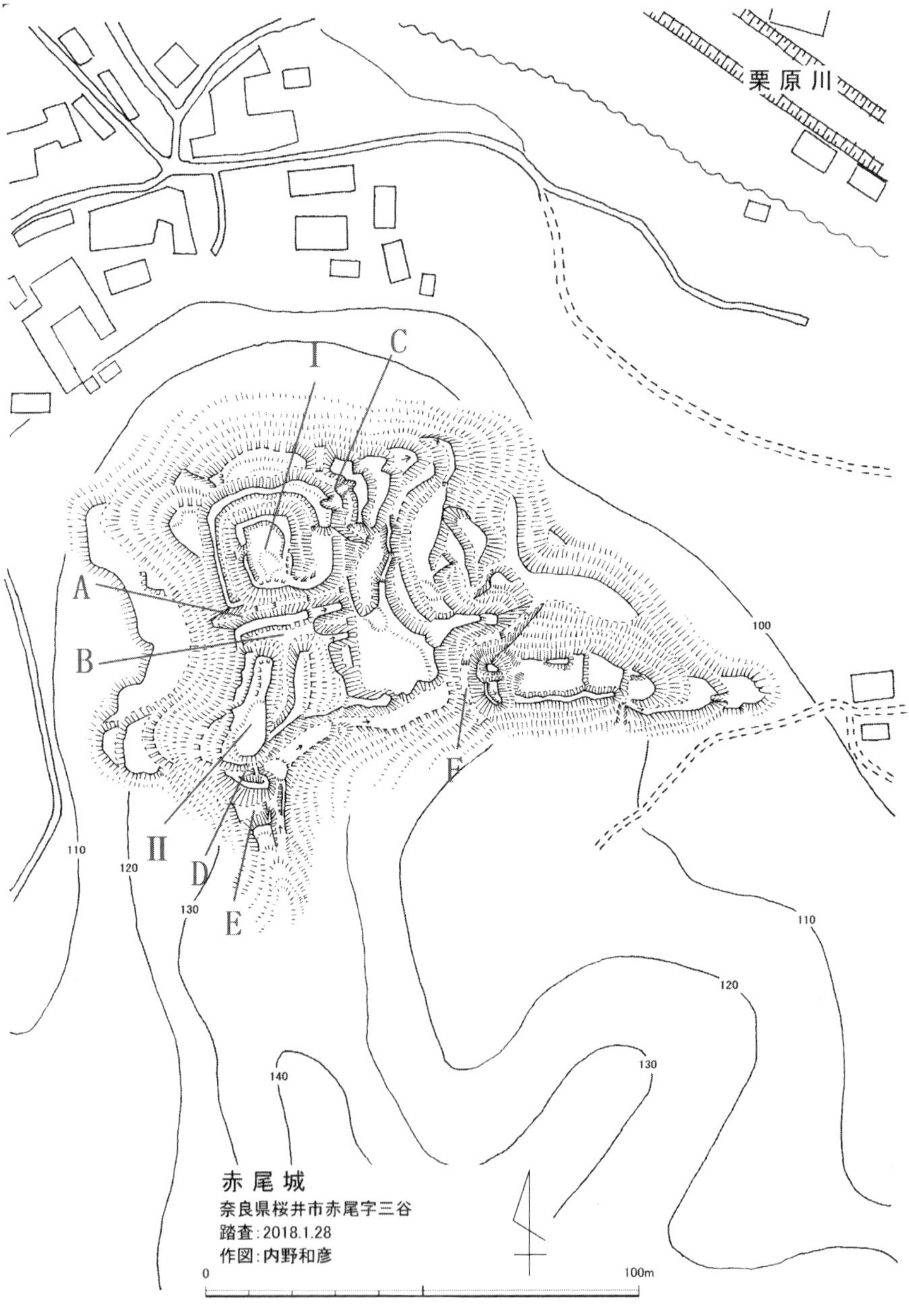

赤尾城縄張り図（内野作図）

堀切A・B

状の土塁が隣接し、さらに南東尾根上にも数段の曲輪が並ぶ。Ｉの西方にも削平地が続くが、東方の城域を結ぶルートは存在しない。連絡面での希薄さも考慮すると、西方の削平地群は後世に造られた城郭類似遺構であると考えられる。

【評価】南北朝期に築かれたとされるが、横堀・堀切・竪堀・土塁を巧みに配置して防御する手法から、現存する遺構は戦国期に築城もしくは改修されたと考えられる。

Ｅの南方へ延びる南尾根続きは、やがて鳥見山城南東部と接続する。Ｅは内部にルートを通すことから、当城と鳥見山城は連絡性が確保されていたと考えられる。また、鳥見山城南東部にもＤと類似する遺構が存在し、両城館が同一勢力によって築城、もしくは改修されたことを想定させる。永禄期に当地域は、多武峰をはじめとする反松永方勢力と松永勢との抗争の舞台となった。永禄八年（一五六五）十月には、松永方の武将である竹内下総守が鳥見山の麓に攻め込み、合戦したと記録される。*2 当城はそういった状況下で今見る姿になったと考えられる。

【探訪にあたっての注意事項】整備された道はなく、東尾根伝いに登城することをお勧めする。藪となったところも多いので注意が必要である。

（内野和彦）

Ⅱ郭

*2　『多聞院日記』

外山城攻防戦に伴う山城か

45 竜《りゅう》谷《たに》城《じょう》

所在地：桜井市竜谷字城谷
標高（比高）：二八八・一ｍ（九五ｍ）
別称：なし
史跡指定の有無：—

【位置と歴史】竜谷集落北側の山頂に位置する。北一・三kmに伊勢街道、河谷を挟んだ西約〇・八kmの山頂には外鎌《とかま》城が位置する。地誌類には記載がなく、城主は伝わらない。

直接的に竜谷城に関する史料は確認できないが、付近の軍事的動向としては、永禄六年（一五六三）一月の松永方による多武峰攻めを契機に両軍の攻防が始まる（『享禄天文之記』）。永禄八年十月十二日には松永久秀方から離反した秋山氏が高摩山（外鎌山）に打ち出で、十八日にここにおいて築城を開始した（『澤蔵及松永乱記』）。二十四日、多武峰《とうのみね》軍は外山《とび》城（桜井市外山）の麓において、松永方として同城を守備する安見右近丞等と一戦におよんでこれを討ち取り、同城に入城している（『多聞院日記』『澤蔵及松永乱記』）。

【現況】クランク状に折れる主郭Ⅰを中心に構成されている。主郭Ⅰ北側は、堀切Ａ・Ｂ・Ｃからなる三重堀切によって城域を画している。主郭Ⅰ東側に延びる尾根上に堀切Ｄがあり、その中央が土橋となっている。ここが城域の東端とみら

遠景（南西から）

横堀Ｈ（東から）

れ、東側の尾根続きに対処している。その西側に堀切Eと土塁Fを配し、虎口Gが形成されている。堀切Dの土橋と虎口Gは直線上にあるが、堀切Eの内側土塁越しに敵兵を攻撃することが可能となっている。土塁Fはやや弧を描くように西へ延び、主郭Iとの間が横堀Hとなっている。主郭I南西側と北東側下段は削平不明瞭な帯曲輪が取り巻く。後者の中央部には二本の竪堀が並び、敵兵の横移動を制限している。

【評価】当城は、遺跡としては認識されていたものの、論文や一般書籍等ではこれまで紹介されたことがなく、今回が初めての報告となる。竜谷城付近の軍事的動向で注目されるのが、永禄八年十月の外山城をめぐる松永方と多武峰による攻防戦である。この軍事的緊張が竜谷城築城の契機となった可能性が最も高い。その場合、外鎌城と対峙していたのか、それとも連携していたのかについては判断しがたい。なお、永禄三年十一月の松永方による初瀬・宇陀侵攻や永禄六年一月の松永方と多武峰の攻防戦によるものである可能性も排除しきれない。いずれにせよ、築城主体としては松永方もしくは多武峰・秋山氏等を想定すべきであろう。

【探訪にあたっての注意事項】公共交通機関を利用した当城へのアクセスは、近鉄大阪線大和朝倉駅下車、南東へ徒歩約40分（約二・五㎞）で竜谷集落北東端の登城口に到る。そこを右折すると山道があり、道なりに約10分登ると城内に到着することができる。

（金松誠）

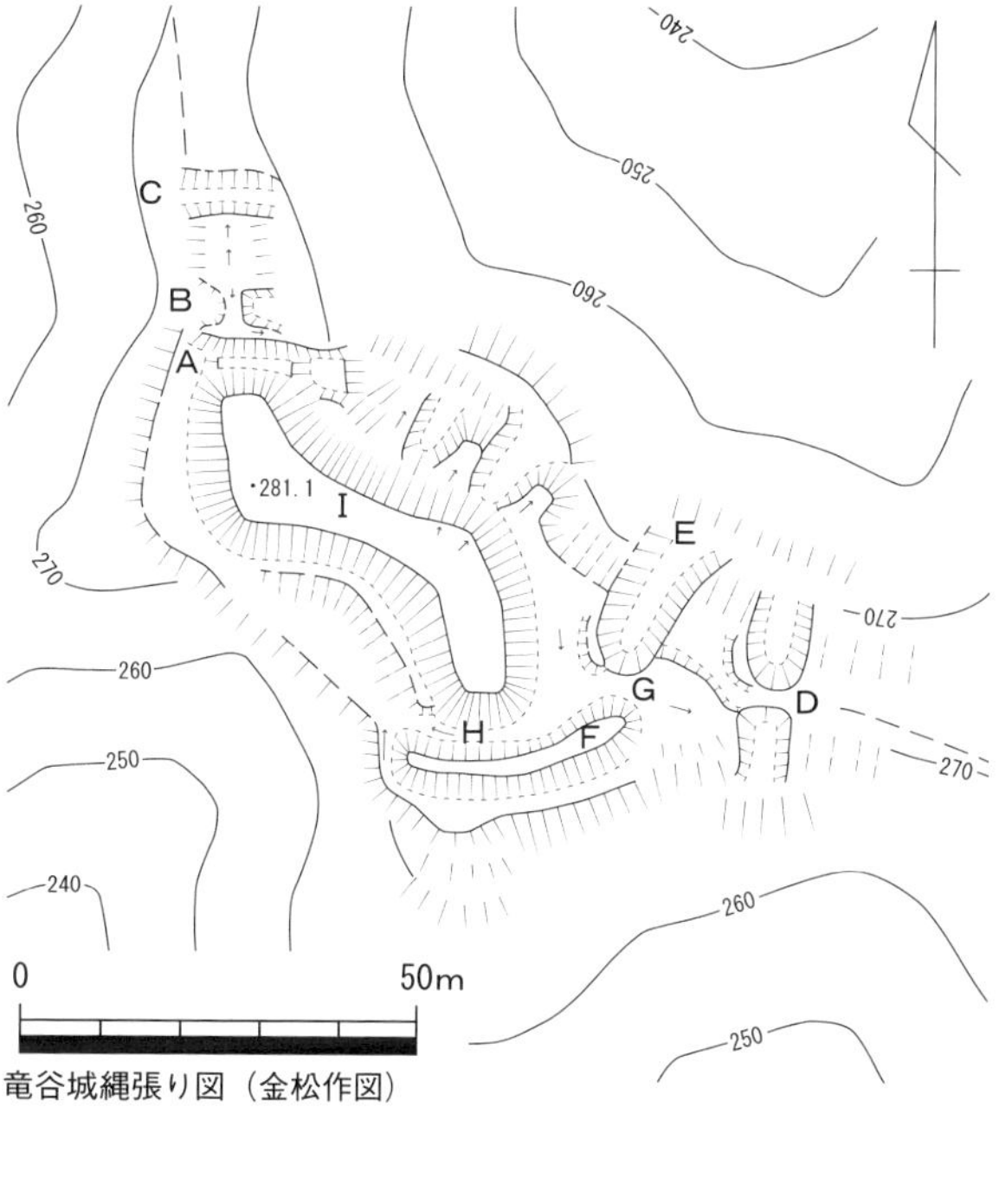

竜谷城縄張り図（金松作図）

消滅した土豪下田氏の居城

46 下《しも》田《だ》城《じょう》

所在地：香芝市西真美ヶ丘1丁目
標高（比高）：七一m（一八m）
別称：なし
史跡指定の有無：—

【位置と歴史】ＪＲ和歌山線香芝駅の東側約四〇〇mの林法寺北側、馬見《まみ》丘陵の南西端に位置していた。南麓から西麓かけて、葛下川が流れており、南西側の眺望に優れる。「城山（ジョーヤマ）」「ジヤマ」と呼ばれていたが、[*1]宅地造成により消滅した。そのため、下田城の全容は不明なままであった。

消滅前の下田城（北東から）

享保十九年（一七三四）に成立した『大和志』には下田村に塁址があったことが記されている。『大和北葛城郡史』下巻によると、城主は在地の土豪であった下田氏とし、永禄年間には下田又次郎友夏が拠っていたとする。[*2]

【現況】現在、住宅地となっているが、地元に伝わる明治時代の地籍図により、その概況が確認できる。これによると、主郭Ⅰのみで構成されていたとみられる。規模は、南北六二m×東西六〇mを測り、南西部は南へ張り出している。北辺東端から東辺南端にかけては池・溝となっており、『大和北葛城郡史』下巻及び『大和下田村史』によると、これが水堀跡とされている。

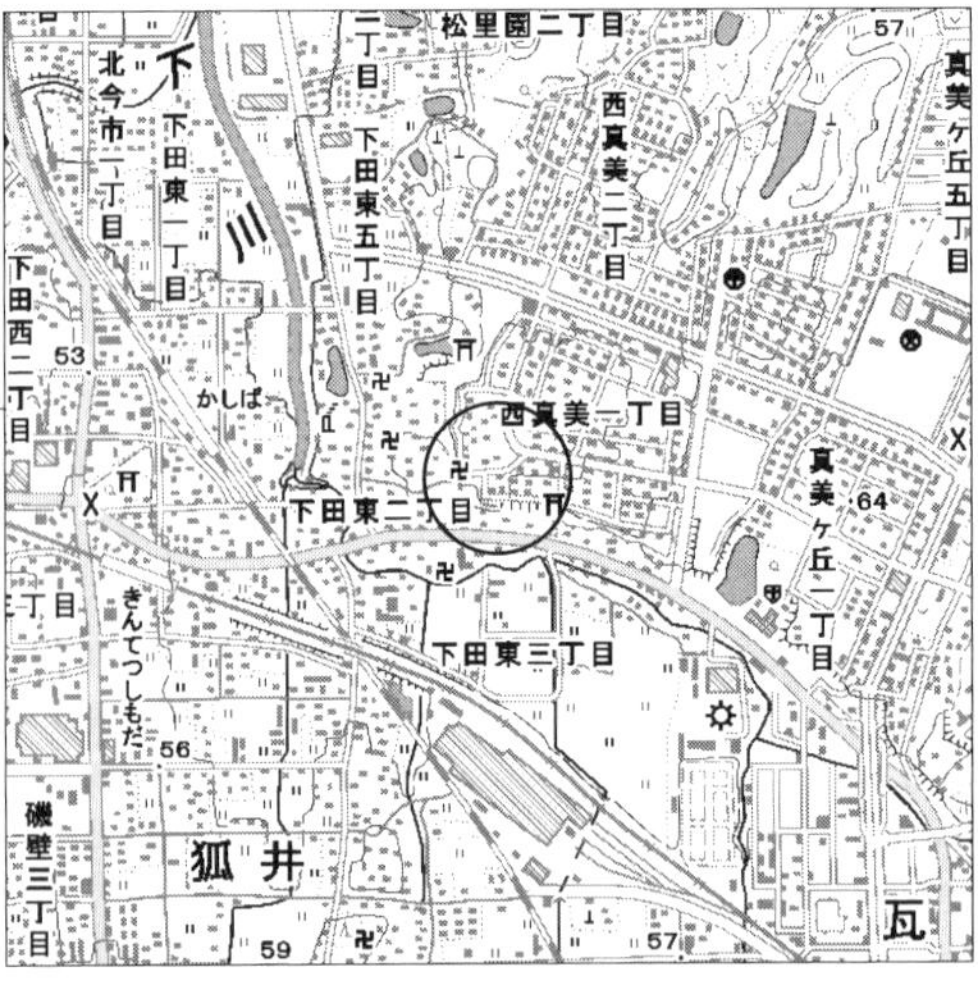

＊1　土居実・池田末則『大和下田村史』（下田村役場、一九五六年）
＊2　奈良県北葛城郡役所『大和北葛城郡史』下巻（一九〇五年）

主郭Ⅰの周囲は、細長い畑と田が取り巻く。『大和下田村史』は、当時において北側に残っていた笹藪を堀跡とし、西側は破壊されていたものの、崖際の形状から堀であったと推定している。これにより、周囲には堀がめぐっていたと判断できる。堀の規模は、幅五～二八mを測り、特に南東側が幅広くなっている。

【評価】丘陵端部に立地する堀に囲まれた約半町四方の館城であったとみられる。眺望も優れており、村落支配のほか軍事的にも適した立地であったといえよう。

【探訪にあたっての注意事項】JR和歌山線香芝駅下車、徒歩約7分で到着する。住宅街となっていることから、写真撮影等には配慮が必要である。

（金松誠）

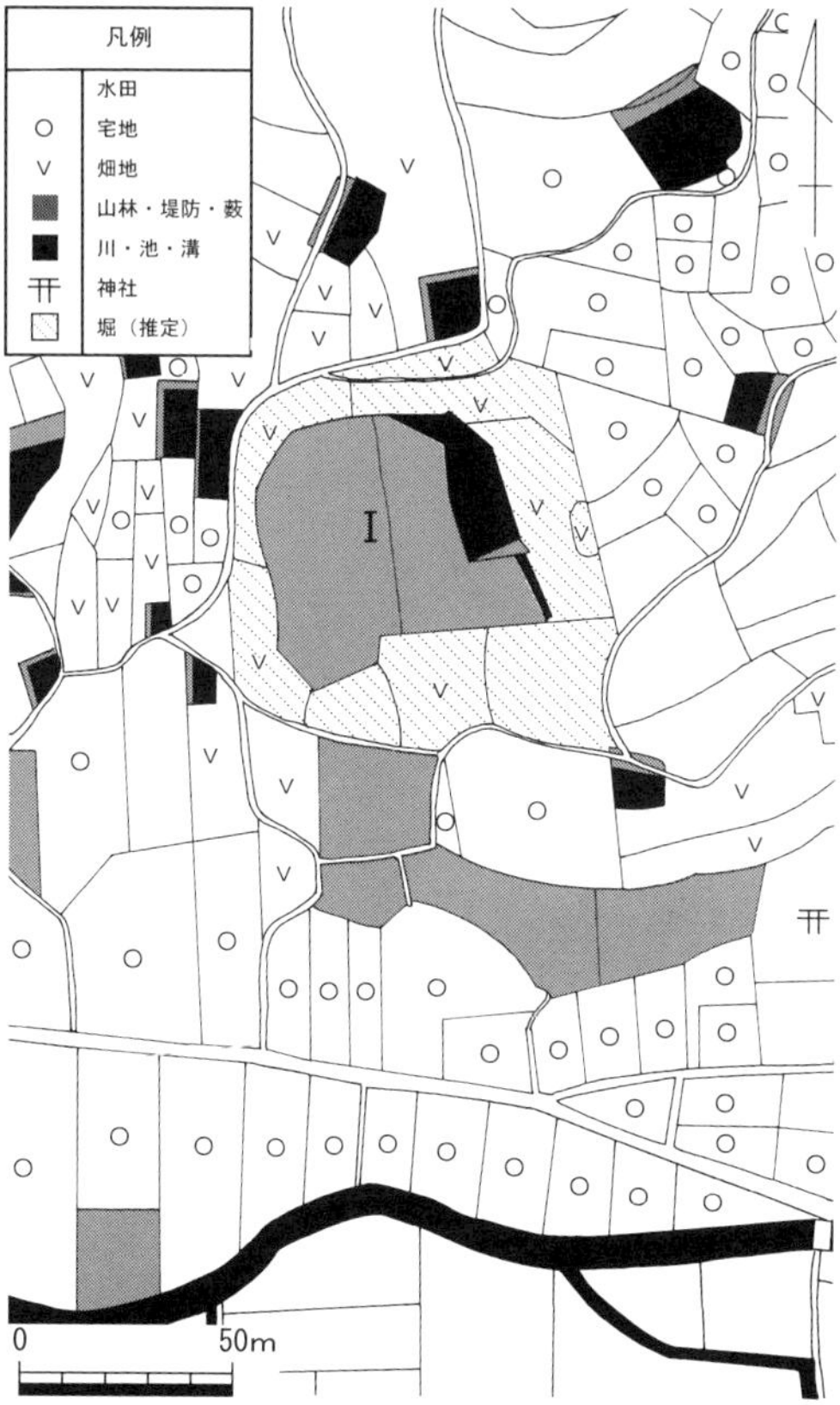

下田城復元図（金松作図）
（明治期地籍図をもとに作成）

発掘調査された平地居館

47 岡氏居館《おかしきょかん》

所在地：香芝市逢坂二丁目
標高（比高）：六七ｍ（〇ｍ）
別称：逢坂城
史跡指定の有無：―

【位置と歴史】当城には、「城ノ前」「土イノモト」「田中土井ノモト」「マトハ」地名が残されており、堀跡と思われる池があった。そのため、以前から城館跡が存在すると考えられていた。また、南西約一・二㎞の山上には岡氏居城と伝わる畑城があることなどから、春日社神人・国民であり、南北朝期以降は興福寺一条院方坊人であった岡氏の居館に比定されていた。戦国期になると、岡氏は松永久秀に属し、後に筒井順慶に降っている。しかし天正八年（一五八〇）、岡弥次郎《やじろう》は織田信長の命によって自刃し、岡氏は在地領主としての地位を失った。

宅地となった一帯

【現況】平成二十年、宅地造成に先立って「土イノモト」の南側、「ヨキノクチ」の一角が発掘調査された。調査区では十二世紀中頃から後半にかけての河道が埋没し、整地層が設けられていた。十四世紀前半になると柵・土坑・溝等が確認される。十四世紀中頃から後半にかけては東西三・九ｍ、南北四・六ｍの掘立柱建物が建てられるようになる。そして十五世紀後半から十六世紀前半にかけて堀が設けられる。この堀は一度掘り直しがなされていた。当初は推定幅が四・六ｍ、深さ一・

岡氏居館縄張り図（髙田作図　濃いトーンは池跡、斜線は発掘調査で明らかになった堀）

六mであったのに対し、その後は推定幅六m、深さ一・二mとなる。堀の法面からは、直径一〇cm前後の杭が一m前後の間隔で打ち込まれていた。堀は十六世紀後半に埋められるが、一部は水路となって近年まで機能してきた。

【評価】発掘調査によって城郭として機能していたこと、機能した時期と変遷、周辺地割や地名を通じて堀の広がりが推定されるようになった。残念ながら宅地開発により堀跡の痕跡であった池・水路は失われたが、それでも堀跡の名残である低くなった箇所を残している。

【探訪にあたっての注意事項】一帯は住宅地と化しており、わずかに堀跡由来の低くなった土地を認める程度である。探訪の際には、周囲に注意を払いたい。

（髙田徹）

低くなったかつての池跡

南北朝期の在地城館

48 鈴《すず》山《やま》城《じょう》

所在地：香芝市鎌田
標高（比高）：七一m（一七m）
別称：なし
史跡指定の有無：―

【位置と歴史】馬見丘陵南西端の丘陵頂に位置する。すぐ麓には葛下川が南東から北西方向に流れる。歴史、城主等は伝わっておらず、不明である。

【現況】主郭Ⅰと Ⅱ郭で構成されている。主郭Ⅰは、約三〇m四方であり、南東部は孤状を呈している。北辺・西辺には最高所約一・五mの土塁がめぐり、西辺土塁南続きは幅約七m・高さ約〇・五mの高まりがみられる。北西隅には古墳を利用した高さ約三mの櫓台状遺構Aがみられる。櫓台状遺構A内部は、逆凹字状に掘り込まれている。北辺土塁中央法裾には、井戸Bが確認できる。その東側には、幅三m・高さ約〇・三mの一段高い平坦地がみられる。

　東辺・北辺・西辺は、幅約八～一二m、深さ約四～六mの堀に囲まれている。東辺・北辺の堀対岸は、土塁によってさらに囲まれている。北辺堀西端には閉塞土塁Cがあり、西辺堀との接続を妨げている。西辺堀北端は、北西へわずかに屈曲して延びていく。北東隅の土塁と堀が途切れた開口部の土橋により、Ⅱ郭と連絡することができる。

　南辺については、自転車歩行者専用道路建設によって消滅

西辺堀（北から）

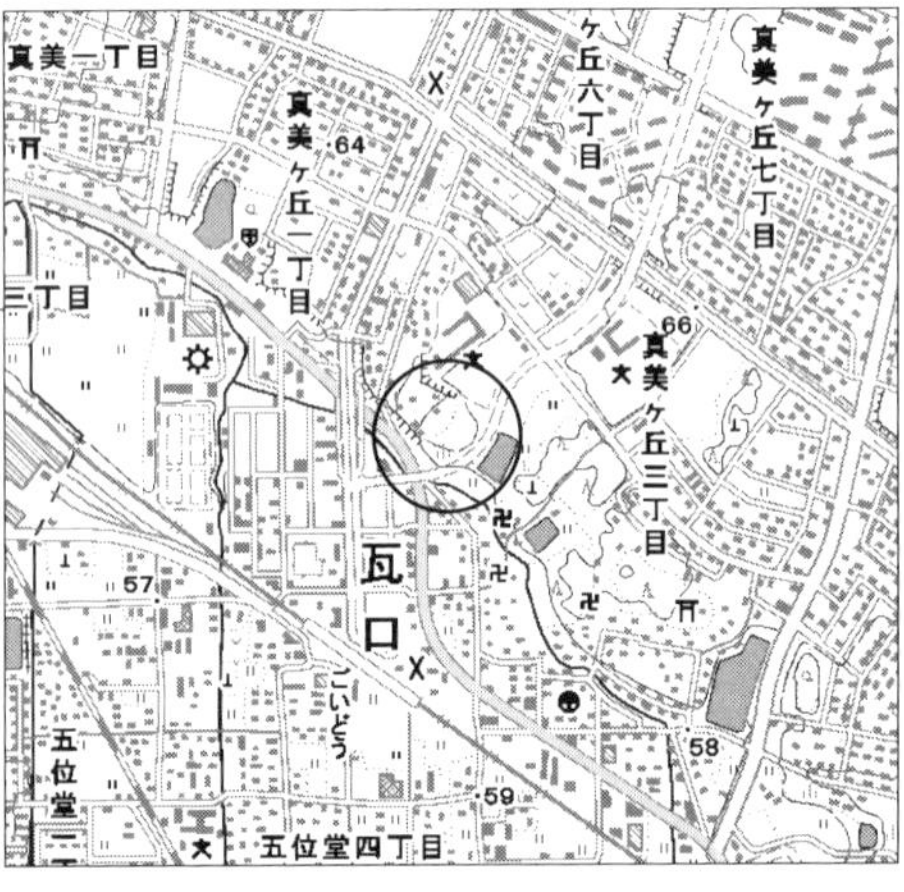

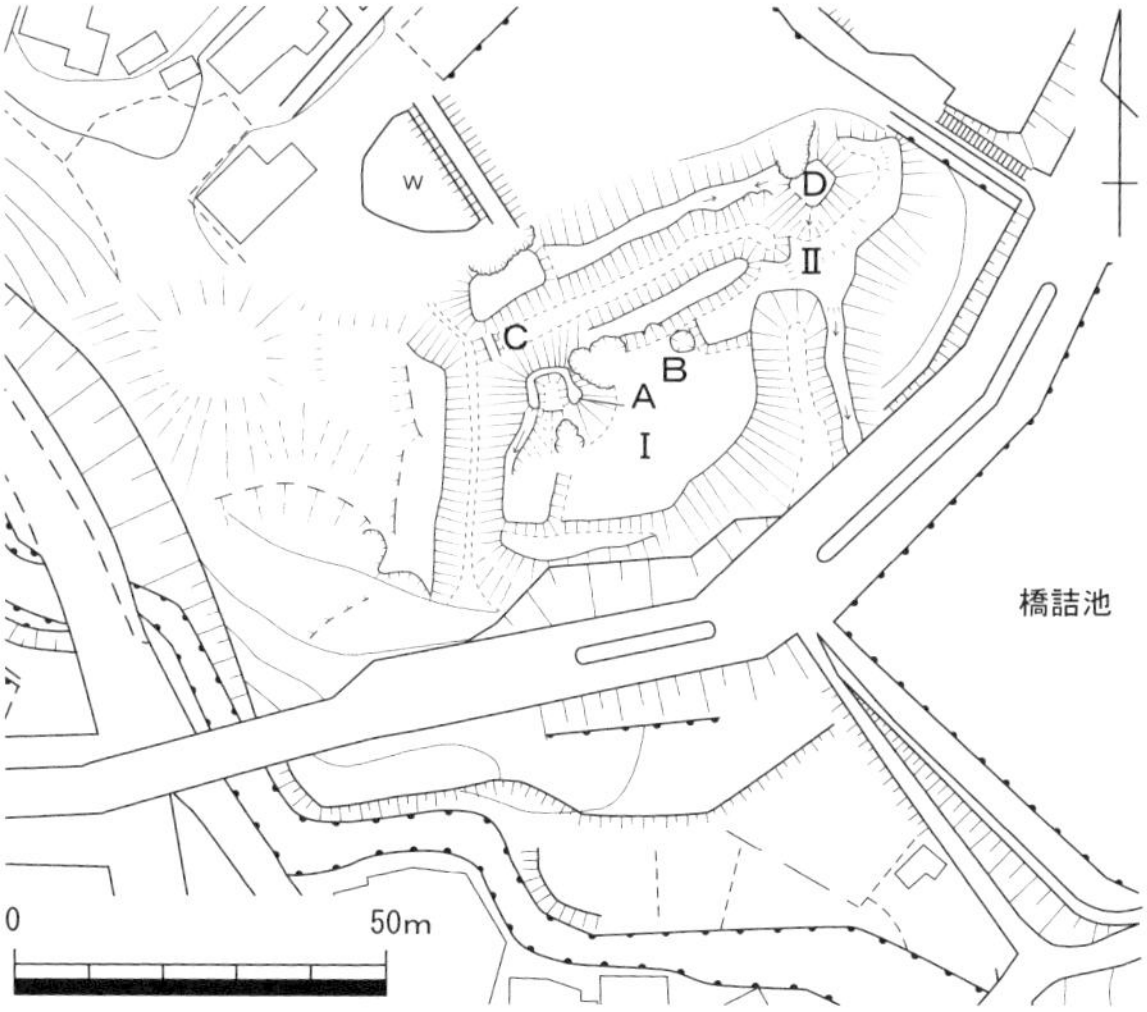

鈴山城縄張り図（金松作図）

している。工事に伴う事前の発掘調査[*1]では、幅約三〜七m、深さ約二〜三mのV字状の堀が検出された。堀埋土からは、十四世紀後半頃の瓦器埦がまとまって出土している。堀下部は、堆積土の状況から水堀であったとみられる。

Ⅱ郭は、主郭Ⅰの北東側に位置する。内部の削平は不十分である。主郭Ⅰ北辺堀東端に接して高さ約二・五mの古墳Dがあり、櫓台の役割を果たしていたとみられる。

【評価】 当時、この地は興福寺一乗院門跡領の平田荘に属していたとみられる。時代は下り、天正八年（一五八〇）には当地の所在する鎌田は万歳氏の勢力圏であったが[*2]、岡氏との勢力圏とも接していた。南北朝期においても、両者がせめぎ合う地域であったと考えられる。このことから、城主はこの両氏のいずれかに通じる土豪であったとみられる。

大和盆地において、丘陵端部に土塁と堀をめぐらして築かれた「方形単郭型」[*3]の城館が十四世紀後半以前には成立していたことを示す事例として評価することができよう。

【探訪にあたっての注意事項】 近鉄大阪線五位堂駅下車、徒歩約10分で到着する。城内へは主郭Ⅰの西辺堀南端から入ることができる。

（金松誠）

＊1　奈良県立橿原考古学研究所『鈴山城跡・鈴山遺跡発掘調査概報』（香芝市教育委員会、一九八五年）

＊2　「一乗院門跡領平田荘名田方田地帳」（『春日大社文書四』九〇二号、春日顕彰会、一九八四年）

＊3　多田暢久「城郭分布と在地構造―戦国期大和国東山内の動向―」（『中世城郭研究論集』、新人物往来社、一九九〇年）

墳丘全体に手を入れた城郭

49 狐《きつ》井《い》城《じょう》

所在地：香芝市狐井・良福寺
標高（比高）：七〇m（一一m）
別称：なし
史跡指定の有無：―

【位置と歴史】狐《きつ》井《い》城山《しろやま》古墳《こふん》は、狐井丘陵の中ほどに位置する。周堤部を介して、北と西側は低地に接する。「城山」を冠するように、岡部（岡）氏の城砦があったとされ、「狐井城」と呼ばれる。古墳は全長約一四〇m、後円部の径約九六mの前方後円墳である。五世紀末から六世紀初頭の築造と考えられ、顕宗《けんぞう》天皇や武烈《ぶれつ》天皇の陵に比定する説もある。墳丘は「城池」と呼ばれる周濠によって囲い込まれるが、後円部Ｉの南西隅のみ地続きとなっている。

　墳丘上は、浅い堀状遺構によって区画され、およそ五区画から構成される。後円部には近代まで神社が祀られていた。土取りの痕跡もあり、改変されたところも散見される。後円部はやや改変されているものの、曲輪らしい体裁を有する。これに対して、前方部は堀状遺構でぶつ切りにしたようになっており、曲輪化を指向した形跡がうかがいにくい。

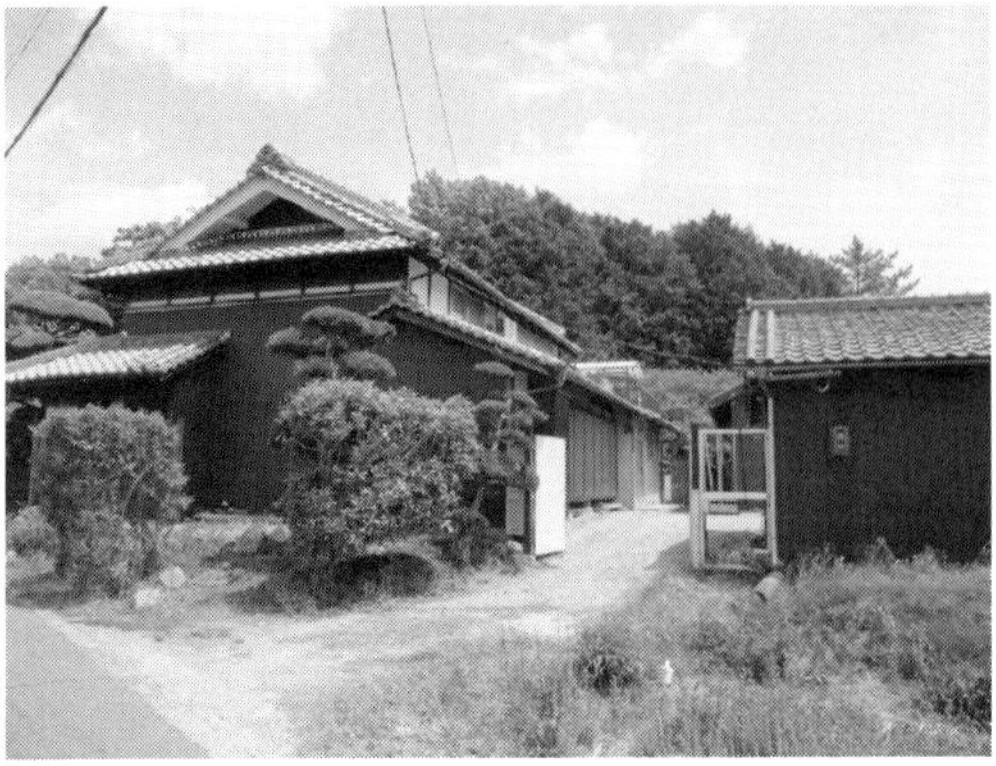
西側から見た狐井古墳

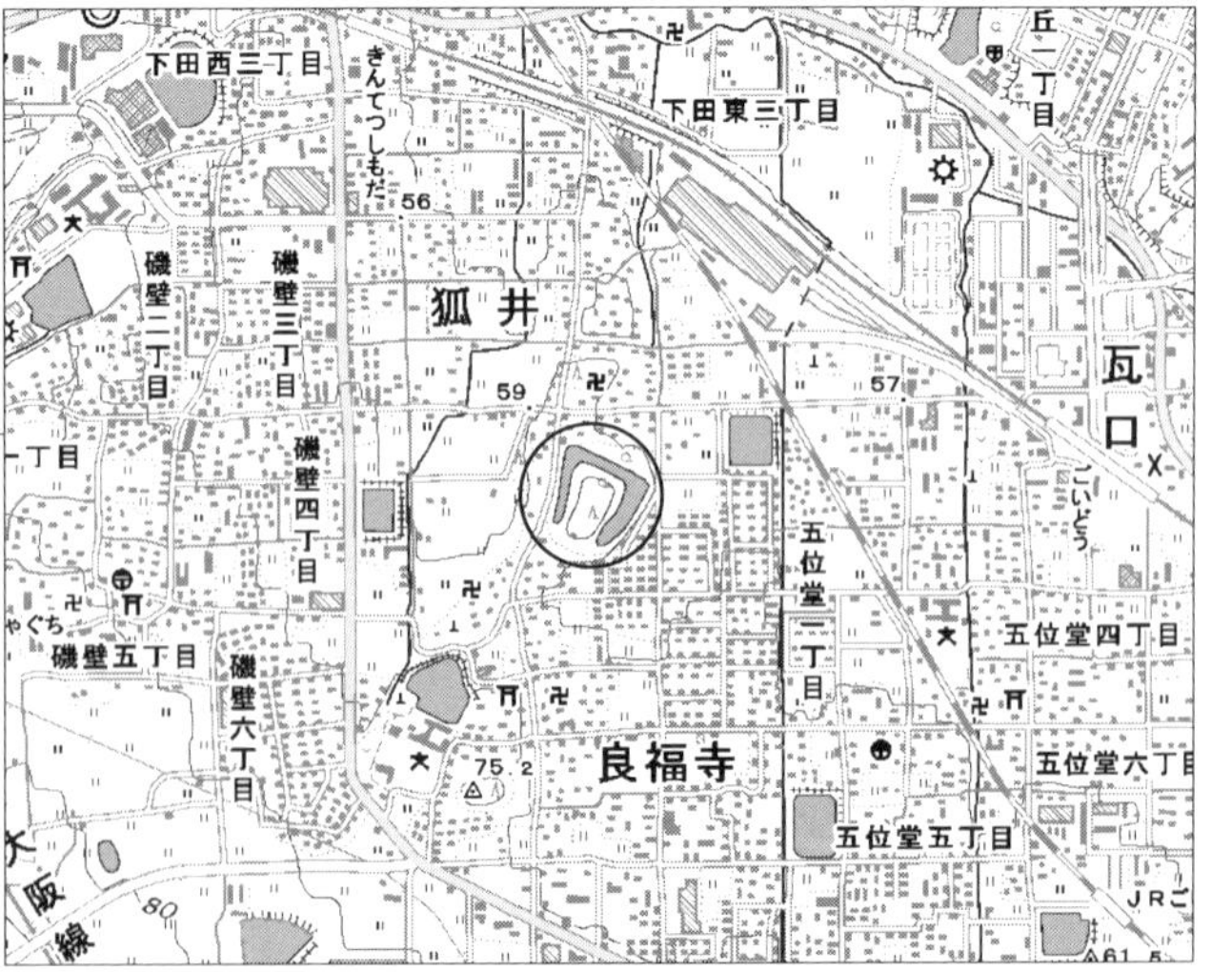

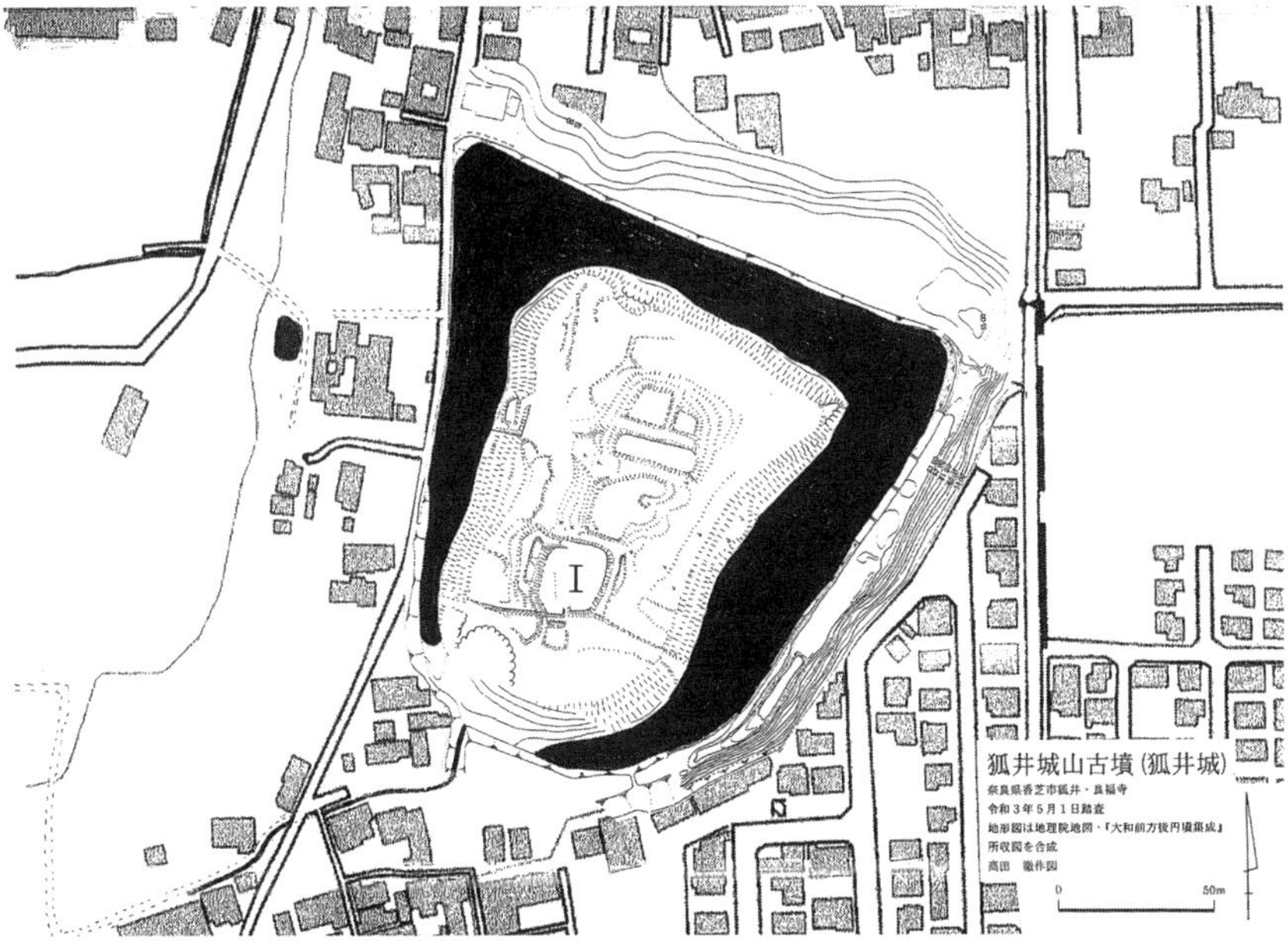

狐井城縄張り図（髙田作図）

墳丘の裾部となる北西から北東側には平坦地が広がる。内部には溝や凹地を認めるが、はっきりと城郭遺構といえそうな箇所は見当たらない。

【評価】　後円部Ⅰを主郭とし、前方部は浅い堀状遺構で潰したかのような造りである。古墳を大規模に改変した形跡はないが、これは大和盆地にみられる大型古墳を転用した城郭におよそ共通する。[*1] 古墳に対して、いくらか忌避・畏怖する考えがあったのではないかと思われる。城主として岡部（岡）氏が伝えられるが、臨時的に使用された城郭ではないだろうか。

【探訪にあたっての注意事項】　古墳へは南西部から出入りできるが、墳丘は私有地である。立ち入りの際には所有者から許可を仰ぐこと。

（髙田徹）

＊1　髙田徹「奈良県下における城郭利用が考えられる古墳について―奈良盆地を中心に―」（中世城郭研究会『中世城郭研究』三五、二〇二一年）

西面

方形単郭の城館か

50 瓦《かわら》城《じょう》

所在地：香芝市瓦口
標高（比高）：七三m（九m）
別称：なし
史跡指定の有無：—

【位置と歴史】馬見丘陵南端部に位置し、北側には土山古墳が隣接する。南側への眺望が開けている。北西三三〇mの丘陵端部には鈴山城が位置する。すぐ麓には葛下川が南東から北西方向に流れる。歴史、城主等は伝わっておらず、不明である。

【現況】主郭Ⅰの単郭で構成されていたとみられ、北半部が約一m下がっている。東側は後世の開発により破壊されたと考えられる。主郭Ⅰは、北辺・西辺にやや弧を描く逆L字状の土塁がめぐり、土塁を含めると南北約四〇mの規模である。

北辺横堀（西から）

　土塁の規模は上幅約六m・主郭Ⅰ北半部からの高さは約三mを測る。北辺東端及び西辺南端は傾斜が緩やかになっている。西辺土塁の中央には高さ約〇・五mの東西方向の土塁状の遺構が確認できる。

　土塁の外側には横堀がめぐる。規模は、幅一〇～二〇m・土塁からの深さは二～四・八m、その対岸からの深さは一～

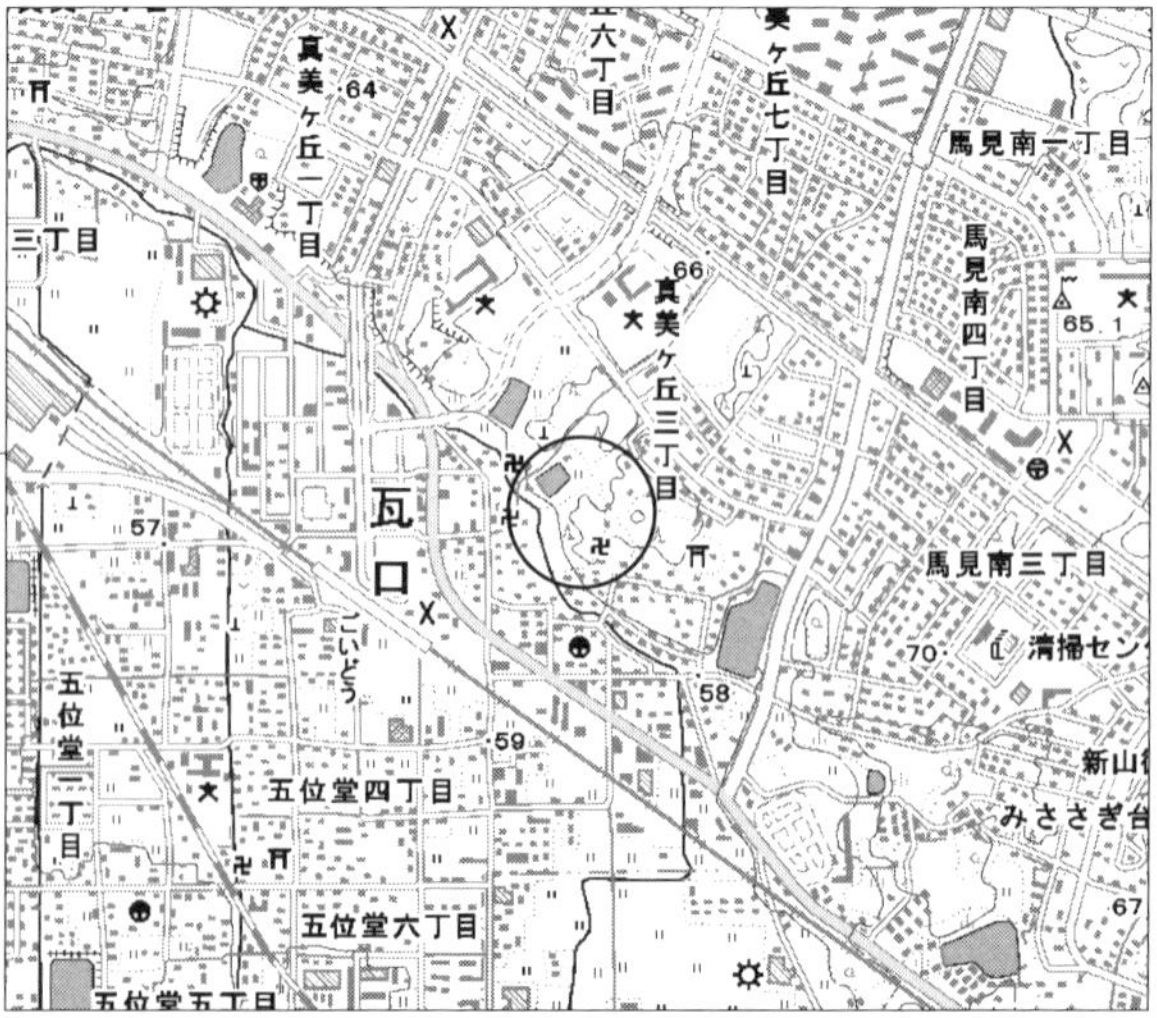

瓦城縄張り図（金松作図）
（香芝市教育委員会作成の測量図をベースに作成）

西辺横堀（北から）

二mを測る。横堀の外側は、後世のものとみられる段々畑や大きな穴が見られるが、明確な城館遺構は確認できない。

【評価】当城は、一九八五年には存在が知られていたようであるが、[*1]長らく詳細が不明であった。このたび、香芝市教育委員会による土山古墳の発掘調査に合わせて実施された地形測量[*2]によって、遺構の存在が確認できたものである。残存状況は良くないが、ひとまず「方形単郭型」[*3]の城館遺構として判断して差し支えないとみられる。

中世において、この地は興福寺一乗院門跡領の平田荘に属していたとみられる。本書鈴山城（一九六頁）の考察のとおり、岡氏と万歳氏がせめぎ合う地域であったと考えられることから、城主はこの両氏のいずれかに通じる土豪であったとみられる。

馬見丘陵縁辺部に「方形単郭型」の下田城・鈴山城・瓦城が連なっていることの意義については、築城時期や築城主体を含めて今後の検討課題としたい。

【探訪にあたっての注意事項】近鉄大阪線五位堂駅下車、山林北西端の里道を経由して徒歩約13分で到着する。

（金松誠）

＊1　奈良県立橿原考古学研究所『鈴山城跡・鈴山遺跡発掘調査概報』（香芝市教育委員会、一九八五年）

＊2　香芝市教育委員会『香芝市埋蔵文化財発掘調査概報35』（二〇二二年）

＊3　多田暢久「城郭分布と在地構造―戦国期大和国東山内の動向―」（『中世城郭研究論集』、新人物往来社、一九九〇年）

宗教施設を思わせる区画城郭

51 佐《さ》味《び》城《じょう》

所在地：御所市別所字城山段・上ノ城山
標高（比高）：四五〇m（一〇〇m）
別称：なし
史跡指定の有無：—

【位置と歴史】金剛山（一一二五m）から東に延びた支尾根先端となる、標高四五〇m付近の台状の地形に位置する。東山麓には御所市の平野部が広がり、西側の尾根は狭く急傾斜地となり、伏見峠方面に繋がる。

「畠山家譜」の記述によると、天文六年（一五三七）に木沢長政が築いた「琵琶尾城」[*1]あるいは永禄十年（一五六七）に畠山高政と根来衆が攻撃した幸田城[*2]に比定する説があるが、不明な点が多い。

遠景（南から）

【現況】城郭の規模は東西四〇〇m、南北三〇〇mあり、西の堀切Aより東の区画群Ⅱまで一七〇mの間が自然地形となっている。南北の谷は深く切り立つため、特に何の防御施設も設けない。

曲輪Ⅰの西側は空堀Bが巡り、東と南の一部には堀障子Cがみられる。曲輪Ⅰは東の区画群Ⅱより七mほど高く、城主クラスの住居地区と考える。東の区画群Ⅱは方形の屋敷地と思われる。大手口Dからメイン通路Eが曲輪Ⅰに通じ、区画

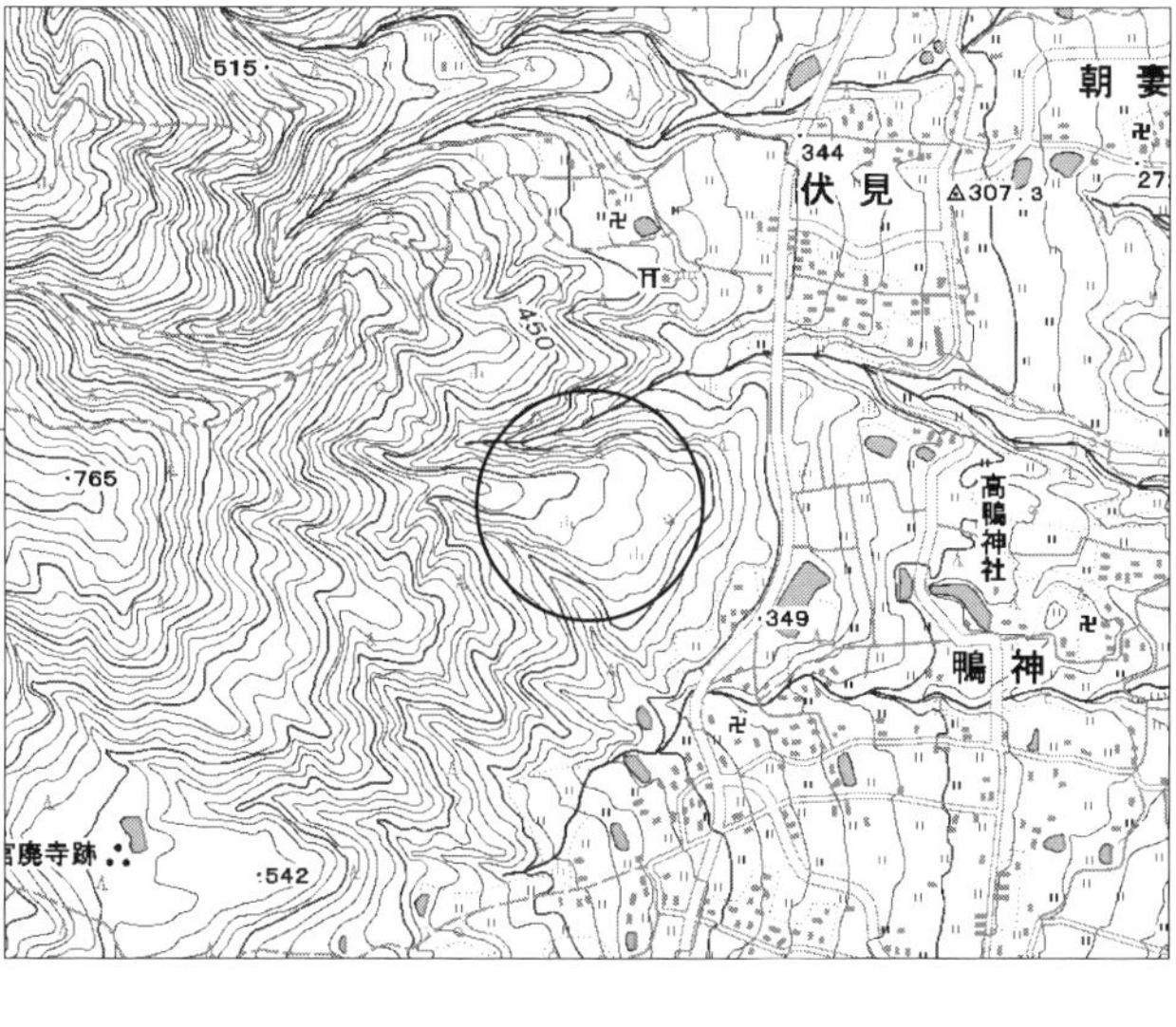

＊1 『奈良県中近世城館跡調査報告書』第二分冊（奈良県、二〇二一年）
＊2 『多聞院日記』

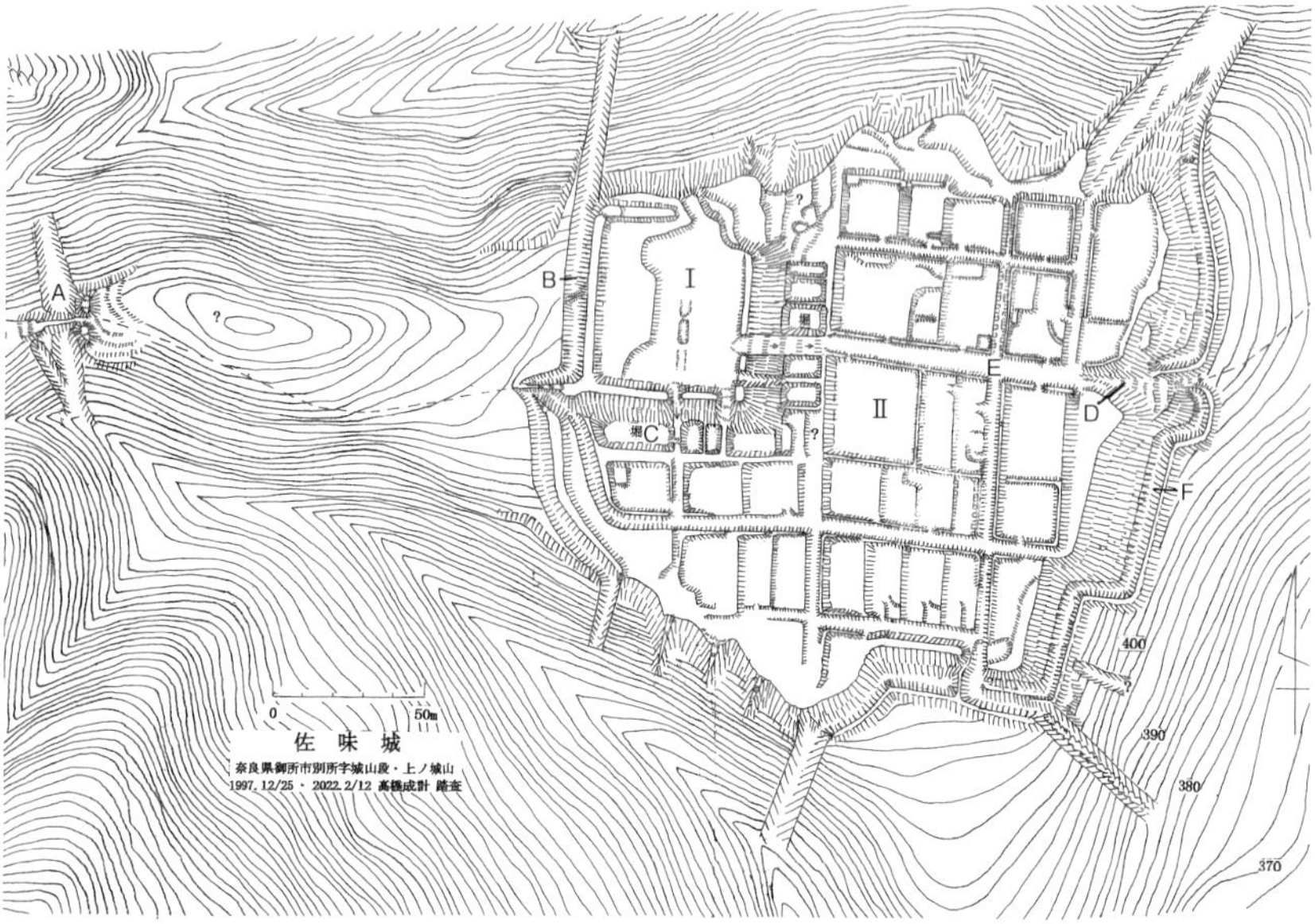

佐味城縄張り図（高橋作図）

群IIには縦横に通路がのびる。東の大手口Dは、横堀Fが食い違いとなり、切岸上の曲輪からの横矢掛かりが可能となっている。また城郭全体の周囲には、北を除いて横堀が敷設されている。

【評価】遺構の評価について村田修三氏は、崖を利用するよりも区画の規格性を優先させていること、周囲に横堀、堀切を設けるものの防御上の工夫がやや乏しいことを指摘し、その上で戦闘機能よりも住居機能、さりとて地域支配の拠点となる立地ではないことから大軍を長期に駐屯させる陣城であったと推定されている。[*3]

藤岡英礼氏は近畿地方の横堀との対比から、側射をともなわない当城館は天文期の水準を表すとみなす。山寺の本堂があったとみられる主郭が改修を受けた形跡がないまま機能を温存し、山寺の聖地性を否定する軍事的改変に

＊3　村田修三「佐味城」（『図説中世城郭事典』2、新人物往来社、一九八七年）

限界を見出している。＊4

西股総生氏は、特異な構造を評価するに際して、「これは寺院か城郭か」という二者択一的な問題設定は建設的ではないとした。寺院の構造と城郭の要素とが、矛盾なく同居するような状況を想定すべきともいう。その上で①武力を有する宗教勢力による築城、②寺院を一時的に陣などとして使用した、③廃寺跡の区画群を利用した築城、の三通りを想定する。防御構造物のプランニングが手慣れていることから、②または③の可能性が強いとみている。＊5 ただし①の場合、防御遺構の規格性からみて、当該宗教勢力はかなり武力を有し、なおかつ切迫した緊張状態におかれていたと考えたほうがよい。

三氏の評価は以上であるが、階層をともなう集団が軍事的緊張の中で構築し、駐屯した施設とみなされる。全国的にも特徴的な縄張りと言える。

空堀の折れ

空堀（増山政昭氏提供）

【探訪にあたっての注意事項】 県道三〇号線沿いにある鴨神のバス停から北へ小道を登り、畦道にあるトタン板のフェンスを開いて杉林に入る。石碑の前を左折して山道を登ると城跡に至る。

（高橋成計）

＊4　藤岡英礼「奈良盆地周辺における拠点的山城の縄張り構造―城郭外縁部（防禦ライン）の構成を中心として―」（中世城郭研究会『中世城郭研究』一四、二〇〇〇年）

＊5　西股総生「佐味城」（中井均監修・城郭談話会編『図解近畿の城郭Ⅱ』戎光祥出版、二〇一五年）

大和と河内の境にある城

52 楢原城《ならはらじょう》

所在地：御所市楢原
標高（比高）：三八〇m（三一〇m）
別称：なし
史跡指定の有無：—

土塁E

【位置と歴史】大和国と河内国の国境になる葛城山（九五九．二m）東山麓の標高三八〇mに位置する。城の東側には九品寺《くほんじ》があり、行基《ぎょうき》が開祖といわれている。楢原氏は南北朝の戦いに楠木正成に味方し、一族の身代わりのために石仏を菩提寺の九品寺に奉納しており、現在も千体石仏として伝わる。

楢原氏は興福寺大乗院方の国民で、戦国時代には越智氏に味方し、楢原郷を中心として勢力を伸ばし、南隣の吐田《はんだ》氏と争い一時没落した。その後、筒井氏が勢力を伸ばすと行動を共にした。＊1

【現況】城は奥城、中城、前城（サオンジ）の三つに分かれており、奥城は標高三八〇m部分を四条の堀切で遮断し、東には三角形状の傾斜した土壇Aがある。主郭となる曲輪Ⅰは、南北四〇m、東西二〇mの二段になった曲輪で、東に虎口Bがあり、枡形状を呈している。東側には雛壇状に小規模な曲輪が配置され、各曲輪には通路が通じる。東側の支尾根は各二条の堀切で遮断されており、北側の斜面には横堀と畝状空堀群Cを組み合わせて敷設する。

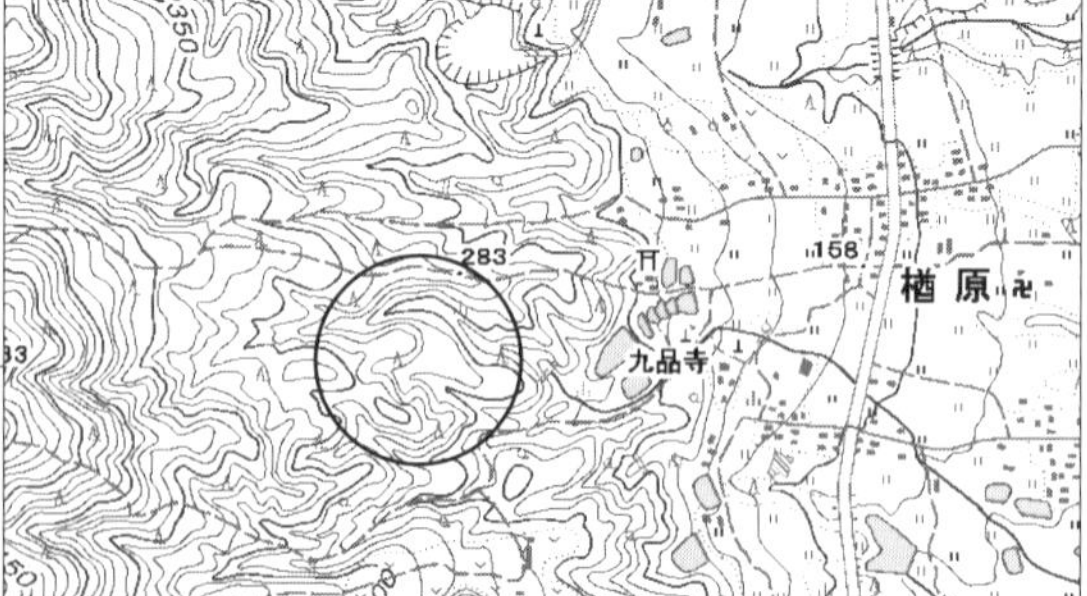

＊1・2　藤岡英礼「楢原城」（中井均監修・城郭談話会編『図解 近畿の城郭Ⅰ』戎光祥出版、二〇一五年）

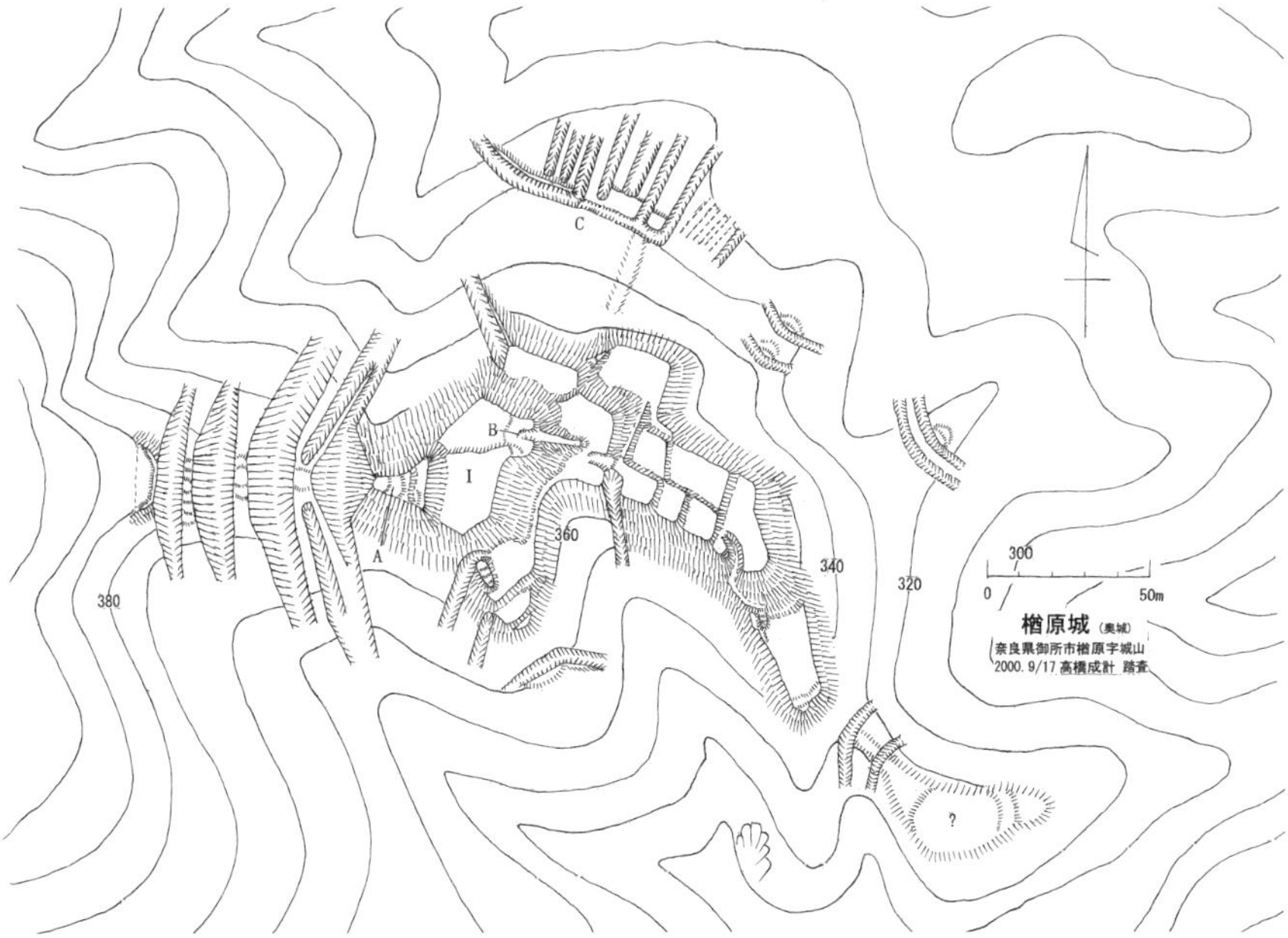

楢原城（奥城）縄張り図（高橋作図）

中城は標高三一〇m部分を三条の堀切で遮断し、東側には八m×八mの土壇Dを設ける。東西一六m、南北一〇m規模の曲輪Ⅱから、東へ七〇m×四m幅の土塁状を呈した尾根Eが南東へ下る。北には四段の曲輪群が造成され、幅四mの通路Fが北東に下る。曲輪Ⅱの北側には、曲輪と畝状空堀群Gが敷設され、南側にも畝状空堀群Hの敷設がみられる。通路を四〇m下ると堀切Iの土橋を渡り、北側に土塁Jをもつ曲輪Ⅲとなる。東の堀切Kを越えると曲輪Ⅳに接続する曲輪Vがあり、北東下一〇mには長さ二五mの横堀Lがある。さらに三〇mほど下ると「サオンジ」（左音寺）と呼ばれる七段の曲輪群に至る。中城の南にある曲輪群は細尾根上に位置し、南北

楢原城奥城の堀切

楢原城奥城の土塁

楢原城（中城・前城）縄張り図（高橋作図）

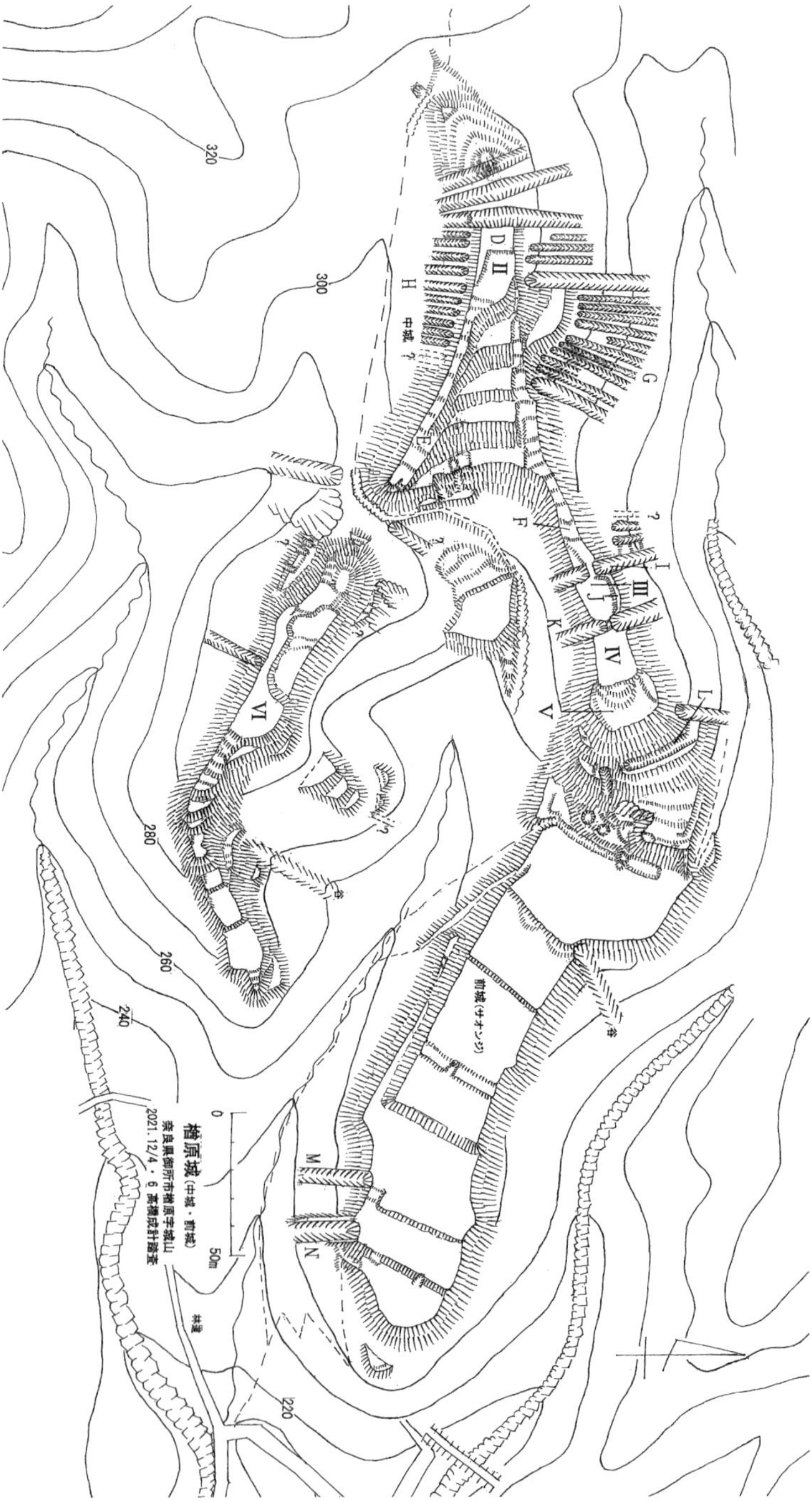

六〇m、東西一五m規模の二段になった曲輪Ⅵを中心に、東尾根上に曲輪が続き、南側の防御施設となっている。

前城は「サオンジ」と呼ばれ、規模は東西一八〇m、南北四〇mほどの七段の曲輪で構成されている。南の谷間には瓦片が散乱している。防御施設が明瞭ではないため城郭といえないとの説もある。[*2] しかし、東先端に二条の竪堀M、Nや高い切岸が認められる。また、地形的には城の入口となり、二筋の谷川が合流し狭い谷間が形成されている。防御上、重要な場所となる。

【評価】当城の地形は東の谷の入口が狭く、全体として奥行がある。南北の谷川は深い地形であり、東の大和平野からは城郭の規模が把握できない環境にある。まして入口部にサオンジと呼ばれる寺があったとすれば、その奥に山城が続いていたとは考えにくい。

楢原城中城の堀切

葛城山から延びた尾根筋は急傾斜地で、四条の堀切で遮断しており、南と北は深い谷地形のため、容易に攻略できる地形ではない。一城別郭の奥城と中城の接続部は、三条の堀切で遮断されている。一城別郭の奥城は楢原氏の歴史の中で、どのように活用されたかは不明であるが、奥城、中城、前城（サオンジ）で構成された大規模城郭は、大和・河内の歴史的な繋がりを感じさせる。

【探訪にあたっての注意事項】県道三〇号線から九品寺を目指し、九品寺に許可を得て駐車場に停めて、北西の墓地沿いの山道を進む。橋を渡ると前方に城跡へ登る道がある。

（高橋成計）

楢原城中城の主郭

楢原城中城の竪堀

大型の堀切が見どころの城

53 戸《と》毛《うげ》城《じょう》

所在地：御所市戸毛
標高（比高）：一二五m（二〇m）
別称：なし
史跡指定：—

【位置と歴史】大和川支流の曽我川が流れる巨勢谷《こせだに》は、奈良盆地と吉野川流域・和歌山方面をつなぐ重要な交通路で、古代には紀路または巨勢路と呼ばれていた。中世には大乗院領の奉膳庄・巨勢庄・朝町庄・戸毛庄などが存在しており、「越智郷段銭算用状」から戸毛庄・奉膳庄などは越智氏の勢力圏「越智郷」に含まれていたことが知られている。

戸毛城から大口峠方面を望む

【現況】遺構はダイジョウ池を挟んだ東西の尾根先端部に見られる。東尾根の遺構は春日神社から五〇mほど西方に設けられた深さ三mほどの堀切Aと削平地1からなる。削平地1は南側に小規模な土塁と虎口を思わせる入口が認められるが、背後は自然地形のままになっている。耕地にしては大規模な造成が行われていることや、堀切Aの存在から城郭遺構と判断した。

　西尾根の遺構はⅠ郭とⅡ郭・土塁・堀切からなる。Ⅰ郭は幅一二m・深さ六mほどの大型の堀切Bと、堀切Bに並行して南斜面に設けられた竪堀で背後からの侵入を阻んでいる。

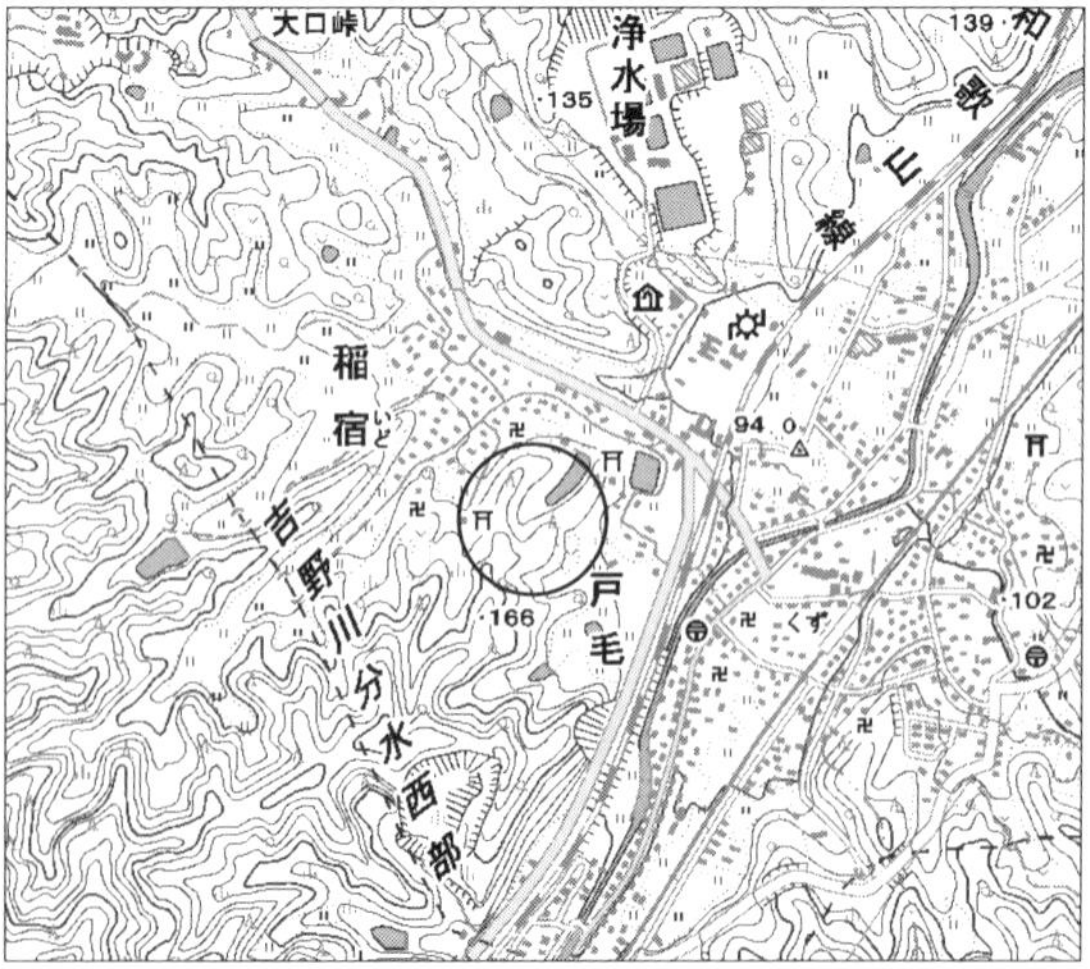

Ⅰ郭は『奈良県遺跡地図』では古墳と評価されており、中央部に盗掘坑状の窪みが存在するが、Ⅱ郭との比高差や端部の形状から土塁で囲まれた曲輪と思われる。Ⅱ郭はⅠ郭の七ｍほど下方にあり、ほぼ全域が耕地化されている。ダイジョウ池に面した南側は幅広い土手状となり帯曲輪も見られるが、北端部はやや不明瞭である。

【評価】　巨勢谷は城郭が集中する地域である。その中で当城に類似した立地・構造となるのが南方一・七㎞にある奉膳城である。両城とも街道からとの比高がそれほど高くなく、大規模な堀切とそれに並行する竪堀で背後を遮断する。断定はできないが、同一勢力によって築城・運用された可能性がある。

【探訪にあたっての注意事項】　東尾根の遺構へは春日神社から尾根上を通っていくことになるが、藪となっており削平地上も荒れているため観察は難しい。西尾根の遺構は観察しやすいが、耕作地であるので見学の際には配慮が必要である。（成瀬匡章）

［参考文献］『日本城郭大系　一〇　三重・奈良・和歌山』（新人物往来社、一九八〇年）／『奈良県の地名』（日本歴史地名大系　第三〇巻、平凡社、一九八一年）／藤岡英礼「大和国における越智氏勢力の城館構成」（『大和高取城』城郭談話会、二〇〇一年）／内野和彦「国見山城」（『図解 近畿の城郭Ⅲ』戎光祥出版、二〇一六年）／成瀬匡章「奉膳城」（『図解 近畿の城郭Ⅴ』戎光祥出版、二〇一八年）

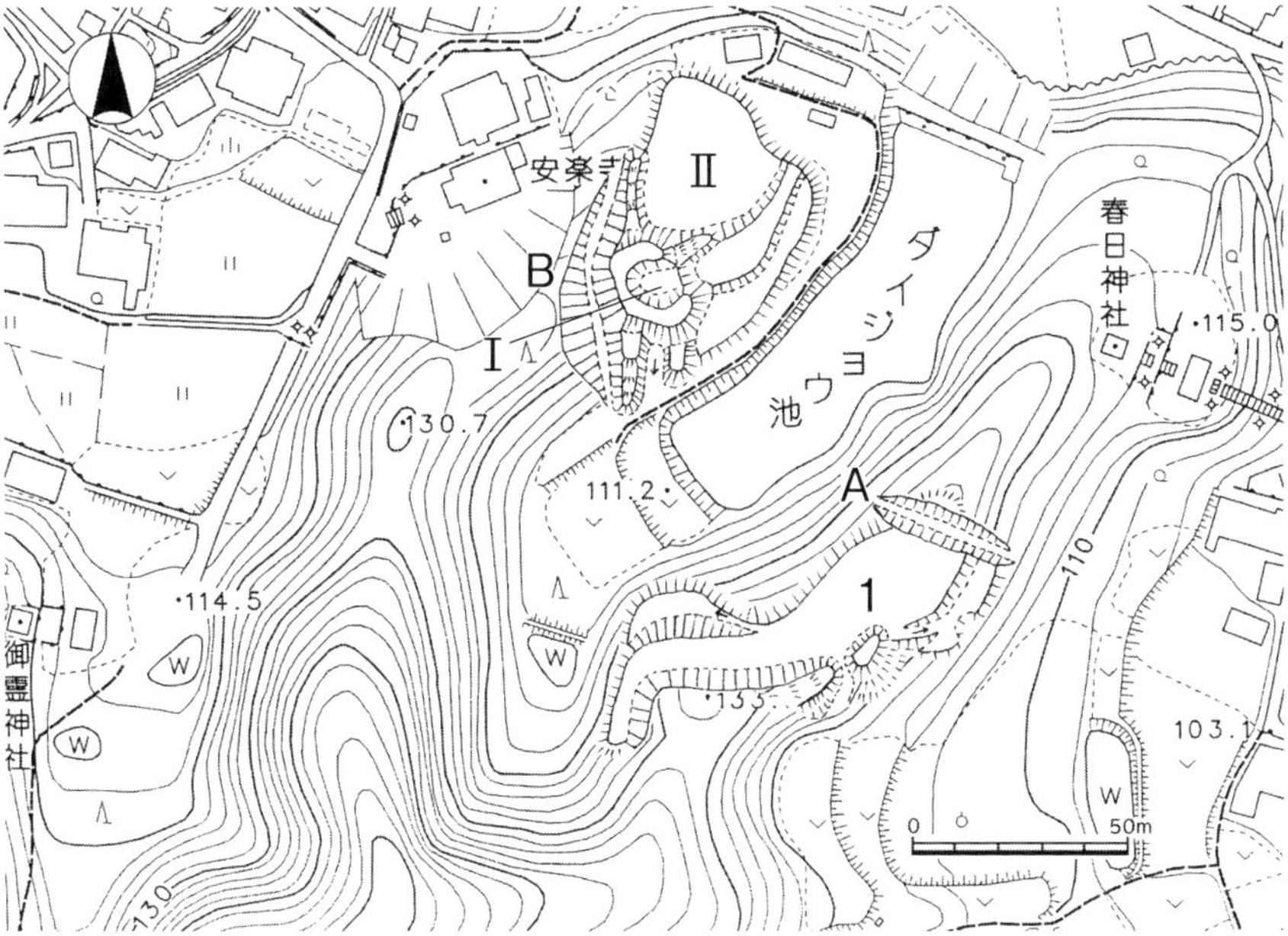

戸毛城縄張り図（成瀬作図）

見どころが多い越智一族の城

54 玉手山城《たまてやまじょう》

所在地：御所市玉手字城山
標高（比高）：一五五m（五五m）
別称：なし
史跡指定の有無：—

【位置と歴史】神武天皇が国見をした「嗛間《ほほま》丘」とされる国見山（標高二二九・六m）から北の尾根続きにある玉手山（標高一五五m）に立地する。北東へ二kmほどにある越智谷は、越智氏居城の越智城・貝吹山城が所在し、南方の尾根続きにある国見山城も越智氏関連の城郭と考えられている。玉手山城も越智氏一族の玉手氏の居城とされているが、玉手氏の事績は詳らかではない。

南方より玉手山を望む

【現況】遺構は玉手山山頂部とその東西のピーク上に見られる。山頂部の遺構は、主郭にあたるI郭とその南側のII・III郭、帯曲輪・堀切・竪堀・畝状空堀群からなる。

　I郭は北西隅から帯曲輪へと繋がっているが、郭内は五〇cmほどの低い段差が設けられており、この段差により導線が曲げられ食い違い虎口状になっている。帯曲輪からのルートに対しては横矢が掛かるよう塁線が折られている。帯曲輪からは麓に向かう道の痕跡がみられ、判然としないものの尾根上の小削平地を通って山麓に向

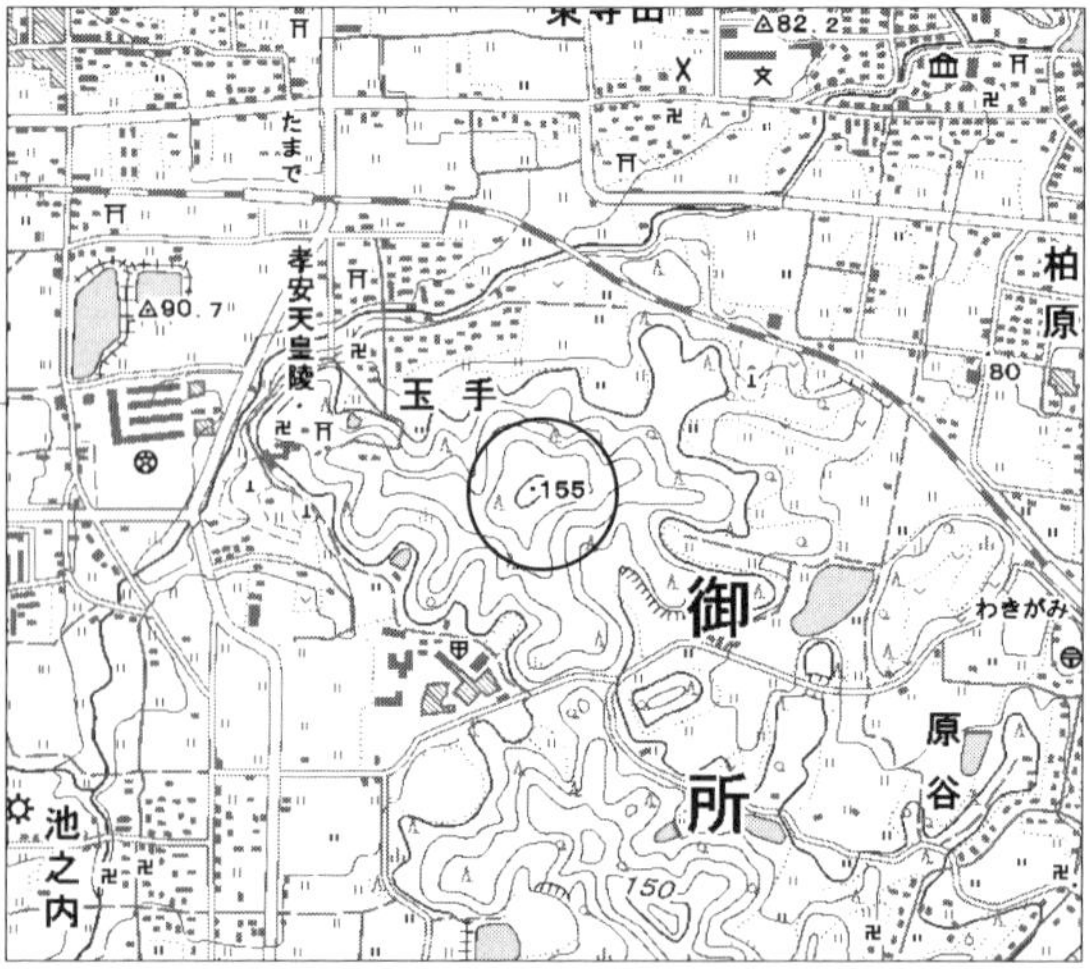

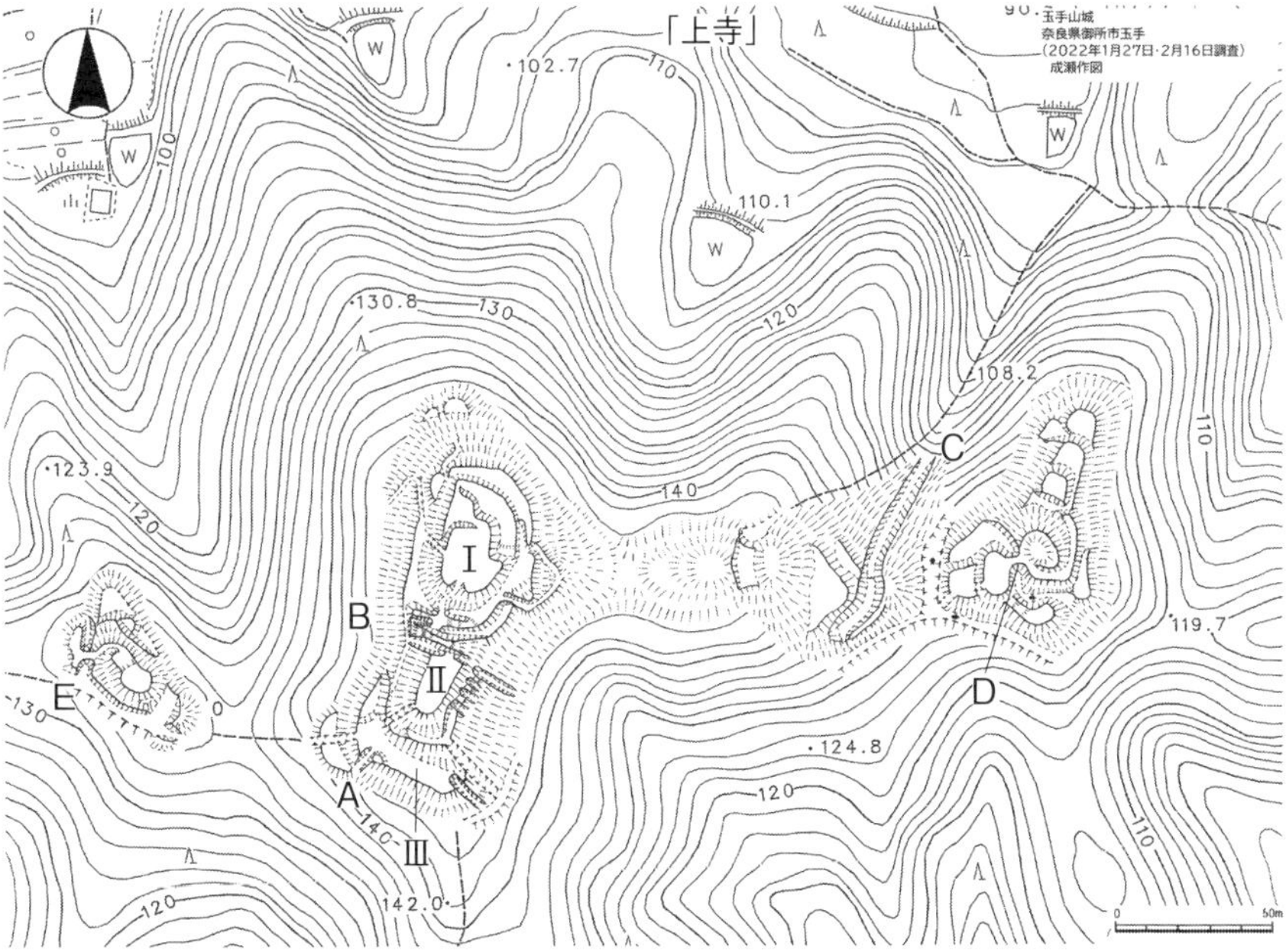

玉手山城縄張り図（成瀬作図）

かっていたように見える。北東側の山麓には「上寺」と呼ばれる寺院の伝承地があり、その方面からのルートであった可能性がある。南側に対しては、Ⅰ郭を整形する際に掘り残された地山の一部を土塁とすることで堀切化し、さらに土塁の内外に竪堀を配することで遮断性を高めている。Ⅰ郭からは堀切に降りる虎口も設けられている。

　Ⅱ郭は南～東斜面に帯曲輪を配し、深さ数十cmほどの小規模な畝状空堀群も設けている。現在、山道がⅢ郭からⅡ郭へと直登しているが、Ⅲ郭には南側に別の入口Aがあり、遺構の配置から虎口であったとみられる。Ⅲ郭からⅡ郭へは北隅から帯曲輪を経由してⅡ郭に入ったとみられ、Ⅰ郭とは北

Ⅰ郭と帯曲輪

西隅の竪堀Bを経由して連絡していたと考えられる。

Ｉ郭は、北側に対しては横矢が掛かる部分でも高さ一～二mほどの壁面でしかない。西側も緩い傾斜のままになっている。対照的に南から東側にかけては三～四mほどの高さがあり、Ⅱ郭には畝状空堀群を配するなど、南側からの侵入を警戒した構造となっている。

Ｉ郭東側の尾根は自然地形であるが、まったく手が入っていないわけではない。平坦な地形が続くが東端は墳丘状に隆起し、その手前は溝状となっている。ただし堀切と言えるほどの深さはなく、南端ははっきりとしない。おそらく古墳の掘割[*1]であろうが、墳丘状の隆起の東側には削平地があり、その外側の細長い削平地から北斜面上に向かって竪堀Cが続いているので、古墳を先行地形として利用したとみられる。また、Ｉ郭から延びている二本の山道は帯曲輪との取り付き方から両方とも城郭遺構の一部と判断した。この尾根上はおそらく駐屯区画として用いられていたのであろう。

東のピークの遺構と山頂部の遺構は、竪堀Cに並行する山道の切通しによって分断されている。現状では確認できないが、堀切が存在していてもおかしくない場所ではある。ピークの中央には土橋を持つ堀切Dがあり、その先は『奈良県遺跡地図』では古墳とされている。実際、墳丘状の高まりとなっており、北側に連なる削平地群との間も堀切よりは掘割に近い形状である。一方で、土橋から南斜面側は南・東へと折れながら緩やかに下り、西側の削平地から張り出した部分が土塁状になっているなど、虎口であった可能性がある。

西のピークの遺構は、頂部が削平地となっており、西麓は土橋を持つ堀切Eで遮断する。北側には切岸と削平地が見られるが、全体的に山頂部や東のピークに比べれば加工度は低い。南側の幅広の溝も古墳の掘割の可能性がある。

Ｉ郭南側の堀切と土塁

＊1　古墳においては通例的に「掘割」と呼称するので、それに従う。

【評価】山頂部の遺構が、南方面からの侵入に対して特に警戒を払っているのに対して、東西のピークの遺構は特に南方面を重視しているようには見えない。構造についても山頂部の遺構だけが畝状空堀群を設け、主郭の塁線を折り曲げて横矢を掛けるなど技巧的なものとなっている。各遺構間は完全に遮断されているわけではないが、うまく繋がっているようにも見えず、個別に築かれた城郭が並んでいるような印象を受ける。

周辺で畝状空堀群が用いられている城郭には、南の尾根続きのピークに立地する国見山城のほか観覚寺城（高取町）がある。いずれも越智城・貝吹山城、高取城といった越智氏の拠点城郭に至る途中にある城郭であるが、山頂部の遺構は両城より技巧的なものとなっている。越智谷や高取城周辺は大和永享の乱以降、しばしば攻防の舞台となっていたことから、玉手山城も本来、玉手氏・越智氏の城郭であったとしても、現在の姿は外部勢力により利用されたものなのかもしれない。

【探訪にあたっての注意事項】玉手山には山麓から何本かの山道が延びているが、現在ほとんど使用されておらず、入口もわかりにくくなっている。玉手山の西端にある金毘羅神社から尾根上を通って玉手山山頂に向かうのが比較的わかりやすいルートである。

（成瀬匡章）

〔参考文献〕藤岡英礼「大和国における越智氏勢力の城館構成」（『大和高取城』城郭談話会、二〇〇一年）／内野和彦「国見山城」（『図解 近畿の城郭Ⅲ』戎光祥出版、二〇一六年）／成瀬匡章「観覚寺城」（『図解 近畿の城郭Ⅴ』戎光祥出版、二〇一八年）

木沢長政が整備した国境の山城

55 二《に》上《じょう》山《さん》城《じょう》

所在地：葛城市染野・加守、大阪府太子町山田
標高（比高）：雄岳五一七ｍ（四〇〇ｍ）
雌岳四七四ｍ（三八〇ｍ）
別称：二上城
史跡指定の有無：—

【位置と歴史】河内・大和国境にある二上山に位置する。北方の雄岳と南方の雌岳の二つの山頂がある双耳峰であり、雄岳の山頂部を中心に城郭化されている。河内国と大和国を結ぶ幹線道路である竹内街道が、雌岳南方の東西に通っている。現在、金剛生駒紀泉国定公園となっている。

正安三年（一三〇一）九月二十日、南都で活動する悪党退治のため、興福寺の求めに応じて七か国御家人と在京武士等が大和に発向した。悪党二十人の内、五人が降伏勧告に応じず、「二上嶽」に「城郭」を構えた。しかし、まもなく悪党等は逐電したため、幕府軍は城郭を焼き払い、京都へ引き上げている。十月二十五日、悪党等が春日社に乱入し、四社神鏡各二面と若宮御正体十面を盗み取り、二上嶽城に引き籠もった。これに対し、官符衆徒や国民等が発向し、同城において数刻に及ぶ合戦の末、悪党等を討伐し神鏡を取り返している（『興福寺略年代記』）。ただし、神鏡がすべて春日社に収められたのが十二月二十七日であることから、二上嶽城における攻防戦は続いていた可能性がある。

遠景（北東から）

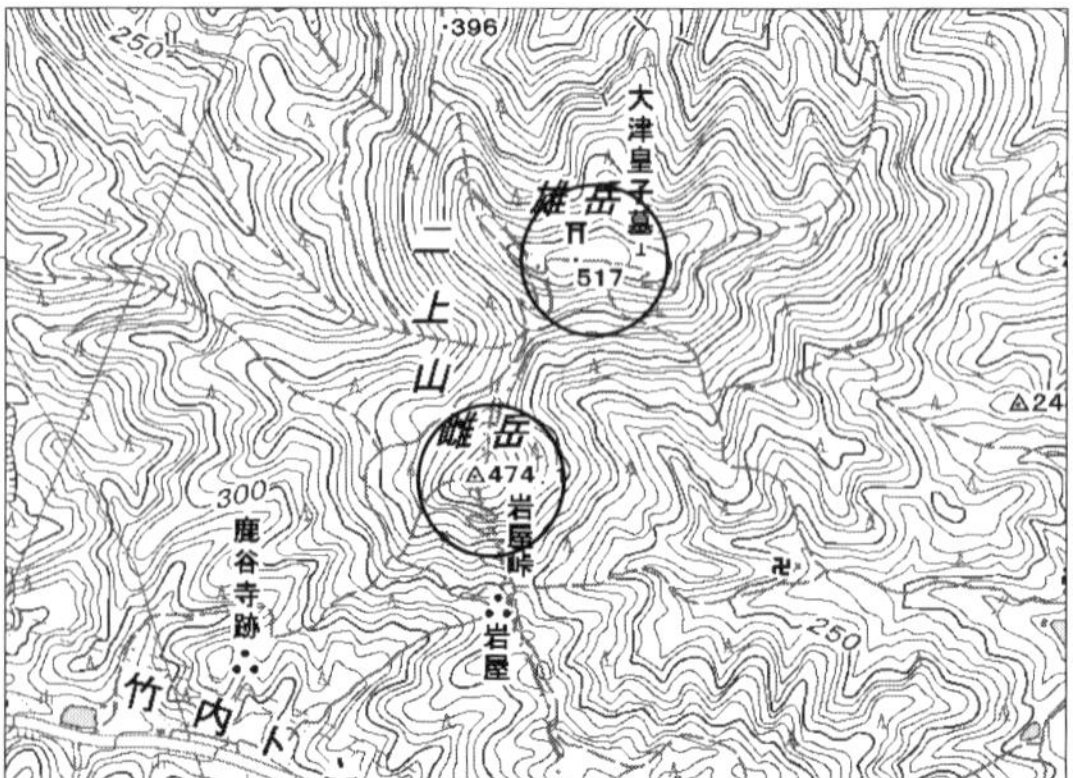

南北朝期には、南朝方の安満法橋了願軍忠状によると、延元二年（一三三七）十月十日、「二上城において篝役を勤仕せしめ、兇徒を相待ち、同十一日、山田荘において合戦致しおわんぬ」とある（『紀伊続風土記附録』）。また、北朝方の出雲国御家人伊藤義明の軍忠状には、十月十一日に「二上御敵等退散の処、同日山田村兇徒等追い払い、処々在家に火を懸ける」とある（『萩藩閥閲録』）。これにより、南朝方が二上山城で敵を待ち受け、麓の山田村一帯で合戦に及んだことがわかる。

次に現れるのは、永正四年（一五〇七）である。細川京兆家の細川政元の配下である赤沢朝経

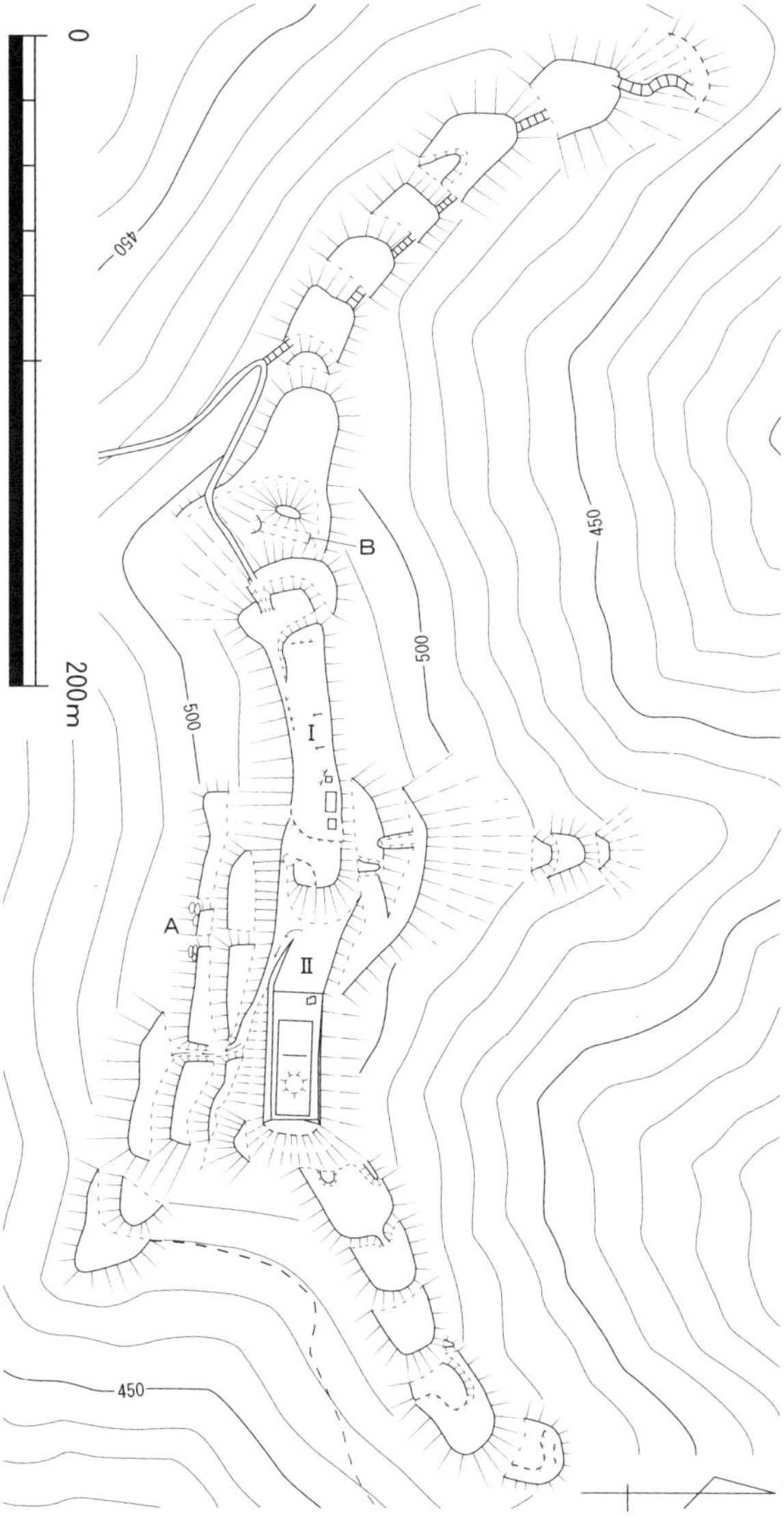

二上山城（雄岳）縄張り図（金松作図）

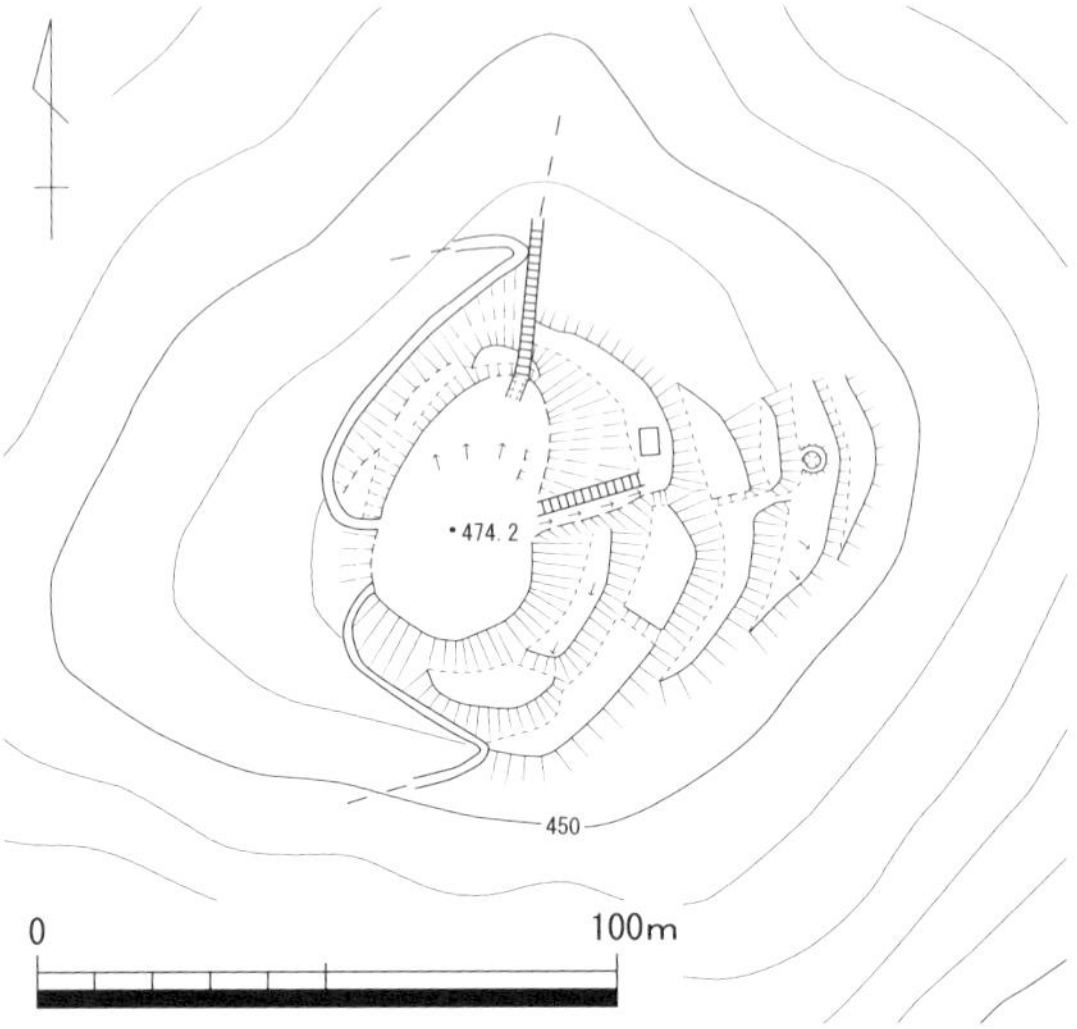

二上山城（雌岳）縄張り図（金松作図）

が大和に侵攻していたところ、六月二十三日に政元が養子の澄之等に殺害された。これにより、二十五日に朝経配下の和田源四郎・蘆田助次郎以下が「二上山」を捨てて逃げたところ、大和国人一揆衆が桜井で蜂起し、源四郎・助次郎以下数百人が自害に追い込まれている（『多聞院日記』）。

次いで、丹後で敗死した朝経の跡を継いだ養子長経が八月に大和へ侵攻すると、大和国人衆は一揆をもって対抗し、十一月十三日に「二上山・釜口ノ上・桃尾」に集まり、篝火《かがりび》を炊いて気勢を上げている（『多聞院日記』）。

天文五年（一五三六）に木沢長政が信貴山城を居城とし、まもなく二上山城を築いたようである。天文八年十月、大和から河内に帰国した際、二上山城に入っている（『大館常興日記』）。天文十年、木沢長政が、「尼上嶽」を改修し、十月三日には観心寺（大阪府河内長野市）がその資材とみられる竹を納めている（「二條寺主家記抜萃」「観心寺文書」）。しかし、天文十一年三月十七日、河内太平寺合戦で長政が自害したため、同夜に信貴山城とともに木沢中務を大将とする「尾《（尼カ）》上城」もことごとく焼け落ちた（『多聞院日記』）。

永禄二年（一五五九）八月六日、松永久秀が大和に侵入し、十四日に久秀は万歳へ陣立てした後、「二上カタケ本陣」から、「高尾」を焼き払っている（『享禄天文之記』）。

石垣A（南から）

堀切B（北から）

【現況】縄張りについては、雄岳は山頂部の八〇m×一四mの主郭Iと、その東側の六〇m×一六mのII郭を中心部とする。主郭I東側には、葛木二上神社が鎮座し、II郭東側には宮内庁が管理する大津皇子墓がある。主郭I・II郭の南北に東西方向に延びる帯曲輪を配し、南側の帯曲輪の一部に二・三段積みの扁平な石で積まれた石垣Aが確認できる。

北東・北西に延びる尾根続きには、数段の曲輪群を連ね、北西側尾根続きの基部には堀切Bを設ける。主郭I東端から北側に延びる尾根続きにも自然地形を挟んで小規模な曲輪群がみられる。

雌岳は、山頂部の南側に日時計が設置されている。東側に数段の削平地が配されているが、土塁や堀が見られないほか、太平洋戦争の際に民間防空監視哨として利用されていたことから[*1]、これら削平地は純粋な城郭遺構ではない可能性がある。

【評価】二上山城は鎌倉時代後期に悪党が城郭を構えたのが始まりであり、南北朝時代初期に南朝方の城郭として利用された。戦国期には赤沢朝経方や大和国人一揆衆が使用し、天文期には木沢長政方が整備した。永禄期には松永久秀が一時的に本陣とするなど、河内と大和を股にかけた広域勢力による利用が確認できる。

縄張り的には、雄岳を中心とした連郭式の大規模山城であり、多くの労力を要して普請がなされていることから、臨時的なものではなく、恒常的な城郭として機能していたものと考えられる。このことから、現在見られる遺構は、基本的には木沢長政期のものである可能性が高い。当城は信貴山城とともに、木沢長政の拠点城郭の一つとして機能していたものと考えられよう。

【探訪にあたっての注意事項】登城するには、車ならば二上山万葉の森駐車場に止めて、徒歩30分で雌岳に至るルートがお薦めである。電車ならば、近鉄南大阪線二上山駅もしくは同大阪線二上駅下車、徒歩90分で雄岳に至ることができる。

（金松誠）

＊1　中西裕樹『大阪府中世城館事典』（戎光祥出版、二〇一五年）

攻防を繰り返した越智氏の詰城

56 貝吹山城《かいぶきやまじょう》

所在地：高取町寺崎、橿原市南妙法寺町・白橿町
標高（比高）：二一〇m（一一〇m）
別称：なし
史跡指定の有無：—

【位置と歴史】貝吹山城は、畝傍《うねび》山南方に広がる越智岡丘陵の主峰、貝吹山（標高二一〇m）に所在する。越智城・高取城とともに越智氏の拠点城郭の一つであり、西一kmほどには居館の越智城がある。貝吹山城が史料に現れるのは天文十五年（一五四六）が最初で、同年に筒井順昭に攻略され、その後、松永久秀の手に落ちている。越智氏はたびたび貝吹山城の回復を試み、永禄九年（一五六六）に回復に成功したものの、同十二年には松永方に城を明け渡している。その後、天正八年（一五八〇）に廃城となったとされる。

Ⅳ郭からⅠ郭を望む

【現況】貝吹山全域を調査できてはおらず、築城前・廃城後の土地利用による改変もあるので、以下の評価については現状で筆者が調べることができた限りであることを断っておく。

山頂部は中央に櫓台状のⅠ郭、その南にⅡ・Ⅲ郭、北にⅣ郭が並び、西斜面側に帯曲輪が配されている。Ⅳ郭は山頂部で最も広い区画で、瓦質擂鉢《がしつすりばち》・土師器羽釜・土師器皿など室町時代の遺物が採集されており、居住空間があったことをうかがわせる。帯曲輪はⅣ郭からⅢ郭へと繋がる。おそらく、

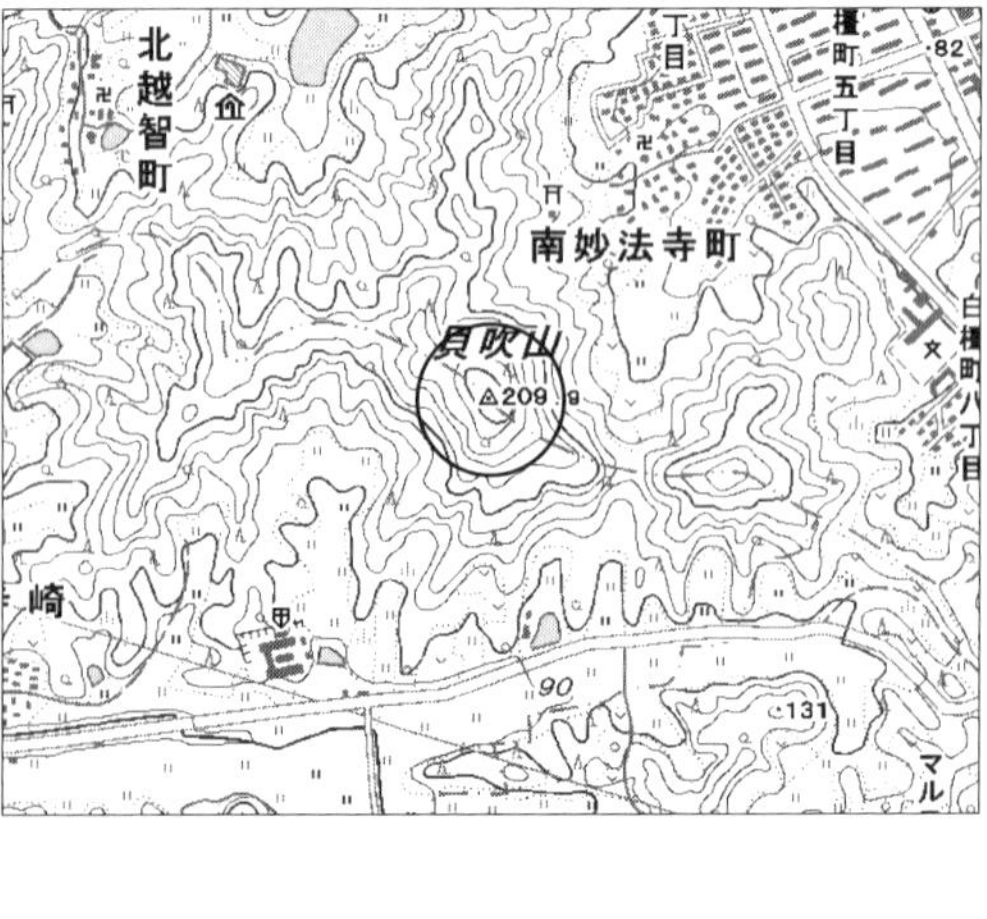

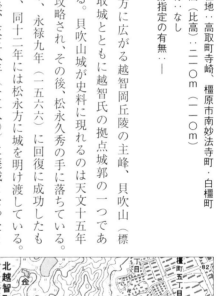

山頂部の曲輪群を繋ぐ通路として用いられたのであろう。Ⅳ郭から北側と東側に下る尾根には階段状に曲輪群が設けられ、北側尾根の郭群には東斜面側に通路が設けられている。北西側に下る尾根には古墳が連なり城郭遺構の抽出は難しいが、尾根の分岐点にあるⅤ郭は東西斜面に道の痕跡があり、北方からの侵入を阻み、越智城方面への連絡路を確保するための郭と思われる。

現在、越智谷から貝吹山に登るルートとして、与楽ヲキタ遺跡の西側の尾根からⅢ郭に至る山道が用いられている。この山道はⅢ郭手前のAで左に折れ、比高差三〜四mほどの急坂になる。そのあとⅥ郭を経由し、切岸を直登してⅢ郭に至る。曲輪の配

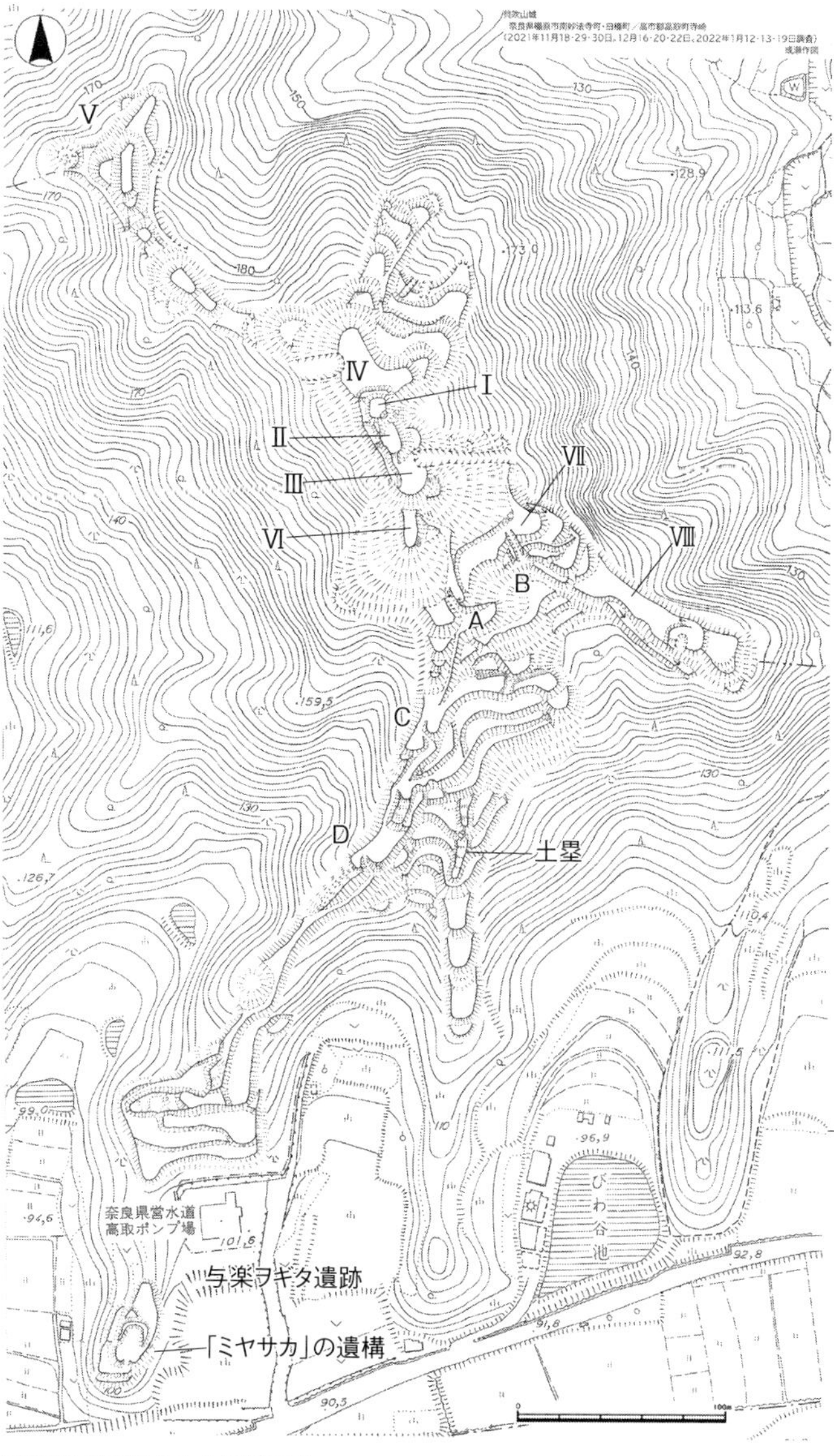

貝吹山城縄張り図（成瀬作図）

置からこの山道は登城路を踏襲したもので、Aは虎口と判断した。

虎口Aから一段下がったⅦ郭には虎口Bがあるが、登城路側ではなく東尾根のⅧ郭に向かうものとみられ、北端部にもⅧ郭に向かうスロープがある。Ⅷ郭は東端が櫓台状に加工され、南斜面には緩い傾斜がついた帯曲輪が続く。帯曲輪は途中で途切れてはいるものの、登城路の一つと思われる。ただ、Ⅶ郭に入ったあと山頂部へ向かうルートははっきりとはしない。西端部から虎口A側の登城路に連絡していたと思われるが、Ⅶ郭北端部に北に向かって山腹を走る道の痕跡があるので、Ⅳ郭北側の曲輪群を経由した可能性もある。

Ⅶ郭から山麓の与楽ヲギタ遺跡まで多数の削平地が連なっている。貝吹山には多数の古墳が築かれ、Ⅰ郭上にはかつて牛頭《ごず》天王《てんのう》社が鎮座していた。近年まで里山として利用され、花崗岩の採石もなされるなど、山全域に古代以来の土地利用の歴史が刻み込まれている。この削平地群も耕地跡の可能性を考えたが、一部に東斜面側に向けた土塁があること、虎口Aより下方のC・Dでも山道が折られていることや、山麓の与楽ヲギタ遺跡では、県営水道施設建設に先立つ発掘調査で、十四世紀頃に谷間を埋めて平坦面が造成され、施設背後の階段状の削平地で確認されたヲギタ1号墳・2号墳も、同じころに墳丘が削平されていることが判明している。また西側の尾根端部「ミヤサカ」にも、小規模ながら土塁を伴う区画もみられることなどから、これらは城郭遺構であり、C・Dも虎口と判断した。

【評価】貝吹山城は天文～永禄期にかけて、しばしば攻防の舞台となっているが、明確な堀切・竪堀は見られず、周辺の観覚寺城（高取町）・玉手山城（御所市）・国見山城（御所市）で見られる畝状空堀群も確認されていない。単純な連郭と切岸主体の防御は、天文期の水準に留まっていると評価されている。ただし、貝吹山山頂部の傾斜は強く、そのままでも充分な遮断性がある。や

虎口A

や傾斜が緩く、主要な登城路がある南斜面側には、多数の削平地群により形成された壁面が山麓からの侵入を阻み、登城路も何度か屈曲させるなどの工夫も見られる。また与楽ヲギタ遺跡一帯だけでなく、V郭西側の寺崎白壁塚古墳・与楽鑵子塚古墳・与楽カンジョ古墳が所在する谷にも中世の遺物が散布する曲輪状の耕地が見られることからも貝吹山城全体では相当数の城兵が入ったことが予想される。縄張りのテクニックに依らなくても充分に防御可能であったのかもしれない。

【探訪にあたっての注意事項】北側の橿原市方面からも登ることができるが、南側の越智谷からの登山道を用いると、主要な遺構群を通って行くことができる。その多くが藪と荒廃した竹林で覆われており、登山道から外れた遺構を観察するのは難しいが、山頂部の遺構群は、橿原市の方がボランティアで草刈りや案内板の設置などの整備を進めておられるので、遺構の観察がしやすく、大和平野・越智谷・高取城方面への眺望も良くなっている。特に山頂からの眺望の良さからは、貝吹山に築城された理由を肌で感じ取ることができる。やや道がわかりにくくなっているが北西側の尾根を通り、国史跡の寺崎白壁塚古墳・与楽鑵子塚古墳・与楽カンジョ古墳を見学しながら越智谷側の登山口に戻ることもできる。登山口から西に一㎞ほど進むと越智氏の居館であった越智城もあるので、季節を選んでゆっくりと見学するのがよい。

（成瀬匡章）

［参考文献］村田修三「貝吹山城」（『日本城郭大系　一〇　三重・奈良・和歌山』新人物往来社、一九八〇年）／藤岡英礼「貝吹山城」（『図解　近畿の城郭Ⅱ』戎光祥出版、二〇一五年）／金松誠「大和高取城に関する文献史学的研究」（『大和高取城』城郭談話会、二〇〇一年）／藤岡英礼「大和国における越智氏勢力圏の城館構成—畿内国人勢力圏の山城を中心に—」（『大和高取城』城郭談話会、二〇〇一年）／奈良県立橿原考古学研究所編『与楽古墳群（本文編）』（一九八七年）

Ⅳ郭から北方の眺望

南大和の雄・越智氏の居城

57 越《お》智《ち》城《じょう》

所在地：高取町越智字オヤシキ
標高（比高）：一一一m（三〇m）
別称：なし
史跡指定の有無：―

【位置と歴史】越智城は大和の五大国人（筒井・古市・十市・箸尾・越智）の越智氏の居館跡と伝えられている。大和源氏の源親家が「越智粉盛ノ岳」に居住したことから越智氏を称するようになったとされ、*1 大和永享の乱により一時勢力が衰えるものの、南大和の最有力国人として天正期まで存続した。

越智城が所在する越智谷は、畝傍《うねび》山南方に広がる越智岡丘陵の中央を東西に横断する二・五kmほどの谷で、西端に越智城、東端に貝吹山城が立地し、光雲寺（墓所）、有南神社（氏神）など越智氏に関わる寺社が残されている。また、近世の史料には全域に都市的な景観が広がっていた様子も記されている。*2

【現況】越智城が立地する地点には墳丘・掘割*3など古墳の遺構がひしめき、後世の土地利用もあって城郭遺構の抽出は難しい。以下の評価については、現時点において筆者が判断した限りであることを先に断っておく。

館跡伝承地Ⅰは「オヤシキ」と呼ばれており、高取町教育委員会による調査では建物跡が検出されている。西側の尾根には堀切Aが設けられ、堀底道となってⅡ郭に繋がる。Ⅲ郭

全景

*1 「大和国越智家譜」
*2 「越智古老伝」等
*3 古墳の発掘調査報告書等での表記に従い「掘」の字を用いている。

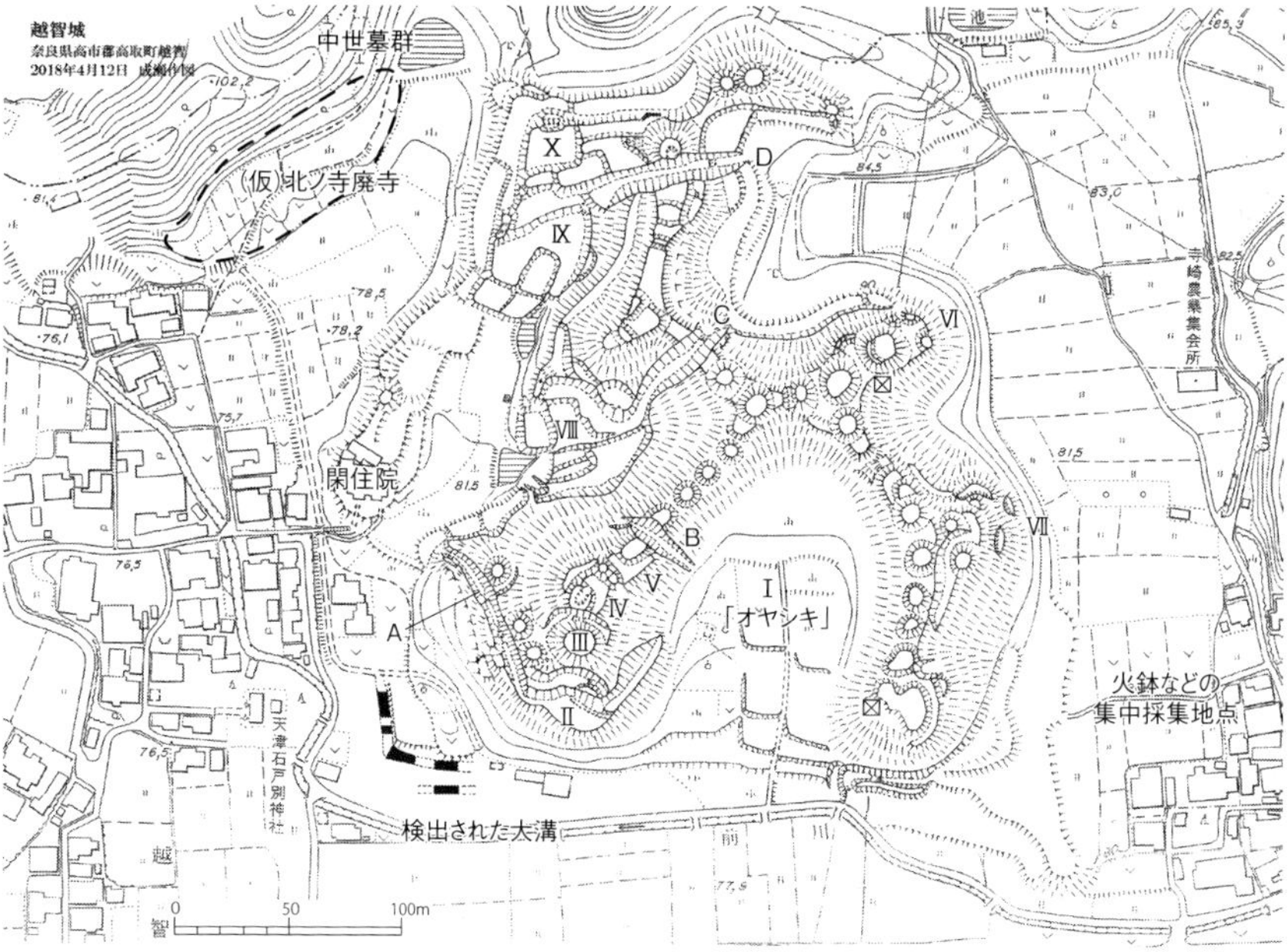

越智城縄張り図（成瀬作図）

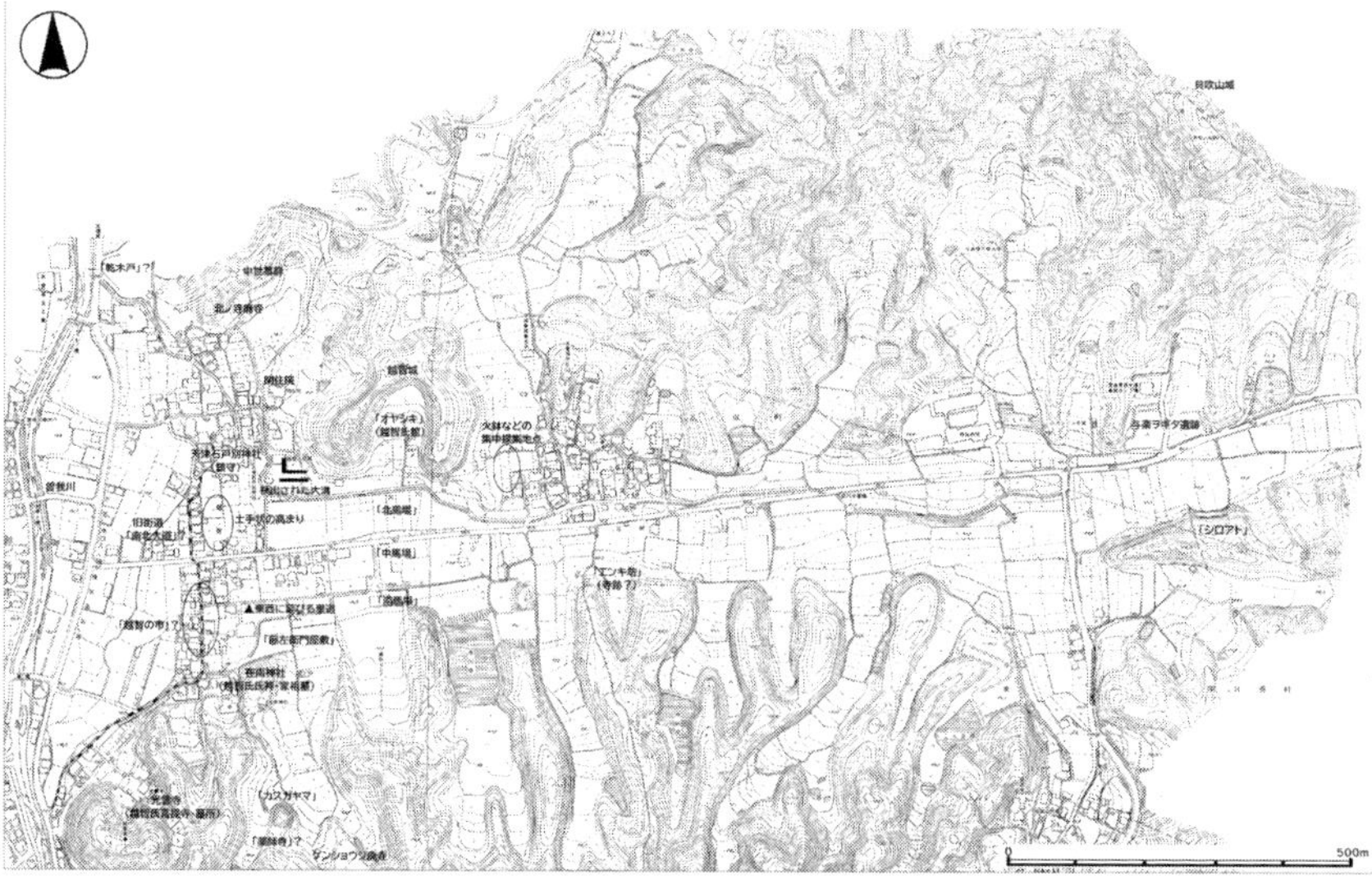

越智谷景観復元図（成瀬作図）

は「コ」字形の掘割と墳頂部を利用したもので、北側のⅣ郭でも古墳が土塁の一部として用いられている。Ⅴ郭の背後は堀切Bで遮断されている。尾根の麓では十四世紀代の大溝と橋脚跡とみられる遺構も検出されている。一方、東側の尾根には城郭遺構は少なく、墳丘を土塁として利用したⅥ郭と、横矢を意図したらしい小曲輪群Ⅶが見られるのみであるが、尾根の外側にある平坦面一帯では火鉢・風炉《ふろ》・輸入陶磁などがまとまって採集されているので、このあたりまでが城域とみられる。北側の尾根は堀切C・Dにより遮断されている。堀切Cは深さ八m、堀切Dは深さ七mの大規模なもので、堀切C西側の曲輪群Ⅷ、堀切D西側の曲輪群Ⅸには中世の遺物が散布する。堀切C・Dは丘陵東西を繋ぐ通路となっており、切通しを掘削した結果として大型の堀切となったのかもしれない。堀切Dの北側の曲輪群Xから越智城西側にある閑住院までの間にも中世の遺物が散布していることから、城域に含まれるとみられるが、他の地点とは異なり石造物が散見される。

【評価】 史料上の初見は永享四年（一四三二）であるが、鎌倉時代にはすでに居館が存在したと考えられる。おそらく当初は「オヤシキ」と西尾根周辺のみが利用され、その後、堀切C・Dが掘削され、曲輪群が順次造成されていったのであろう。

次に、当時の景観を推定してみたい。越智城の南には「北馬場」「中馬場」「南馬場」の字名があり、東西に延びる町道とそれに並行する里道がある。里道は明治期の地籍図にも表れており、高田池東側の尾根先端部で北に折れて町道と合流する。町道と里道がそれぞれ「北馬場」「中馬場」「南馬場」の境界となっていることからも、二本の道路が計画的に通されていたと考えられる。

「南北ノ大道」沿いには「越智の市」があったとされる。現在、曽我川右岸の沖積地を県道が通っているが、かつては光雲寺前から段丘上を通る道が使用されていた。旧道は町道と交差する地点

オヤシキ

北ノ寺廃寺の遺物散布状況

にある高さ一mほどの土手状の高まりを避けるように道が曲げられている。この旧道が「南北ノ大道」と考えたい。また、越智城近辺では新たに二箇所の中世寺院跡が確認された。この北ノ寺廃寺とゲンショウジ廃寺からは正蓮寺大日堂[*4]と同文様の半截菊花文軒平瓦が採集されている。その他の瓦もおおむね中世Ⅵ期からⅦ期（一三八〇〜一四九〇）頃に収まり、多くが二次焼成を受けていることからほぼ同時期に焼失、廃絶したものとみられる。ゲンショウジ廃寺は越智城正面の谷にあるが、周辺には氏神の在南神社、墓所がある光雲寺のほか「薬師寺」という寺院伝承地があり、この谷に宗教施設が集められたとみられる。「カスガヤマ」という小山もあるが、春日神が勧請されていたのかもしれない。

越智城東側の谷から貝吹山城にかけては、点的に遺物が集中する地点がみられるものの、古墳時代・鎌倉時代の遺物が主で、室町時代の遺物の量は少ない。都市的な景観があったとしても、

＊4　橿原市小綱町、一四八七年上棟、重要文化財

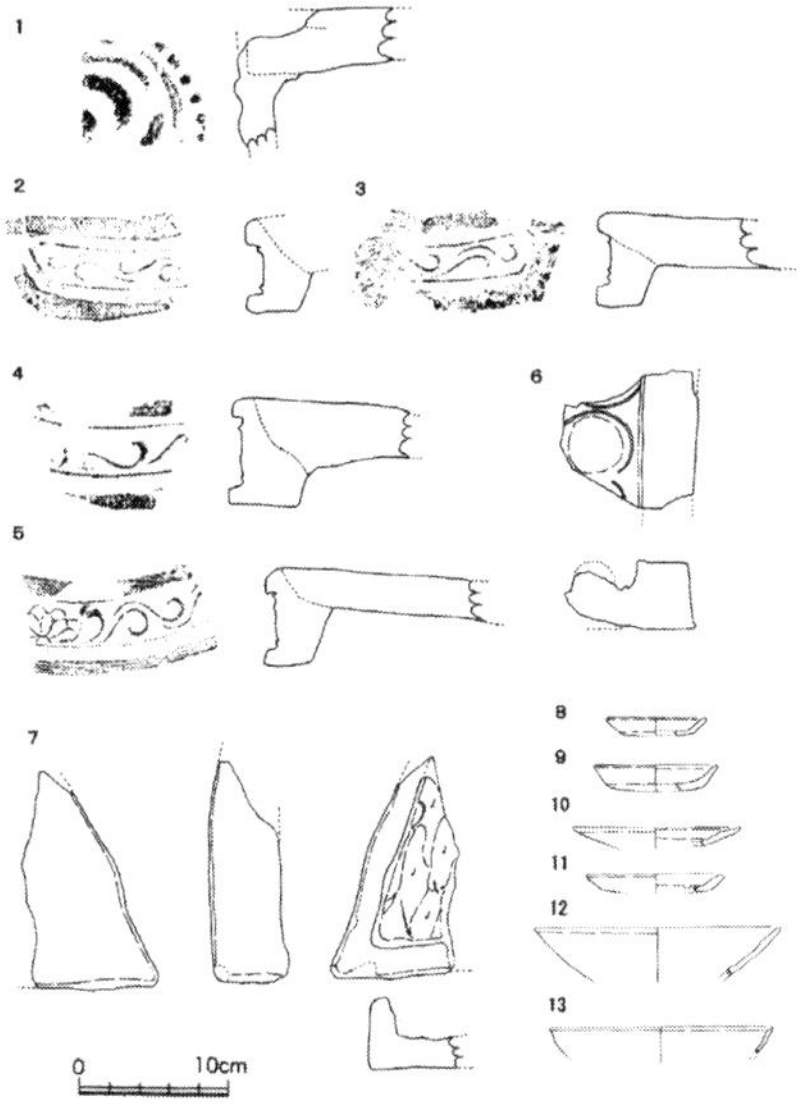

北ノ寺廃寺 採集遺物（越智遺跡：高取町越智）

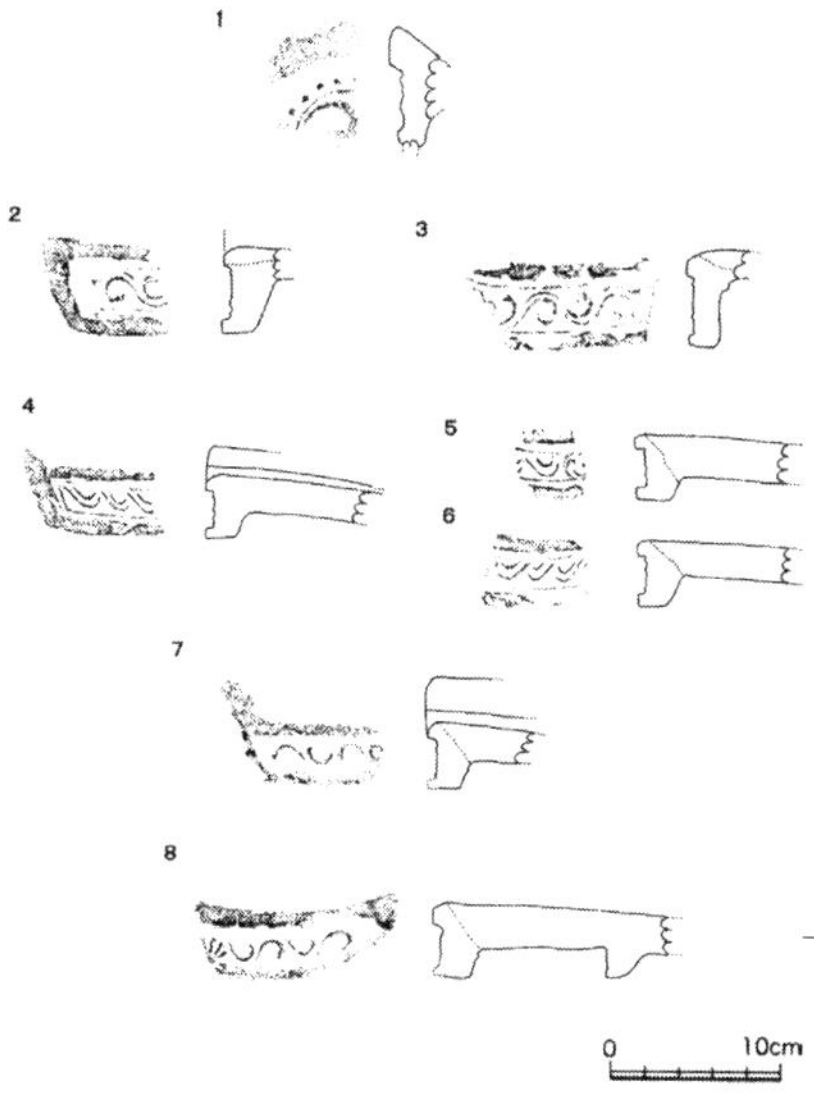

ゲンショウジ廃寺 採集瓦（越智遺跡：高取町越智）

越智城周辺に限定されたものと思われる。また、越智城周辺で採集された遺物は十三～十五世紀のものが多く、十六世紀に入ると減少する。明応六年（一四九七）に越智氏は吉野に没落し、天文元年（一五三二）頃には高取城に拠点を移したとされるので、それを裏付けるものなのかもしれない。[＊5] 越智城と越智谷は大和国の中世を知る上で最も重要な遺跡の一つであり、その景観とともに保護が図られることが望まれる。

【探訪にあたっての注意事項】越智城が立地する丘陵はそれほどの高さではないが、獣害防止用の柵が張り巡らされているため、尾根上を縦走するのは難しい。少々遠回りにはなるが、麓から延びる農作業用の道や鉄塔管理用の道を使って各部分ごとに回るほうが安全に見学できる。少し足を伸ばして光雲寺や在南神社など越智氏所縁の寺社と、貝吹山城も併せて巡ると、越智氏の歴史を追体験することができる。

（成瀬匡章）

［参考文献］村田修三「越智城」（『日本城郭大系　一〇　三重・奈良・和歌山』新人物往来社、一九八〇年）／山川均「居館の出現とその意義」（『帝京大学山梨文化財研究所研究報告』第九集、帝京大学山梨文化財研究所、一九九九年）／高取町史編纂委員会『高取町史』（一九五三年、一九九二年復刻版）／山田梅吉『越智氏の勤王』（奈良縣教育會、一九三六年）／平井良朋『高取町・越智氏と光雲禅寺』（越智山光雲禅寺、一九九三年）／奈良県教育委員会文化財保存課編『重要文化財正蓮寺大日堂修理工事報告書』（一九五七年）／山崎信二『中世瓦の研究』（奈良国立文化財研究所学報　第五九冊、二〇〇〇年）／朝倉弘『奈良県史　第十一巻　大和武士』（名著出版、一九九三年）／藤岡英礼「大和国における越智氏勢力圏の城館構成―畿内国人勢力圏の山城を中心に―」（『大和高取城』城郭談話会、二〇〇一年）／成瀬匡章「越智城」（『図解 近畿の城郭Ⅴ』戎光祥出版、二〇一八年）／同「大和越智城―縄張と考古資料から読み解く大和国人の拠点―」（『城郭談話会特別例会～徹底討論～『図解近畿の城郭Ⅰ～Ⅴ』発刊記念報告会資料集』城郭談話会、二〇一八年）／同「越智城跡」（『奈良県中近世城館跡調査報告書 第二分冊』奈良県、二〇二一年）

＊5　成瀬匡章「大和越智城―縄張と考古資料から読み解く大和国人の拠点―」（『城郭談話会特別例会～徹底討論～『図解近畿の城郭Ⅰ～Ⅴ』発刊記念報告会資料集』城郭談話会、二〇一八年）

＊　採集遺物の時期等について佐藤亜聖氏よりご教示いただいた。

第四章 宇陀地域の城郭

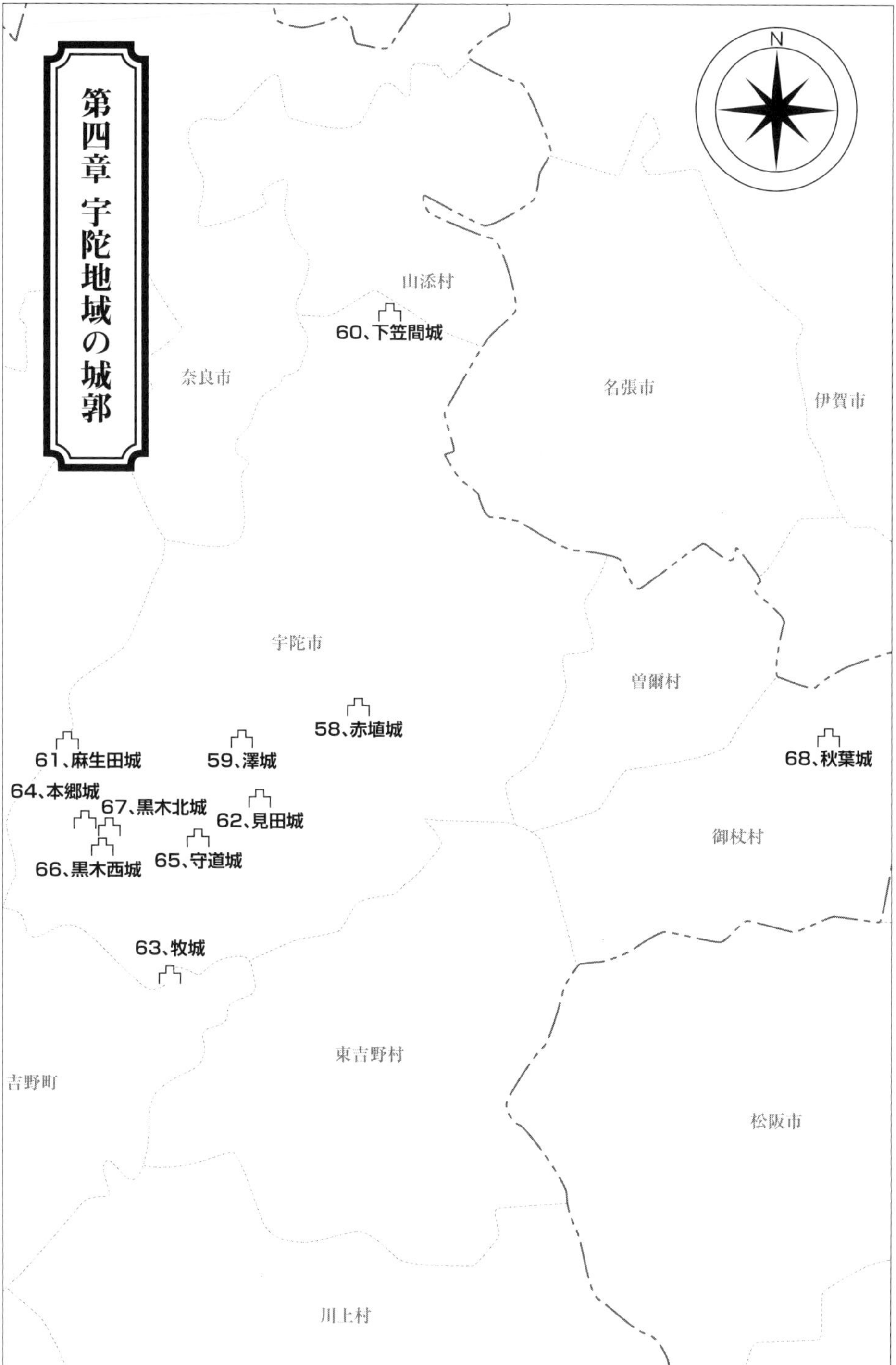
N
山添村
60、下笠間城
奈良市
名張市
伊賀市
宇陀市
曽爾村
58、赤埴城
61、麻生田城
59、澤城
68、秋葉城
64、本郷城
67、黒木北城
62、見田城
御杖村
65、守道城
66、黒木西城
63、牧城
東吉野村
吉野町
松阪市
川上村

織豊勢力の陣城

58 赤《あか》埴《ばね》城《じょう》

所在地：宇陀市榛原赤埴
標高（比高）：五九五m（五〇m）
別称：赤埴上俵城
史跡指定の有無：—

【位置と歴史】三郎岳尾根続き西方高城山の山麓台地の北端に位置する。城主は赤埴氏と伝わる。

【現況】縄張りは、Ⅰ郭・Ⅱ郭・Ⅲ郭・Ⅳ郭・Ⅴ郭によって構成される。

Ⅰ郭は、基本的に三角形状を呈す。南辺は一段高くなっており、土塁と空堀で遮断されている。

Ⅱ郭虎口（高田徹氏提供）

Ⅱ郭は、Ⅰ郭の南の谷を隔てたところに位置する曲輪で、主郭に相当する。東・南辺は逆L字状の土塁と横堀で囲まれ、土塁と横堀の開口部の南東には石垣の隅石が残存する。Ⅱ郭北東にも一mを超える石を含め、四石ほど残存する。

Ⅲ郭は、Ⅱ郭南側に位置する。東・南辺は土塁・横堀で囲まれ、西辺は土塁で囲まれる。北東隅と南西隅には虎口が存在するが、南西虎口がおそらく麓からのルートの虎口であり、大手と考えられる。Ⅲ郭内部には一段高い空間が存在するが小規模で、東側は若干掘り込まれている。なお、Ⅲ郭には一m

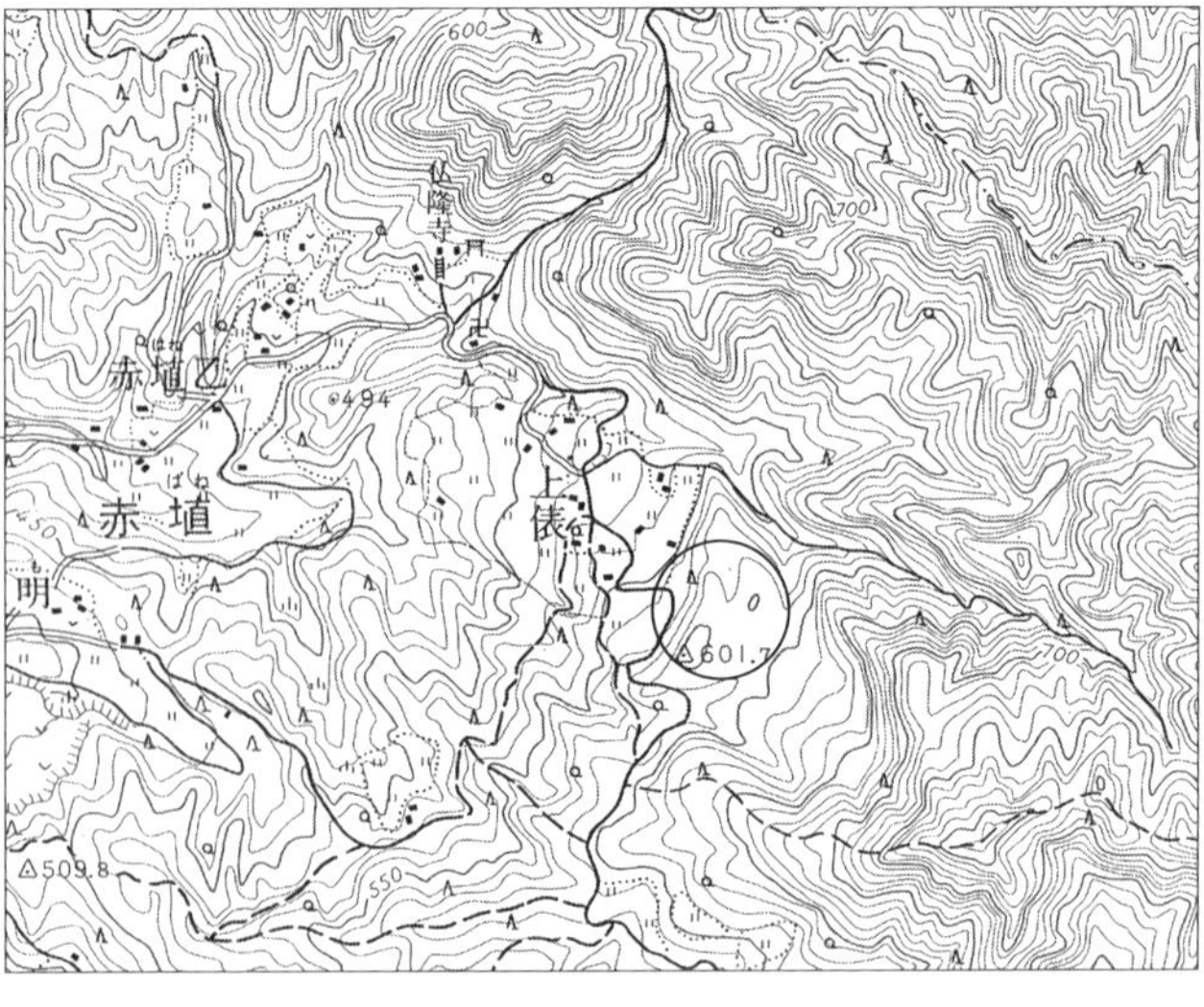

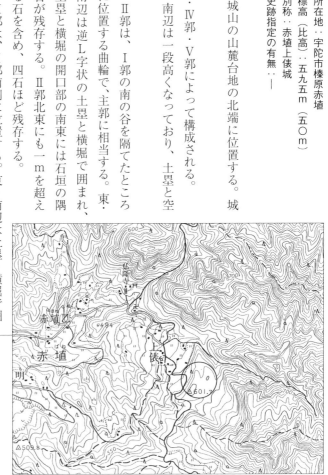

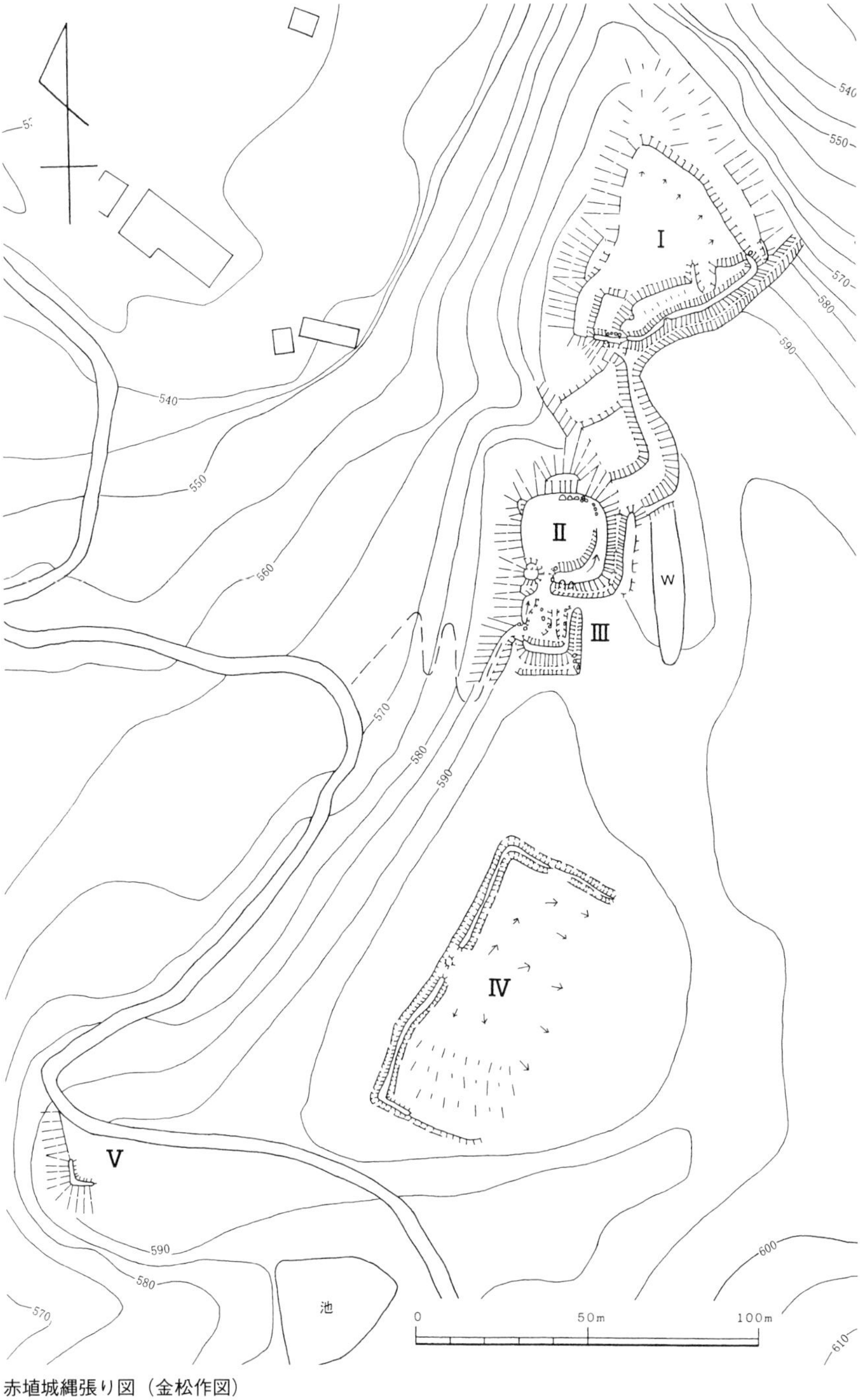

赤塩城縄張り図（金松作図）

Ⅱ郭石垣（髙田徹氏提供）

Ⅳ郭土塁（髙田徹氏提供）

を超える石が数石散乱している。Ⅱ郭に対して土塁が設けられていないことから、序列としてはⅡ郭に附属する曲輪といえる。

Ⅳ郭は、Ⅲ郭の五〇m弱南に位置する。南北八〇m余りの規模を有し、小規模な土塁とその内外を小規模な横堀で逆コの字状に囲まれている。内部の削平は不明瞭である。

Ⅴ郭は、道の造成のために破壊を受けたため、詳細は不明である。西側にはL字の土塁があるが、他に目立った遺構は見当たらず、内部も緩やかに傾斜している。

【評価】Ⅱ郭・Ⅲ郭については、前者が主郭、後者が角馬出であると評価できる。これは織豊系城郭の馬出によくみられるものである。また、馬出内部に一段高い空間が存在する事例は、織豊

虎口の石

馬出

系の陣城の馬出によくみられ、これについては、馬出内部の通路部分とその空間が機能分化していると捉えられている。Ⅳ郭は、鹿垣と考えられてきたが、これは軍勢の駐屯地と評価でき、織豊系城郭の陣城によくみられるものである。

以上から、当城はⅡ郭・Ⅲ郭が本郭部、Ⅳ郭が駐屯地の二重構造を呈する織豊勢力の陣城であると考えられる。Ⅰ郭・Ⅴ郭もおそらく織豊勢力が一部手を加えたものと思われ、これも駐屯地であった可能性がある。なお、Ⅱ郭はもともと在地勢力である赤埴氏の方形単郭の館城を、織豊勢力が接収して改修した可能性があるが、明らかではない。

それでは、織豊勢力がいつ、何のためにこの地に陣城を築いたのであろうか。当城は、立地的に伊勢本街道と室生《むろう》古道を結ぶ中間に位置することから、室生および伊勢方面へ向かうための中継所的な役割を担ったと思われる。織豊勢力が、おそらくこの立地に目を付けてこの地に陣城を築いたのであろう。

織豊勢力が、この交通の要衝を利用する軍事的契機としては、天正十二年（一五八四）の小牧・長久手の戦いが有力視されてくる。羽柴秀吉方の武将が、その方面に向かうにあたり、その道中の赤埴の地に陣城を設けた可能性がある。[*1]

すなわち、同じく小牧・長久手の戦いの際に築城された可能性が高い土山城（滋賀県甲賀市）などと、一連の流れで捉えることができる。[*2]

【探訪にあたっての注意事項】公共交通を利用する場合、近鉄大阪線榛原駅から奈良交通バス（宇陀地域連携コミュニティバス）に乗車し、高井バス停を下車後、東へ約二・八kmの道のり（約45分）を歩く必要がある。

（金松誠）

＊1　金松誠「宇陀赤埴城に関する一考察」（『続文化財学論集』、文化財学論集刊行会、二〇〇三年）

＊2　多田暢久「戦国期城館の公と縄張り研究」（『歴史評論』六五七、校倉書房、二〇〇五年）

キリシタン・高山飛騨守の居城

59 澤《さわ》城《じょう》

所在地：宇陀市榛原澤、大貝
標高（比高）：五二四m（一七〇m）
別称：なし
史跡指定の有無：—

【位置と歴史】芳野《ほうの》川中流の澤の谷背後にそびえる伊那佐山支峰に位置する。北東尾根続き約一五〇mに米山城がある。城主は澤氏である。

文明十六年（一四八四）十月二十五日、伊勢国司北畠政郷・古市澄胤が「宇多之沢城」を破却している（『政覚大僧正記』）。これが澤城の史料的初見であるが、澤氏の居館である下城・馬場遺跡を指している可能性も否定できない。

大永七年（一五二七）九月の「樽引付」に「上城下城　近習中」が記されている（『沢氏古文書』十二―5）。「上城」は澤城、「下城」は下城・馬場遺跡を指すことから、十六世紀第2四半期には恒常的に澤城が機能していたことがわかる。

永禄三年（一五六〇）十一月、摂州衆を率いる松永方により、「澤日の牧の城」が攻められ、二十四日に開城した。以後、澤城には高山飛騨守が城主として在城、飛騨守の嫡男で後のキリシタン大名高山右近も在城する。澤太菊丸は、伊賀国へと逃がれた（『日本史』第1部三九章）。

遠景（南西から）

　永禄七年初夏、前年に洗礼を受けた高山飛騨守は澤城にロレンソ修道士を招いた。当時そこでは、すでに幾度も合戦したことのある敵の近くに位置していたため、三百の兵と妻子を城内にかかえ、日夜絶えず厳重きわまる警戒が行われていた。そして、飛騨守の妻や息子・娘たち、身分ある人たちや城兵たち一五〇名が洗礼を受け、さっそく城内に杉材の教会を建て、コンスタンチイノというキリシタンにそれを委ねた（『日本史』第1部三九章）。これにより、高山飛騨守は常時、山上に位置する澤城内で生活していたことがわかる。

　永禄八年初夏、ロレンソ修道士来訪から一年を経て、ヴィレラ司祭が澤城を訪れている（『日本史』第1部三九章）。その五・六か月後、五年前に伊賀へ追われ、これまでに幾度か澤城への攻撃を企んでいた澤氏が、再度城外近くに住む豪農の策略で澤城を奪回しようとしたが、これも失敗に終わっている（『日本史』

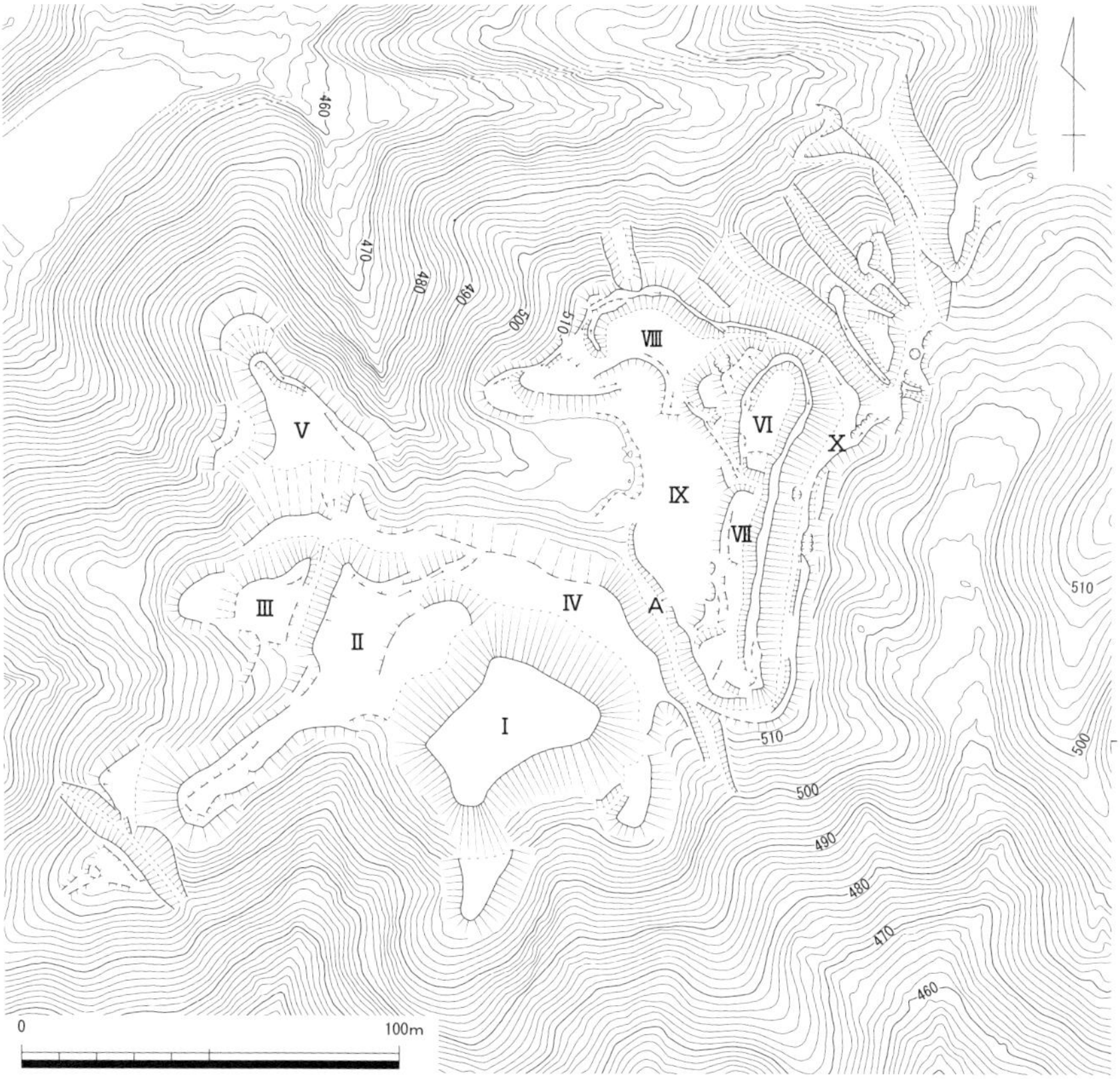

澤城縄張り図（金松作図）（奈良県作成の赤色立体地図をベースに作成）

第1部三九章）。また、永禄八年四月にはアルメイダ修道士が澤城を訪れ、城内の教会に泊まっている。教会は主に杉材で造られ、中には聖堂・聖具室・司祭や修道士が宿泊する部屋、その他同行者のための部屋など多数の部屋があったという。*1

しかし、十月八日に秋山氏が小夫氏や多武峰と申し合わせて松永方から離反し、反松永方が勢いづいた結果、二十二日に澤城は落城したとされる（『澤蔵及松永乱記』）。この際、敵の大軍が高山飛騨守の拠る澤城を来襲し、これを包囲したが、武力によって屈服させることができなかったので、食糧と火薬の不足により城を明け渡さざるを得ないように仕向けたという。*2 これによって、飛騨守は澤城を明け渡したようである。

永禄十年四月～六月、澤源五郎（太菊丸）は伊勢国司北畠具房から松永氏との関係を疑われたが人質・誓紙を出し、北畠具教に取り成しを依頼し、その結果事なきを得て、旧領が安堵されている（『沢氏古文書』五―7、六―9・12、八―64）。このことから、永禄十年四月までには松永方は口宇陀から完全撤退し、勢力が一掃されたものと思われる。

【現況】空堀Aによって通称「本丸」（Ⅰ）・「二の丸」（Ⅱ）を中心とする西地区と通称「出丸」（Ⅵ・Ⅶ）を中心とする東地区に分かれる。

西地区は、本丸（Ⅰ）・二の丸（Ⅱ）・その西側のⅢ郭・Ⅰ北側を取り巻くⅣ郭・北西端のⅤ郭によって構成される。二の丸南西尾根続きは、堀切により城域を画している。

発掘調査*3によると、二の丸・Ⅲ郭には遺構面が二面あり、上面の第1遺構面で礎石建物跡と掘立柱建物跡が一棟ずつ検出された。遺物は、土師器・瓦質土器・陶磁器・犬形土製品・瓦・刀子・鉄釘・鉄滓《てっさい》・銅製金具・銭貨・ガラス・ガラス滓・砥石《といし》・有溝刀子・軽石・壁土等が出土している。特に壁土のほか、鉄釘が一八五点出土していることから、この付近に主要建物が存在してい

Ⅵ郭（南から）

*1　『日本史』第1部六一章、「一五六五年十月二十五日付アルメイダ修道士書簡」（『十六・十七世紀イエズス会日本報告集』第Ⅲ期第2巻）

*2　「一五七六（七七）年八月二十日付フロイス師書簡」（『十六・十七世紀イエズス会日本報告集』第Ⅲ期第4巻）

*3　宇陀市教育委員会『澤城跡第2次～4次発掘調査報告書』（二〇一一年）

た可能性が高い。これら遺物の時期は十六世紀第３四半期に収まるとみられる。

東地区は、出丸（Ⅵ・Ⅶ）・通称「クラカケバ」（Ⅷ・Ⅸ）によって主に構成される。北東尾根続きは三重の堀切によって城域を画している。出丸は、Ⅵ西辺北半からⅦ東辺南端にかけて最高所約二・六ｍの土塁がめぐる。Ⅶの削平・切岸は不明瞭である。出丸の北・東・南辺一段下には、部分的に横堀となる帯曲輪Ｘがこれを取り巻く。

「クラカケバ」は、Ⅷの北辺から西辺にかけて高さ約三ｍの土塁がめぐる。Ⅷ北東隅の通路は、帯曲輪Ｘとつながっている。Ⅸは、広い空間となっているが、西辺の切岸はほとんどみられない。

発掘調査*4によると、出丸では二十数基の土坑・ピットが検出された。しかし、掘立柱建物に伴うかどうかは明らかでない。遺物は、土師器・瓦質土器・鉄釘・銭貨・陶磁器・鉄砲玉が出土し、時期は十六世紀第３四半期に収まるとされる。

【評価】西地区の本丸に対して、東地区の出丸は土塁や横堀を伴う帯曲輪で囲まれるなど相対的に防御性が高いことから、本丸への求心性の弱さが指摘できる。そして、土塁や空堀による遮断を優先させた結果、虎口が不明確となっている。東地区の縄張は高山飛騨守によって改修されたとみられ、西地区は澤氏段階の縄張りを踏襲したと考えてよかろう。遺物組成や出土量から見て、相対的に西地区は居住空間、東地区は軍事空間としての使用に比重が置かれていた可能性が想定できる。教会関連施設は、主に西地区にあった可能性が高い。

【探訪にあたっての注意事項】登城に当たっては、奈良交通比布バス停下車後、南西麓の大貝集落方面・澤集落方面からのルートのほか、東側の文祢麻呂《ふみのねまろ》墓方面からも登城できる。旧伊那佐体育館横の伊那佐山登山専用駐車場を利用することも可能である。

（金松誠）

＊4　前掲3報告書、榛原町教育委員会「澤城跡第1次発掘調査概要」（『榛原町内遺跡発掘調査概要報告書』二〇〇一年度、二〇〇三年）

出丸土塁

下笠間氏の隆盛を物語る名城

60 下笠間城《しもかさまじょう》

所在地：宇陀市室生下笠間字城山
標高（比高）：三六二・一m（七五m）
別称：笠間城
史跡指定の有無：―

【位置と歴史】集落の北方に聳える城山の頂部に位置する。城主は笠間氏と伝わる。笠間氏は多田氏を中心とする染田天神講に参会し、応永二十二年（一四一五）から宝徳四年（一四五二）までの間、六回の張行が下笠間で行われた。*1『大乗院寺社雑事記《だいじょういんじしゃぞうじき》』には、文明十七年（一四八五）十二月十八日、下笠間氏が吐山《はやま》城（吐山氏）を攻めた記録や、明応六年（一四九七）十二月二日、筒井方に攻められ下笠間氏が自焼したとの記録が残る。

【現況】主郭Ⅰを中心とした山頂部は、東方を二重の堀切Bで遮断し、西方は堀切Aによって遮断される。幅約一四m、深さ約五mとなるAは、南方に竪堀となって下り、北方では横堀Cと繋がる。Bのうち西側の堀切は、竪堀となって南の支尾根を分断する。また南方へ派生する各支尾根にも、それぞれ各曲輪が配されている。主要部の北方は、土塁を連ねた横堀Cによって遮断されている。

【評価】土塁を持つ曲輪はⅡのみであり、これは主要部の中で一番低い位置にある欠点を補う

下笠間城遠景

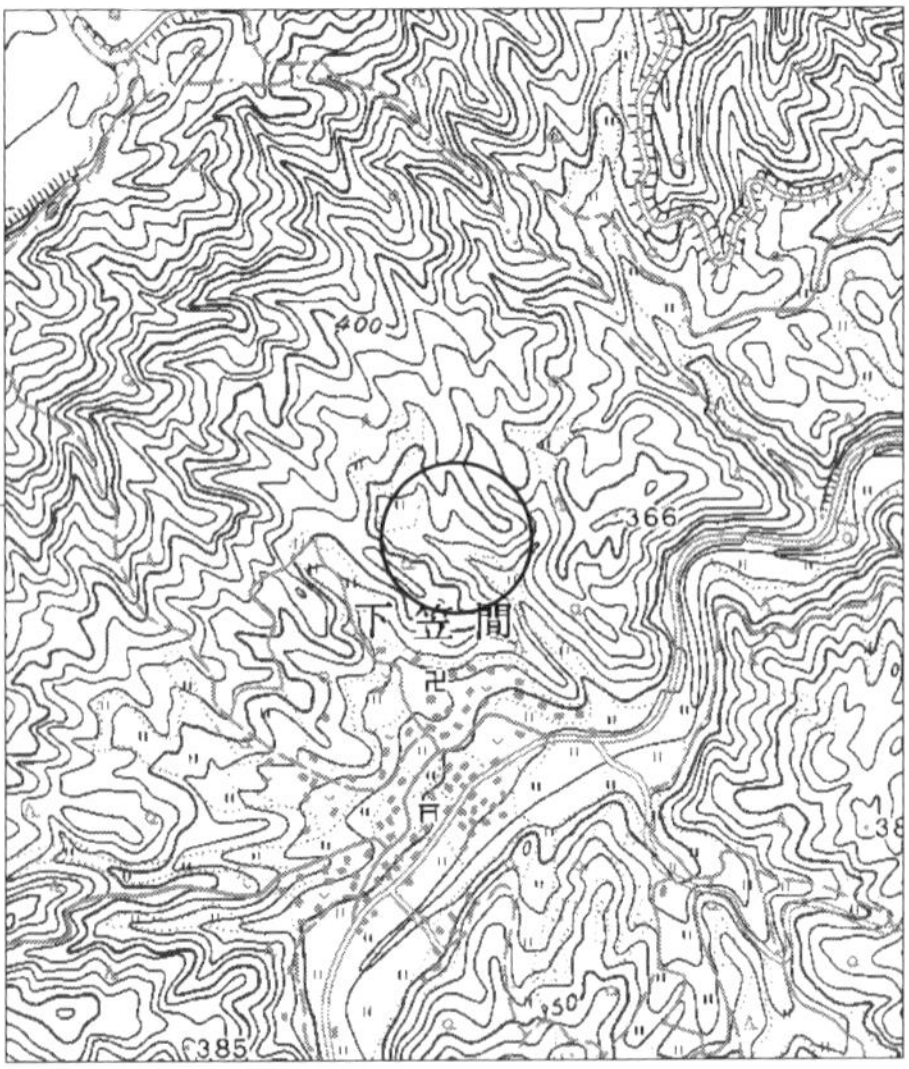

*1　朝倉弘「中世後期大和国東山内衆（国人）の動向について」（『奈良大学紀要』第二〇号、奈良大学、一九九二年）

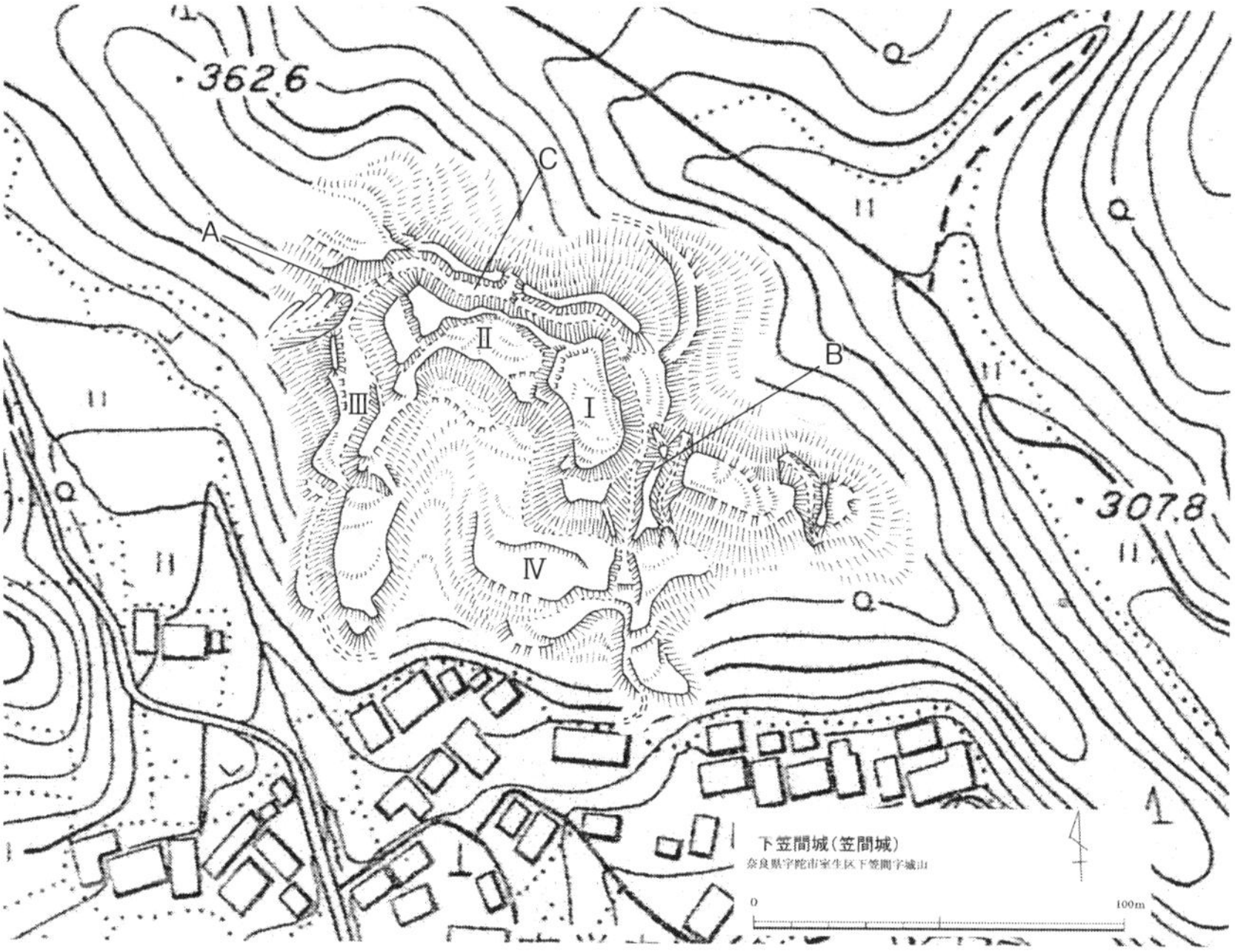

下笠間城縄張り図（内野作図）

ためであろう。Cは幅約八m、深さは最大約六mの規模となる。Cの存在は、背後となる北方への警戒の強さを推測させる。Ⅳは一部破壊されているものの、削平が整い規模も大きく、居館跡の可能性が考えられる。当城は在地領主である下笠間氏の居館を兼ねた城郭であり、居館よりも高所である山頂部に詰の城を備えた城郭であろう。また、Ⅳから山頂部への切岸は高く、築城にかかった土木量はかなり大きかったと想定される。下笠間氏の当地での栄華を物語る遺構と言えるだろう。

【探訪にあたっての注意事項】害獣避けの柵があるので、登城の際には近隣の方にお声を掛けることをおすすめする。

（内野和彦）

堀切Aから続く竪堀

女寄峠を押さえた一城別郭の山城

61 麻《あ》生《そ》田《だ》城《じょう》

所在地：宇陀市大宇陀麻生田、桜井市粟原
標高（比高）：四九九m（一四〇m）
別称：麻生田城山
史跡指定の有無：—

【位置と歴史】口宇陀盆地と大和盆地の桜井方面を結ぶ女寄《みより》峠の南西側、宇陀郡と磯城郡との境界の尾根上に位置する。城主は不明である。

【現況】尾根筋上の延長約一八〇mの間にピークを利用して三か所に曲輪がある。

Ⅰ郭は、一m程度の段差で上下二段に分かれ、その北東にも曲輪がある。上段の曲輪の南東はL字状の土塁で囲まれ、屈曲部が開口している。土塁東側には虎口受け状の空間があり、城外からⅠ郭へは南からこの空間を経て、土塁北側の開口部を左折して至る。なお、Ⅰ郭南側尾根続きは堀切とその対岸に土塁が設けられている。

Ⅱ郭は、南北に細長い削平の甘い曲輪で、南辺に土塁が設けられている。土塁北西端部は開口しているが、これは後世の破壊の可能性がある。

Ⅲ郭は、上下二段の曲輪があり、その段差付近に鉄塔の南西基礎部がある。上段の曲輪の南側尾根続きには堀切と土橋があり、城外から迂回して城内に進入するようになっている。

遠景（西から）（中川貴皓氏提供）

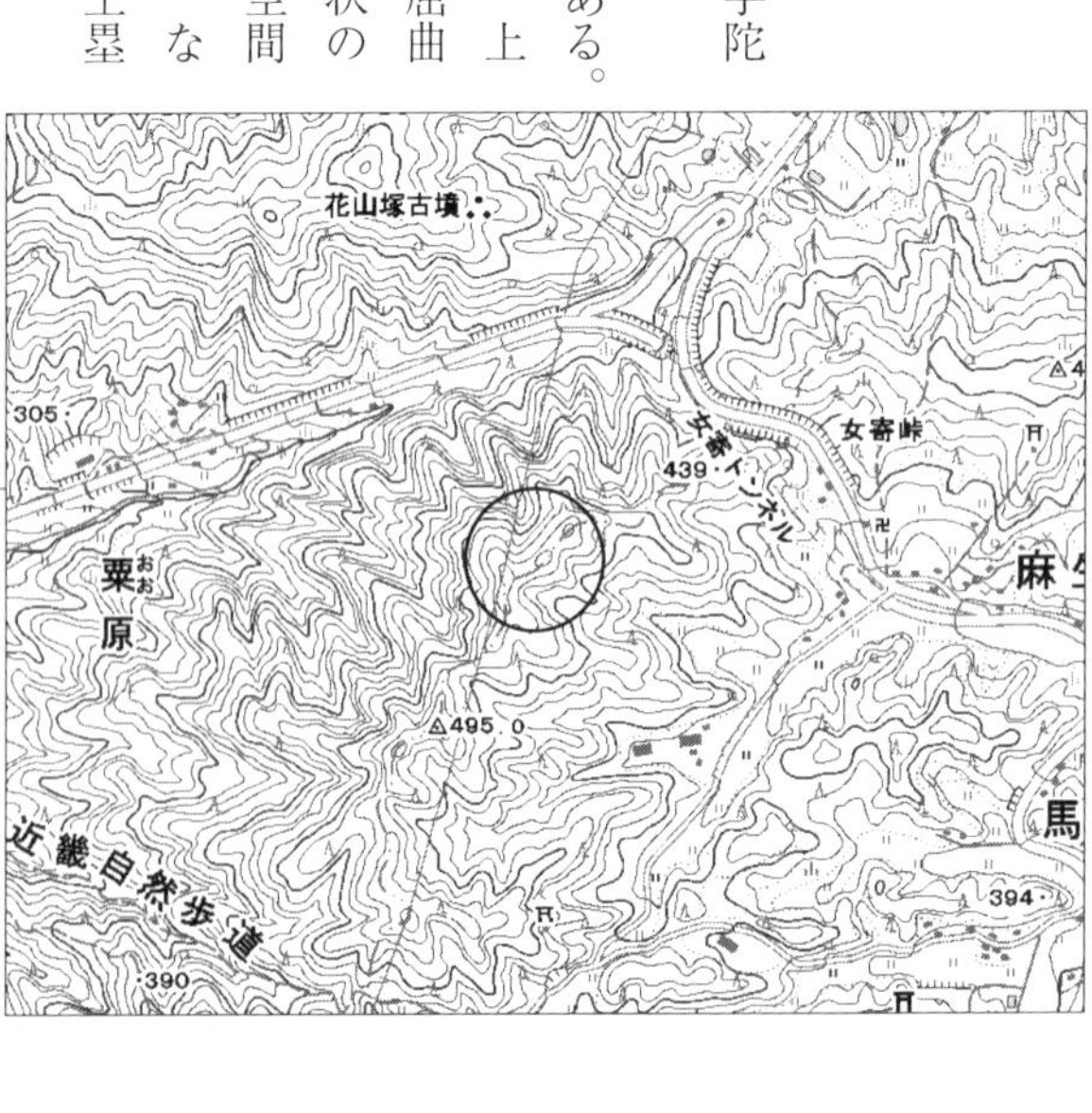

【評価】当城は、一城別郭構造で一部に土塁による防御ラインを形成し、明確な虎口を設けるタイプといえる。[*1] 女寄峠を監視、押さえるために築かれた城郭とみられ、相対的に臨時性が高いと判断できる。曲輪間の尾根上は軍勢の駐屯地として利用されたとみられる。

築城主体は、立地的に広域な範囲に影響力を持つ勢力とみられる。直接的に当城に関する史料は確認できないが、永禄三年（一五六〇）～十年に口宇陀地域を支配した松永久秀方もしくは、これに抵抗した多武峰方によって築かれた可能性がひとまず想定できよう。

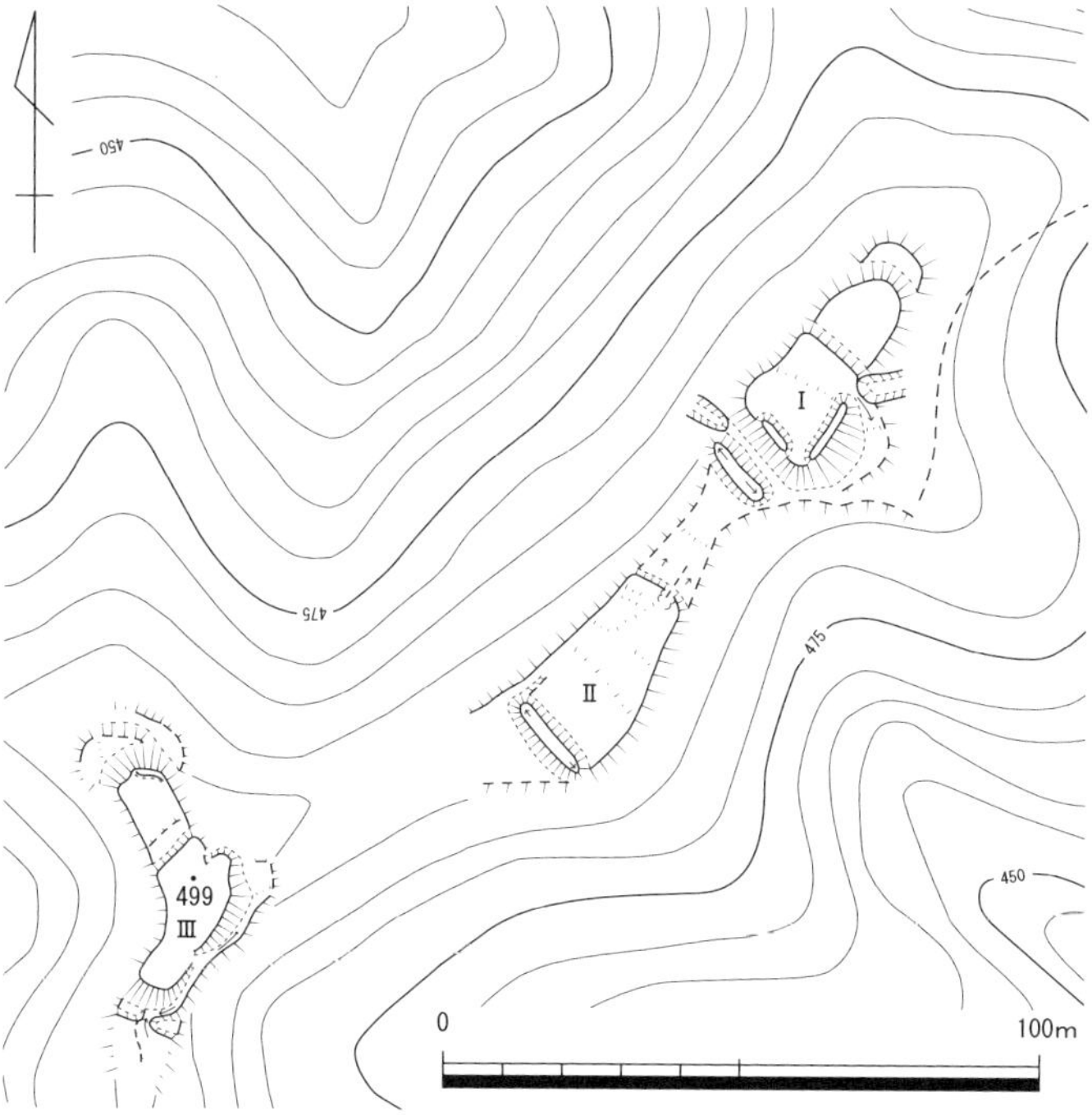

麻生田城縄張り図（金松作図）

【探訪にあたっての注意事項】

公共交通を利用する場合、近鉄大阪線桜井駅から奈良交通バスの大宇陀行きに乗車し、麻生田バス停を下車後、女寄トンネル入口付近直上の道を西北西へまたぎ、そのまま進むと尾根伝いに城内に到着することができる。（金松誠）

＊1　金松誠「大和口宇陀地域の城館構成と縄張技術」（『城館史料学』6、城館史料学会、二〇〇八年）

技巧的な松永氏の陣城

62 見《み》田《た》城《じょう》

所在地：宇陀市菟田野平井・見田
標高（比高）：四二〇ｍ（八〇ｍ）
別称：利鎌山城、えんじゅどの出城
史跡指定の有無：―

【位置と歴史】見田城は芳野《ほうの》川東岸に位置し、北の平井川、南の見田川に囲まれた独立丘陵頂部を中心に遺構が展開する。南東直下を通る間道は、平井川に沿う針道街道や古来より宇陀の中心であった古市場に至る。当城は同時代史料に確認できないため、築城主体や歴史、城名さえも定かでない。しかし、地元には「えんじゅどの」の出城があったという伝承が残る。

【現況】A・B・Cの三つの曲輪群から構成される。Aの中心は方形を呈す主郭Ⅰで、曲輪Ⅱに向けて内枡形虎口を開く。虎口脇の土塁は曲輪ⅢからⅡに至る城道に対応する。この城道は竪堀に規制され、二折れする構造となる。Ⅲ南側には外枡形虎口が形成されるが、Ⅰ南直下の帯曲輪との間を竪堀により区画することで、虎口を独立させている。虎口の先は鞍部に向けて城道が続くが、脇に位置する曲輪Ⅳがそれらを制する役割を果たす。Ⅰの南尾根上には二段からなる曲輪Ⅴがみられる。

　BはⅠと同標高の曲輪Ⅵを中心とする。Ⅵを囲む帯曲輪は南側で高低差が小さくなり、通路として鞍部に接続する。この鞍部に至る斜面はB唯一の緩斜面であり、Aとの連絡路であった。一方で北西尾根に対しては、急峻な切岸に加えて横堀を主とする防御施設を構え、遮断機能を高める。

　Cの中心となる曲輪Ⅶは南北に土塁を設けるが、南に虎口が開き、鞍部に向けて緩斜面となる。Ⅶの東から北にかけては帯曲輪や横堀が囲み、西側は局所で折れを持つ土塁囲みの曲輪Ⅷが構築

される。Ⅷ西端は櫓台となり、直下には塹壕《ざんごう》機能も兼ねた堀切を設けて尾根筋に対する。Ⅷ南側には虎口が二ヶ所あり、東側虎口はAとの鞍部へ至る城道が延び、西側虎口は先述の櫓台直下の堀切へとつながる。

【評価】縄張りを読み解くと、各曲輪群は並立関係ではなく、Aを軸とした配置になっていることがうかがえる。つまり、Aの存在によりB・Cは維持・機能しうるのである。さらにAは複雑な虎口を駆使し、求心性の高い構造を成立させていることも看過できない。

当城は、①求心的かつ技巧的な構造、②集落から離れた字境の山頂に立地、③各曲輪群をつなぐ鞍部の普請が不十分、の三点から、集権的権力構造をもつ外部勢力による臨時的な利用が想定される。当地域の歴史的背景を踏まえると、永禄三年（一五六〇）の松永久秀による沢城攻めに際して築かれた可能性が高い。当城の防御正面が沢城の位置する北であることや、Cの縄張りプランが松永方陣城と評価される本郷東城[*1]などと共通性を持つことからも、それを裏付けることができよう。

【探訪にあたっての注意事項】私有地なので、立ち入りの際には必ず所有者から許可を得、マナーを守って訪れること。（中川貴皓）

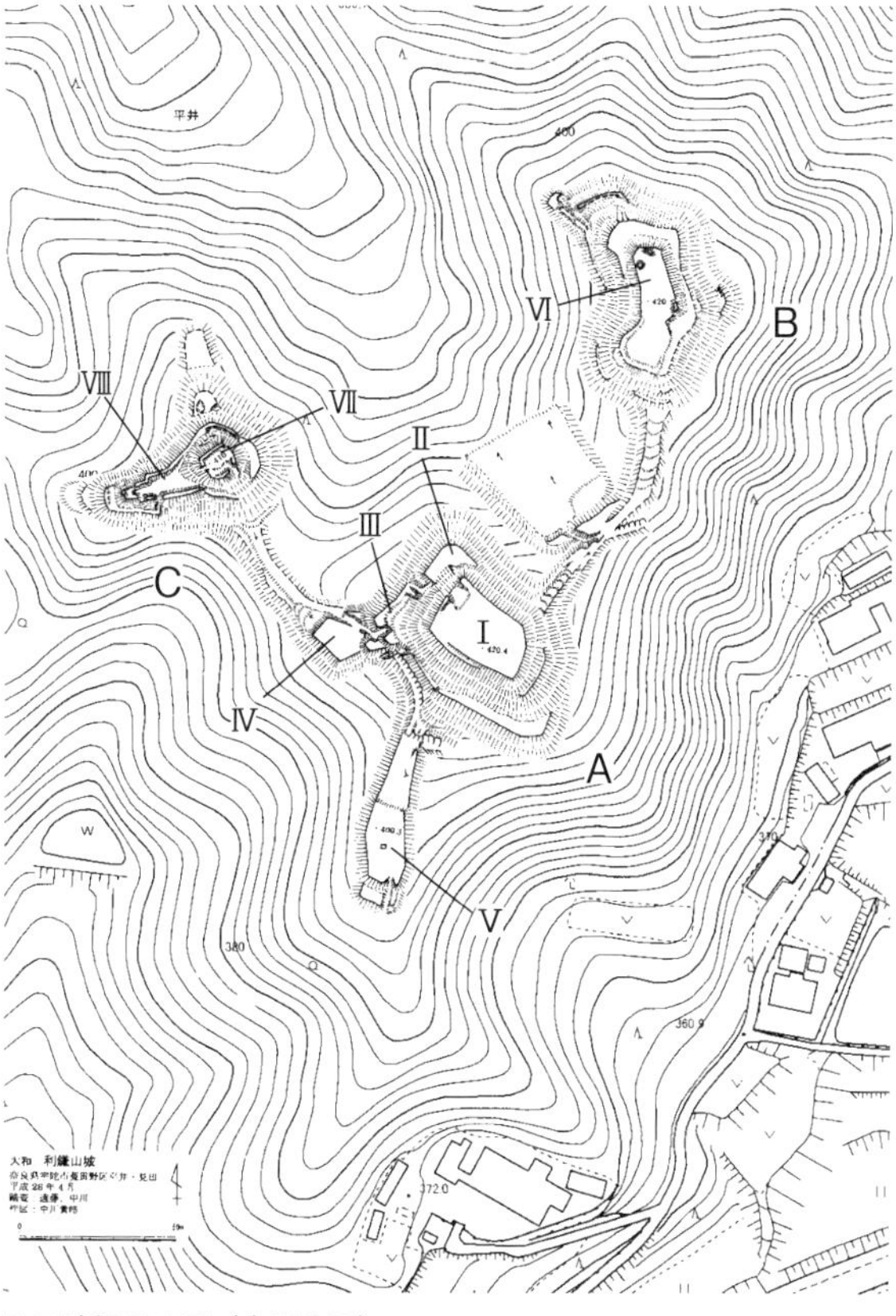

見田城縄張り図（中川作図）

＊1　金松誠「戦国期における大和口宇陀地域の城館構成と縄張技術」（『城館史料学』第六号、城館史料学会、二〇〇八年）

南朝所縁の地の戦国期陣城

63 牧《まき》城《じょう》

所在地：宇陀市大宇陀牧、吉野町小名
標高（比高）：五二九ｍ（二〇七ｍ）
別称：
史跡指定の有無：―

【位置と歴史】中世において当地域は吉野郡龍門庄牧であり、宇陀郡との境目であった。牧城は牧集落から東南約六五〇ｍ地点の奥まった通称「城山」の頂きに位置する。城山は周囲に比して標高が高いため眺望に優れるが、山麓に対しては手前の尾根に遮られるため見通しが悪い。

当城は当該期史料で確認されず、その歴史は定かでない。近代の地誌『奈良県吉野郡史料』では、南北朝期の南朝方拠点で、龍門城の支城と位置づけるが、典拠は明らかでなく、不明である。

たしかに南北朝期には、当地域に南朝方の龍門庄領主牧氏の本拠「牧城」[*1]が存在したが、この「牧城」は山麓の平地居館と解釈すべきだろう。居館の伝承や関連する小字が山麓を示していることからも明らかである。なお、戦国期に山麓の覚恩寺《かくおんじ》が筒井順慶により焼かれたという重要な伝承も確認された。

【現況】城山山頂に位置する主郭Ⅰと付随する五つの曲輪で構成される。城山自体は比較的大きな山容であるが、城域はコンパクトに山頂部でまとまっている。

遠景

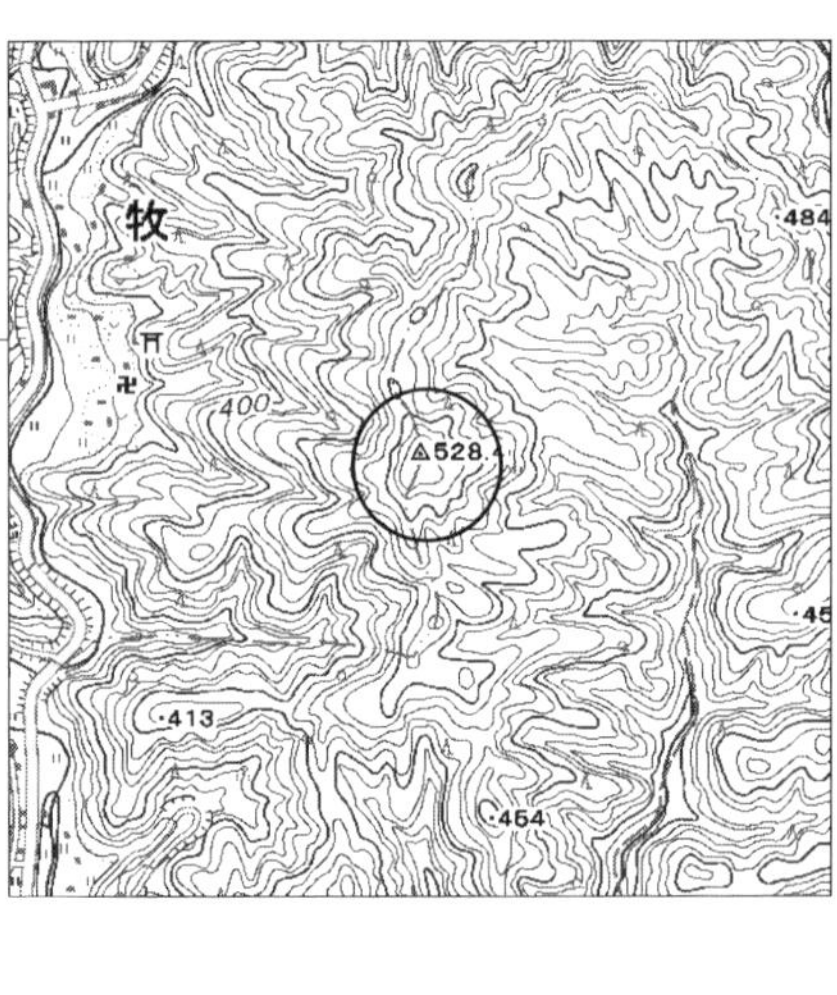

＊1　『運川寺大般若経奥書』

Ｉは最大面積を持つ曲輪で、切岸は急峻だが内部の削平は甘い。Ｉ南西には、Ｉ側に向けて土塁を設けた曲輪Ⅱがある。この土塁によって堀切が形成されるが、土塁西端の開口部より堀切内部と連絡可能である。Ｉ北側直下から東側半ばにかけては帯曲輪が取り巻く。そして、Ｉ南東尾根続きには、削平が甘く尾根筋を遮断しない曲輪Ⅲが設けられ、Ｉ切岸直下の曲輪面を穿って小規模な横堀が造成される。この横堀はＩ東側南半分を囲繞し、先述の帯曲輪に接続することで、Ｉ塁線直下の北から東にかけて防御ラインが形成される。なお横堀の中央部は土橋が架かり、横堀対岸には部分的に外縁土塁が設けられ、遮断機能を高めている。ちなみにこの防御ラインは主郭の防衛強化・差別化を意図したもので、当城の特徴的な遺構である。

【評価】従来、当城は南北朝期の城郭とされていたが、主郭直下の防御ラインは築城主体の権力構造と密接に関連した十六世紀以降の技術であるため、戦国期の遺構と評価できる。そして、全体的な曲輪内部の削平の甘さは、居住性が低く、臨時的な利用を示唆している。また、奥まった山頂に選地することから在地勢力の関与は考え難い。したがって、当城は広域的な戦略に基づいた陣城と考えられる。覚恩寺焼き討ちの伝承に従うならば、天正六年（一五七八）の筒井順慶による吉野一向宗攻めに際して築城、もしくは改修された可能性を挙げられよう。

【探訪にあたっての注意事項】比高は高く、山深い。西側山麓の覚恩寺から尾根を伝って頂部を目指す。

（中川貴皓）

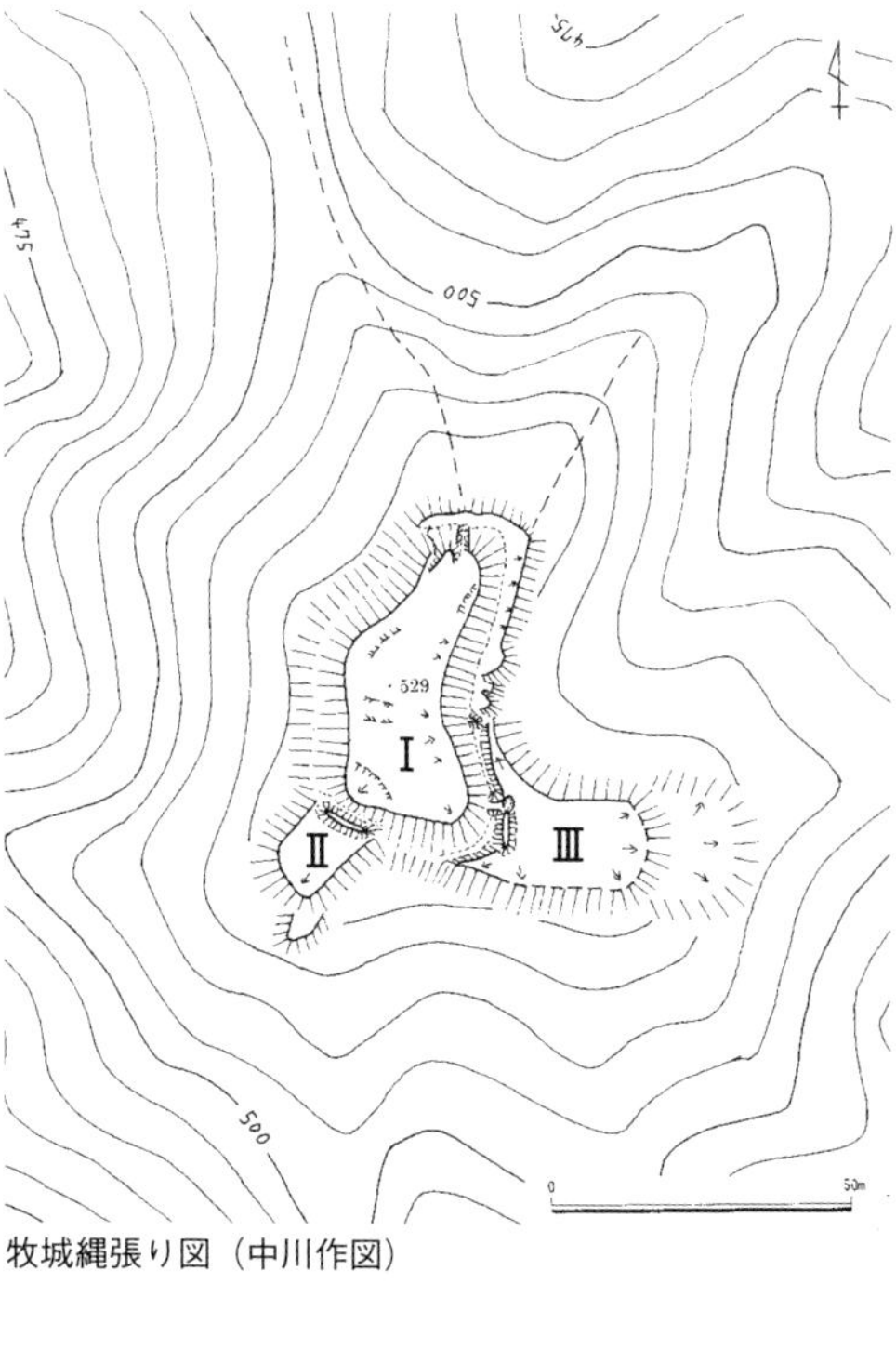

牧城縄張り図（中川作図）

背後を多重の堀切で遮断した城

64 本《ほん》郷《ごう》城《じょう》

所在地：宇陀市大字本郷
標高（比高）：五〇四m（一一〇m）
別称：なし
史跡指定の有無：—

【位置と歴史】西山岳から南側に派生した尾根上に築かれる。城域からは、大字本郷の谷をほぼ見渡すことができる。「山神《さいじん》の城」と呼ばれる以外に、歴史・城主等が伝わらない。谷を隔てた東方約二〇〇mの位置には本郷東城がある。

【現況】主郭Ⅰは東西約一五m、南北約三五mの規模である。土塁は見られず、周囲は浅い堀によって囲い込まれ、土橋もしくは障壁とみられる陸橋部がある。堀の外側は帯曲輪状となるが、その東から南側にかけての外側は緩斜面となる。緩斜面にやや切り込む形で、虎口A・Bが設けられる。虎口Aから東へ下ると、横堀Cを渡って城外に出る形となる。横堀Cは主郭部の東側をぐるりと取り囲む。横堀C自体は外側から五〇cm前後の深さしかないが、主郭部側が切り立っている。虎口Bからはそのまま西側へ向かい、城外に出たようにもみえる。ただ斜面部を介してⅡ郭が存在していて、東西を竪堀、南北を横堀によって囲い込まれている。主郭ⅠとⅡ郭がどのように連絡していたかは不明である。もともと両者は緊密に出入りする関係にはなかったのかもしれない。

Ⅱ郭西側竪堀

Ⅱ郭からどのように外へ出ていたかもはっきりしない。候補地としては北西部のDが挙げられ、付近では竪堀を横断することができる。ただし付近には炭窯があり、堀の埋め立て等がなされている状況も考えうる。仮に北西部が虎口であった場合、いったん外側に出なければ主郭Ⅰと連絡できなかったことになる。二つの独立性の高い曲輪を竪堀・横堀で連結し、まとめていたとみることもできる。主郭Ⅰの北側には合計三本の堀切を設けている。堀切の先端部は土塁を造り出し、堀底と法面の高さを維持しようとする意識が読み取れる。

【評価】金松誠氏は当城に対して駐屯地の存在、二重構造等を通じて、永禄六年（一五六三）に秋山城（宇陀市）を攻めるために築かれた松永久秀方の陣城と考えているが、*1 従うべきであろう。

【探訪にあたっての注意事項】南東の墓地側、もしくは北方の尾根経由で上ることができる。植林はおよそ手入れされ、遺構は見やすい。（髙田徹）

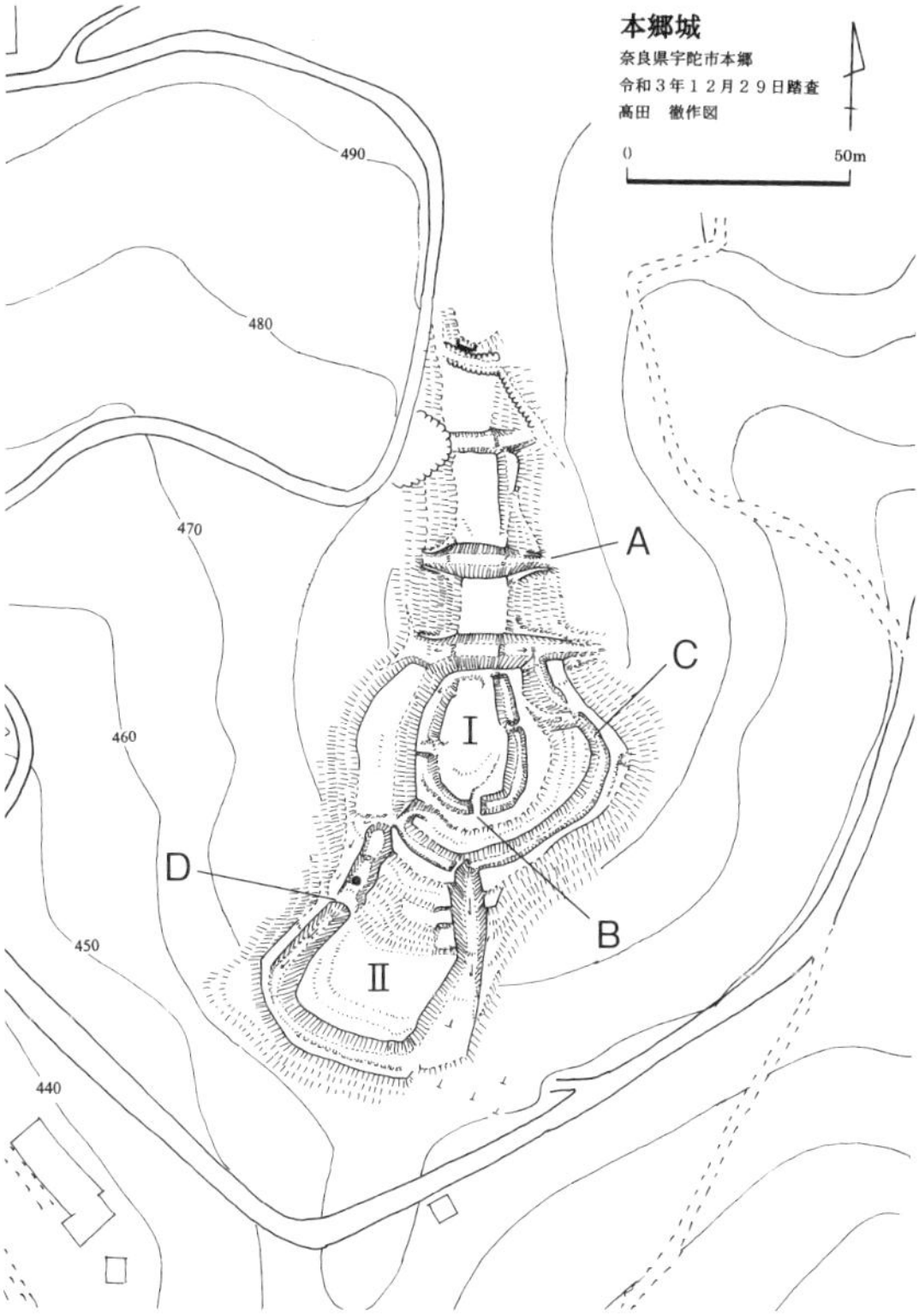

本郷城縄張り図（髙田作図）

北側から見た本郷城

*1　金松誠「三好・松永方城郭の陣城プラン―松永方の大和口宇陀侵攻における陣城を通して―」（中西裕樹編著『松永久秀の城郭』〈戎光祥出版、二〇二一年〉。初出二〇〇一年）

松永久秀の口宇陀支配拠点の一つ

65 守《も》道《ち》城《じょう》

所在地：宇陀市大宇陀守道
標高（比高）：四三五m（六〇m）
別称：なし
史跡指定の有無：—

遠景（南東から）

【位置と歴史】宇陀川と芳野《ほうの》川の中間の丘陵頂に位置する。北には東西に延びる道、東・西には当城の南から分岐して、V字に延びる道がある。

城主は、当地域の在地勢力である守道氏だったと考えられている。文献史料に初めて現れるのは、永禄三年（一五六〇）八月で、『沢氏古文書』五―16～20によれば、七月下旬の段階で松永久秀による口宇陀侵攻の動きがあり、八月上旬に伊勢国司北畠具教は、松永久秀方による口宇陀侵攻に備え、澤氏惣領太菊丸に対し、秋山氏が松永方に与しないよう、「守道城」に秋山藤七郎を人質として入れ置くことを命じている。さらに「城用心等」を堅く申し付けている。しかし、守道城が実際に松永方に攻められたかどうかは不明である。なお、松永方は同年十一月二十四日に「澤日の牧の城」を陥れ（『細川両家記』）、澤城には松永久秀家臣の高山飛騨守が城主として入った（『日本史』第1部三九章）。松永方は、永禄十年四月頃に撤退するまで、口宇陀地域を支配した。

【現況】当城は、I～Ⅷ郭によって構成されている。I郭は

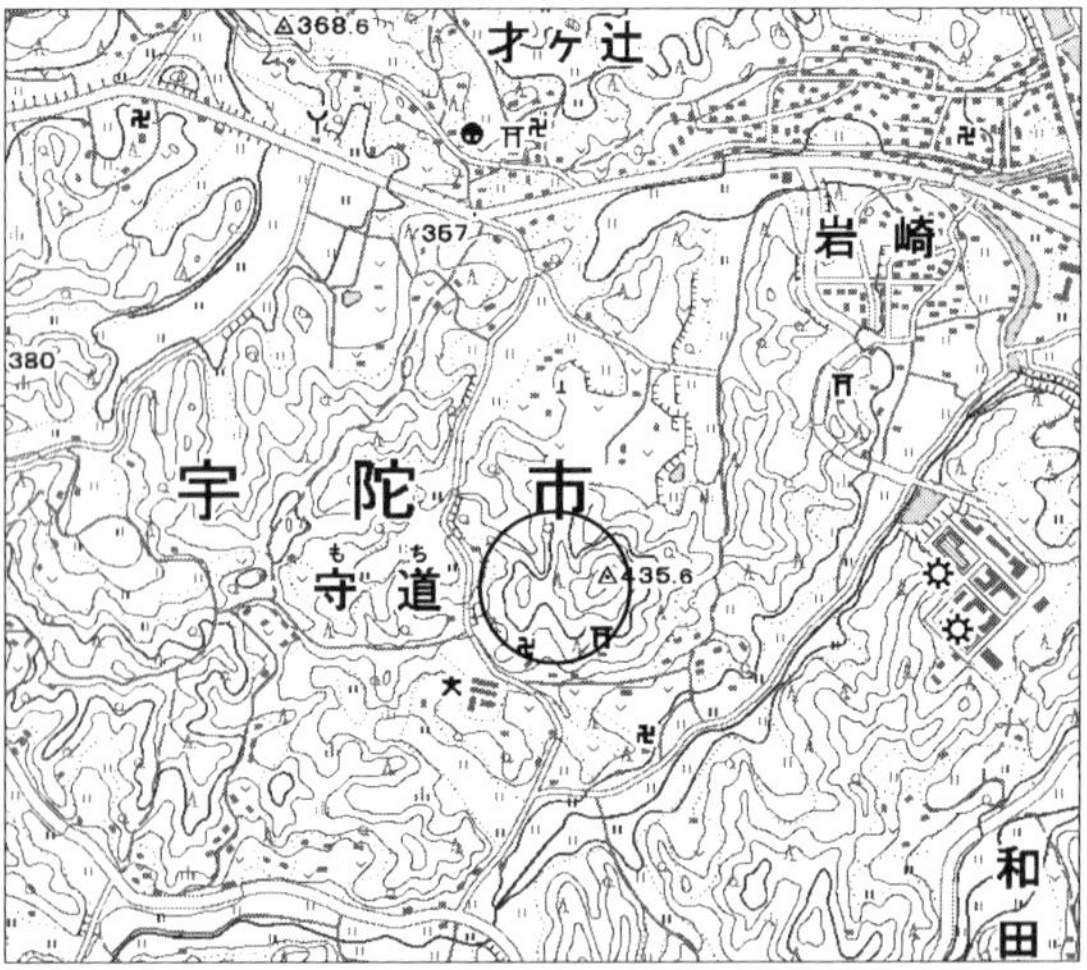

城内最高所に位置し、中央北寄りで低い段差により二段に分かれている。曲輪内部の削平はやや不明瞭で、縁辺部も緩やかに傾斜し、切岸もしっかりしていない。

Ⅰ郭西側は、約七ｍの高低差で鞍部の曲輪群に至る（Ⅱ郭）。曲輪群は三段に分かれ、北側には高さ約〇・五ｍの土塁ラインが設けられている。曲輪群の東端には土塁が設けられ、Ⅰ郭とⅡ郭の間が空堀状になり、それが先ほどの土塁ラインに続いている。土塁ラインと空堀ラインの交差部からは、北東に延びる帯曲輪がみられる。

曲輪群から西に降りるとⅢ郭に至る。Ⅲ郭中央からは、東に延びる帯曲輪がⅡ郭北側に配されている。西側には南北方向の土塁・空堀ラインがみられ、Ⅲ郭からⅣ郭へは南西端を経由して連絡する。Ⅳ郭北側には低い土塁ラインが設けられ、Ⅴ郭へは南西の通路状のスロープを経由して至る。Ⅴ郭は、比較的広い面積を有し、Ⅵ郭へはⅤ郭北西の土塁ライ

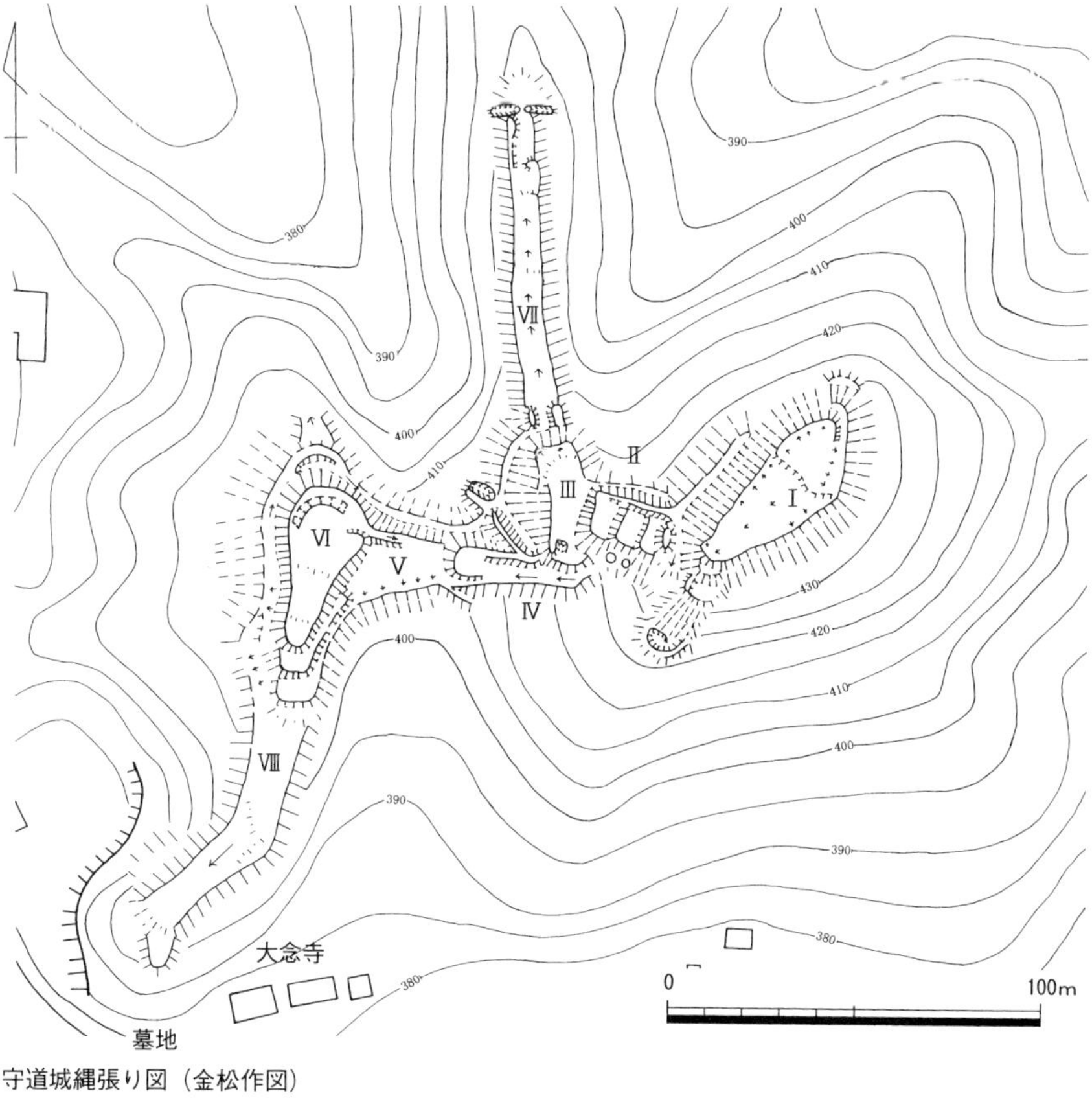

守道城縄張り図（金松作図）

Ⅲ郭（北から）

Ⅲ郭・Ⅳ郭間の空堀（北西から）

ンを経由して至る。Ⅵ郭は、南北に細長い曲輪で、南に二段の曲輪が連なる。Ⅵ郭北縁には溝状の遺構がみられる。

　Ⅵ郭西側からⅢ郭北側にかけて、帯曲輪がめぐらされている。帯曲輪は通路状になっており、Ⅲ郭北側でⅦ郭南端の虎口につながり、Ⅶ郭に至る。この虎口は、高さ約〇・五ｍの土塁が両側に配されており、Ⅲ郭から防御できるようになっている。

　Ⅶ郭は、北側に傾斜しながら南北約八〇ｍにわたり延びている。北側は不明瞭ながら内枡形状の空間がみられ、北端に浅い堀切と土橋を設けて城域を画している。なお、Ⅵ郭南側のⅧ郭は逆「く」の字状に折れ、山麓へ向かって傾斜していく。

【評価】　最高部に位置するⅠ郭が主郭といえるが、土塁などもみられず、縄張りにこれといった特徴も見出せない。一方、Ⅲ～Ⅵ郭は、北側から西側を取り巻くように帯曲輪のラインがみられ、密接な関係を持っているといえる。それは、これらの曲輪内部が通路によって相互連絡できることから明らかである。そして、Ⅳ～Ⅵ郭の北縁に土塁などによる防御ラインが形成されていることも見逃せない。Ⅱ郭東側の土塁・空堀と北側の土塁ラインも、同様の築城思想のもとに形成さ

Ⅶ郭南端（北から）

Ⅶ郭北端の堀切と土塁（北から）

れているものとみてよい。なお、これらの防御ラインは通路も兼ねていたものと思われる。このように、Ⅱ～Ⅷ郭は縄張り面で有機的結合を有しているものと思われる。

すなわち、Ⅰ郭とⅡ～Ⅷ郭には縄張り上の機能差がみてとれ、後者には土塁・空堀・帯曲輪ライン、曲輪内の相互連絡による有機的結合がみられ、発達した縄張りとなる。これについては、相対的にⅠ郭が居住空間、Ⅱ～Ⅷ郭を軍事空間として捉えられよう。

次に当城の縄張り構造が、どの勢力により構築されたのかを考えたい。二つの可能性が想定できる。一つ目は在地勢力の守道氏によるもの、二つ目は口宇陀を支配した松永方によるものである。前者の場合、永禄三年八月段階で「守道城」は松永方の侵攻を警戒しており、北畠氏や澤氏の影響下において改修を受けたことになる。後者の場合、同年十一月に松永方が口宇陀を制圧して当城を接収、松永方の城郭として改修したものとなる。

縄張り技術的には、Ⅱ～Ⅷ郭にみられる帯曲輪・土塁・空堀ラインによる有機的結合やⅦ郭北端の内枡形状の空間の存在から考えると、在地勢力の守道氏よりも、松永方による改修を受けた可能性の方が高いと考えられる。縄張りが全体的に北方を意識しているのは、その方面に東西に走る主要街道があり、そこから攻めてくる在地勢力や北畠氏を警戒した結果なのであろう。

当城は、松永方による口宇陀支配の拠点城郭の一つとして、その一翼を担っていたといえるだろう。＊1

【探訪にあたっての注意事項】Ⅷ郭南端に隣接する墓地からが登城しやすい。公共交通を利用する場合、近鉄大阪線榛原駅から奈良交通バスの菟田野行き（東吉野村役場行き）に乗車し、岩崎東口バス停を下車、南西へ約一・六㎞で登城口に到着する。もしくは道の駅宇陀路大宇陀阿騎野宿から南東二・六㎞の道のりを徒歩のほか、レンタサイクルを利用することもできる。（金松誠）

＊1　金松誠「宇陀守道城に関する一考察」（『古代近畿と物流の考古学』、学生社、二〇〇三年）

松永久秀方の陣城

66 黒木西城《くろぎにしじょう》

所在地：宇陀市大宇陀黒木
標高（比高）：四六五m（六五m）
別称：なし
史跡指定の有無：―

【位置と歴史】熊ヶ岳から北東に派生する尾根先端部に位置する。北方尾根続きに黒木北城、黒木川河谷を挟んだ東南東五〇〇mの山上に黒木東城、本郷川河谷を挟んだ北北西約八五〇mの山上に本郷東城、その西隣の尾根に本郷城が位置する。

『奈良県宇陀郡史料』によると、「黒木塁」は、「古城《ふるしろ》」と伝わり、城主を黒木氏とする。黒木西城の小字が「古城」であることから、「黒木塁」は黒木西城のことを指すとみられる。

遠景（本郷溜池から）

【現況】小規模な主郭Ⅰを頂点として北・南東方向へ延びる尾根上に曲輪を連ね、その外縁部に一部土塁による防御ラインを形成する。そして、尾根を下った谷に対し、城域を囲い込むように、南東側には空堀、北西側には畝状空堀群・空堀による防御ラインを形成し、麓へ延びていく。谷Ⅱは、平坦地がみられるが、後世の畑地か植林によるものであろう。

【評価】北方尾根続きの黒木北城、谷を挟んだ東南東に位置

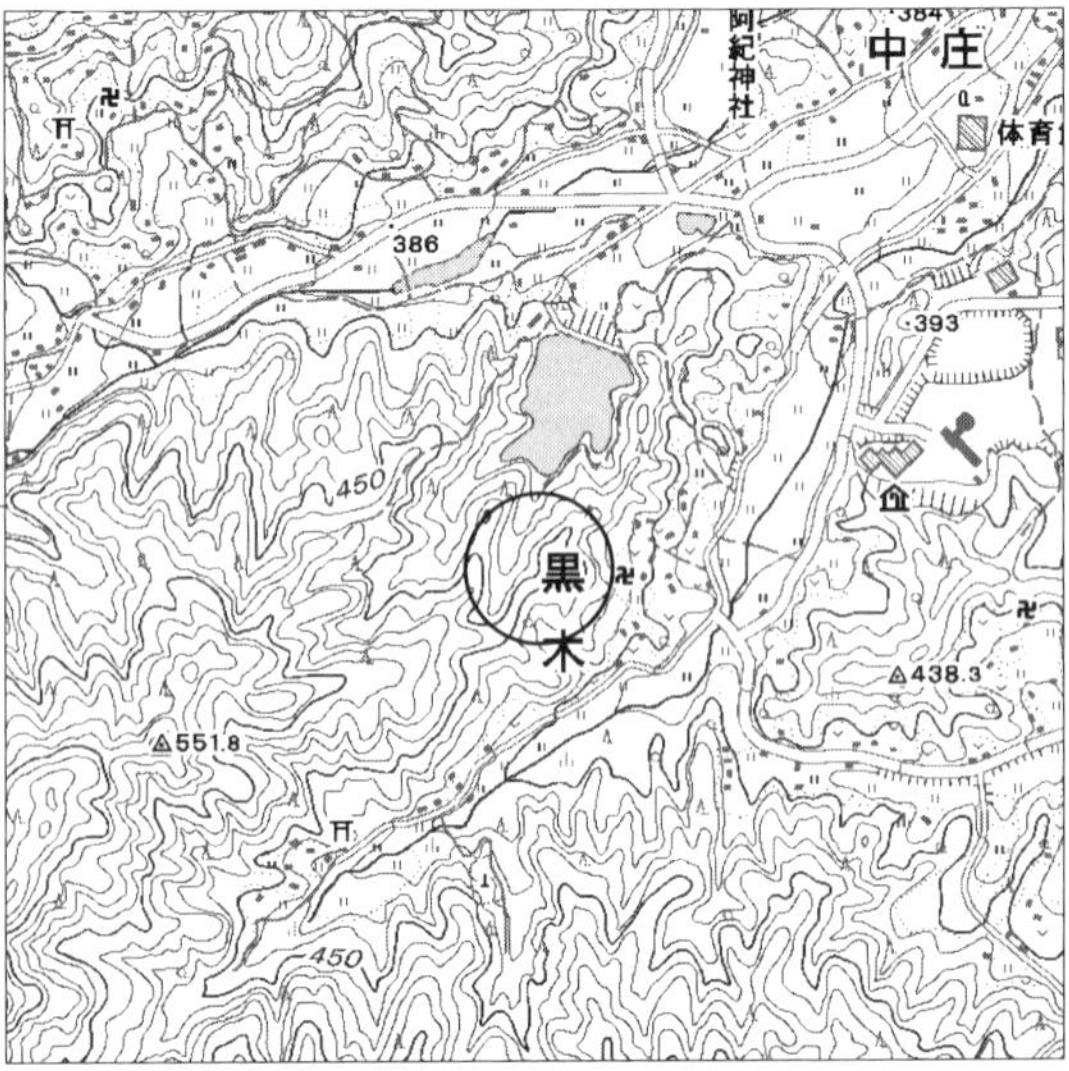

黒木西城縄張り図（金松作図）

畝状空堀群

する黒木東城との立地関係から、この三城は連携して機能していたといえる。

当城は、最頂部から扇状に曲輪群が展開し、広範囲にわたる城域を、麓まで延びる畝状空堀群を伴う空堀ラインで囲い込んでいる。多数の軍勢の駐屯が可能であるとともに、空堀ラインが城道を兼ねていることから、陣城とみられる黒木北城・黒木東城との共通性が見出せる。すなわち、立地関係から当城が両城を掌る陣城としての役割を果たしたものと思われる。そして、本郷城・本郷東城についても、その構造から陣城の可能性が指摘されている。[*1]

陣城群の攻撃目標は、北東約一・九kmに位置する秋山氏の居城秋山城が候補としてあげられる。これら陣城に駐屯する大規模な軍勢を率いて秋山城を攻撃する勢力としては、永禄三（一五六〇）～十年に口宇陀地域を支配した松永久秀方が最有力候補としてあげられる。その他、永禄六年一月の松永方による多武峰攻めの際に築かれた可能性も捨てきれない。いずれにせよ、永禄期において松永方による陣城群が黒木西城を中心に形成された可能性が高いといえよう。

【探訪にあたっての注意事項】公共交通を利用する場合、近鉄大阪線榛原駅から奈良交通バスの大宇陀行きに乗車し、終点の大宇陀バス停（道の駅宇陀路大宇陀阿騎野宿）を下車後、本郷溜池を目指し、その北辺沿いの道を東進した後、池を取り巻くように南進すると城内に到着することができる（徒歩約20分）。

（金松誠）

*1　金松誠「三好・松永方城郭の陣城プラン―松永方の大和口宇陀侵攻における陣城を通して―」（中西裕樹編『松永久秀の城郭』、戎光祥出版、二〇二一年〈初出二〇〇一年〉）、同「戦国期における大和口宇陀地域の城館構成と縄張技術」（『城館史料学』6、城館史料学会、二〇〇八年）

松永久秀方の陣城

67 黒《くろ》木《ぎ》北《きた》城《じょう》

所在地：宇陀市大宇陀黒木
標高（比高）：四二四ｍ（四五ｍ）
別称：なし
史跡指定の有無：—

【位置と歴史】熊ヶ岳から北東に派生する尾根先端部に位置する。南方尾根続きに黒木西城、黒木川河谷を挟んだ南南東約六〇〇ｍの山上に黒木東城、本郷川河谷を挟んだ北西約六〇〇ｍの山上に本郷東城、その西隣の尾根に本郷城が位置する。

『奈良県宇陀郡史料』に記される「黒木塁」は黒木西城を指していることから、尾根続きの黒木北城の城主も黒木氏と伝承されていたとみられる。

【現況】四五ｍ×二五ｍを測るⅠ郭が主郭である。その南東端はⅡ郭を取り巻く帯曲輪となり、南西端の堀切で城域を画す。Ⅱ郭が最頂部であり、南西部に土塁ラインを伴う曲輪が配されている。見張り台的な役割を果たしたものと考えられる。

Ⅰ郭の北側には、削平の甘いⅢ郭が配され、南辺には土塁と浅い堀切が設けられている。Ⅰ～Ⅲ郭の東には、雛壇状の曲輪群Ⅳが配され、南東尾根続きは二重堀切で城域を画す。

曲輪群Ⅳの北から北東側には、麓まで延びる三重の空堀Ａ・

遠景（北西から）

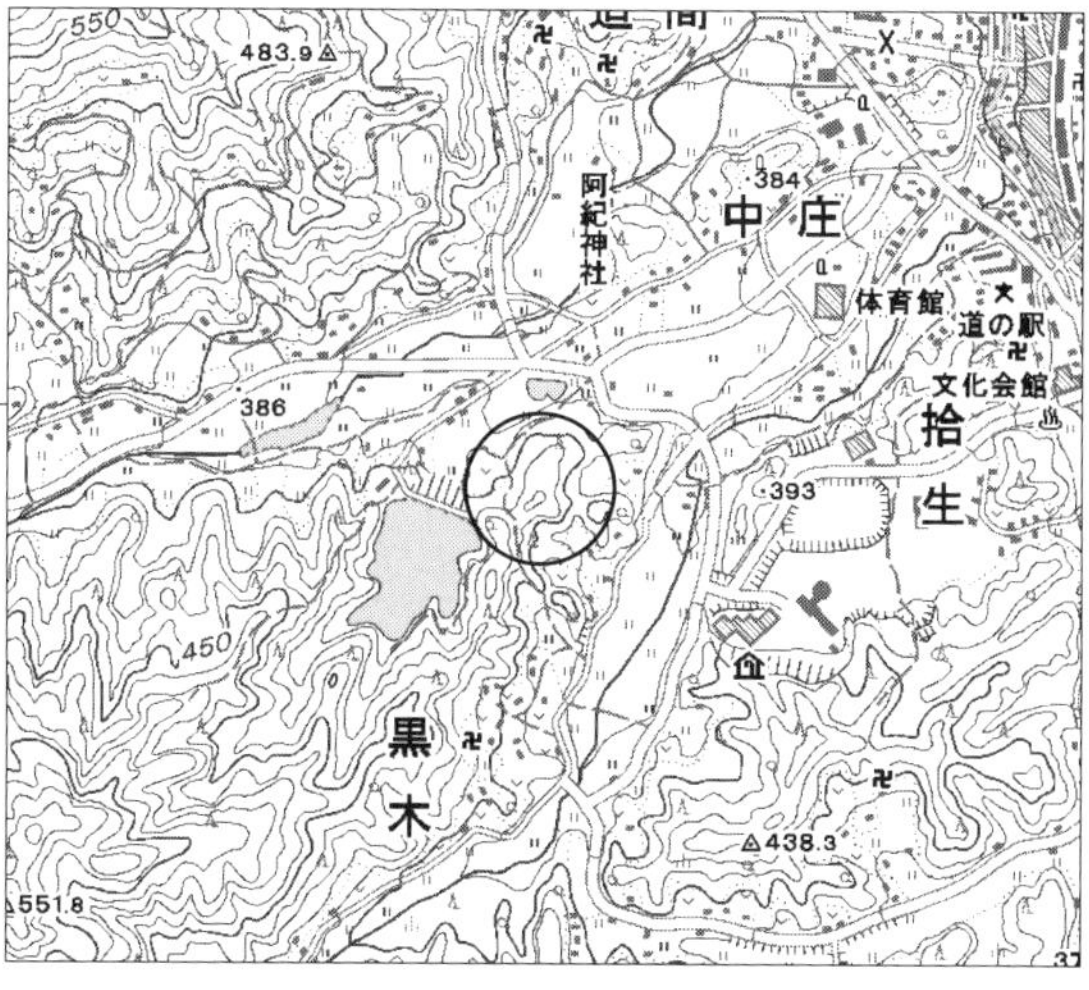

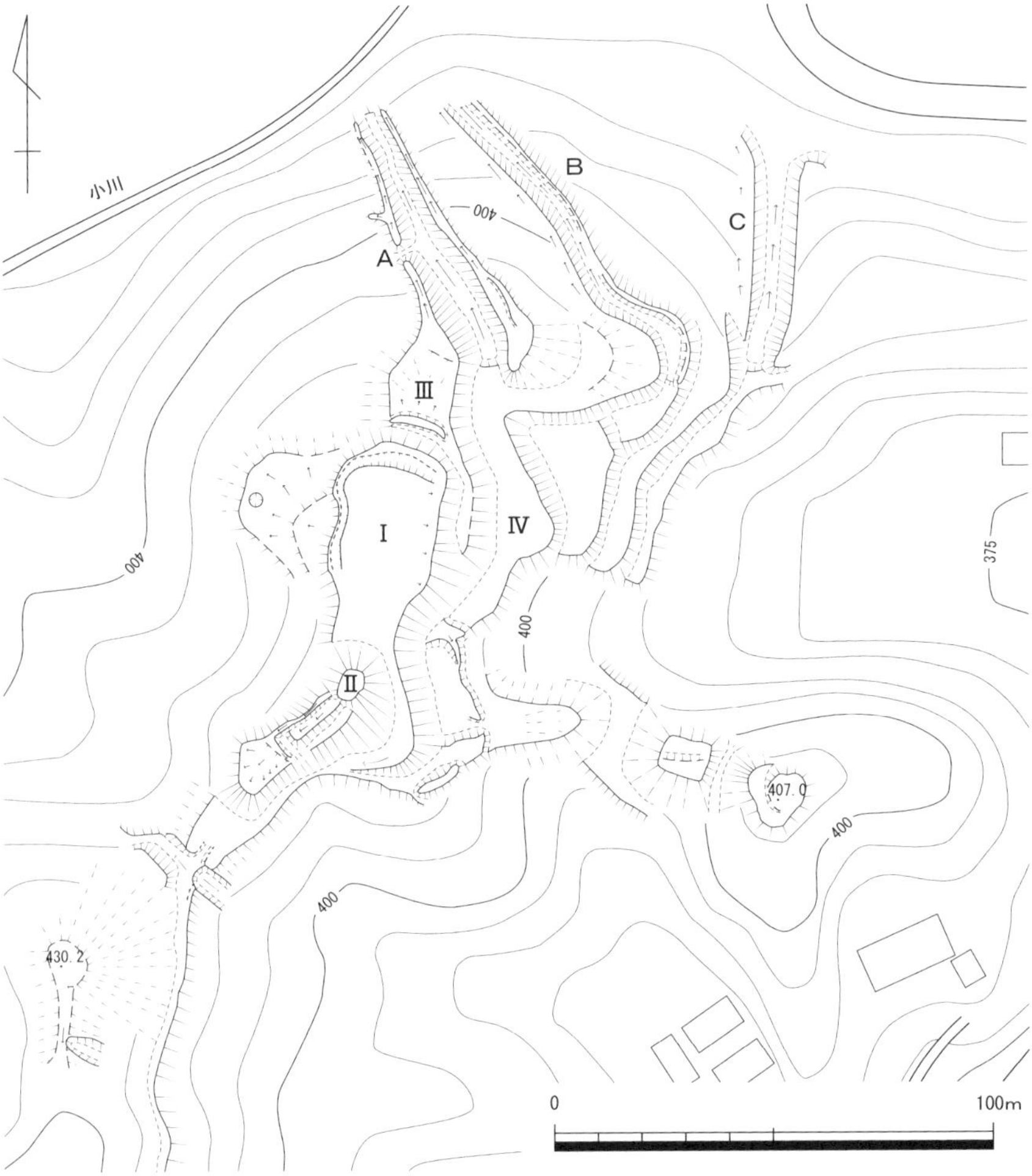

黒木北城縄張り図（金松作図）

空堀A南端（南から）

空堀A北端（北から）

Ｂ・Ｃが設けられ、防御ラインが形成されている。いずれも曲輪群Ⅳの北端と連絡できることから、防御と城道を兼ねていた可能性が指摘できる。

【評価】当地の土豪として黒木氏の存在が知られるが、一次史料には現れない。よって、このような比較的規模の大きい城郭の築城主体を黒木氏とすると整合性に欠ける。そして、南方尾根続きの黒木西城、谷を挟んだ南東に位置する黒木東城との立地関係から、この三城は連携して機能していたといえる。すなわち、黒木氏がこの三城の築城主体であったとは考えられない。

そこで、改めて当城の縄張りを検討したい。当城は、規模の大きいⅠ郭の南端に見張り台とみられるⅡ郭が配され、削平が甘いⅢ郭と雛壇状の曲輪群Ⅳに通路を兼ねた空堀が連動している。Ⅰ郭・Ⅲ郭・曲輪群Ⅳが軍勢の駐屯地として機能していたと考えられる。

すなわち、当城・黒木東城・黒木西城は、陣城の可能性が高い。立地関係から黒木西城が両城を掌る陣城としての役割を果たしたものと思われる。そして、本郷城・本郷東城についても、その構造から陣城の可能性が指摘されている。[*1]

黒木西城で述べた通り、これら諸城とともに永禄三（一五六〇）～十年に口宇陀地域を支配した松永久秀方による秋山城攻めもしくは、永禄六年一月の松永方による多武峰攻めの際に築かれた可能性が想定されよう。

【探訪にあたっての注意事項】公共交通を利用する場合、近鉄大阪線榛原駅から奈良交通バスの大宇陀行きに乗車し、終点の大宇陀バス停（道の駅宇陀路大宇陀阿騎野宿）下車、南西約一kmの空堀Ｃ北端から空堀内を経由して曲輪群Ⅳに至るルートが比較的登りやすい。

（金松誠）

＊1　金松誠「三好・松永方城郭の陣城プラン─松永方の大和口宇陀侵攻における陣城を通して」（中西裕樹編『松永久秀の城郭』、戎光祥出版、二〇二一年〈初出二〇〇一年〉）、同「戦国期における大和口宇陀地域の城館構成と縄張技術」（『城館史料学』６、城館史料学会、二〇〇八年）

空堀Ｃ北端（北から）

伊勢本街道を睨む堅城

68 秋《あき》葉《ば》城《じょう》

所在地：御杖村神末
標高（比高）：六六八m（一〇〇m）
別称：神末城
史跡指定の有無：—

【位置と歴史】大和と伊勢を結ぶ伊勢本街道（現国道三六九号）沿いに位置し、南麓には牛峠、東麓は神末《こうずえ》の集落となる。当城に関する記録は残っておらず、城主については新発内蔵亮氏や神末氏、または新房春興氏などとする説があるが、*1 歴史は定かではない。

【現況】牛峠から北方約六〇〇m離れた山頂部に秋葉城は築城された。現在、九つの曲輪と四本の堀切が確認できる。急峻な地形による制約のためか、各曲輪の幅は狭く小振りである。城郭は南北二つのピークを中心に構成され、主郭は最高所のⅠとなる。Ⅰの北方は曲輪を一つ挟んで北限の堀切で遮断される。北限の堀切は一部破壊されているが、幅約一三m、深さ約七mで当城一の規模となる。Ⅰ南方は二つの曲輪が続き、城域中心部を仕切る幅約一三m、深さ約四・五mの堀切Aとなる。なお、二つの曲輪のうち南の曲輪には、西辺に土塁の痕跡がみられる。Aの南方は西辺に土塁の痕跡を持つ曲輪Ⅱで、南西の虎口Bと通路で繋がる。Bは西方の菅野《すがの》方面からの尾根道が取りつく虎口で、

急峻な切岸

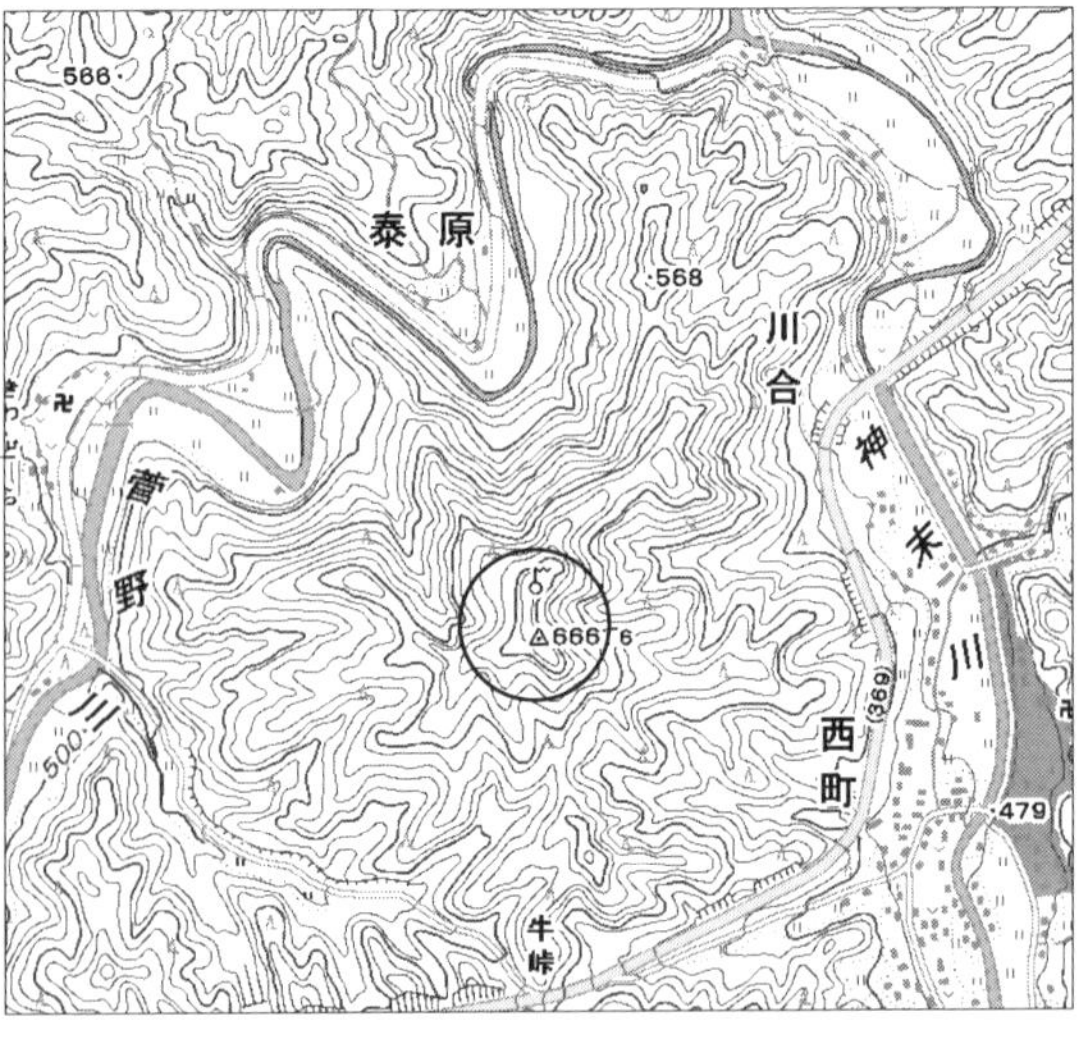

＊1　御杖村史調査委員会『御杖村史』（一九七六年）、『大系』（一九八〇年）

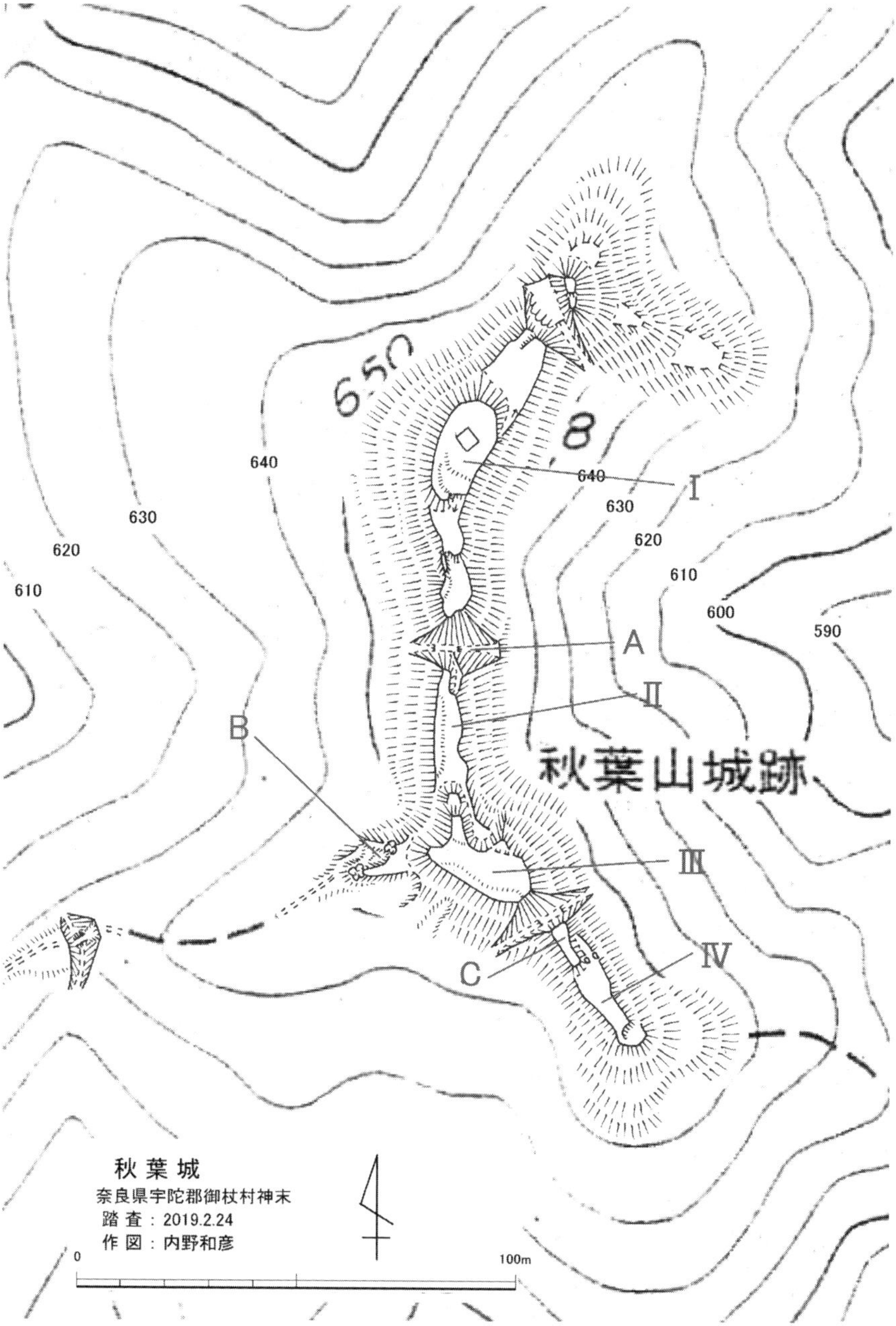

秋葉城縄張り図（内野作図）

堀切A

西方約六〇mには小規模な堀切が造られている。南のピークに造られた曲輪Ⅲは、北辺に虎口、南辺に土塁の痕跡を持ち、南方には幅約九m、深さ約四．五mの堀切が隣接する。ⅢはBを見下ろし、さらに南方の各尾根を眺望できる位置となる。曲輪Ⅳの南端にはステップ状の虎口があり、南方の牛峠や南東の神末からそれぞれ尾根道が繋がっていたと考えられる。Ⅳの北西部には堀切と接した通路状の遺構Cがある。Cの南東傍には礎石状の石があり、門があった可能性が考えられる。このことから、堀切を越えてCよりⅢに至るルートが存在したと思われる。Ⅰ上には現在テレビ中継塔が施設されており、各曲輪間を結ぶスロープなどは建設時に造られた作業道の可能性があるだろう。

【評価】当城は麓を通る伊勢本街道を監視するための築城か、もしくは小勢力による有事を想定した築城であると考えられる。特徴としては、堀切Aにより南北二つの区画が作られ、それぞれの区画の役割は明白である。Ⅲを中心とした南の区画に接続するためであると考えられる。一方、Ⅰを中心とする北区画は曲輪間の比高も小さく、防御よりも利便性を重視した居住を主体とする構造であろう。

【探訪にあたっての注意事項】山深く、登城路もわかりづらい。用意周到に計画を立てたうえで探訪されることをおすすめする。

（内野和彦）

Ⅰ郭

第五章 五條・吉野地域の城郭

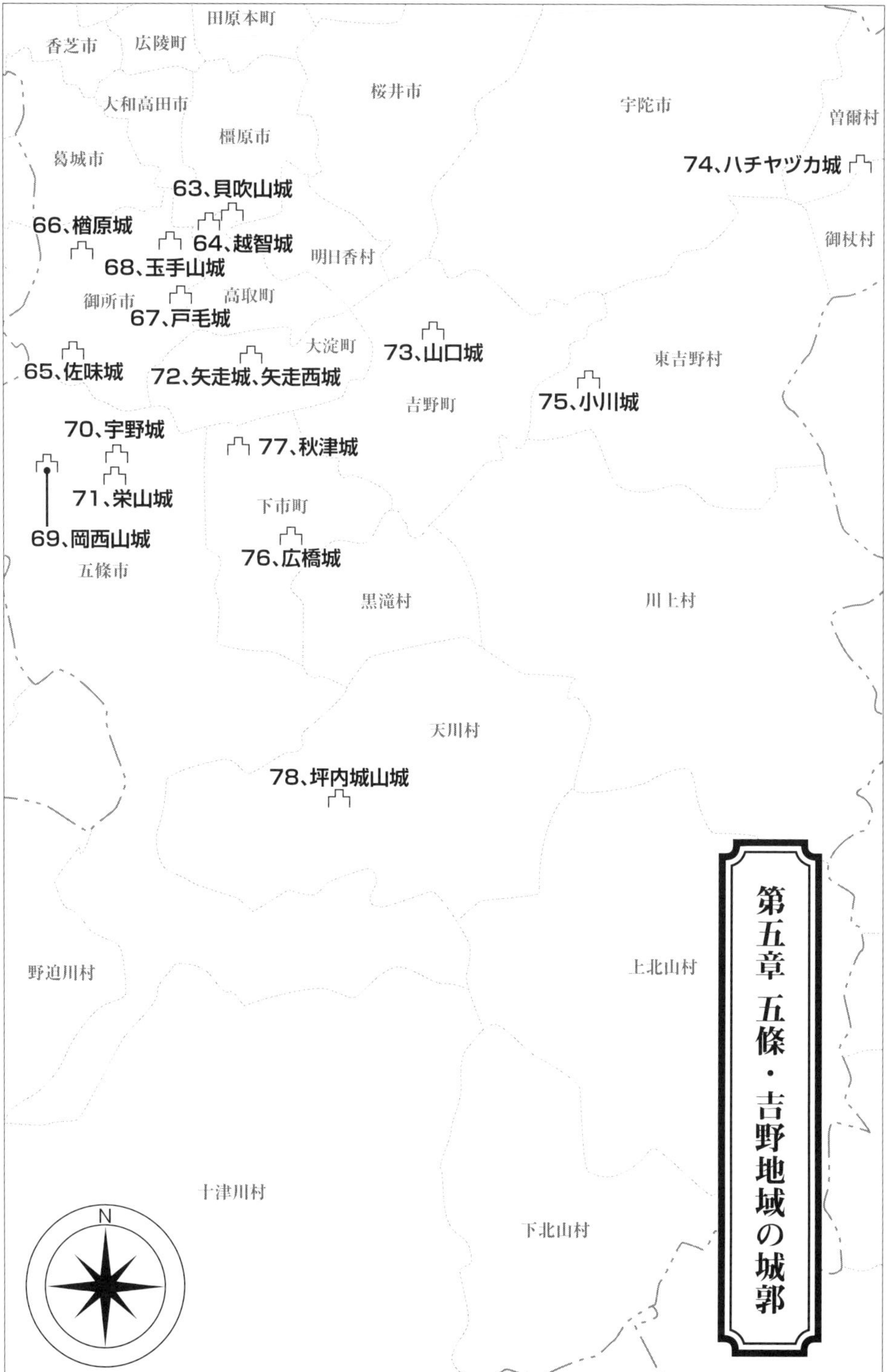

住民の想いが守った城

69 岡西山城《おかにしやまじょう》

所在地：五條市岡町
標高（比高）：二一九ｍ（七〇ｍ）
別称：なし
史跡指定の有無：―

【位置と歴史】五條市中心部から北に約一㎞、千早峠を経由し河内長野に繋がる街道を扼する地点に立地している。大岡《おおおか》氏の城跡と伝えられ、山麓には館跡の伝承地も残る。昭和四十五年（一九七〇）には宅地造成による破壊の危機が迫ったものの、地域住民と城郭研究者による運動によって全域が保存されている。

【現況】主郭部のⅠ郭は、西にやや張り出し、中央部から南に向かって徐々に下っている。北端部には低い土塁が残り、東側には直下のⅡ郭に繋がるスロープが延びている。北面には横堀と土塁が巡り、その両端には畝状空堀群が見られる。堀底からⅠ郭までは七～八ｍ、外側の土塁とは二～三ｍの比高差がある。堀底にはいくつもの段差があり、特に東端には陥穽を思わせる連続した窪みが見られる。その東側は一ｍほど上がってⅠ郭の裾に沿う横堀と、外側の土塁内側に沿いながら東側の畝状空堀群と合流する竪堀とに分岐している。西側は尾根を遮断する堀切Aと、土塁を貫く二本の竪堀が畝状空堀群を形成する。堀切Aと中央の竪堀間は一段高い区画となり、北斜面側への通路利用が考えられる。

東斜面の畝状空堀群

東斜面のⅡ郭は、畝状空堀群側から東側にかけてＬ字状の土塁を設けており、堀底からの比高差は三ｍほどになる。Ⅱ郭から北側の谷に向かう山道は、当初から虎口、登城路として利用されていたとみられる。Ⅰ郭南側には堀切Ｂと堀切Ｃがある。堀切ＢとⅠ郭との間には竪堀が配され横移動を阻む。堀切Ｃは尾根の中ほどに掘削され中央に土橋がある。尾根上はほぼ自然地形であるが、Ⅰ郭との境には尾根を挟むように小規模な竪堀を配する。堀切Ｃより外側はやや削平の甘い二段の削平地が続く。Ⅰ郭の東側のピークには、東側と南側に土橋をもった堀切Ｄ・Ｅがある。堀切の存在から城域に含まれるのは間違いないが、内部はほぼ自然地形のままである。駐屯区画として用いられたとみられる。

【評価】五條市（旧宇智郡）内で、現在遺構を確認できる城郭は、河岸段丘や開析谷をそのまま活用した単純な構造のものが多い。その中で当城は規模・構造とも隔絶しており、畝状空堀群も今のところ他城では確認されていない。千早越えで大和と河内を結ぶ当地域は宇智郡を掌握する上で重要な地域であった。宇智郡武士の軍団編成を目的とした畠山氏の城郭とする先行研究があるが、首肯される見解であろう。

【探訪にあたっての注意事項】岡南近隣公園西側の道を南に下っていくと、道の途中に山側に向かう小さな階段があり、そこから山道を進むと小さな神社がある。その背後を直登すると堀切Ｅに至る。

（成瀬匡章）

［参考文献］村田修三「第四章　中世城郭跡」（『新修　五條市史』五條市役所、一九八七年）／藤岡英礼「岡西山城」（『図解 近畿の城郭Ⅰ』戎光祥出版、二〇一四年）

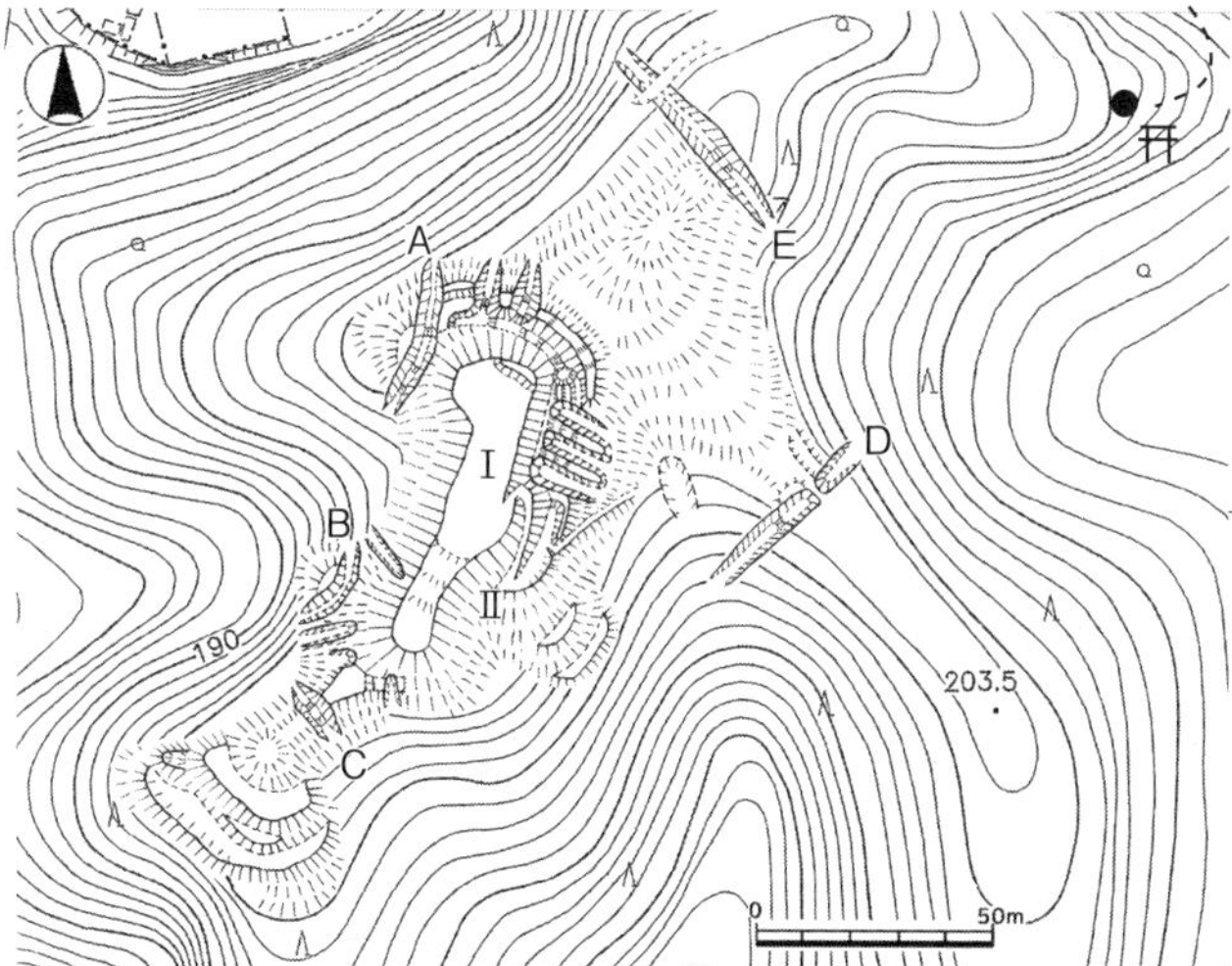

岡西山城縄張り図（成瀬作図）

大和源氏宇野氏の城

70 宇《う》野《の》城《じょう》

所在地：五條市三在町
標高（比高）：二二三m（八〇m）
別称：三ケ峰城
史跡指定の有無：—

【位置と歴史】小島山の西端、宇野峠南側の尾根に立地する。城主とされる宇野氏は大和源氏の一流で、宇智郡宇野庄を本拠とし、平安後期から活動が知られている。『太平記』には南朝方として登場し、「上月記」にも後南朝二宮《ごなんちょうにのみや》の伺候人として「宇野大和守」の名が見られるなど、南朝・後南朝に深く関わっていたことでも知られている。城の伝承地は三つの尾根に跨って存在する。地元ではそれらをまとめて「宇野城」または「三ケ峰城」と呼び、それぞれ「本丸」「二の丸」「三の丸」と伝えるが、ここでは明確な城郭遺構が確認できる「二の丸」を宇野城として取り上げる。

遠景

【現況】宇野峠は、古くから五條市（宇智郡）と吉野郡を結ぶ街道として重視されていた。遺構はその宇野峠の五條市側の出口に当たる尾根の先端部に見られる。西端のⅠ郭は直径二〇m、高さ四mほどの古墳を利用したもので、Ⅰ郭西側から東端のⅣ郭に至る帯曲輪やⅡ郭も古墳の遺構がもとになった可能性がある。Ⅱ～Ⅴ郭は一～一・五mほどの段差となっており、Ⅱ郭北端はスロープ状になってⅢ郭に繋がっているように見える。Ⅴ郭東端にも古墳があり、やや低いが土塁と

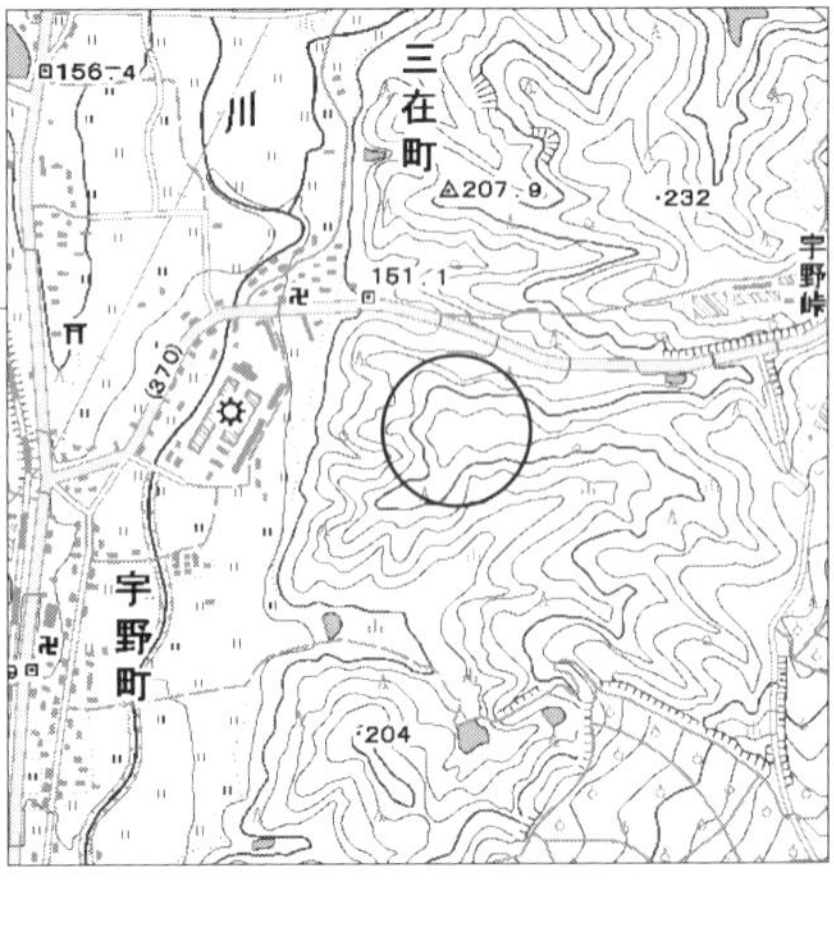

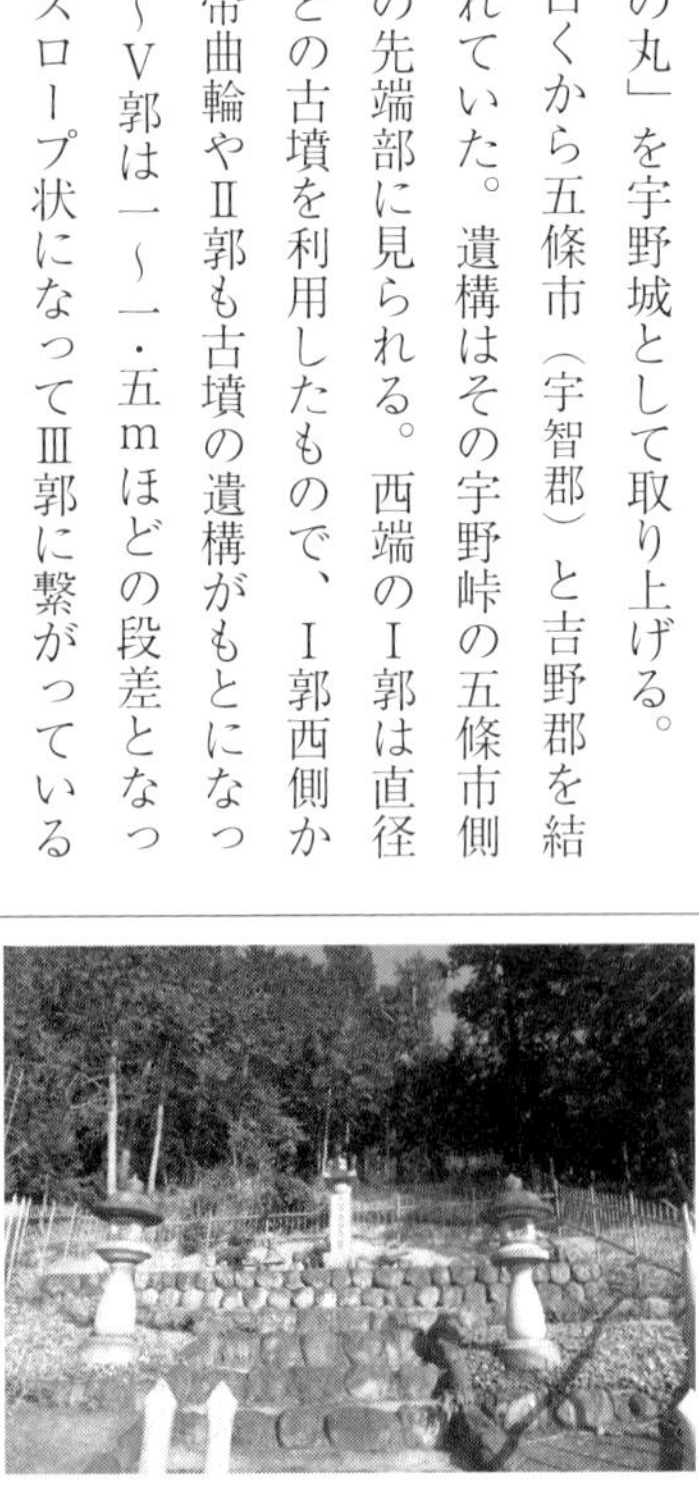
宇野氏墓所

して利用されたものであろう。その背後は深さ二mほどの堀切Aで遮断する。Ⅰ郭から北東に下る尾根上に設けられた堀切Bは、深さが三mほどあり堀切Aに比べて大規模なものではあるが、Ⅰ郭とは距離が離れており、その間は緩い斜面となっているため、古墳の掘割を加工して堀切としたものとみられる。

【評価】宇智郡は南北朝時代から弘治四年（一五五八）に国人一揆が結ばれるまで軍事的緊張が続いていた。特に十五世紀半ばからは両畠山氏の抗争の舞台となったこともあって、宇智郡武士の名字の地にあたる地域ほぼ全てに中世城郭が存在する。しかし、郡内には吉野川の河岸段丘や、小河川による開析谷などそのままでも充分な遮断性を有する地形が多いためか、あまり技巧的な要素は見られない。当城も先行地形である古墳群に若干の加工を施した程度のものである。「本丸」とされ「城山」と呼ばれている南側の宇野神社背後のピークや「三の丸」でも明瞭に城郭遺構といえるものは見いだせない。しかしながら、麓に宇野氏の墓所と伝えられる中世墓群が所在し、宇野川を挟んで相対する段丘上には館跡伝承地があることから、この一帯が宇野氏の本拠であったことは間違いないだろう。発掘調査が行われれば「本丸」「三の丸」で城郭遺構が検出される可能性はある。

【探訪にあたっての注意事項】それほど高くはなく比較的登りやすい山ではあるが道はついておらず、山麓の宇野氏墓所から直登するしかないので、訪ねる際には注意が必要である。

（成瀬匡章）

［参考文献］中岡清一『改訂大塔宮之吉野城』（積善館、一九四三年）／成瀬匡章「宇野城跡」（『奈良県中近世城館跡調査報告書　第二分冊』奈良県、二〇二一年）

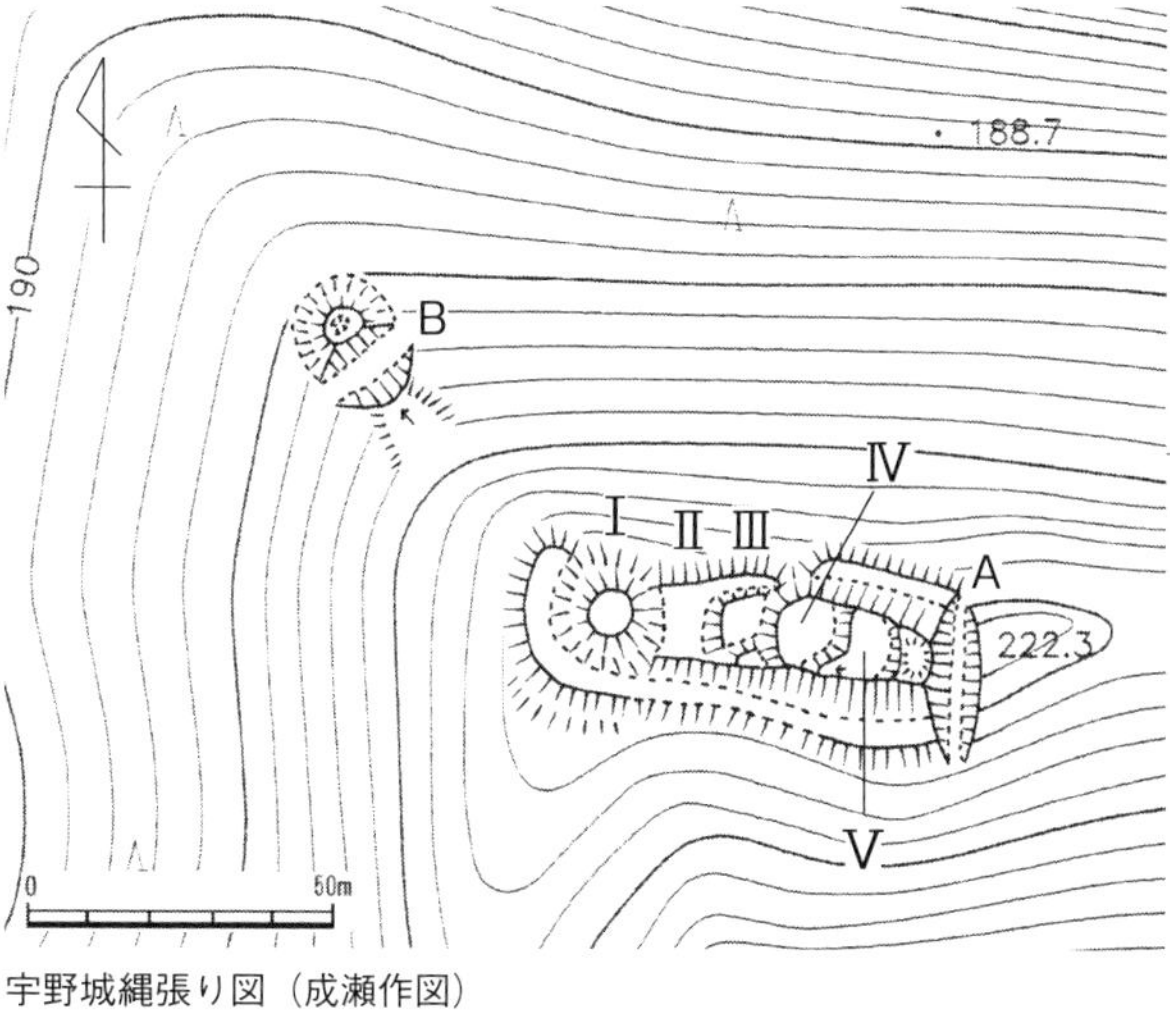

宇野城縄張り図（成瀬作図）

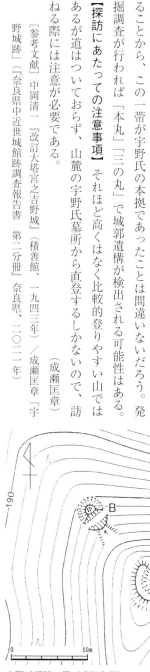

南朝の行宮を守る城

71　栄《えい》山《ざん》城《じょう》

所在地：五條市小島町
標高（比高）：二二六m（一一〇m）
別称：なし
史跡指定の有無：―

【位置と歴史】国宝の八角堂で知られる栄山寺《えいざんじ》の背後、小島山の「城の尾」呼ばれる尾根に立地する。栄山寺は養老三年（七一九）に藤原武智麻呂《ふじわらのむちまろ》により創建されたとされる古刹である。八角堂は武智麻呂の子、仲麻呂《なかまろ》（恵美押勝《えみのおしかつ》）が父母の追善供養のために建立したとされ、背後の小島山には国史跡の「藤原武智麿墓」が残る。また、栄山寺には南朝の行宮《あんぐう》が置かれた時期があり、「栄山寺行宮跡」としてこちらも国史跡に指定されている。

I郭

【現況】現在は公園化されており、中央部には栄山寺から武智麻呂の墓まで続く登山道が通っている。

遺構は尾根上を整形したI郭とその背後の堀切のみである。I郭は中央がやや高く、東端部と堀切に面した北側がやや低くなっているが、その段差はわずかなもので帯曲輪とまでは言い難い。堀切も鞍部に若干手を加えた程度のものである。また栄山寺方面に対しては、切岸の痕跡か崩落か判断しかねる程度の小規模な段差が一部に見られるぐらいで、明確な堀切・切岸などは見出せない。

【評価】先行研究では『太平記』に登場する崎山（栄山）氏

堀切

の城とされているが、公園化や登山道による改変を考慮しても、一見しただけでは城郭と判断することは難しい。山麓の栄山寺方面には遺構が見られず、背後のみに遮断線を設けている点や、郭上がほとんど未整形であることを考えると、緊急に小島山から山麓の栄山寺方面への侵入を阻む目的が生じ、それ以降は利用されなかった事情をうかがわせる。可能性の一つとして、栄山寺に南朝の行宮が置かれていた天授五～六年（一三七九～八〇）、弘和年間（一三八一～八四）頃を考えてもよいのかもしれない。

【探訪にあたっての注意事項】公園化されていることもあって眺望が良く、和歌山へと流れる吉野川を一望することができる。城跡のすぐ背後まで果樹園が造成されているため農道を通れば車で向かうことも可能であるが、道がわかりにくいので、少々距離はあるものの栄山寺横の駐車場から登山道を利用するほうがよい。

（成瀬匡章）

［参考文献］中岡清一『改訂大塔宮之吉野城』（積善館、一九四三年）／村田修三「第四章　中世城郭跡」（『新修　五條市史』五條市役所、一九八七年）／成瀬匡章「栄山城跡」（『奈良県中近世城館跡調査報告書第二分冊』奈良県、二〇二一年）

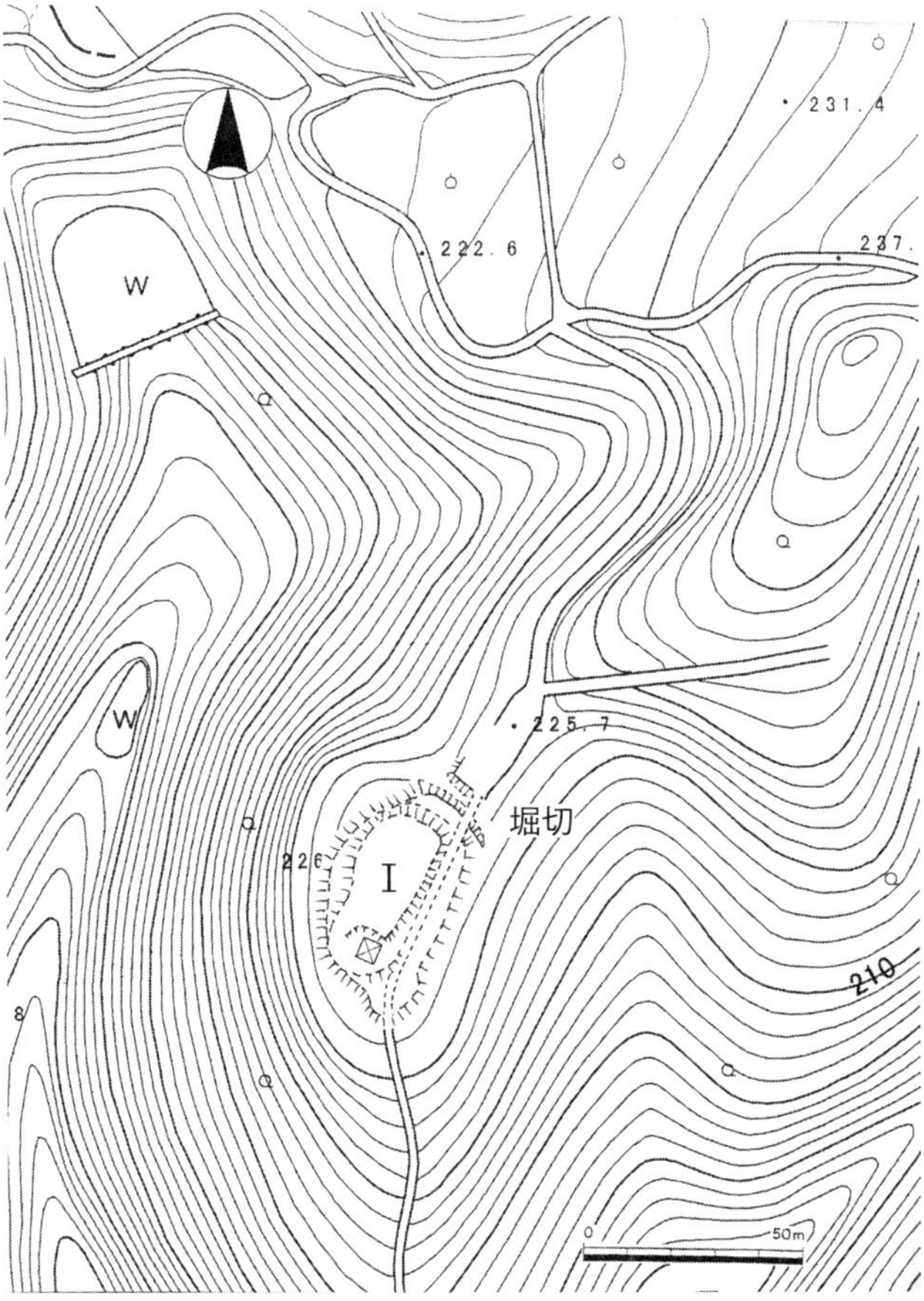

栄山城縄張り図（成瀬作図）

並び立つ二つの城

72 矢《や》走《ばせ》城《じょう》・矢《や》走《ばせ》西《にし》城《じょう》

所在地：大淀町矢走字愛宕山・シガイクボ
標高（比高）：矢走城…二七三m（六〇m）
　　　　　　　矢走西城…二七五m（六〇m）
別称：なし
史跡指定の有無：—

【位置と歴史】奈良盆地と吉野を隔てる竜門山地の西端付近、国道169号線の芦原峠に隣接する大淀町矢走地区に所在する。一帯は谷が樹枝状に入り込んだ丘陵地帯で、矢走地区北端部の「愛宕山」に矢走城、その西一五〇mの字「シガイクボ」にある同等の標高ピークに矢走西城が立地する。

両城に関する記録・伝承は確認されていないが、大淀町教育委員会による観察会や地元の人たちによる手入れの際に、染付碗（十六世紀代）・土師器皿（十四～十五世紀代）が採集されている。

【現況】矢走城の主郭にあたるⅠ郭は、帯曲輪からの比高差は六～七m近くある明瞭な切岸となるが、曲輪内はほぼ自然地形である。Ⅰ郭北側の帯曲輪は削平も端部も明瞭で、一段下の帯曲輪とは八mほどの比高差があり、東側は竪堀と曲輪壁面で遮断される。堀切は二ヶ所あり、東側の堀切AはⅠ郭の間の連続する切岸が防御の主体となる。西側の堀切Bは北

堀切Bと土橋

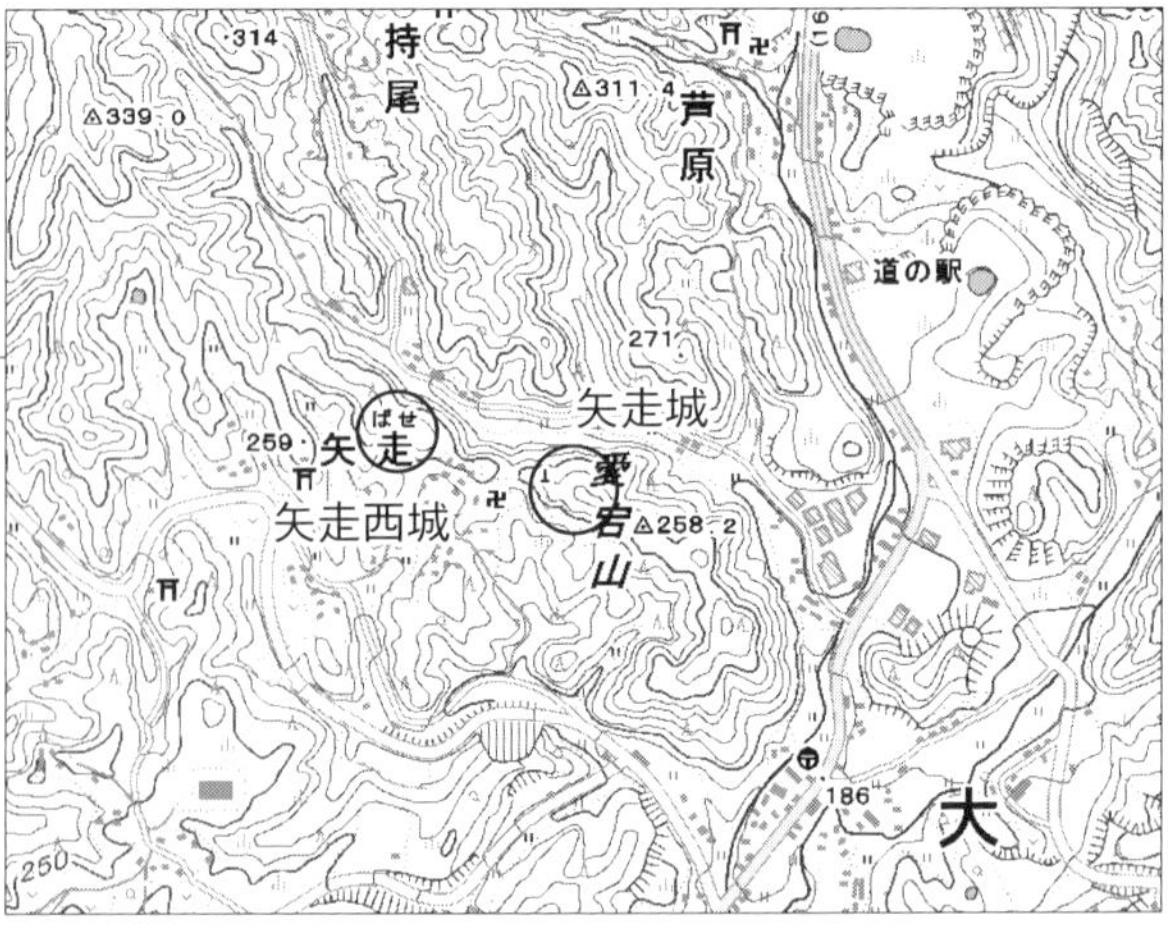

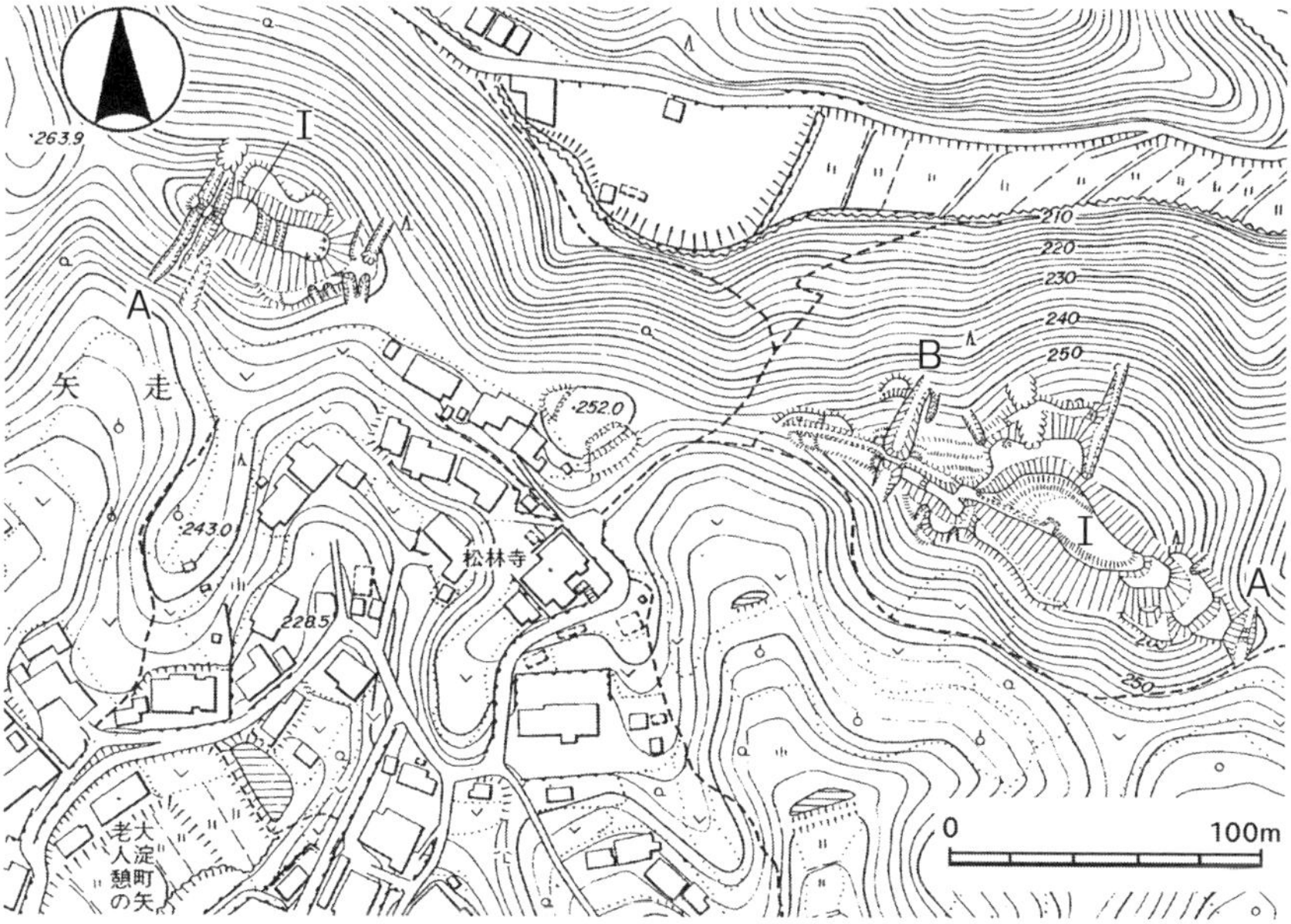

矢走城・矢走西城縄張り図（成瀬作図）

側斜面に向かって竪堀化し、深さは六～七ｍ、堀切の外側と内側との比高差も二～三ｍある。中央部には土橋があり、Ｉ郭上にある小祠へと向かう参道が通る。参道は堀切Ｂの地点までは尾根上を通り、土橋を渡ると北斜面側に一段下がってＩ郭へと続く。遺構の配置などから土橋も含めて、築城時から通路として利用されていたと思われる。

　矢走西城は、主郭のＩ郭が深さ数十cmの溝により東西に区画されているが、この溝は城郭遺構か後世のものかは判断できない。Ｉ郭背後の二重堀切Ａは、南斜面に向かって竪堀化していく様子を良好に観察できるが、北斜面側は崩落が激しく本来の規模が不明である。東側にも堀切らしい窪みが存在するが、風倒木《ふうとうぼく》によるものかもしれない。Ｉ郭の南斜面

矢走城全景

には畝状空堀群を見ることができる。畝状空堀群は斜面上の小削平地上に設けられており、南側斜面は崩落により本来の規模は不明である。

【評価】　矢走城・矢走西城とも築城主体・築城時期についての史料・伝承は知られていないが、両城間に明確な遮断施設が見られないことと、矢走西城の畝状空堀群は西側の尾根から両城間への侵入を阻む位置に設けられていること、採集遺物から同時期に機能していたことがうかがえることなどから、一連の城郭として機能していたとみられる。矢走城は芦原峠越えの街道を意識して築城された可能性が指摘されている。実際に北側の谷には古道が通っていたらしい。ただ、矢走城から芦原峠方面を俯瞰するのは難しい。矢走地区から吉野川に至る一帯で中世城郭が確認されているのは矢走地区のみであり、その規模・構造からも矢走城・矢走西城とも在地勢力が利用したとは考えにくい。周辺で畝状空堀群を有する城郭は山口城（吉野町）・観覚寺城（高取町）などがあるが、いずれも上位の権力によるものと考えられている。周辺が越智氏の勢力圏、いわゆる〝越智郷〟に含まれていたとみられることから、吉野における越智氏の拠点となっていたのかもしれない。

【探訪にあたっての注意事項】　矢走城は山頂の祠まで参道が続いており、地域の方々による整備もあって訪問しやすいが、矢走西城は斜面に崩落箇所もあり、特に畝状空堀群付近は注意を要する。

（成瀬匡章）

〔参考文献〕藤岡英礼「大和国における越智氏勢力の城館構成」（『大和高取城』城郭談話会、二〇〇一年）／成瀬匡章「矢走城・矢走西城」（『図解 近畿の城郭』Ⅱ、戎光祥出版、二〇一五年）

矢走西城畝状空堀群

見事な畝状空堀群を持つ城郭

73 山口城《やまぐちじょう》

所在地：吉野町山口字城山
標高：（比高）四二〇m（一五〇m）
別称：なし
史跡指定の有無：—

【位置と歴史】竜門山地の主峰、龍門岳から南に派生する尾根南端に立地する。龍門岳南麓は、中世に興福寺領竜門庄が所在した地域で、南北朝時代には南朝方の牧《まき》氏が支配し、その後、小川《おがわ》氏が代官を務め、応永十六年（一四〇九）から多武峯《とうのみね》寺が代官となっている。義就流畠山氏の影響下にもあったと考えられており、永正三年（一五〇六）には畠山義英が竜門庄の「大蔵谷」に没落している。このように、中世の竜門庄に関しては興福寺・多武峯寺・金峯山寺の記録のほか、地元に伝えられてきた「大頭入衆日記」（一三二五～一五八四）・「集議掟書案」（一五七九）等の中世の史料から窺い知ることができるが、山口城に関する史料・記録は確認されていない。

【現況】Ｉ郭は中央部が若干高く、一部に低い土塁が設けられている。周囲は三～四mほどの切岸となっており帯曲輪が巡る。虎口は三箇所あり、南東側の尾根に向かう虎口１は尾根上に小規模な土塁を設けて外枡形としている。Ｉ郭内に入

遠景

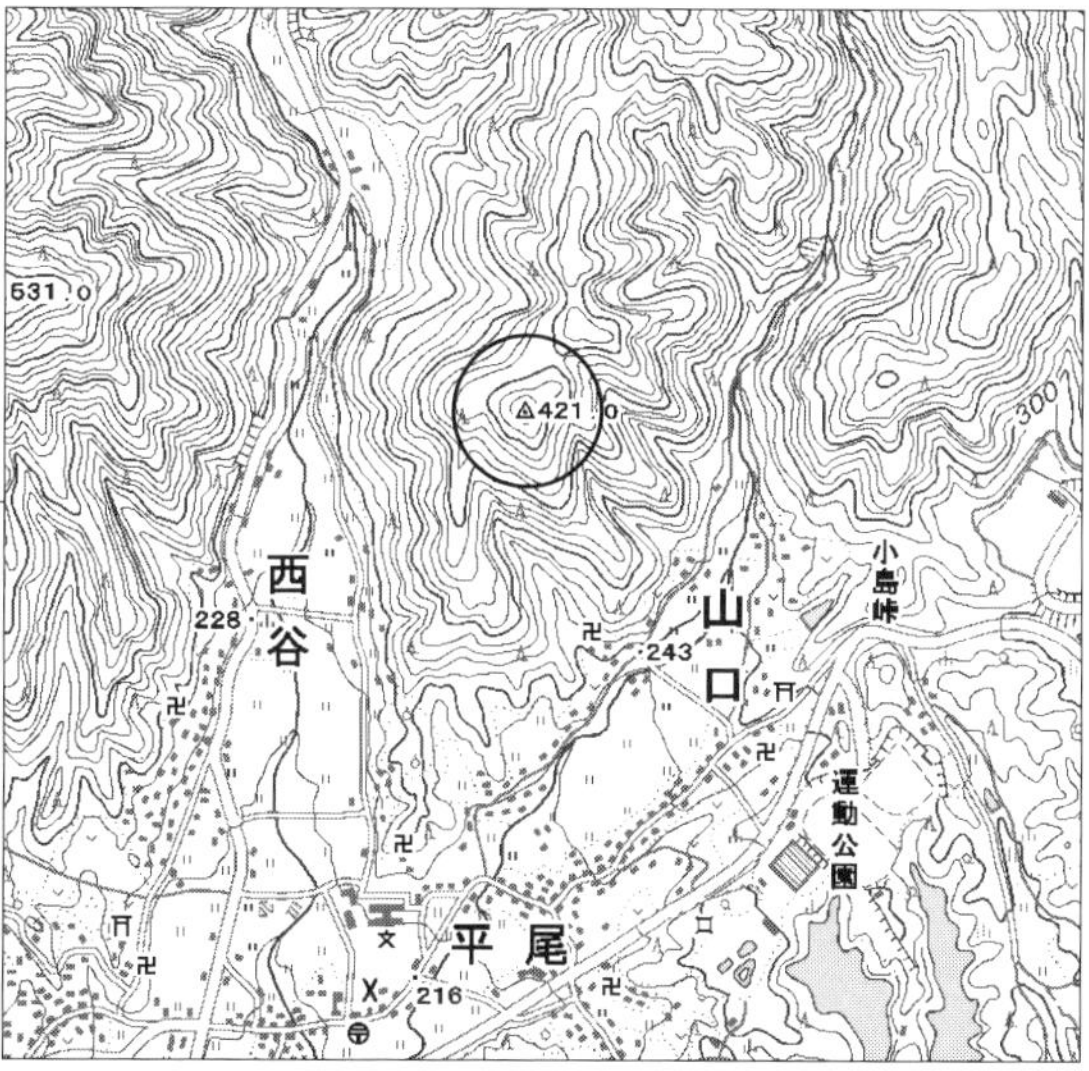

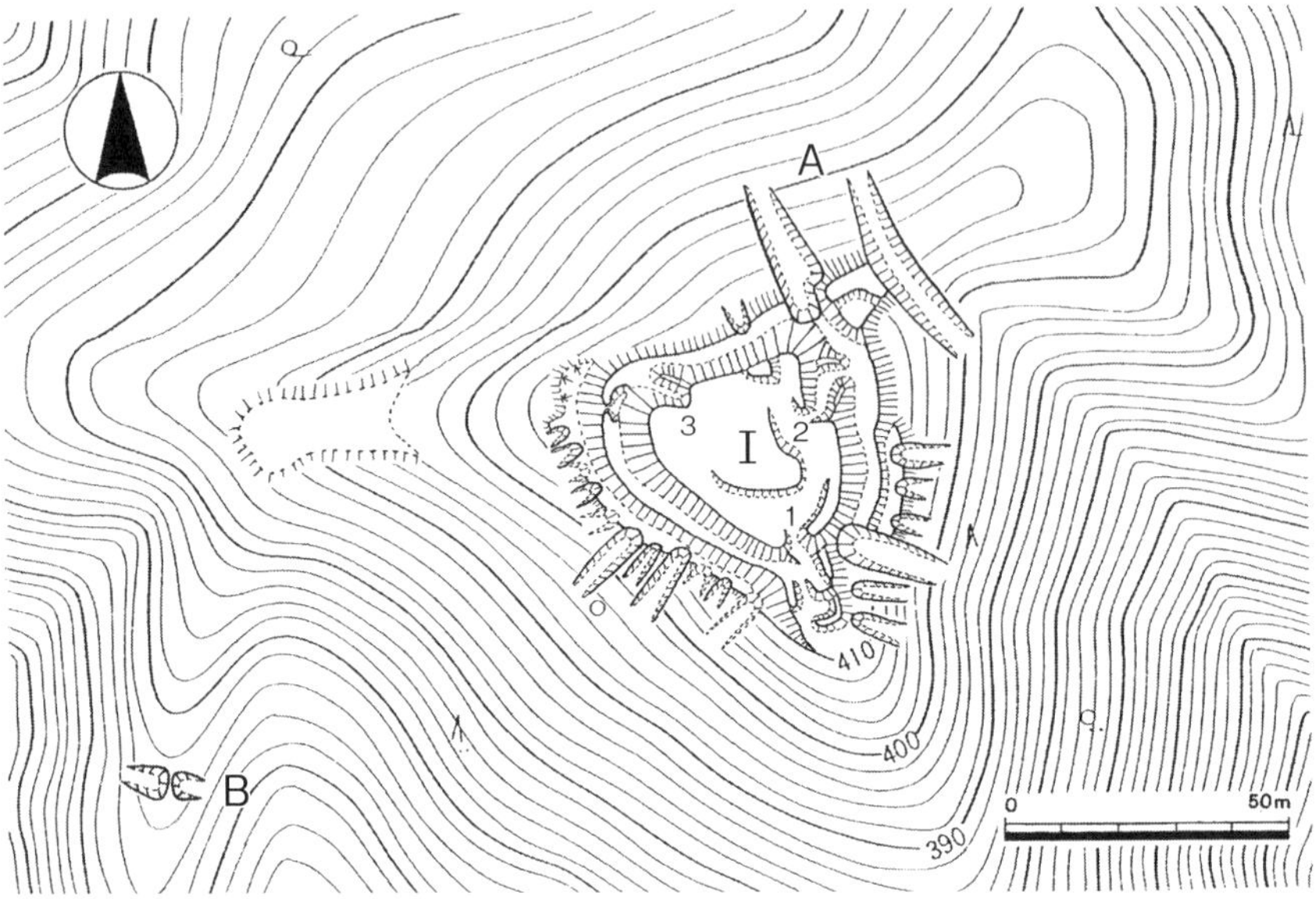

山口城縄張り図（成瀬作図）

るあたりも一段低くなっており、内枡形を意識していた可能性がある。虎口2は内枡形となって東側の帯曲輪に繋がり、虎口3は西～北側の帯曲輪に繋がる。I郭から西に二〇mほど下方の西の尾根上は平坦面となっている。明確に加工されていないがI郭南斜面から虎口1へのルートに対して横矢を掛けられる位置なので、城域に含まれると考えたい。

南の尾根は二重堀切Aで遮断される。二重堀切Aは、堀切の間を小曲輪とすることで東～北方面からの侵入に備えている。また、I郭から約一〇〇m離れた尾根上にも単独で堀切Bが見られる。畝状空堀群は現状で十七本確認できる。I郭南斜面に集中的に配され、この方面の防御を強く意識していている。おそらく山麓の菅生寺西側の尾根上を通り、堀切Bを経由し、西の尾根

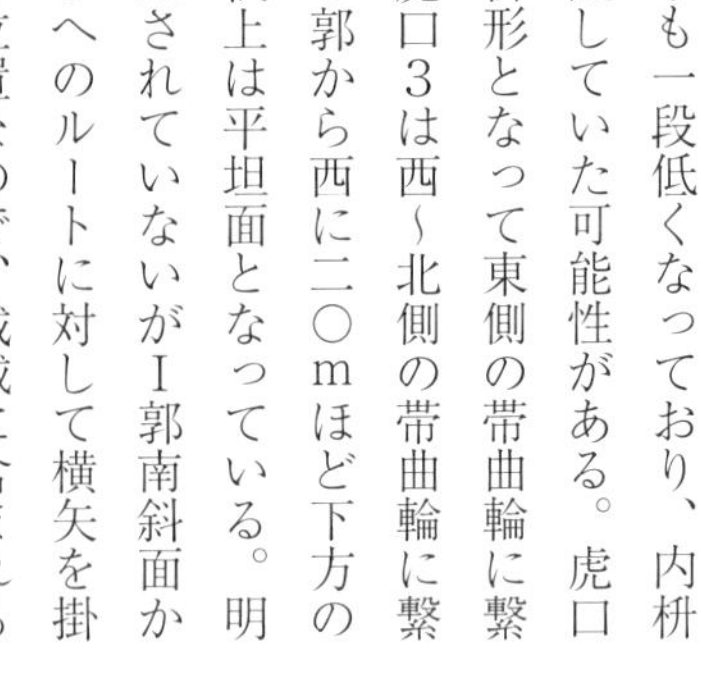
I郭背後の堀切

の裾から畝状空堀群の下を通って虎口1に繋がっていたのであろう。

【評価】Ⅰ郭上では十六世紀後半の瓦質擂鉢片が採集されており、畝状空堀群や枡形虎口の存在からも、十六世紀後半でもより時代が下る時期に利用されていた城郭と考えられる。慶長十年（一六〇五）頃にまとめられた「慶長郷帳」には当城が所在する山口地区を知行し、周辺の蔵入地を管理していたのは筒井順慶・定次に仕えた辻子和泉とする記述がある。辻子氏は大乗院方の衆徒で、吉野郡の在地勢力ではない。筒井順慶は、天正六年（一五七八）に吉野の一向宗寺院を攻撃しており、吉野郡・宇陀郡内には筒井順慶の陣城の可能性が指摘される城郭がある。立地から考えると、当城も筒井氏の陣城の一つかもしれない。

【探訪にあたっての注意事項】山麓の菅生寺西側の尾根から直登する。少々傾斜がきつい所もあるが、近年、地元の方々により樹木が伐採されるなど整備がなされている。菅生寺には飛鳥時代から奈良時代にかけて活躍した義淵《ぎえん》僧正の墓と伝わる五輪塔（県指定文化財）があり、山口城の東の谷筋には古代山岳寺院の竜門寺跡、竜門大宮と呼ばれ地域の信仰を集める式内社の吉野山口神社もあるので足を伸ばしてみても良い。

（成瀬匡章）

［参考文献］村田修三「竜門城」（『月刊奈良』第二三巻 第二号、社団法人現代奈良協会、一九八三年）／成瀬匡章「山口城」（『図解 近畿の城郭Ⅳ』戎光祥出版、二〇一七年）／藤岡英礼ほか『河内長野市城館分布調査報告書』（河内長野市文化財調査報告書第三四輯、河内長野市教育委員会、二〇〇一年）／金松誠「下市御坊峯城」（『図解 近畿の城郭Ⅰ』戎光祥出版、二〇一四年）／中川貴皓「牧城山城」（『図解 近畿の城郭Ⅱ』戎光祥出版、二〇一五年）／吉野町史編集委員会『吉野町史 上巻』（一九七二年）／東吉野村村史編纂委員会『東吉野村史 通史編』（一九九三年）

到達困難だが一見の価値がある城

74 ハチヤヅカ城《じょう》

所在地：東吉野村平野
標高（比高）：六九一m（二二〇m）
別称：なし
史跡指定の有無：―

【位置と歴史】高見川支流の平野川が流れる谷底平野を見下ろす山頂にあり、「ハチヤヅカ」「ハタツカ」と呼ばれる尾根先端部のピークに立地する。中世の東吉野村一帯は小川氏の勢力圏であったが、ハチヤヅカ城が所在する平野地区は、天文十六年（一五四七）に宇陀郡の芳野氏の支配地となり、芳野《ほうの》氏被官の松山総介が居住したとされる。[＊1]

Ⅰ郭と畝状空堀群

【現況】遺構は主郭部にあたるⅠ郭と削平地・堀切・土塁・畝状空堀群からなる。Ⅰ郭は長さ三五m×幅三～一〇mほどの細長い形状である。南側の堀切Aは深さ四～五mほど、外側にも土塁を思わせる若干の段差が認められる。北側の堀切Bは深さ三mほど、外側の尾根上は「く」の字形の削平地となり、北と西に尾根が伸びている。西の尾根は二重堀切Cで遮断するが、この部分は山道として使用されており他の遺構と比べると崩壊が進んでいる。

Ⅰ郭の東側には畝状空堀群が配されている。北端の竪堀以外は斜面上にそれほど延びてはおらず、この竪堀の南側は南北に小土塁を有する小曲輪Ⅱとなっている。Ⅱの内部には持

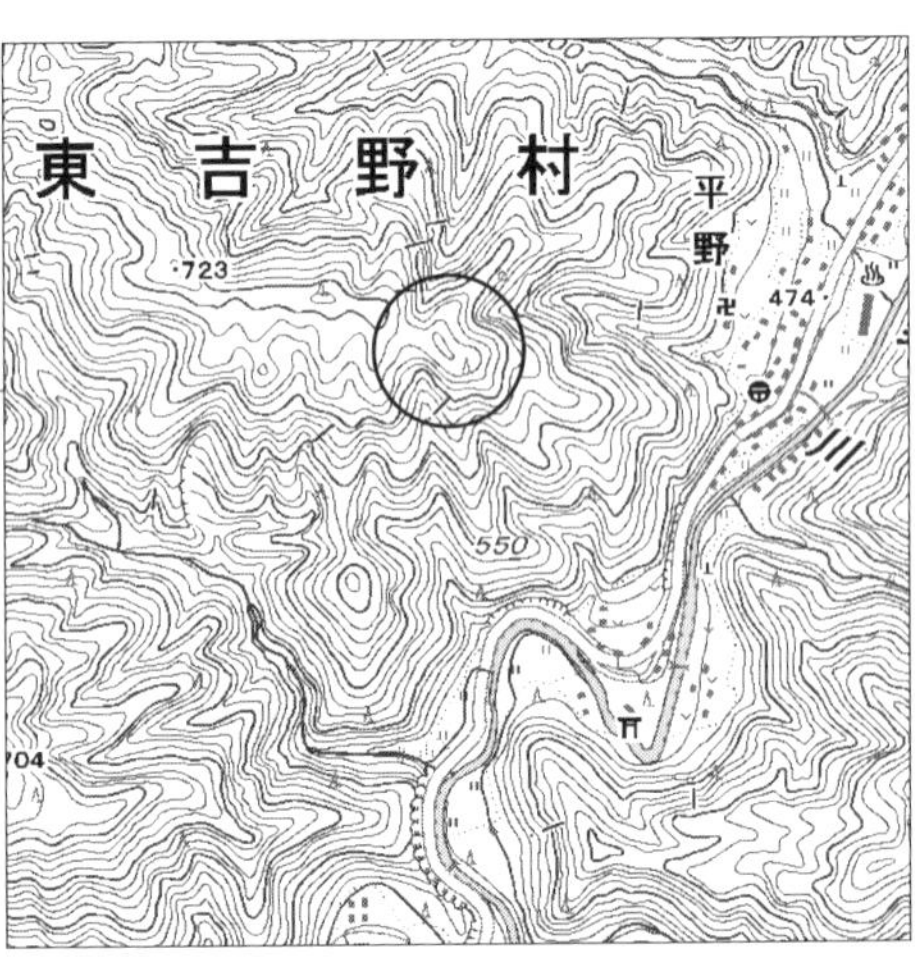

＊1　「三箇院家抄」挿入文書

ち込まれた時期・用途などは不明であるが、礎石として使用可能な大きさの川原石が散見される。

【評価】 吉野郡内で畝状空堀群を有する城郭には山口城（吉野町）・矢走西城（大淀町）があり、いずれも街道に隣接して築かれている。平野地区にも和歌山街道から伊勢本街道を繋ぐ街道が通り、当城は街道を一望することが可能な地点に立地する。また、この街道を北に一〇㎞ほど進むと伊勢本街道に至り、その合流点にある黒岩城（宇陀市）でも畝状空堀群が用いられている。

当城は、その構造や規模の点から大人数での使用は考えにくく、番城として利用されたものと考えられている。平野地区は小川氏と芳野氏の勢力圏の境目にあたり、平野川を下って和歌山街道と合流する杉谷地区には、「陣屋」と呼ばれる小川氏の城跡伝承地と「川の対岸と合戦があった」との伝承が残ることも、平野地区周辺に軍事的緊張の存在をうかがわせる。現在確認できる遺構・史料・伝承から判断すれば、天文十六年（一五四七）頃に小川氏と芳野氏の抗争の中でいずれかの勢力が築城したとするのが妥当であろう。また、畝状空堀群内では土師器片一点が採集されている。胎土などの特徴から中世の南伊勢系土師器鍋と見られ、中世の流通資料として興味深い。

【探訪にあたっての注意事項】 山麓からかなり離れた立地で、なおかつ急斜面であることから訪れる際にはそれなりの心構えが必要である。

（成瀬匡章）

［参考文献］成瀬匡章「ハチヤヅカ城」（『図解 近畿の城郭Ⅱ』戎光祥出版、二〇一五年）／内野和彦「奈良県下での畝状空堀群を有する城郭について」（『中世城郭研究』第三一号、中世城郭研究会、二〇一七年）／髙田徹「畝状空堀群の諸問題―その現状と課題―」（『中世城郭研究』第三一号、中世城郭研究会、二〇一七年）／東吉野村教育委員会編『東吉野と小川殿』（一九八五年）／東吉野村村史編纂委員会編『東吉野村史』（一九九三年）

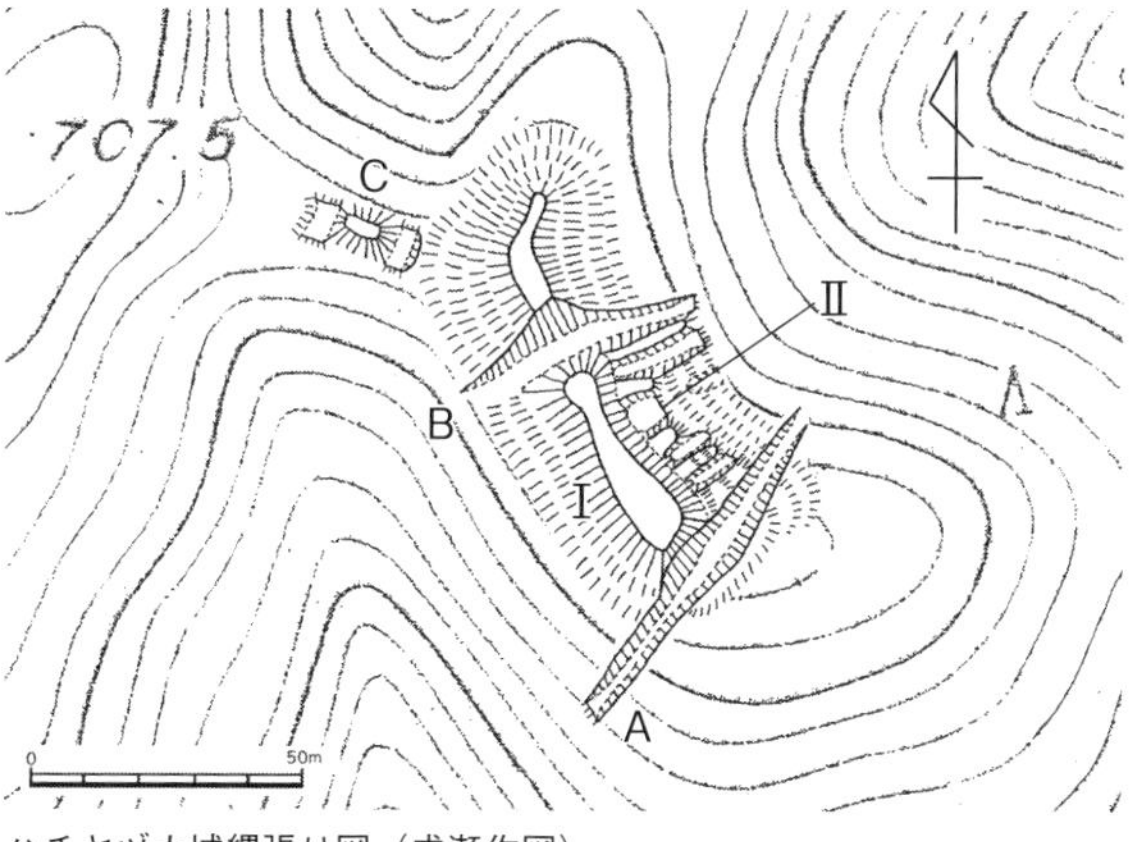

ハチヤヅカ城縄張り図（成瀬作図）

堀切が見どころの吉野最大の城郭

75 小《お》川《がわ》城《じょう》

所在地：東吉野村鷲家口字ハルトヤ山
標高（比高）：四一〇m（一六五m）
別称：鷲家口城
史跡指定：—

【位置と歴史】東吉野村役場南方の「ハルトヤ山」山頂に立地する。宇陀郡南部から吉野郡東部にかけて勢力圏とし、長禄の変では神璽《しんじ》奪還に協力した小川氏の城郭とされており、東吉野村には小川城に移る前の居城とされる小川古城のほか、天照寺・福寿院跡の十三重石塔、小三昧墓など小川氏に関わる遺跡、伝承が数多く残されている。

【現況】ハルトヤ山の最高所にあるⅠ郭は稲荷神社の境内となっており、南端の高さ二mほどの土塁上には「小川城址」の碑が建つ。北東隅の一段下がった小削平地には井戸状の石組みが見られるが、城郭に伴う遺構であるかは不明である。Ⅱ郭はⅠ郭より三mほど低く、Ⅰ郭との間に堀切・土塁と、神社への参道によって分断された高さ二mほどの壇状の高まりがある。Ⅱ郭から四mほど下方にあるⅢ郭には、山麓から続く山道が繋がる。山道に面して小規模な土塁が設けられていることと、北側の堀切に沿って土塁を設け、その内側がスロープとなってⅡ郭に至っていることから虎口とみられ

Ⅰ郭

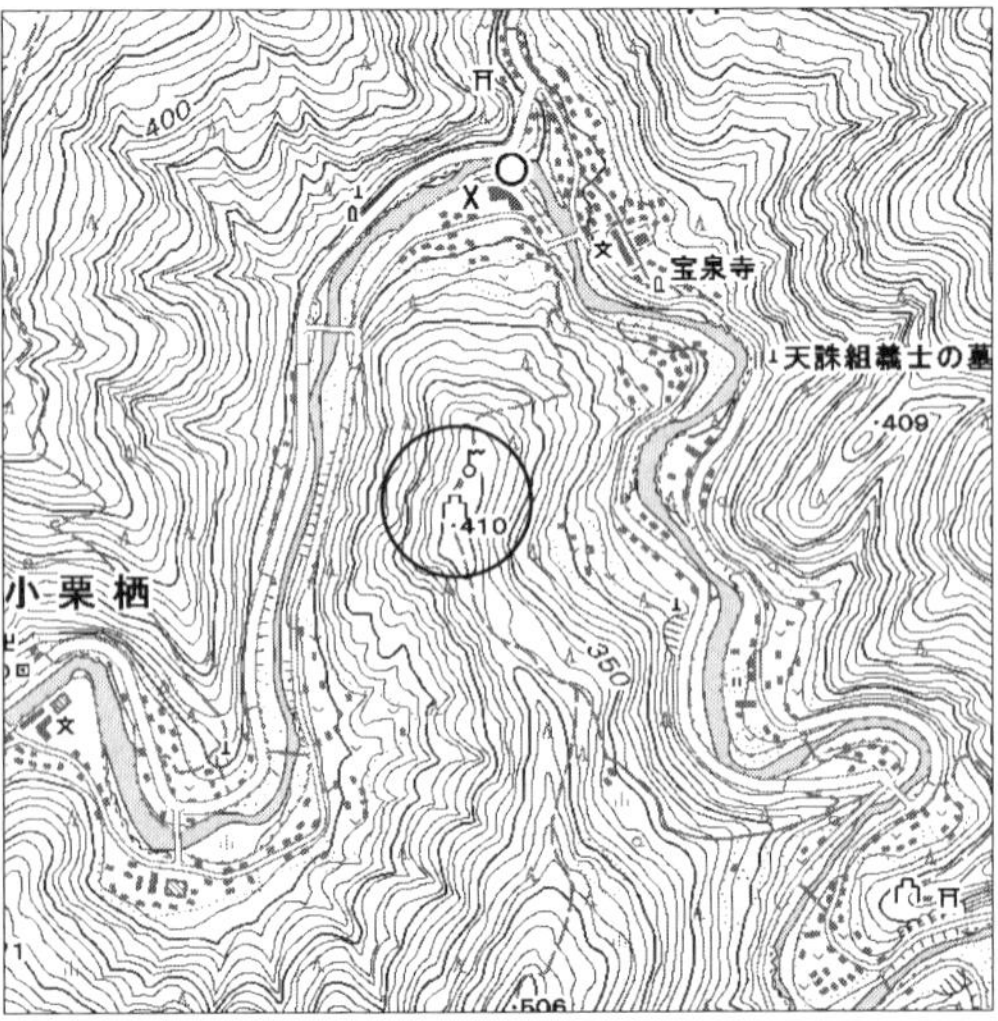

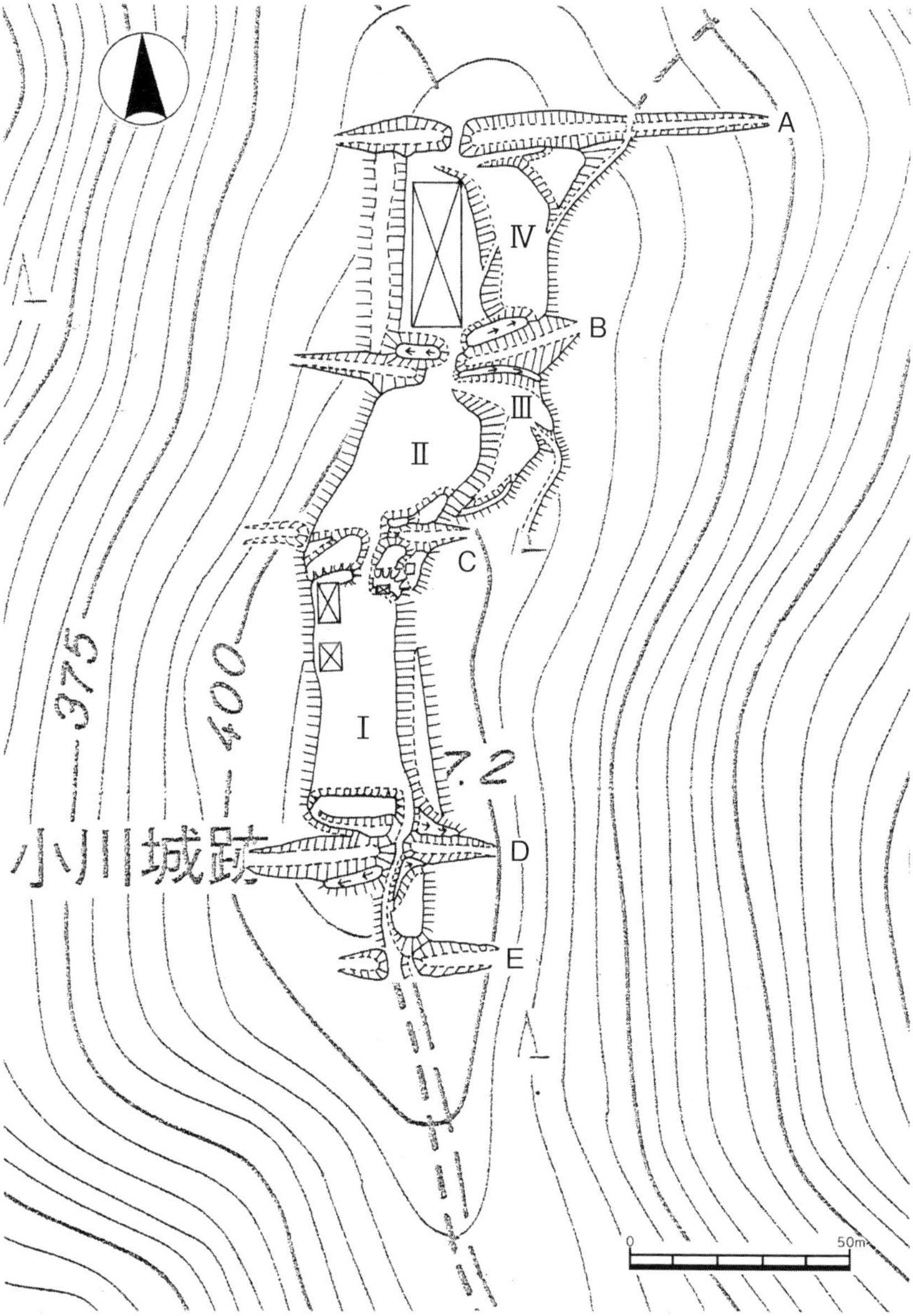

小川城縄張り図（成瀬作図）

る。Ⅳ郭の西端部は緩斜面となっており、通信施設が建設されている。東側の平坦面との比高差は最大五mほどであるが、北端ではその差がほとんどみられなくなる。北端の堀切Aの土橋とⅡ・Ⅳ郭間の堀切Bの土橋に繋がることから、やや幅広ながら通路として利用していたものであろう。

堀切は五本あり、いずれも竪堀化し土橋を伴う。北端の堀切Aは深さ一〜三mほどで、土橋の東側には山麓から延びる山道が堀切を横断している。Ⅳ郭の北東隅部が一段下って張り出しており、山道はその裾に沿ってⅣ郭に至ることから、築城当初から通路が存在していた可能性もある。堀切Bは深さ一〜三m、土橋外側に土塁を設けている。堀切Cは深さ一〜二mで、西斜面側はかなり不明瞭である。Ⅰ郭背後を遮断する堀切Dは、土塁上から堀底までは五mほど、その外側の堀切Eは深さ二〜三mで堀切D・E間には削平地が設けられている。これより南方の尾根上には城郭遺構は確認できない。

【評価】吉野郡内で最大規模の城郭であり、一在地領主の城郭とするには不自然さがある。吉野郡内では吉野川北岸の竜門山地南麓に沿って大規模、または技巧的な城郭が点在する。これらの城郭は畠山氏・松永氏などの関与が指摘されており、小川城も外部勢力により築城・利用されていた可能性を考慮すべきであろう。

【探訪にあたっての注意事項】神社や通信施設が設けられているものの、それらによる破壊・改変も大規模なものではない。遺構のパーツが大きく保存状態も良いので観察がしやすい城である。

（成瀬匡章）

［参考文献］村田修三「小川城」（『日本城郭大系一〇　三重・奈良・和歌山』新人物往来社、一九八〇年）／東吉野村教育委員会『東吉野と小川殿』（一九八五年）／東吉野村村史編纂委員会『東吉野村史　通史編』（東吉野村教育委員会、一九九三年）／成瀬匡章「小川城」（『図解 近畿の城郭Ⅱ』戎光祥出版、二〇一五年）

Ⅱ郭からⅠ郭を望む

天照寺の小川氏墓所

花の季節に訪れたい城

76 広《ひろ》橋《はし》城《じょう》

所在地：下市町広橋字天守の森
標高（比高）：五四八ｍ（広橋峠から一〇〇ｍ）
別称：なし
史跡指定の有無：—

【位置と歴史】吉野川本流域から天川村、大峰山方面へ向かう丹生街道（国道３０９号線）の広橋峠附近、通称「天守の森」と呼ばれる山頂部に所在する。『吉野郡旧事記』等によると、中世の吉野郡には八簱庄司と称される在地の有力武士が存在していた。広橋城はその一人である佐野《さの》氏、または広橋氏の居城とされ、天正六年（一五七八年）、筒井順慶が願行寺《がんぎょうじ》（下市町）を攻略した際、八簱庄司と近隣の地侍が広橋城に籠城したものの、筒井勢により落城したと伝わっている。

西側の帯曲輪

【現況】主郭にあたるI郭は、八幡神社の境内地となる。山頂部を削平して大規模な平坦面を造成し、内部は段差により南北に二分される。ただし、本来の区画なのか神社によるものかは不明である。

I郭の周囲は高さ三ｍほどの切岸と帯曲輪が巡っている。帯曲輪は西面に土塁と横堀Cを配し、北側は堀切Aに繋がる。堀切Aの外側にも等高線に沿って削平地が見られるが、土塁を伴わず、途中から自然地形となる。横堀Cは北端部が竪堀

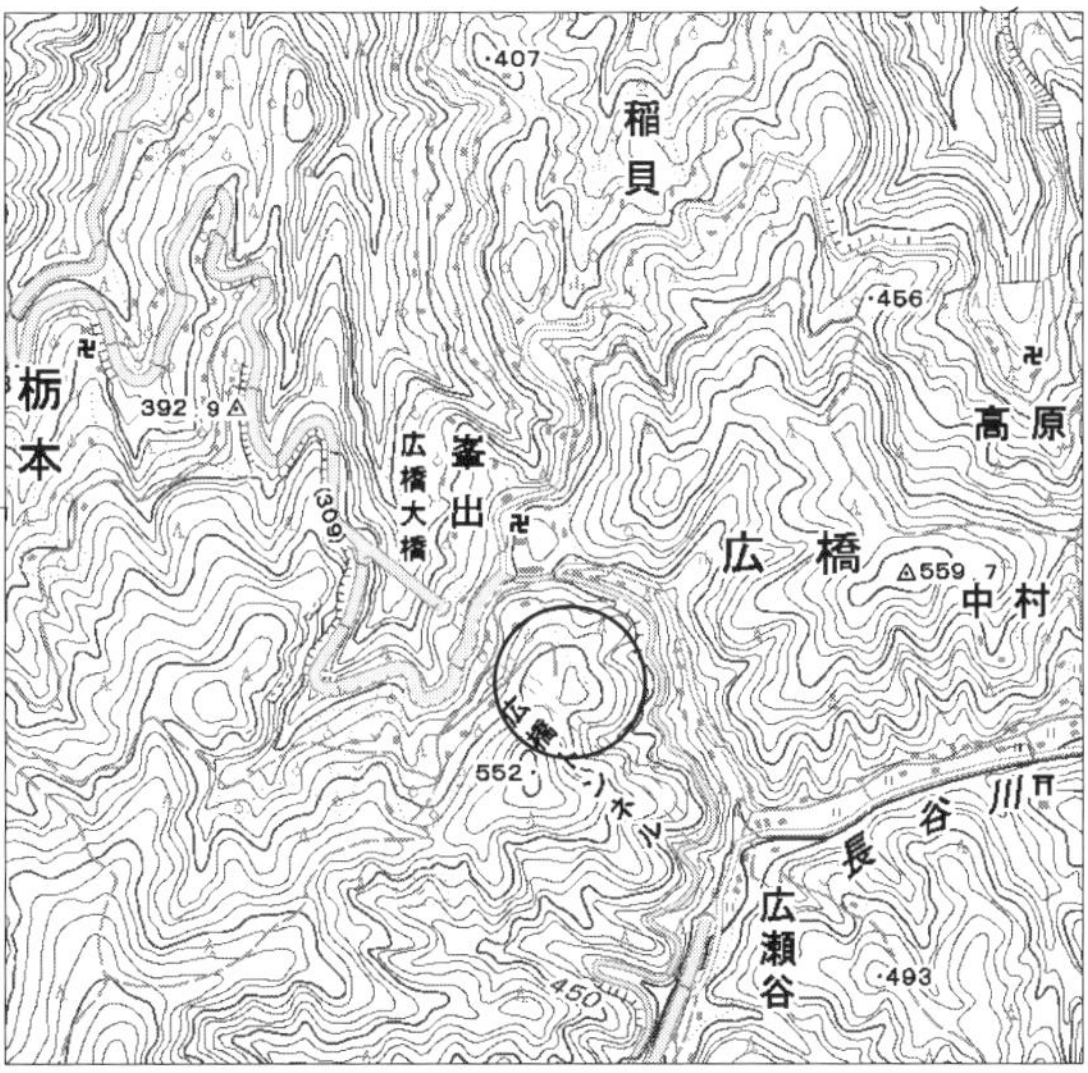

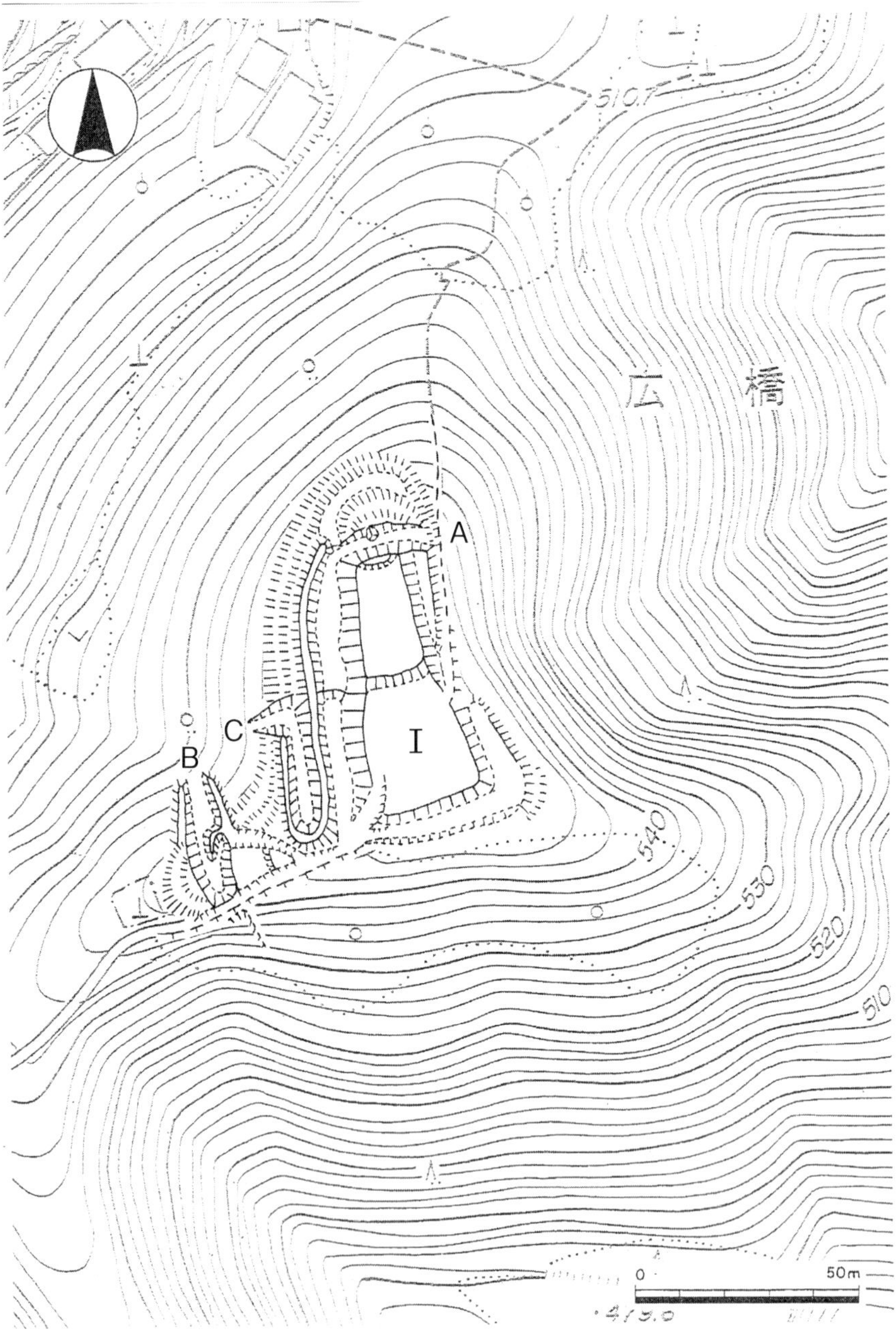

広橋城縄張り図（成瀬作図）

となり斜面上からは虎口のように見える。ただし内部は袋小路であり、横堀Cに沿って土塁が周っているため帯曲輪への侵入は阻まれる。

横堀Cの外側の尾根には削平地と堀切Bがある。堀切Bは土塁により端部が延長されている。中央には鉤の手状の通路が設けられているが、城郭遺構にしては奇妙な形状であり後世の改変かもしれない。Ⅰ郭南側は土塁の痕跡を思わせる高まりが観察できるが、耕地化されており判断が難しい。東側は山道により帯曲輪が分断されているようだが、比高差があるので当初の状態を留めると思われる。

【評価】吉野川南岸に見られる城郭の中では突出した構造を有している。最終段階で誰が使用していたのかはさらに検討が必要だが、集落に近接したピークを選んで大型の主郭を構築する点などは、善城城（下市町）など吉野山地に点在する城郭と共通する。周辺には広橋城以外にも中世城館、在地有力者の屋敷跡伝承地が点在し、広橋峠周辺に中世村落が形成されていたことは間違いないであろう。筒井順慶に対し在地有力者が籠城したという伝承も矛盾ないものと思われる。

【探訪にあたっての注意事項】城跡は神社境内として整備され、農道も延びているので登りやすい。また、広橋峠一帯に広がる広橋梅林は月ヶ瀬・賀名生《あのう》とならぶ奈良県の三大梅林の一つとして知られ、三月頃に訪れると梅の花も楽しむことができる。

（成瀬匡章）

［参考文献］成瀬匡章「広橋城」（『図解　近畿の城郭Ⅲ』戎光祥出版、二〇一六年）／同「善城城跡」（『奈良県中近世城館跡調査報告書　第一分冊』奈良県、二〇二〇年）／下市町史編集委員会編『大和下市史　続編』（一九七三年）

堀切A

Ⅰ郭

吉野一向宗攻めの織豊系陣城

77 秋《あき》津《つ》城《じょう》

所在地：下市町本町
標高（比高）：二二四m（六〇m）
別称：下市城
史跡指定の有無：—

【位置と歴史】城山と呼ばれる下市八幡神社の裏山に立地する。南北に貫流する秋野川を挟んだ南西約三〇〇mに戦国期吉野の一向宗の拠点寺院であった願行寺が位置する。八幡神社の説明板に記された伝承によると、城主は秋津氏とし、永禄二年（一五五九）に落城したとのことであるが、定かではない。

天正六年（一五七八）十月、筒井順慶は吉野一向衆攻めを行った。『多聞院日記』同年十月二十八日条に「上市・下市・キ、カキ以下悉く焼き払う、下市において一城構え、人数入れ置く、今日陣を改めおわんぬと云々」とあり、また二次史料ではあるが、『梅本丹下氏所蔵系譜』（『大和下市史』所収）には「順慶秋野里御坊峯ニ陣城構江郡中ヲ征ス」とある。これらから、天正六年十月に筒井方が、上市・下市・飯貝以下を悉く焼き払い、御坊峯に陣城を構えて軍勢を入れ、陣を改め、郡中を征したことがわかる。

【現況】主郭Ⅰは、一辺約二〇mを測り、現在墓地となっていて、後世に設けられたであろう北東隅の通路により出入りすることができる。北側には幅約一三m、深さ約三・五mの

遠景（東から）

堀切を設けている。南辺には、内側に高さ約一mの土塁、外側に主郭Ⅰ側からの深さ約二m、Ⅱ郭側からの深さ約〇・三mの空堀を設け、南西の土橋によりⅡ郭と連絡できる。

Ⅱ郭は、やや不整形な方形を呈している。上段と下段からなり、周囲に高さ約〇・三mの土塁が断続的にめぐる。主郭Ⅰ前面に備えられた外枡形状の曲輪と考えられる。Ⅱ郭南側には約四mの急崖を経て帯曲輪が位置する。

Ⅲは、基本的には自然地形とみられ、全体的になだらかである。

【評価】 当城は、主郭Ⅰと外枡形状のⅡ郭からなる本郭部、Ⅲの軍勢の駐屯地からなる二重構造の陣城と考えられる。願行寺の西側背後の小字御坊峯・御坊山には、郡中を征した後に築かれたと考えられる下市御坊峯城が立地している。先述の『多聞院日記』にみられる下市において構えた城が下市御坊峯城のことを指しているとみられる。そして、「今日陣を改め」とあることから、改める前の陣城の存在を推測でき、これこそが秋津城と考えられよう。

【探訪にあたっての注意事項】 東側の墓地から主郭Ⅰに至るルートが登城に適している。公共交通を利用する場合、近鉄吉野線下市口駅下車、南へ徒歩約20分で到着することができる。

（金松誠）

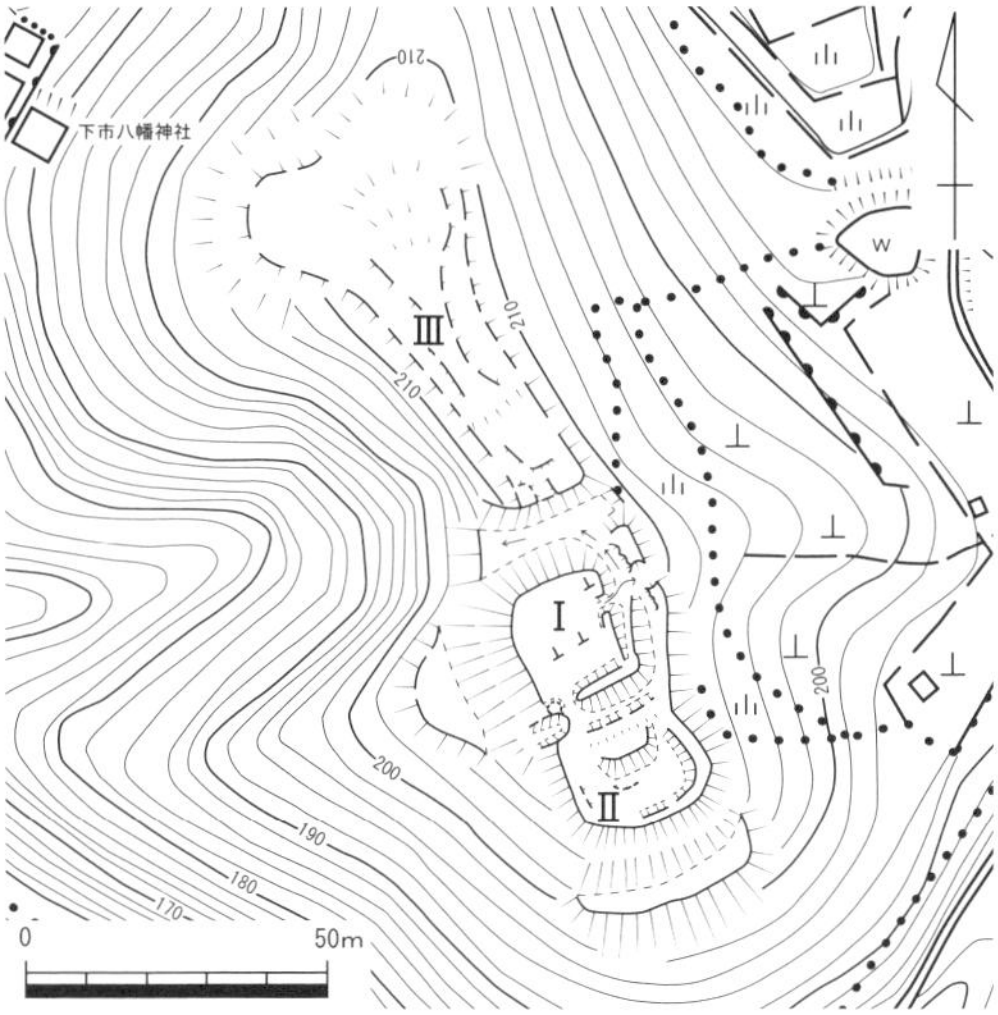

秋津城縄張り図（金松作図）

主郭Ⅰ（北から）

Ⅱ郭（東から）

南朝行宮の守りと伝わる城郭

78 坪内城山城《つぼうちじょうやまじょう》

所在地：天川村坪内字城山
標高（比高）：六六〇m（九〇m）
別称：なし
史跡指定の有無：―

【位置と歴史】天河大辨財天社《てんかわだいべんざいてんしゃ》から熊野川（天ノ川）を挟んで向かい合う「城山」（ジョウヤマ）と呼ばれる尾根に立地する。「城山」には花折地蔵と呼ばれる祠があり、その前を大峯山から天河大辨財天社を経由して高野山に続く大峯高野街道（すずかけの道）が通っている。

【現況】「城山」の遺構は、尾根先端部のⅠ郭と、その東側の削平地と帯曲輪、堀切のみのシンプルな構造で、前述の花折地蔵と旧街道は堀切から一〇〇mほど先の尾根の付け根部分にある。堀切は一部に岩盤を掘削した痕跡が見られるものの、自然地形に若干の手を入れた程度のもので、Ⅰ郭側の壁面もほぼ自然地形である。Ⅰ郭と帯曲輪の間にある切岸は明瞭ではあるが、Ⅰ郭と東側の削平地の削平は甘く、山麓側には遮断線を見いだせない。

【評価】伝承では、後醍醐天皇が天河大辨財天社に滞在した際、周辺の住民が入って護衛した城とされる。吉野山の後背地にあたる天川村には南朝ゆかりの史跡・伝承も数多く残り、天河大辨財天社に近接して行宮跡伝承地も残る。遺構はやや明

遠景

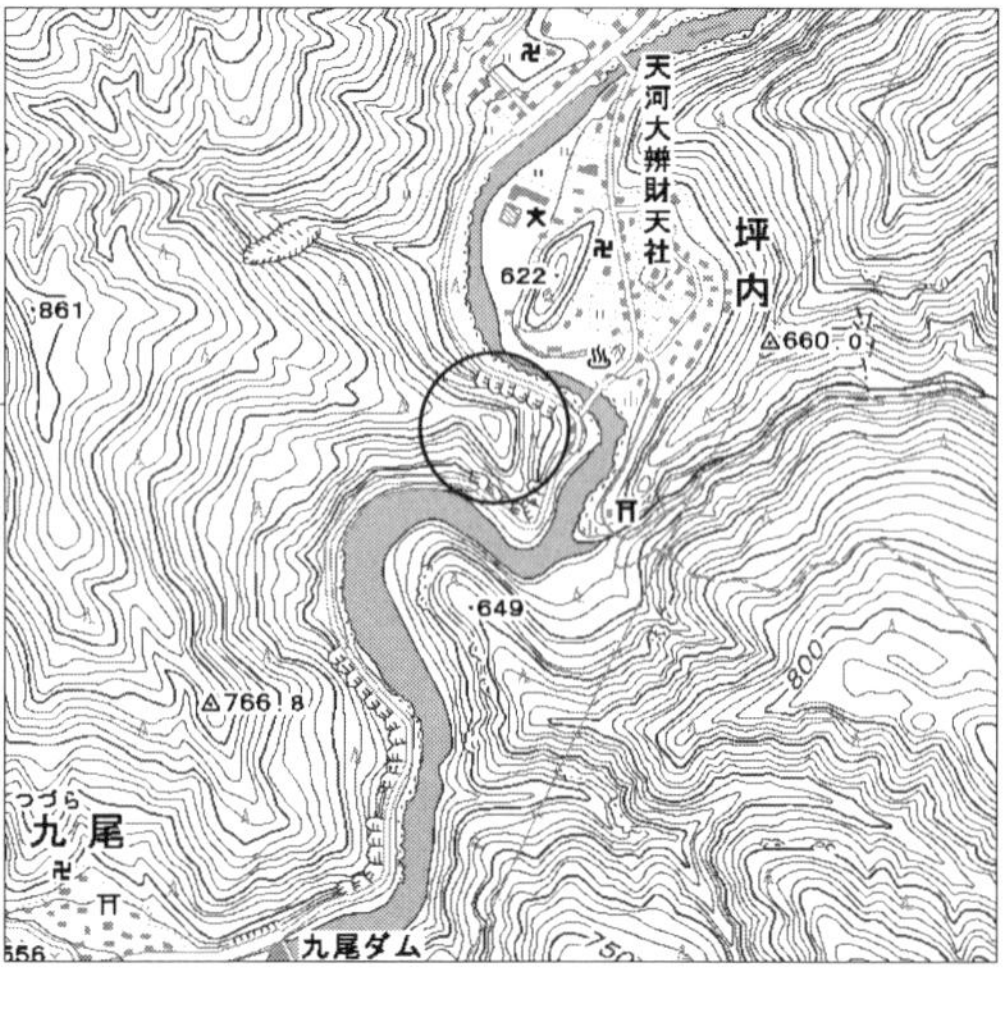

瞭さを欠くが、「城山」という地名と城郭伝承から城郭とみてよい。あまり加工されておらず古い時期の城郭に見えるが、小規模であり、行宮跡伝承地周辺には城郭遺構が見いだせないことも含め、行宮を防御する施設であったとは考えにくい。むしろ大峯高野街道が「城山」を経由する点から、街道を意識して築かれたと考えるほうが自然である。天川村では南朝以降も大覚寺義昭、畠山義就の活動があったことが知られているので、築城時期もその頃まで下る可能性もある。

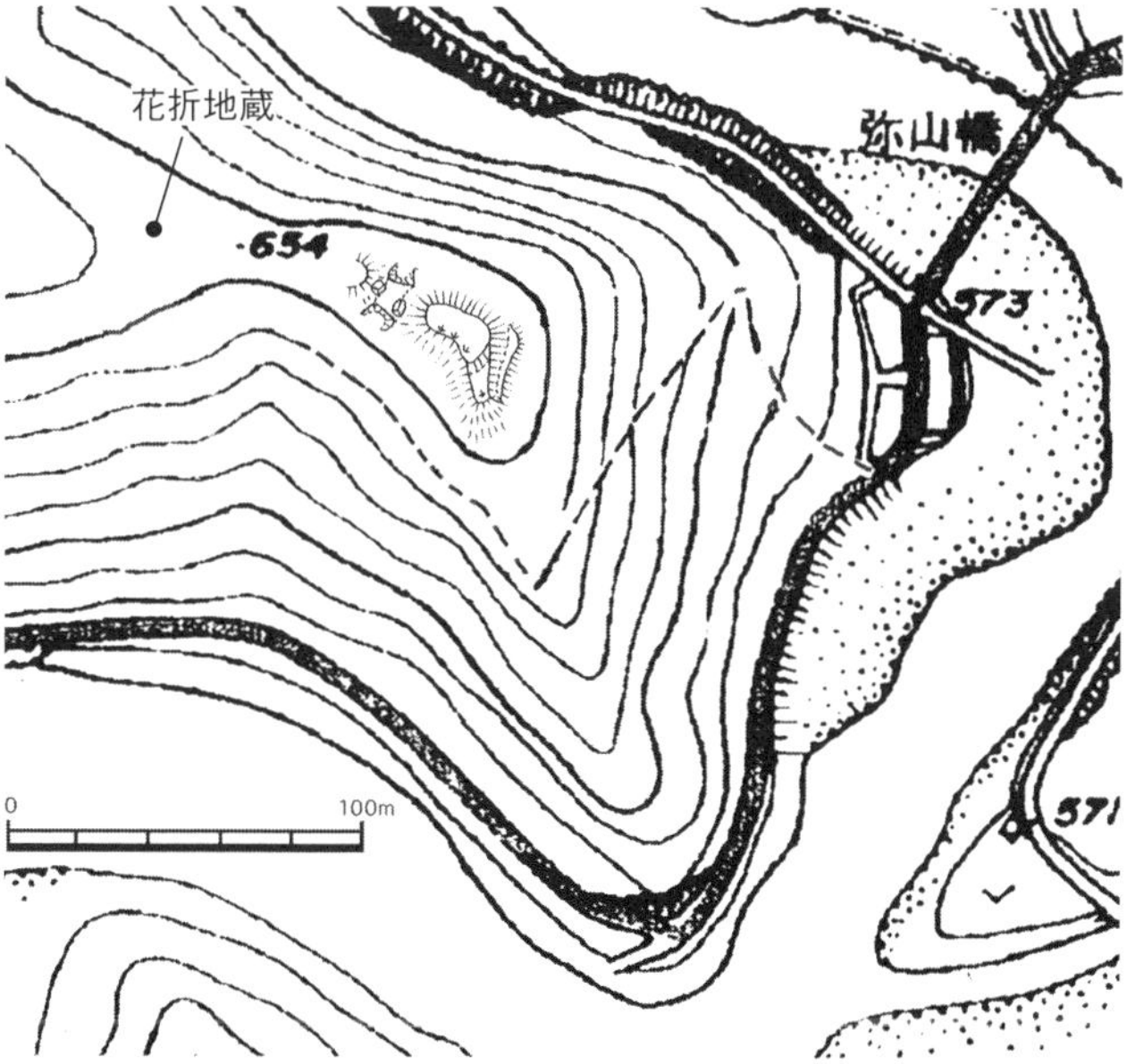

坪内城山城縄張り図（成瀬作図）

【探訪にあたっての注意事項】北側斜面から花折地蔵に至る山道が延びているが、入口がややわかりにくい。やや傾斜がきついが、弥山橋付近から民家背後を通る山道を使うほうがよい。また、天川村は高野山を開山する前に空海が修行をした地とされ、大峯高野街道（すずかけの道）沿いには空海ゆかりの伝承や史跡があるので、合わせて訪ねてみるのもよいだろう。

（成瀬匡章）

［参考文献］井頭利榮『大和天河朝廷の研究』（皇國日報社、一九三七年）／成瀬匡章「坪内城山城跡」（『奈良県中近世城館跡調査報告書　第一分冊』奈良県、二〇二〇年）

花折地蔵

堀切

あとがき

私事で恐縮ながら、奈良の城に魅力されたのは高校を卒業したばかりの春休みのことである。ある方から『日本城郭大系』第10巻の村田修三先生による奈良県内の城郭解説、そして縄張り図を示されて、城の調査・研究とはかくあるべきなのか！　と衝撃を受けた時だった。奈良には凄い城がある、そして城跡をこんなふうに鮮やかに、魅力的に、何より機能的に語る先生がいることを教えられて、パアっと目の前が明るくなったような気がした。村田先生は同書のコラムで、「私程度の図ならば誰でも書ける」と言ったことを書かれている。本当だろうか？　とても信じられなかった。でもいつか自分もこんな縄張り図を描いてみたい。奈良の城はともかく、いずれは地元愛知県の城に関して自説を堂々と語ってみたいものだ。そのためにはまず、村田先生の縄張り図を携えて奈良へ行ってみねばなるまい。

そう思って二年後に訪れたのは、奈良公園に隣接する西方院山城であった。神社の裏手には二重堀がしっかりと残っていた。まさしく村田先生の縄張り図に描かれたとおりであったから、逆に自分でも描いてみようと思う気持ちは全く起こらなかった。完璧であり、私が今さら描くまでもないと思ったのだった。その後しばらくして、滋賀県で行われた講演会の折に村田先生のお話を聞く機会があった。会場での村田先生はそれまで物静かな感じであったが、壇上に上がるや両手を激しく動かして熱く城について語り出した。内容もすばらしかったが勢いに圧倒された。そして自分の胸に何かしら湧き上がってくるものを感じた。

奈良県内で初めて縄張り図を描いたのは、平成二年十月二十八日。龍王山城の北城だった。J

R柳本駅からとぼとぼと山道を上がって行ったのだが、当時の私は人生のどん底状態に近かった。これから先、どう生きていったらいいのだろうとか、これまでのこと将来のこと等をあれこれ考えながら、縄張り図を描き始めた。一日山上を歩き回ってはっきりしたのは、城跡を見ること、図を描くことは今の自分にとって最良最善ということだった。それで吹っ切れたのである。以来、三十歳前までは週末や休みは言うに及ばず人みそかも元日も、そして雨の日も城歩きすることになった。それで良かったのである。大げさに思われるかもしれないが、城に救われたのである。

その後、車を運転するようになってからは、奈良県の山間部の城跡を訪れるようになった。奈良には良い城が多いが、それらは大抵交通が不便な場所にある。車を使わねば行き着けないのだが、行ったら行ったで道が狭くなっていたり、駐車スペースが全くなかったりすることが普通である。カーナビだけに頼っていると大変な目に遭う。そんな時、私は近隣の家に駆けこんで「この先の道は車で進めますか?」とか「どこか車を停める場所はありませんか?」とお尋ねする。すると大抵御親切に進行方向の状況、駐車スペース等を教えていただける。時に庭先に停めることをお許しいただける場合もある。そして会話も弾む。奈良県の方はとても親切な方が多いのだ。決してお世辞ではない。

天理市のある城跡に住まれるお宅では、奥様が歴史に興味のある方だった。残された遺構について簡単にご説明したのだが、日を置いて再訪した際に、「息子にも土塁の重要性を伝えました。これからも残していけるよういたします。」と語ってくださったのは嬉しかった。

山添村の某城跡への道を集落で訪ねると、ご老人が上り口のある宅地前まで案内してくれた。そのお宅の方も好意的で、庭先を通らせてもらって城跡へ行くことができた。帰りがけにお礼を述べるために立ち寄ると、裏の石垣の年代を教えてほしいと言われる。答えられる範囲で説明すると、大層喜んで下さった。このお宅の庭には江戸期の古銭があちこちに落ちているのだが、家の方は古銭を石ころのようにみなしておられて全く無頓着である。「歴史のある家は違うな」と感じた。改めてお礼を述べて、外に出ると先ほど道を尋ねたご老人が手招きをされる。何だろうと思ったら、軒先に吊るした干し柿を持っていけと言われた。帰宅後に食べたら、素朴な甘さが絶妙であった。その時〝やっぱり今日も奈良の城跡に行って良かったな〟と思った。

奈良県といえば、多くの古社寺、遺跡が存在する。境内地や路傍に戦国期の銘を有する石造物の優品がごろごろしているところも奈良らしい。古社寺や石造物は、城との関係を有するものが少なくない。それらを併せてみることにより、城跡に対する理解も深まるに違いない。そして地元の方にお会いしたら、できればご挨拶程度であってもコミュニケーションを取ってほしいと思う。その日は思い出に残る城郭探訪になるに違いないから。

最後になったが本書の執筆を分担してくれた仲間たち、そして本書を出版していただいた戎光祥出版株式会社代表取締役の伊藤光祥氏、丸山裕之編集長に対し厚くお礼申し上げる。

二〇二二年九月

山城シーズンを待ちわびる初秋に　髙田徹

【執筆者一覧】掲載順

高田　徹　別掲

石田雄士

一九八三年生まれ。現在、米原市教育委員会事務局生涯学習課主任。

【主な業績】『北陸の名城を歩く　福井編』（共著、吉川弘文館、二〇二二年）、『北陸の名城を歩く　富山編』（共著、吉川弘文館、二〇二二年）、『長比城跡・須川山砦跡総合調査報告書』（編著、米原市教育委員会、二〇二一年）

高橋成計

一九五二年生まれ。現在、城郭談話会会員。

【主な業績】『織豊系陣城事典』（戎光祥出版、二〇一八年）、『明智光秀の城郭と合戦』戎光祥出版、二〇一九年）、『明智光秀を破った「丹波の赤鬼」―荻野直正と城郭―』（神戸新聞総合出版センター、二〇二〇年）

内野和彦

一九六六年生まれ。現在、城郭談話会会員。

【主な業績】中井均監修・城郭談話会編『図解 近畿の城郭Ⅱ～Ⅴ』（共著、戎光祥出版、二〇一五年～二〇一八年）、「縄張りから見た奈良県の城郭」（中井均監修・城郭談話会編『文献・考古・縄張りから探る近畿の城郭』（戎光祥出版、二〇一九年）、『奈良県中近世城館跡調査報告書　第一分冊』（共著、奈良県、二〇二〇年）、『奈良県中近世城館跡調査報告書　第二分冊』（共著、奈良県、二〇二〇年）

中川貴皓

一九八七年生まれ。現在、知立市歴史民俗資料館　学芸員

【主な業績】『松永久秀―歪められた戦国の〝梟雄〟の実像―』（共著、宮帯出版社、二〇一七年）、『新編知立市史 通史編1 原始・古代・中世・近世』（共著、知立市、二〇二一年）

北畠 俊

一九九四年生まれ。現在、大阪大谷大学大学院文学研究科歴史文化学専攻博士前期課程在籍。

【主な業績】「和気遺跡（大阪府）」（中井均監修・城郭談話会編『図解 近畿の城郭Ⅳ』戎光祥出版、二〇一七年）、「別所城（奈良県）」（中井均監修・城郭談話会編『図解近畿の城郭Ⅴ』戎光祥出版、二〇一八年）、「鳥越城（石川県）の縄張りについて～最終年代の様相について～」（『城郭談話会勉強会報告　第2号』城郭談話会、二〇一九年）

金松 誠

一九七七年生まれ。現在、三木市立歴史資料館係長。

【主な業績】『松永久秀』（戎光祥出版、二〇一七年）、『筒井順慶』（戎光祥出版、二〇一九年）、『秀吉の播磨攻めと城郭』（戎光祥出版、二〇二一年）

成瀬匡章

一九七四年生まれ。現在、城郭談話会会員。

【主な業績】『奈良県中近世城館跡調査報告書　第一分冊』（共著、奈良県、二〇二〇年）、『奈良県中近世城館跡調査報告書　第二分冊』（共著、奈良県、二〇二〇年）、「「南朝」の城を検証する――吉野郡・宇智郡の中世城郭」（中井均監修・城郭談話会編『文献・考古・縄張りから探る近畿の城郭』戎光祥出版、二〇一九年）

【編著者略歴】

高田 徹（たかだ・とおる）

1965年生まれ。現在、城郭史料研究会、城館史料学会、城郭談話会、伊賀中世城館調査会所属。主な業績に、『絵葉書から分析する近世城郭の建築と空間』（戎光祥出版、2020年）、『近江の平城』（サンライズ出版、2021年）、『近世城郭の謎を解く』（共著、戎光祥出版、2019年）等がある。

図説 日本の城郭シリーズ⑰

奈良中世城郭事典《ならちゅうせいじょうかくじてん》

2022年12月8日 初版初刷発行

編著者 高田 徹

発行者 伊藤光祥

発行所 戎光祥出版株式会社

〒102-0083 東京都千代田区麹町1-7 相互半蔵門ビル8F

TEL:03-5275-3361（代表） FAX:03-5275-3365

https://www.ebisukosyo.co.jp

印刷・製本 モリモト印刷株式会社

装 丁 山添創平

ISBN978-4-86403-455-5

弊社刊行関連書籍のご案内

各書籍の詳細およびそのほか最新情報は戎光祥出版ホームページをご覧ください。

(https://www.ebisukosyo.co.jp)　※価格はすべて刊行時の税込

【図説 日本の城郭シリーズ】〈以下、続刊〉　A5判／並製

1 神奈川中世城郭図鑑　西股総生・松岡 進・田嶌貴久美 著　278頁／2860円

2 大阪府中世城館事典　中西裕樹 著　319頁／2970円

3 宮坂武男と歩く 戦国信濃の城郭　宮坂武男 著　312頁／2860円

4 築城の名手 藤堂高虎　福井健二 著　202頁／2420円

5 戦国の北陸動乱と城郭　佐伯哲也 著　291頁／2750円

6 織豊系陣城事典　高橋成計 著　294頁／2860円

7 三好一族と阿波の城館　石井伸夫・重見髙博 編　326頁／2860円

9 房総里見氏の城郭と合戦　小高春雄 著　290頁／2860円

10 尼子氏の城郭と合戦　寺井 毅 著　340頁／2970円

11 今川氏の城郭と合戦　水野 茂 編著　313頁／2860円

12 戦国和歌山の群雄と城館　和歌山城郭調査研究会 編　306頁／2860円

13 明智光秀の城郭と合戦　高橋成計 著　243頁／2750円

14 最上義光の城郭と合戦　保角里志 著　253頁／2860円

15 朝倉氏の城郭と合戦　佐伯哲也 著　310頁／3080円

16 秀吉の播磨攻めと城郭　金松 誠 著　252頁／2860円

【図解】近畿の城郭Ⅰ～Ⅴ　中井 均 監修　城郭談話会 編　B5判／並製／6380円～7480円

戦国大名の権力と城郭
3 松永久秀の城郭　中西裕樹 編著　A5判／上製／360頁／9680円

絵葉書から分析する近世城郭の建築と空間　髙田 徹 著　A5判／上製／320頁／7480円